KB214618

BIBLE in Hand 교양인을 위한 성경

구약 | 열왕기(상·하)

남북왕조실록, 선택과 도태의 역사

해제 **김근주**

보이다
프로젝트

THE HOLY BIBLE
Old and New Testaments
Revised New Korean Standard Version
© Korean Bible Society 2001

본서에 사용한 〈성경전서 새번역〉의 저작권은
재단법인 대한성서공회 소유이며
재단법인 대한성서공회의 허락을 받고 사용하였음.

해제 김근주 | 기독연구원 느헤미야 연구위원

서울대학교 경제학과를 졸업하고, 장로회신학대학교 신학대학원에서
목회학 석사(M.Div.)와 신학 석사(Th.M.) 학위를 받은 후,
영국 옥스퍼드대학교에서 칠십인역 이사야서의 신학적 특징을 다룬
논문(The Identity of the Jewish Diaspora in the Septuagint Isaiah)으로
박사(D.Phil.) 학위를 받았다.
기독연구원 느헤미야 연구위원이며, 일산은혜교회 협동목사로 섬기고 있다.
〈복음의 공공성〉(비아토르), 〈특강 예레미야〉 〈특강 이사야〉(IVP),
〈나를 넘어서는 성경 읽기〉 〈소예언서 어떻게 읽을 것인가 1, 2, 3〉(이상 성서유니온),
〈구약의 숲〉 〈다니엘처럼〉 〈네 이웃을 네 몸과 같이〉(이상 대장간),
〈구약으로 읽는 부활 신앙〉(SFC출판부) 등을 펴냈다.

구약 | 열왕기(상·하)

남북왕조실록,
선택과 도태의 역사

믿음에 관심이 있거나 새로 예수를 믿게 된 사람들이 성경을 읽어야 하는데, 이때 전권을 주고 읽으라고 하면 질려서 잘 읽지를 못한다. 이런 사람들에게 이 책을 권하면 좋을 것 같다. 새번역을 사용하고 있고, 읽으면서 생길 수 있는 질문에 답을 주는 짧은 주석이 붙어 있어서 재미있게 읽을 수 있기 때문이다. 이 낱권 성경책은 특별히 비신자 전도에 집중하는 가정교회에서 잘 활용할 수 있을 것이다. 처음 성경을 접하는 분들이 성경을 쉽게 이해하고, 성경 읽는 데 자신감이 생길 것이다.

_ **최영기** | 휴스턴서울교회 은퇴목사, 국제가정교회사역원 초대원장

베스트셀러를 주로 읽는 요즘 사람들은 정작 인류 최고의 베스트셀러인 성경에는 무지하다. 일반인들이 성경을 읽으려면 먼저 성경은 종교적 경전의 모양새에서 벗어나야 한다. 이 책은 바로 그런 목적으로 출간되었다. 이제 종교적인 편견을 버리고 성경을 읽고, 세계 시민에 걸맞은 교양을 가져보자.

_ **방선기** | 일터개발원 이사장

거룩할 '성'과 날 '경' 자로 구성된 성경(聖經)은 우리 삶이 혼돈의 심연으로 빠져들지 않도록 지켜주는 수직의 중심이다. 사람들이 성경에는 오류가 없어야 한다고 믿는 것은 그 때문이다. 성경을 읽다가 모순되는 지점을 발견하는 순간 경건한 사람들은 마치 연모하던 이의 비밀스러운 모습을 본 것처럼 민망해한다. 기독교에 대해 반감을 가진 이들은 '잘코사니!' 하면서 공격의 빌미를 삼는다. 민망해할 것도 없고, 쾌재를 부를 것도 없다. 김근주 교수와 권연경 교수의 안내를 받아 성경 속을 거닐다 보면 그 모순 속에 담긴 삶의 심오함에 가닿을 것이다. 교회 밖의 사람들은 물론이고 기독교인에게도 이 책은 좋은 길잡이가 되어주리라 믿는다.

_ 김기석 | 청파교회 담임목사

01

이 책에 사용된 한글 번역본은 대한성서공회의 허락을 받아
〈성경전서 새번역〉(2001년)을 사용했습니다.

기독교 성서를 번역, 출판, 반포하는 대한성서공회는 〈성경전
서 새번역〉에 대해 "원문의 뜻을 우리말 독자들이 이해할 수
있도록 정확하게 번역하고, 쉬운 현대어로, 우리말 어법에 맞
게, 한국교회에서 사용할 수 있도록 번역된 성경"이며, "번역
이 명확하지 못했던 본문과 의미 전달이 미흡한 본문은 뜻이
잘 전달되도록 고쳤다. 할 수 있는 대로 번역어투를 없애고,
뜻을 우리말로 표현하려고 노력했다. 그러나 신학적으로 중요
한 본문에서는 원문을 그대로 반영하려고 노력했다. 대화문에
서는 현대 우리말 존대법을 적용했다"고 밝히고 있습니다.

02

성경 본문 하단은 성경을 읽으면서 생기는 궁금한 내용에 대해
질문과 해제 형식으로 담아냈습니다. 질문은 편집부에서 만들
고, 해제는 구약성경은 김근주 교수(기독연구원 느헤미야), 신
약성경은 권연경 교수(숭실대 기독교학과)가 맡았습니다.

성경 본문입니다.

장을 말합니다.

절을
말합니다.

약자를 말합니다.
〈성경의 구성〉(9p)을
참고하십시오.

성경의 해당 부분
책 이름입니다.

겠고, 나를 애써 찾을 것이지만, 나를 만나지 못할 것이다. 29 이것은 너희가 깨닫기를 싫어하며, 주님 경외하기를 즐거워하지 않으며, 30 내 충고를 받아들이지 않으며, 내 모든 책망을 업신여긴 탓이다. 31 그러므로 그런 사람은 제가 한 일의 열매를 먹으며, 제 꾀에 배부를 것이다. 32 어수룩한 사람은 내게 등을 돌리고 살다가 자기를 죽이며, 미련한 사람은 안일하게 살다가 자기를 멸망시키지만, 33 오직 내 말을 듣는 사람은 안심하며 살겠고, 재앙을 두려워하지 않고 평안히 살 것이다."

{ 제2장 }

지혜가 주는 유익

1 아이들아, 내 말을 받아들이고, 내 명령을 마음속 깊이 간직하여라. 2 지혜에 네 귀를 기울이고, 명철에 네 마음을 두어라. 3 슬기를 외쳐 부르고, 명철을 얻으려고 소리를 높여라. 4 은을 구하듯 그것을 구하고, 보화를 찾듯 그것을 찾아라. 5 그렇

갑자기 독자를 '아이들'(1절)이라고 부르네요. 어린이들에게 주는 당부인가요? 어느 시대, 어느 사회에서든 마찬가지겠지만, 최초의 교육이면서 가장 중요한 교육이 일어나는 곳은 당연히 가정일 것입니다. 비록 많은 부모가 이를 잘 행하지 못해서 부끄럽기도 하지만, 가정이야말로 가장 근본적인 교육의 현장입니다. '아이들'이라는 표현은 가정에서 이루어진 교육을 반영합니다. 바울이 디모데를 자신의 아들이라 표현했듯이(딤전 1:2), 고대 세계에서 스승은 제자를 곧잘 '아들'이라 불렀습니다. 그래서 "아이들아"와 같은 표현은 스승 앞에 모여 있는 어리거나 젊은 제자들의 모습을 떠올리게 합니다.

잠언   21

질문과 해제입니다.

성경, 구약 39권 + 신약 27권

성경은 한 권의 책이 아닙니다. 기원전 1천 년 전부터 기원후 2세기에 이르기까지 아주 긴 시간 동안 쓰여진 다양한 책들의 묶음입니다. 성경은 66권의 책으로 구성되어 있습니다. 그 책들은 저자도, 내용도, 형식도, 분량도 모두 다릅니다. 성경은 크게 구약과 신약으로 구분되며, 구약은 39권, 신약은 27권으로 구성되어 있습니다.

또 성경에는 여러 종류의 번역판이 있는데, 이 책은 대한성서공회가 최근에 번역해 출간한 〈성경전서 새번역〉(2001년)을 채택하고 있습니다.

성경의 구성

구약

율법서 { 창세기(창) 출애굽기(출) 레위기(레) 민수기(민) 신명기(신)

역사서 ⎰ 여호수아기(수) 사사기(삿) 룻기(룻) 사무엘기상(삼상)

사무엘기하(삼하) 열왕기상(왕상) 열왕기하(왕하) 역대지상(대상)

역대지하(대하) 에스라기(라) 느헤미야기(느) 에스더기(더)

시가서 { 욥기(욥) 시편(시) 잠언(잠) 전도서(전) 아가(아)

대선지서 ⎰ 이사야서(사) 예레미야서(렘) 예레미야 애가(애) 에스겔서(겔)

다니엘서(단)

소선지서 ⎰ 호세아서(호) 요엘서(욜) 아모스서(암) 오바댜서(옵) 요나서(욘)

미가서(미) 나훔서(나) 하박국서(합) 스바냐서(습) 학개서(학)

스가랴서(슥) 말라기서(말)

신약

복음서 { 마태복음서(마) 마가복음서(막) 누가복음서(눅) 요한복음서(요)

역사서 { 사도행전(행)

바울서신 ⎰ 로마서(롬) 고린도전서(고전) 고린도후서(고후)

갈라디아서(갈) 에베소서(엡) 빌립보서(빌) 골로새서(골)

데살로니가전서(살전) 데살로니가후서(살후)

디모데전서(딤전) 디모데후서(딤후) 디도서(딛) 빌레몬서(몬)

공동서신 ⎰ 히브리서(히) 야고보서(약) 베드로전서(벧전) 베드로후서(벧후)

요한1서(요일) 요한2서(요이) 요한3서(요삼) 유다서(유)

예언서 { 요한계시록(계)

※괄호 안은 각 책을 줄여서 표기할 때 쓰는 약자입니다.

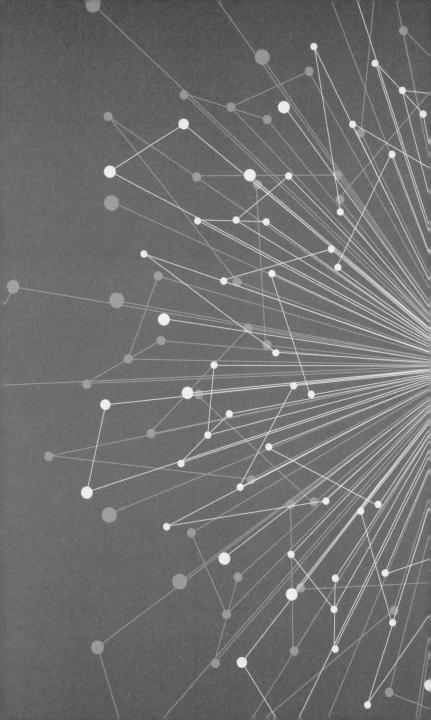

열왕기상

1 Kings

하나님의 법도를 따르는,
올바른 나라

열왕기는 역사에 대한 객관적 서술과는 거의 상관없이,
주 하나님에 대한 신앙에 입각해 왕들의 치세를 평가합니다.
그래서 이 책을 그저 '역사책'이라고만 말하기는 어렵습니다.
이와 같은 시각 때문에 단지 경제적으로 융성하고 군사적으로 강력하다 해서
그에 휘둘리거나 압도되어서는 안 된다는 것을 배우게 됩니다.
열왕기 같은 책은 하나님을 경외하는 나라의 핵심은 부국강병이 아니라
하나님의 법도를 따르는 올바른 나라, 올바른 세상임을 강력하게 증언합니다.

열왕기상과 열왕기하는 편의상 두 권으로 나뉘어 있지만, 원래는 한 권의 책입니다. 한 권으로 된 열왕기는 다윗의 마지막 시기에 대한 내용으로 시작해 다윗 이후 왕들의 통치를 거쳐 결국 그 나라가 완전히 멸망에 이르기까지의 내용을 다루고 있습니다. 열왕기하의 마지막 장은 예루살렘이 바빌론에 함락되고 왕가의 사람들을 포함한 지도층 인사들이 포로로 끌려간 것, 그리고 그렇게 포로로 끌려간 다윗 가문의 왕인 여호야긴이 한참의 세월이 지난 후 감옥에서 겨우 나오게 되었다는 내용을 알려줍니다. 그래서 열왕기는 최소한 여호야긴이 바빌론의 감옥에서 풀려나는 시기(주전 560년) 이후에 완성된 책임을 알 수 있습니다.

왕들에 관한 기록

다윗에 이어 이스라엘의 왕이 된 이들을 중심으로 내용이 전개되기에, 이 책의 이름은 '왕들'이라고 붙여졌습니다. 이것을 한자말로 번역한 '열왕기'는 '왕들에 관한 기록' 정도를 의미합니다. 열왕기상은 다윗의 말년부터 남왕국의 여호사밧 왕, 북왕국 아합 왕의 치세까지를 다루고 있습니다. 원래 한 권이던 책이지만 아마도 분량 때문에 두 권으로 나뉘었을 것으로 여겨지는데, 이렇게 나뉜 것은 구약성경을 그리스어로 번역한 칠십인경에서부터 시작되었을 것입니다. 열왕기상은 22장, 열왕기는 25장으로 되어 있지만, 실제 분량은 거의 차이가 없어서 아마도 분량에 따라 고대 시기에 이렇게 나뉘었을 것이라 생각됩니다.

다윗의 말년에 대한 열왕기상의 기록은 그리 긍정적으로 보이지 않습니다. 다윗 왕은 이스라엘에 영광의 날을 가져왔지만, 그의 말년은 아들들의 권력 다툼과 왕위 계승 전쟁으로 얼룩집니다. 결국 여기서 솔로몬이 승리해 모든 권력을 얻고 임금이 되면서, 반대편에 섰던 이들을 거의 모두 숙청해버립니다.

솔로몬에 대한 내용은 긍정적이기도 하고 부정적이기도 합니다. 한편으로 그는 주 하나님을 굳게 믿고 하나님께 지혜를 구해 올바르게 나라를 다스리며 평화와 번영을 가져온 왕이지만, 다른 한편으로는 성전을 비롯해 여러 왕궁을 계속 건설하느라 온 국민을 줄기차게 국가 공사에 동원했고 이를 위해 막대한 세금을 내게 만들었던 왕이기도 했습니다.

무엇보다도 그는 정치외교적인 이유로 여러 나라의 공주와 결혼했고, 그들과 함께 온갖 이방 종교가 이스라엘에 번성하게 만들어 열왕기 기자의 혹독한 비판을 받았습니다(11:1-13). 솔로몬으로 시작된 강력한 군주, 강력한 통치에 대한 욕망은 그의 아들 르호보암 때도 이어졌고, 결국 그에 반대하는 다수의 사람들로 인해 다윗의 나라는 곧바로 둘로 갈라지고 말았습니다.

르호보암에 반대해서 갈라져나간 이들은 에브라힘 지파 출신의 여로보암을 왕으로 세웠고, 열 지파가 이들에 참여했기에 이렇게 세워진 나라가 이스라엘이라는 이름을 얻었습니다. 르호보암의 나라는 유다 지파를 중심으로 이루어졌기에 유다라는 이름을 얻었습니다. 결국 다윗의 나라는 북왕국 이스라엘과 남왕국 유다로 갈라졌습니다. 이러한 분열의 배경에는 이전의 동등한 지파가 서로 연합해 존재하는 나라라는 생각과 다윗의 후손들이 다스리는 나라라는 생각, 이 둘 사이의 충돌이 놓여 있기도 합니다.

나라의 흥망의 길은 어디 있는가

열왕기상은 북왕국의 왕들과 그들의 통치, 남왕국의 왕들과 그들의 통치를 최대한 비슷한 시기에 나란히 이어서 다룹니다. 북왕국의 왕이 등극할 때는 "유다의 어느어느 왕 몇 년에 아무개의 아들 아무개가 이스라엘의 왕이 되어 얼마를 다스렸다", 남왕국의 왕은 "이스라엘 왕 누구누구 몇 년에 아무개의 아들 아무개가 유다의 왕이 되어 얼마를 다스렸다"라는 식의 표현이 반복됩니다. 그리고 각 왕의 통치에 대한 간략한 평가가 뒤따릅니다. 좋은 평가를 받은 왕은 대개 "다윗의 길로 걸었다"는 기록이, 나쁜 평가를 받은 왕은 "여호와 보시기에 악을 행했다" 혹은 북왕국의 왕들의 경우 "여로보암의 길로 행하였다"와 같은 기록이 남겨져 있습니다.

북왕국의 왕이 등극할 때는 "유다의 어느어느 왕 몇 년에 아무개의 아들 아무개가 이스라엘의 왕이 되어 얼마를 다스렸다", 남왕국의 왕은 "이스라엘 왕 누구누구 몇 년에 아무개의 아들 아무개가 유다의 왕이 되어 얼마를 다스렸다"라는 식의 표현이 반복됩니다. 그리고 각 왕의 통치에 대한 간략한 평가가 뒤따릅니다. 좋은 평가를 받은 왕은 대개 "다윗의 길로 걸었다"는 기록이, 나쁜 평가를 받은 왕은 "여호와 보시기에 악을 행했다" 혹은 북왕국의 왕들의 경우 "여로보암의 길로 행하였다"와 같은 기록이 남겨져 있습니다.

이로 보건대 열왕기는 역사에 대한 객관적 서술과는 거의 상관없이 주 하나님에 대한 신앙에 입각해 왕들의 치세를 평가한다는 것을 알 수 있습니다. 그래서 이 책을 그저 '역사책'이라고만 말하기는 어렵습니다. 이와 같은 시각 때문에 단지 경제적으로 융성하고 군사적으로 강력하다 해서 그에 휘둘리거나 압도되어서는 안 된다는 것을 배우게 됩니다. 열왕기 같은 책은 하나님을 경외하는 나라의 핵심은 부국강병이 아니라 하나님의 법도를 따르는 올바른 나라, 올바른 세상임을 강력하게 증언합니다.

그런 맥락에서 열왕기상은 다윗과 솔로몬의 잘못과 죄악을 조금도 숨기지 않고 거침없이 서술해, 이는 역대지의 다윗과 솔로몬에 대한 서술과는 확연히 다릅니다. 임금의 죄악을 이토록 세밀하고 정확하게 폭로한다는 점을 생각할 때, 열왕기는 하나님께서 기뻐하신 다윗의 나라가 어떻게 이처럼 몰락과 멸망에 이르렀는가를 설명하기 위해 기록된 책임을 깨닫게 됩니다. 한 장 한 장 열왕기상을 읽으면서 나라의 흥망의 길이 어디에 있는지, 그에 대해 성경은 어떻게 하나님의 말씀을 증언하는지 살펴보는 기회가 되면 좋겠습니다.

{ 제1장 }

다윗의 말년

1 다윗 왕이 나이 많아 늙으니, 이불을 덮어도 따뜻하지 않았
다. 2 신하들이 왕에게 말하였다. "저희가 임금님께 젊은 처녀
를 한 사람 데려다가, 임금님 곁에서 시중을 들게 하겠습니다.
처녀를 시중드는 사람으로 삼아 품에 안고 주무시면, 임금님
의 몸이 따뜻해질 것입니다." 3 신하들은 이스라엘 온 나라 안
에서 젊고 아름다운 처녀를 찾다가, 수넴 처녀 아비삭을 발견
하고, 그 처녀를 왕에게로 데려왔다. 4 그 어린 처녀는 대단히
아름다웠다. 그 처녀가 왕의 시중을 드는 사람이 되어서 왕을
섬겼지마는, 왕은 처녀와 관계를 하지는 않았다.

아도니야가 왕이 되고자 하다

5 ○ 그때에 다윗과 학깃 사이에서 태어난 아들 아도니야는,

**왕조의 기록이 다윗부터 시작되는 까닭이 궁금합니다. 이스라엘의 첫 번째 왕은 사
울 아닌가요?** 사무엘기하 마지막이 다윗의 말년을 다루었고, 열왕기상이 나이 든
다윗을 다룬다는 점 자체가 열왕기가 사무엘기와 상관없는 책이 아니라 서로 연관
되는 책임을 보여줍니다. 구약성경을 연구하는 학자들에 따르면 여호수아기, 사사
기, 사무엘기, 열왕기는 이스라엘 역사를 바라보는 관점이 동일해 마치 한 사람의
저자, 혹은 같은 신학 사상을 가진 집단의 작품으로 여겨집니다. "하나님께 불순종
하면 심판이, 순종하면 번영이 주어진다"고 간결하게 요약할 수 있는 이 관점은 신
명기의 핵심 사상이라는 것이 구약성경 연구자들의 대체적인 합의이기도 합니다.
그래서 여호수아기, 사사기, 사무엘기, 열왕기는 '신명기 역사서'라고 묶어서 부릅
니다.

자기가 왕이 될 것이라고 하면서, 후계자처럼 행세하고 다녔다. 자신이 타고 다니는 병거를 마련하고, 기병과 호위병 쉰 명을 데리고 다녔다. 6 그런데도 그의 아버지 다윗은 아도니야를 꾸짖지도 않고, 어찌하여 그런 일을 하느냐고 한 번도 묻지도 않았다. 그는 압살롬 다음으로 태어난 아들로서, 용모가 뛰어났다. 7 아도니야가 스루야의 아들 요압과 아비아달 제사장을 포섭하니, 그들이 아도니야를 지지하였다. 8 그러나 사독 제사장과 여호야다의 아들 브나야와 나단 예언자와 시므이와 레이와 다윗을 따라다닌 장군들은, 아도니야에게 동조하지 않았다.

9 ㅇ 아도니야가 엔 로겔 가까이에 있는 소헬렛 바위 옆에서, 양과 소와 살진 송아지를 잡아서 잔치를 베풀고, 자기의 형제인 왕자들과 유다 사람인 왕의 모든 신하들을 초청하였다. 10 그러나 나단 예언자와 브나야와 왕의 경호병들과 동생 솔로몬은 초청하지 않았다.

늙은 다윗이 젊고 아름다운 처녀를 품고 잠자리에 든 이유는 무엇입니까? 성적인 욕심이 있었던 것도 아니지(4절) 않습니까? 1장에서 벌어지는 왕위를 둘러싼 암투의 근본적인 원인은 '무력해진 임금'입니다. 1-4절은 다윗이 얼마나 무기력하고 약해졌는지를 보여줍니다. 더 이상 성적인 능력이 없어진 왕이 많은 후궁을 거느렸던 고대의 왕들과 지극히 대조적입니다. 신하들이 매우 젊고 아름다운 여인을 구하는 모습은 페르시아의 황제가 에스더를 왕비로 삼기까지의 과정(더 2장)을 떠올리게 합니다. 그래서 아비삭을 다윗의 후궁으로 선택하는 배경에는 단지 나이 든 왕의 몸을 따뜻하게 하는 역할만이 아니라 왕의 성적인 능력을 되살리고 왕의 권위와 권세를 회복하려는 의도가 있습니다. 그렇지만 4절에서 보듯 다윗은 이미 그런 역할을 해낼 능력이 없었고, 이제 왕실은 다윗의 뜻과 무관하게 아들들과 그 어머니를 둘러싼 세력들의 암투의 현장이 됩니다.

솔로몬이 왕이 되다

11 ○ 나단이 솔로몬의 어머니 밧세바에게 물었다. "우리의 왕 다윗 임금님도 모르시는 사이에, 이미 학깃의 아들 아도니야 가 왕이 되었다고 합니다. 혹시 듣지 못하셨습니까? 12 제가 이제 마님의 목숨과 마님의 아들 솔로몬의 목숨을 구할 수 있는 좋은 계획을 알려드리겠습니다. 13 어서 다윗 임금님께 들어가서서, 이렇게 말씀하십시오. '임금님, 임금님께서는 일찍이 이 종에게 이르시기를, 이 몸에서 난 아들 솔로몬이 반드시 임금님의 뒤를 이어서 왕이 될 것이며, 그가 임금님의 자리에 앉을 것이라고 맹세하시지 않으셨습니까? 그런데 어떻게 아도니야가 왕이 되었습니까?' 14 마님께서 이렇게 임금님과 함께 말씀을 나누고 계시면, 저도 마님의 뒤를 따라 들어가서, 마님께서 말씀하시는 것을 도와드리겠습니다."

15 ○ 밧세바는 침실에 있는 왕에게로 갔다. 왕은 매우 늙어서, 수넴 여자 아비삭이 수종을 들고 있었다. 16 밧세바가 엎드려서 절을 하니, 왕은 "무슨 일이오?" 하고 물었다.

정치와 종교계를 주름잡던 인물들까지 다윗을 버리고 반역자의 진영으로 넘어갈 정도라면(7절) 다윗에게 결정적인 결함이 있었던 게 아닐까요? 아도니야를 반역자라 단정하긴 어렵습니다. 무엇보다도 압살롬이 죽고 없는 현재 아도니야가 맏아들이라는 점. 그리고 다윗 시대 수많은 전쟁을 승리로 이끈 요압 같은 이와 아비아달 제사장도 아도니야를 지지했다는 점은 아도니야 세력을 반역자로 평가하기 어렵게 만듭니다. 아마도 이 시기에는 아직 장자 계승의 원칙이 확립되지 않았고, 다음 왕이 누가 될지 판단하기엔 다윗이 너무 늙고 무력해졌다는 점이 왕자들 사이의 갈등과 욕망의 분출을 가져왔을 것이라 여겨집니다. 자녀 문제에 무기력하고 우유부단한 다윗의 모습은 이전의 암논과 다말 사건(삼하 13장), 압살롬의 반란 사건(삼하 14-15장)에서도 잘 드러납니다.

17 ○ 그가 왕에게 대답하였다. "임금님, 임금님께서는 임금님의 주 하나님을 두고 맹세하시며, 이 종에게 이르시기를, 이 몸에서 태어난 아들 솔로몬이 임금님의 뒤를 이어서 왕이 될 것이며, 그가 임금의 자리에 앉을 것이라고 말씀하셨습니다. 18 그런데 지금 아도니야가 왕이 되었는데도, 임금님께서는 이 일을 알지 못하고 계십니다. 19 아도니야가 소와 송아지와 양을 많이 잡아 제사를 드리고, 왕의 모든 아들과 아비아달 제사장과 군사령관 요압을 초청하였습니다. 그러나 임금님의 종 솔로몬은 청하지 않았습니다. 20 임금님께서는 통촉하시기 바랍니다. 온 이스라엘 사람이 임금님을 주시하고 있고, 임금님의 뒤를 이어서 임금의 자리에 앉을 사람이 누구인지를, 임금님께서 알려주시기를 고대하고 있습니다. 21 그렇게 하지 않으시면, 임금님께서 돌아가셔서 조상과 함께 누우실 때에, 나와 솔로몬은 반역자가 될 것입니다."

22 ○ 이렇게 밧세바가 왕과 함께 말을 나누고 있을 때에, 예언자 나단이 들어왔다. 23 그러자 신하들이 "예언자 나단이 드십니다" 하고 왕에게 알렸다. 그는 왕 앞에 나아가서, 얼굴을 땅에 대고 크게 절을 하였다. 24 나단이 말하였다. "임금님께

사독은 제사장(8절), 나단은 예언자(10절)라고 부릅니다. 두 호칭 사이에는 어떤 차이가 있습니까? 제사장은 하나님을 예배하고 때와 상황에 따라 하나님께 제사드리는 일에 전념하는 직분입니다. 자신을 위해 제사를 드리기도 하지만, 기본적으로는 그에게 찾아와 하나님께 제사드리길 원하는 이들을 위해 제사를 집전하는 이라는 점에서 하나님과 백성 사이의 중재자라고 할 수 있습니다. 예언자는 백성이 하나님의 뜻을 구할 때 백성의 편에서 하나님께 그를 위해 기도하는 직무, 그리고 하나님께서 백성에게 이르시는 말씀을 하나님을 대신해 말하는 직무를 수행하는 직분으로, 그 역시 하나님과 백성 사이의 중재자라고 할 수 있습니다.

여쭙니다. 아도니야가 왕이 되어서, 임금님의 뒤를 이어 임금의 자리에 앉을 것이라고 말씀하신 적이 있으십니까? 25 아도니야가 오늘 내려가서, 소와 송아지와 양을 많이 잡아서, 제사를 드리고, 모든 왕자와 군사령관과 아비아달 제사장을 초청하였습니다. 그들은 아도니야 앞에서 먹고 마시고는 '아도니야 임금님 만세'를 외쳤습니다. 26 그러나 임금님의 종인 저와 사독 제사장과 여호야다의 아들 브나야와 임금님의 종 솔로몬은 초청하지 않았습니다. 27 이 일이 임금님께서 하신 일이면, 임금님의 뒤를 이어서 임금의 자리에 앉을 사람이 누구인지를, 임금님의 종인 저에게만은 알려주실 수 있었을 것입니다."

28 ○ 이에 다윗 왕이 대답하였다. "밧세바를 이리로 부르시오." 밧세바가 들어와서 왕의 앞에 서니, 29 왕은 이렇게 맹세하였다. "나를 모든 재난에서부터 구원하여주신 주님의 살아 계심을 두고 맹세하오. 30 내가 전에 이스라엘의 주 하나님을 두고 분명히 그대에게 맹세하기를 '그대의 아들 솔로몬이 임

다윗은 밧세바와 나단의 말을 듣고서야 비로소 아도니야의 반역을 눈치챕니다. 이 무렵에는 다윗의 권력이 땅에 떨어져 통치하기 어려운 지경이었습니까? 다윗이 늙어서 이불을 덮어도 따뜻하지 않았다는 1절은 무력해진 다윗을 상징적으로 표현합니다. 아도니야와 그의 지지 세력, 솔로몬과 그의 지지 세력이 이처럼 각자의 권력 쟁취를 위해 움직이는 것 역시 다윗의 무력함을 보여줍니다. 솔로몬을 지지하는 세력의 핵심에는 예언자 나단이 있습니다. 그는 이전에 다윗 왕이 솔로몬을 왕위에 앉히겠다고 약속했다는 말로 밧세바를 움직이고 다윗 왕도 움직이지만, 이 같은 내용을 사무엘기하에서는 전혀 발견할 수 없다는 점에서 사실의 진위를 알기는 어렵습니다. 아도니야는 자신을 지지하는 세력을 중심으로 권력을 공고히 하려 하는 반면, 나단과 밧세바는 권력의 중심에 있는 다윗을 움직이는 데 전력을 기울였습니다. 아도니야는 다윗 왕의 존재를 너무 가벼이 여긴 셈이고, 그것은 결정적인 패착이 되고 말았습니다.

근이 될 것이며, 그가 너를 이어서 임금의 자리에 앉을 것이다'
하였으니, 이 일을 오늘 그대로 이행하겠소."

31 ○ 밧세바가 얼굴을 땅에 대고 엎드려서, 크게 절을 하며 "임
금님, 다윗 임금님, 만수무강하시기를 빕니다" 하고 말하였다.

32 ○ 다윗 왕이 사독 제사장과 나단 예언자와 여호야다의 아
들 브나야를 불러오라고 하였다. 그들이 왕 앞으로 나아오니,

33 왕이 그들에게 말하였다. "그대들은 나의 신하들을 거느
리고, 내가 타던 노새에 나의 아들 솔로몬을 태워서, 기혼으
로 내려가도록 하십시오. 34 사독 제사장과 나단 예언자는 거
기에서 그에게 기름을 부어 이스라엘의 왕으로 삼고, 그런 다
음에 뿔나팔을 불며 '솔로몬 왕 만세!' 하고 외치십시오. 35 그
리고 그를 따라 올라와, 그를 모시고 들어가서, 나를 대신하여
임금의 자리에 앉히십시오. 그러면 그가 나의 뒤를 이어서 왕
이 될 것입니다. 그를 내가 이스라엘과 유다의 통치자로 임명
하였습니다."

36 ○ 여호야다의 아들 브나야가 왕에게 대답하였다. "아멘,

**역모가 진행되는 긴박한 상황에서 솔로몬을 굳이 기혼까지 데려갈(38-39절) 필요
가 있었을까요? 기혼은 어떤 지역이기에 거기서 임금을 세웠을까요?** 기혼은 예루
살렘 인근의 강이며, 훗날 남유다의 히스기야 왕은 기혼의 물을 성 안으로 끌어들
이는 공사를 해내기도 합니다(왕하 20:20; 대하 32:30). 아도니야와 그의 지지자들
이 모였던 장소인 엔 로겔은 '로겔 샘'으로 옮길 수 있습니다(삼하 17:17). 이를 보면
아도니야와 솔로몬의 지지자들은 각각 샘 인근에서 기름 붓는 의식을 거행했음을
짐작할 수 있습니다. 그래서 명확히 알 수는 없지만, 고대에는 이렇게 샘이 있는 곳
이 어떤 거룩한 장소로 여겨졌을 것이라고 볼 수 있습니다. 그리고 샘 인근은 많은
사람들이 모여드는 곳이므로 스스로 왕임을 선언하거나 혹은 특정인을 왕으로 세
우는 기름 붓는 의식을 대중에게 보이기에 적합한 장소이기도 했을 것입니다.

임금님의 하나님이신 주님께서도 그렇게 말씀하시기를 바랍니다. 37 주님께서 임금님과 함께 계신 것처럼, 솔로몬과도 함께 계셔서, 그의 자리가 우리 다윗 임금님의 자리보다 더 높게 되기를 바랍니다."

38 ○ 사독 제사장과 나단 예언자와 여호야다의 아들 브나야와 그렛 사람과 블렛 사람이 내려가서, 솔로몬을 다윗 왕의 노새에 태워서, 기혼으로 데리고 갔다. 39 사독 제사장이 장막에서 기름을 넣은 뿔을 가지고 와서, 솔로몬에게 기름을 부었다. 그리고 뿔나팔을 부니, 모든 백성이 "솔로몬 왕 만세!" 하고 외쳤다. 40 모든 백성이 그의 뒤를 따라 올라와, 피리를 불면서, 열광적으로 기뻐하였는데, 그 기뻐하는 소리 때문에 세상이 떠나갈 듯하였다.

41 ○ 아도니야와 그의 초청을 받은 모든 사람이 먹기를 마칠 때에, 이 소리를 들었다. 요압이 뿔나팔 소리를 듣고서 "왜 이렇게 온 성 안이 시끄러운가?" 하고 물었다. 42 그의 말이 다 끝나기도 전에, 아비아달 제사장의 아들 요나단이 들어왔다. 아도니야가 말하였다. "어서 들어오게. 그대는 좋은 사람이니, 좋은 소식을 가져왔겠지."

요나단의 전갈을 들은 인사들은 서둘러 자리를 뜹니다(49절). 솔로몬이 다윗의 후계자가 되었다는 소식에 이들이 그토록 겁을 먹은 속내는 무엇입니까? 왕의 후계자처럼 행세한 아도니야의 행동에 대해 밧세바는 다윗을 만나 아도니야가 이대로 왕이 된다면 자신과 아들 솔로몬은 "반역자가 될 것"이라고 이야기합니다(21절). 이 말은 아도니야가 집권할 경우, 솔로몬과 그의 세력을 전부 반역자로 몰아 처단할 거라는 의미입니다. 두 세력 사이에 왕위를 둘러싼 갈등과 대결이 벌어졌고 어느 한 세력이 승리한다면, 당연히 그다음 뒤따르는 일은 대대적인 숙청일 것입니다. 밧세바와 나단도 이를 알고 있었고, 당연히 아도니야와 그를 따르던 이들 역시

43 ○ 요나단은 아도니야에게 대답하였다. "아닙니다. 우리의 다윗 임금님께서 솔로몬을 왕으로 삼으셨습니다. **44** 임금님께서는 사독 제사장과 나단 예언자와 여호야다의 아들 브나야와 그렛 사람과 블렛 사람을 솔로몬과 함께 보내셨는데, 그들이 솔로몬을 왕의 노새에 태웠습니다. **45** 그리고 사독 제사장과 나단 예언자가 기혼에서 그에게 기름을 부어서, 왕으로 삼았습니다. 그래서 그들이 그곳에서부터 기뻐하면서 올라오는 바람에, 성 안이 온통 흥분으로 들떠 있습니다. 여러분께서 들으신 소리는 바로 그 소리입니다. **46** 솔로몬이 임금 자리에 앉았으며, **47** 임금님의 신하들도 들어와서, 우리의 다윗 임금님께 축하를 드리면서 '임금님의 하나님께서 솔로몬의 이름을 임금님의 이름보다 더 좋게 하시며, 그의 자리를 임금님의 자리보다 더 높게 하시기를 바랍니다' 하고 축복하였습니다. 임금님께서도 친히 침상에서 절을 하시며, **48** '주님께서 오늘 내 자리에 앉을 사람을 주시고, 또 이 눈으로 그것을 보게 하시니, 주 이스라엘의 하나님께 찬양을 드립니다' 하고 말씀하셨다고 합니다."

49 ○ 그 말을 듣고, 아도니야의 초청을 받아서 와 있던 모든

알았을 것입니다. 다윗의 뜻이 솔로몬에게 있어 솔로몬을 왕으로 삼았음을 알게 되었을 때, 아도니야 편에 섰던 이들이 목숨을 부지할 수 있는 유일한 길은 자신들이 아도니야와 관계없는 사람임을 보이는 것밖에 없었을 겁니다. 그러니 그들은 걸음아 날 살려라 도망쳐야 했습니다.

사람들이, 황급히 일어나서, 모두 제 갈 길로 가버렸다. 50 아도니야는, 솔로몬이 두려워서, 일어나 가서, 제단 뿔을 붙잡았다. 51 사람들이 솔로몬에게 말하였다. "아도니야가 솔로몬 임금님을 두려워하여서, 지금 제단 뿔을 붙잡고 솔로몬 임금님께서 임금님의 종인 아도니야를 칼로 죽이지 않겠다고 맹세해 주시기를 바라고 있습니다."

52 ○ 솔로몬이 말하였다. "그가 충신이면, 그의 머리카락 하나도 땅에 떨어지지 않을 것이다. 그러나 그에게서 악이 발견되면 그는 죽을 것이다." 53 솔로몬 왕이 사람을 보내어 그를 제단에서 끌어오게 하니, 그가 와서, 솔로몬 왕에게 절을 하였다. 그러자 솔로몬은 그에게 집에 가 있으라고 하였다.

제단 뿔을 붙잡는다는 건(50절) 어떤 의미가 있는 행동입니까? 솔로몬이 아도니야를 살려둔 건 제단 뿔을 붙잡았기 때문입니까? 제단은 하나님을 예배하는 곳이자 하나님의 거처라 여겨졌던 성소 안에 있습니다. 이 제단의 네 모퉁이는 뿔처럼 솟아올라 있었고, 아마 아도니야는 이 뿔을 붙잡았을 것입니다. 성소는 하나님의 거처이기에 성소로 도망친다는 것은 하나님의 보호하심 아래 피신한다는 의미입니다. 솔로몬이 자신의 왕권의 배경에 하나님께서 계심을 믿는다면(47-48절), 하나님의 성소로 피신한 이를 끌어내 죽일 수는 없을 것입니다. 그래서 아도니야를 지지했던 요압 역시 솔로몬의 숙청을 피하려고 마지막에 성소로 도망쳐 제단 뿔을 붙잡았습니다(2:28). 그럼에도 아도니야와 요압은 결국 목숨을 보존하지 못했습니다(2:25, 34).

{ 제2장 }

다윗이 솔로몬에게 마지막으로 지시하다

1 다윗은 세상을 떠날 날이 가까워서, 아들 솔로몬에게 유언을 하였다. 2 "나는 이제 세상 모든 사람이 가는 길로 간다. 너는 굳세고 장부다워야 한다. 3 그리고 너는 주 너의 하나님의 명령을 지키고, 모세의 율법에 기록된 대로, 주님께서 지시하시는 길을 걷고, 주님의 법률과 계명, 주님의 율례와 증거의 말씀을 지켜라. 그리하면, 네가 무엇을 하든지, 어디를 가든지, 모든 일이 형통할 것이다. 4 또한 주님께서 전에 나에게 '네 자손이 내 앞에서 마음과 정성을 다 기울여서, 제 길을 성실하게 걸으면, 이스라엘의 임금 자리에 오를 사람이 너에게서 끊어지지 않을 것이다' 하고 약속하신 말씀을 이루실 것이다.

5 ○ 더욱이 너는 스루야의 아들 요압이 나에게 한 것, 곧 그가 이스라엘 군대의 두 사령관인, 넬의 아들 아브넬과 예델의

다윗은 솔로몬에게 요압의 제거를 당부하면서 "평화로운 때에 전쟁을 할 때나 흘릴 피를" 흘린 일을(5절) 지적합니다. 이는 어떤 사건을 이야기합니까? 사울의 아들 이스보셋의 군대 장관이었던 넬의 아들 아브넬은 다윗에게 투항하며 다윗의 통일 왕국 건설에 결정적으로 기여하지만, 이전의 전쟁 중에 아브넬이 자신의 동생을 죽인 것을 잊지 않았던 요압은 기어이 아브넬을 제거해버립니다(삼하 3장). 또 압살롬의 반란 당시 그의 군대 장관이었던 이가 예델의 아들 아마사인데, 압살롬의 죽음 이후 다윗은 반란을 수습하는 과정에서 아마사를 높이 등용하겠다고 약속합니다(삼하 19:13). 그러나 요압은 계략을 꾸며 아마사 역시 죽여버립니다(삼하 20:4-13). 아브넬을 제거한 요압의 행위는 다윗 왕국 초기 왕권보다 더 강력했던 요압의 위세를 보여주는 것이라 할 수 있고, 아마사를 죽인 일 역시 자신의 정적이 될 인물을 왕의 뜻을 넘어 제 마음대로 제거했다는 점에서 요압의 권세를 반영한다고 볼 수 있습니다.

아들 아마사에게 한 일을 알고 있을 것이다. 요압이 그들을 살해함으로써, 평화로운 때에 전쟁을 할 때나 흘릴 피를 흘려서, 내 허리띠와 신에 전쟁의 피를 묻히고 말았다. 6 그러므로 너는 지혜롭게 행동을 하여, 그가 백발이 성성하게 살다가 평안히 스올에 내려가도록 내버려두지 말아라.

7 ○ 그러나 길르앗 사람인 바르실래의 아들들에게는 자비를 베풀어서, 네 상에서 함께 먹는 식구가 되게 하여라. 그들은 내가 네 형 압살롬을 피하여 도망할 때에 나를 영접해주었다.

8 ○ 또 바후림 출신으로 베냐민 사람인 게라의 아들 시므이가 너와 같이 있다. 그는, 내가 마하나임으로 가던 날에 나를 심하게 저주하였지만, 그가 요단강으로 나를 맞으려고 내려왔을 때에 내가 주님을 가리켜 맹세하기를, '너를 칼로 죽이지 않겠다' 하고 말한 일이 있다. 9 그러나 너는 그에게 죄가 없다고 여기지 말아라. 너는 지혜로운 사람이니, 그를 어떻게 처리해야 하는지 잘 알 것이다. 너는 그의 백발에 피를 묻혀 스올로 내려가게 해야 한다."

다윗은 죽이지 않겠다고 맹세한 시므이를 기필코 죽이라고 유언합니다(8~9절). 하나님 앞에서 행한 맹세를 이렇게 뒤집어도 되는 겁니까? 다윗의 유언에는 요압과 시므이에게 합당한 벌을 내리라는 내용이 포함되었습니다. 요압은 앞에서 본 대로 왕권을 위협하는 신하의 상징이라 할 수 있습니다. 시므이는 반란 때문에 피신 가는 다윗 왕을 조롱하고 비웃었다는 점에서 그 역시 왕권에 대한 모욕과 조롱을 상징하는 인물입니다. 게다가 누군가가 곤경에 처했을 때 상대방의 곤경을 조롱과 모욕의 기회로 삼았다는 점에서 그의 행동은 매우 부당하다고 할 수 있습니다. 다윗은 요압과 시므이에게 합당한 벌을 내리라고 유언함으로써 부당한 일에 대해 사람의 손으로 할 수 있는 처벌을 진행하도록 당부한 셈입니다. 이를 자신의 권력으로 수행하지 않고 솔로몬에게 유언해 차근차근 진행하게 했다는 점에서, 열왕기상 본문은 이러한 상황이 진전된 배경에 주 하나님의 행하심이 있다고 말하고 있습니다.

다윗이 죽다

10 ○ 다윗은 죽어서, 그의 조상과 함께 '다윗 성'에 안장되었다. 11 다윗 왕이 이스라엘을 다스린 기간은 마흔 해이다. 헤브론에서 일곱 해를 다스리고, 예루살렘에서 서른세 해를 다스렸다. 12 솔로몬은 그의 아버지 다윗이 앉았던 자리에 앉아서, 그 왕국을 아주 튼튼하게 세웠다.

아도니야가 죽다

13 ○ 학깃의 아들 아도니야가 솔로몬의 어머니 밧세바를 찾아왔다. 밧세바가 "좋은 일로 왔느냐?" 하고 물으니, 그는 "좋은 일로 왔습니다" 하고 대답하였다. 14 그러면서 그가 말하였다. "드릴 말씀이 있습니다." 밧세바가 대답하였다. "말하여라."
15 ○ 그러자 그가 말하였다. "어머니께서도 아시다시피, 임금 자리는 저의 것이었고, 모든 이스라엘 사람은, 제가 임금이 되

12절에 따르면 이스라엘 왕국은 솔로몬 때에 이르러서야 아주 튼튼해졌습니다. 그렇다면 다윗이 다스리던 시절까지는 정국이 불안했다는 뜻인가요? 사울이 시작했던 나라는 두 세대도 가지 못한 채 사라지고 말았습니다. 다윗은 그야말로 밑바닥에서 출발해 그의 출신 지파인 유다 지파의 지도자 자리에 올랐고, 마침내 사울의 나라까지 삼키며 통일 왕국을 건설했습니다. 사울의 나라도 처음에는 기세등등했겠지만 오래 못 가서 몰락했으니, 다윗의 나라의 안전도 간단히 말할 순 없었을 겁니다. 그 점에서 솔로몬의 등극과 나라의 안정은 다윗으로 시작된 나라가 제자리를 잡는 데 결정적인 사항입니다. 12절만이 아니라 2장 마지막인 46절 역시 나라가 솔로몬에 의해 단단해졌음을 언급하는데, 이는 왕권을 위협하는 신하들의 세력까지도 왕이 완전히 장악하고 지배하게 되었음을 의미할 것입니다. 솔로몬 치세에 이르러 이스라엘은 제대로 모습을 갖춘 중앙집권적인 왕국을 이루었다고 할 수 있습니다.

기를 바라고 있었습니다. 그런데 그 임금 자리는, 주님의 뜻이 있어서, 이제는 아우의 것이 되었습니다. 16 이제 어머니께 한 가지 청할 것이 있습니다. 거절하지 말아 주시기 바랍니다." 밧세바가 그에게, 말하라고 하였다.

17 ○ 아도니야가 말하였다. "임금이 어머니의 청을 거절하지는 않을 것입니다. 그러니 솔로몬 임금에게 말씀하셔서, 수넴 여자 아비삭을 나의 아내로 삼게 해주십시오."

18 ○ 밧세바가 말하였다. "좋다. 내가 너를 대신하여, 임금께 말하여주마."

19 ○ 그리하여 밧세바는 아도니야의 청을 대신 말하여주려고, 솔로몬 왕을 찾아갔다. 왕은 어머니를 맞이하려고, 일어나서 절을 한 뒤에 다시 자리에 앉았다. 그러고는 어머니에게 자리를 권하여, 자기 옆에 앉게 하였다. 20 그러자 밧세바가 말하였다. "나에게 한 가지 작은 소원이 있는데, 거절하지 않으면 좋겠소." 왕이 대답하였다. "어머니, 말씀하여보십시오. 거절하지 않겠습니다."

21 ○ 밧세바가 말하였다. "수넴 여자 아비삭과 임금의 형 아

아도니야가 "임금 자리는 저의 것이었다"(15절)고 당당하게 주장하는 근거는 무엇입니까? 아도니야는 솔로몬보다 나이가 많은 왕자였으니 스스로 아버지의 왕위를 이을 자라고 여겼을 것입니다. 그리고 아도니야는 아버지 다윗에게 대단한 신뢰를 받아서, 그가 하는 일을 다윗이 꾸짖거나 문제 삼은 적이 없었습니다(1:6). 아울러 다윗 군대의 총사령관이며 다윗의 거의 모든 시절을 함께한 요압이 그를 지지하기도 했으니, 아도니야가 스스로를 다음 왕이라 생각한 것이 지나치다고 보기는 어려울 것입니다. 그는 모든 이스라엘이 자신이 왕이 되기를 바라고 있었다고까지 생각했습니다. 그러나 오직 하나, "주님의 뜻이 있어서"(15절) 왕권이 자신에게서 솔로몬에게로 넘어갔다는 것이 아도니야의 판단이었습니다.

도니야를 결혼시키면 좋겠소."

22 ○ 그러자 솔로몬 왕이 어머니에게 대답하였다. "아도니야를 생각하신다면, 어찌하여 수넴 여자 아비삭과 결혼시키라고만 하십니까? 그는 나의 형이니, 차라리 그에게 임금의 자리까지 내주라고 하시지 그러십니까? 또 아도니야만을 생각하여서 청하실 것이 아니라, 그를 편든 아비아달 제사장과 스루야의 아들 요압을 생각하여서도 그렇게 하시지 그러십니까?" 23 솔로몬 왕은 주님을 가리켜 맹세하였다. "아도니야가 자기 목숨을 걸고 이런 말을 하였으니, 그의 목숨을 살려두면, 하나님이 나에게 벌을 내리시고, 또 내리실지도 모릅니다. 24 이제 주님께서 나를 세워 아버지 다윗의 자리에 앉게 하시고, 말씀하신 대로 나를 시켜서 왕실을 세워주셨으니, 주님의 살아계심을 두고 맹세합니다. 오늘 아도니야는 반드시 처형당할 것입니다." 25 ○ 솔로몬 왕이 여호야다의 아들 브나야를 보내니, 그가 아도니야를 쳐 죽였다.

밧세바는 대체 무슨 심사로 아도니야의 청을 들어주라고 솔로몬에게 부탁합니까?(20–21절) 아도니야라면 아들 솔로몬의 으뜸가는 정적이 아닙니까? 아도니야의 청은 다윗의 말년에 함께 있던 수넴 여인 아비삭을 자신에게 달라는 것이었습니다. 왕의 후궁을 취하는 일은 단순하지 않습니다. 사울의 아들 이스보셋이 왕이 되었을 때, 권세가 대단했던 신하 아브넬은 사울의 첩과 관계를 맺고 결국 이 일로 사울 가문을 떠나 다윗에게 투항합니다(삼하 3:6–12). 하나님께서 나라를 사울의 손에서 다윗에게 주셨음을 상징하는 표현의 하나로 "네 상전의 아내들도 네 품에 안겨주었고"(삼하 12:8)가 쓰였으며, 압살롬이 반란을 일으켜 예루살렘을 장악했을 때 가장 먼저 한 일은 아버지 다윗의 후궁을 차지하는 것이었습니다(삼하 16:20–22). 그러므로 왕의 아내를 차지하는 일은 왕권과 연관되어 있습니다. 그 점에서 밧세바의 청은 어리석었습니다. 어쩌면 밧세바는 이를 짐작하면서도 아들 솔로몬에게 아도니야를 제거할 명분을 주려는 의도로 이러한 청을 한 것일 수도 있습니다.

아비아달의 추방과 요압의 죽음

26 ○ 솔로몬 왕은 아비아달 제사장에게 이렇게 말하였다. "제사장께서는 상속받은 땅 아나돗으로 가시오. 제사장께서는 이미 죽었어야 할 목숨이지만, 나의 아버지 다윗 앞에서 제사장으로서 주 하나님의 법궤를 메었고, 또 나의 아버지께서 고통을 받으실 때에 그 모든 고통을 함께 나누었기 때문에, 오늘은 내가 제사장을 죽이지는 않겠소." 27 솔로몬은 아비아달을 주님의 제사장 직에서 파면하여 내쫓았다. 이렇게 하여서, 주님께서는 실로에 있는 엘리의 가문을 두고 하신 말씀을 이루셨다.

28 ○ 이런 소문이 요압에게 들렸다. 비록 그는 압살롬의 편을 들지는 않았으나, 아도니야의 편을 들었으므로, 주님의 장막으로 도망하여, 제단 뿔을 잡았다. 29 요압이 이렇게 주님의 장막으로 도망하여 제단 곁에 피하여 있다는 사실이, 솔로몬 왕에게 전해지니, 솔로몬은 여호야다의 아들 브나야를 보내면서 "가서, 그를 쳐 죽여라!" 하였다. 30 브나야가 주님의 장막

"주님께서 실로에 있는 엘리의 가문을 두고 하신 말씀"(27절)이란 무얼 가리킵니까? 사무엘기상 2장 22-36절에 나오는 내용을 가리킵니다. 실로는 이스라엘이 가나안 땅에 들어온 이래 하나님의 궤를 모셨던 성소이며, 이 성소에서 제사를 주관하는 이가 엘리 제사장이었습니다. 그런데 그의 아들들은 제사장의 지위를 이용해 백성들이 하나님께 드리는 예물을 제멋대로 가로채서 자기 배를 불리는 등 온갖 못된 짓을 했으며, 엘리는 이를 제대로 바로잡지 못했습니다. 그 때문에 하나님께서는 하나님을 존중하지 않는 엘리 가문에 재앙과 수치가 임할 것이고, 장차 그의 가문에 주어졌던 제사장 직분을 거두어들이겠다고 선언하셨습니다. 열왕기상 2장은 아비아달이 파면되어 예루살렘에서 쫓겨난 것을 엘리에게 선포된 예언의 성취라고 보았습니다.

에 들어가서, 그에게 말하였다. "어명이오. 바깥으로 나오시오." 그러자 그가 말하였다. "못 나가겠소. 차라리 나는 여기에서 죽겠소." 브나야가 왕에게 돌아가서, 요압이 한 말을 전하니, 31 왕이 그에게 말하였다. "그가 말한 대로, 그를 쳐서 죽인 뒤에 묻어라. 그리하면 요압이 흘린 죄 없는 사람의 피를, 나와 나의 가문에서 지울 수 있을 것이다. 32 주님께서, 요압이 흘린 그 피를 그에게 돌리실 것이다. 그는 나의 아버지 다윗께서 모르시는 사이에, 자기보다 더 의롭고 나은 두 사람, 곧 넬의 아들인 이스라엘 군사령관 아브넬과, 예델의 아들인 유다의 군사령관 아마사를, 칼로 죽인 사람이다. 33 그들의 피는 영원히 요압과 그의 자손에게로 돌아갈 것이며, 다윗과 그의 자손과 그의 왕실과 그의 왕좌에는, 주님께서 주시는 평화가 영원토록 있을 것이다."

34 ㅇ 이에 여호야다의 아들 브나야가 올라가서, 그를 쳐 죽였다. 요압은 광야에 있는 그의 땅에 매장되었다. 35 왕은 요압

똑같이 제단 뿔을 잡았지만 아도니야의 처단은 미룬 반면, 요압의 처형은 즉시 시행했습니다(31, 34절). 둘 사이에는 어떤 차이가 있습니까? 열왕기상 2장은 다윗의 유언과 솔로몬의 통치를 통해 어떻게 다윗과 솔로몬이 신하들의 권세를 제한하고 왕권을 강화하는지 보여줍니다. 다윗은 솔로몬을 향해 "굳세고 장부다워야 한다"고 조언하는데(2절), 이러한 조언은 솔로몬이 온갖 계획을 통해 정적을 철저하게 제거하고 왕권을 강화하는 모습으로 현실화됩니다. 그래서 제단 뿔을 잡았음에도 그 자리에서 당장 죽은 요압이나 얼마 후에 죽은 아도니야나 본질적으로는 별 차이가 없고, 명분이 정당한가에 따라 시간의 차이만 있을 따름입니다. 솔로몬은 언제건 그들을 죽일 생각이었으며, 자신의 이 뜻을 위해서라면 성소 안으로 들어가 그 자리에서 죽이는 것도 개의치 않았습니다. 특히 요압을 죽일 때는 그가 과거 저질렀던 잘못에 대한 처벌을 언급하면서 브나야가 성소까지 들어가 즉결 처분을 하게 했고, 이로써 후환을 완전히 제거했습니다.

대신에 여호야다의 아들 브나야를 군사령관으로 삼고, 아비아
달의 자리에는 사독 제사장을 임명하였다.

시므이가 죽다

36 ○ 그 뒤에 왕은 사람을 보내어서, 시므이를 불러다 놓고,
이렇게 말하였다. "당신은 예루살렘에다가 당신이 살 집을 짓
고, 거기에서만 살도록 하시오. 다른 어느 곳으로든지, 한 발
짝도 나가서는 안 되오. **37** 바깥으로 나가서 기드론 시내를 건
너는 날에는, 당신은 반드시 죽을 것이오. 당신이 죽는 것은
바로 당신 죄 때문임을 명심하시오." **38** 그러자 시므이는 "임
금님께서 하신 말씀은 지당하신 말씀입니다. 임금님의 좋은
그대로 이행할 따름입니다" 하고 대답하고, 오랫동안 예루살
렘을 떠나지 않고, 거기에서 지냈다.

39 ○ 그로부터 거의 세 해가 지났을 무렵에, 시므이의 종들
가운데서 두 사람이 가드 왕 마아가의 아들 아기스에게로 도
망하였다. 어떤 사람들이 시므이에게, 그 종들이 가드에 있다
고 알려주었다. **40** 그래서 시므이는 나귀에 안장을 얹고, 자기

**솔로몬이 시므이에게 가택연금 처분을 내리면서 기드론 시내를 건너지 말라고 명
령한(37절) 이유는 무엇입니까? 이 시내가 지니는 특별한 의미가 있습니까?** 기드
론 시내는 예루살렘 동쪽 외곽을 흐르는 강으로, 예루살렘을 바깥 지역과 구분하는
자연적인 경계였습니다. 기드론 시내 동쪽에 시므이의 원래 거주지였던 바후림이
있으니(삼하 16:5), 솔로몬은 시므이에게 그의 친족과 연합하지 못하게 조치를 내린
것입니다. 그렇기에 시므이는 자기 종들을 찾아 예루살렘 서쪽 가드로 갔다 온 일
을 가볍게 생각했을 수도 있습니다. 그러나 솔로몬은 이 기회를 놓치지 않았고, 예
루살렘 이탈을 근거로 시므이를 죽입니다. 이 내용과 더불어 마지막 46절은 솔로

의 종들을 찾아오려고 가드에 있는 아기스에게로 갔다. 시므이가 직접 내려가, 가드에서 자기 종들을 데리고 왔다. **41** 시므이가 이와 같이, 예루살렘에서 가드로 내려갔다가 돌아왔다는 소식이 솔로몬에게 전해지니, **42** 왕은 사람을 보내어서, 시므이를 불러다 놓고 문책하였다. "내가 당신에게, 주님을 가리켜 맹세하게 하고, 당신에게 경고하기를, 당신이 바깥으로 나가서 어느 곳이든지 가는 날에는, 반드시 죽을 것이라고 하지 않았소? 당신도 나에게 좋다고 하였고, 내 말에 순종하겠다고 하지 않았소? **43** 그런데 어찌하여, 주님께 맹세한 것과, 내가 당신에게 명령한 것을, 당신은 지키지 않았소?" **44** 왕은 계속하여 시므이에게 말하였다. "당신은, 당신이 나의 아버지 다윗 왕에게 저지른 그 모든 일을, 스스로 잘 알고 있을 것이오. 그러므로 주님께서 당신이 저지른 일을 당신에게 갚으실 것이오. **45** 그러나 나 솔로몬 왕은 복을 받고, 다윗의 보좌는 주님 앞에서 영원토록 견고하게 서 있을 것이오."

46 ○ 왕이 여호야다의 아들 브나야에게 명령하니, 그가 바깥으로 나가서, 시므이를 쳐 죽였다. 솔로몬은 권력을 완전히 장악하였다.

몬의 권력이 견고해졌음을 증언합니다. 2장은 솔로몬의 나라가 어떤 과정을 거쳐 견고해져가는지 보여주는데, 그 과정이 오늘날의 독자들에게는 쉽게 동의하기 어려운 부분이 많아 여러 생각을 하게 합니다. 동시에 매우 현실적인 나라의 진전 모습 또한 주 하나님께서 이끄시는 과정임을 열왕기는 보여줍니다.

{ 제3장 }

솔로몬이 지혜를 간구하다(대하 1:3-12)

1 솔로몬은, 이집트 왕 바로와 혼인 관계를 맺고, 바로의 딸을 아내로 맞았다. 그리고 그는 자신의 집과 주님의 성전과 예루살렘 성벽의 건축을 모두 끝낼 때까지, 그 아내를 다윗 성에 있게 하였다. 2 주님께 예배드릴 성전이 그때까지도 건축되지 않았으므로, 백성은 그때까지 여러 곳에 있는 산당에서 제사를 드렸다. 3 솔로몬은 주님을 사랑하였으며, 자기 아버지 다윗의 법도를 따랐으나, 그도 여러 산당에서 제사를 드리며 분향하였다.

4 ○ 기브온에 제일 유명한 산당이 있었으므로, 왕은 늘 그곳에 가서 제사를 드렸다. 솔로몬이 그때까지 그 제단에 바친 번제물은, 천 마리가 넘을 것이다. 한 번은, 왕이 그리로 제사를 드리러 갔는데, 5 그날 밤에 기브온에서, 주님께서 꿈에 솔로몬에게 나타나셨다. 하나님께서 말씀하시기를 "내가 너에게

하나님은 이스라엘 민족과 이방인의 결혼을 금지했다고 들었습니다. 그런데 임금이 그 규정을 이렇게 정면으로 깨트려도(1절) 되는 걸까요? 열왕기를 비롯해 구약성경의 여호수아기, 사사기, 사무엘기는 신명기가 제시하는 신앙과 신학에 기반을 둔 작품입니다. 신명기 7장 3절, 여호수아기 23장 12절은 이방 민족과의 결혼을 강력하게 금지합니다. 이것은 이방인에 대한 배척이 아닙니다. 이방인과의 결혼을 통해 안전과 번영을 추구하지 말고, 오직 하나님을 신뢰하고 그분의 규례와 계명을 따르는 것이 이스라엘이 살 길임을 알리는 데 초점이 있습니다. 그 점에서 열왕기상 3장 첫 구절은 솔로몬 통치의 위태로움을 정확히 드러냅니다. 솔로몬의 올바른 행실을 보여주는 4절 이하의 내용은 1절과 연결되어 독자와 청중으로 하여금 어떻게 과거를 평가하고 오늘을 살아야 하는지 생각하도록 이끕니다.

무엇을 주기를 바라느냐? 나에게 구하여라" 하셨다.

6 ○ 솔로몬이 대답하였다. "주님께서는, 주님의 종이요 나의 아버지인 다윗이, 진실과 공의와 정직한 마음으로 주님을 모시고 살았다고 해서, 큰 은혜를 베풀어주시고, 또 그 큰 은혜로 그를 지켜주셔서, 오늘과 같이 이렇게 그 보좌에 앉을 아들까지 주셨습니다. 7 그러나 주 나의 하나님, 주님께서는, 내가 아직 어린아이인데도, 나의 아버지 다윗의 뒤를 이어서, 주님의 종인 나를 왕이 되게 하셨습니다. 나는 아직 나가고 들어오고 하는 처신을 제대로 할 줄 모릅니다. 8 주님의 종은, 주님께서 선택하신 백성, 곧 그 수를 셀 수도 없고 계산을 할 수도 없을 만큼 큰 백성 가운데 하나일 뿐입니다. 9 그러므로 주님의 종에게 지혜로운 마음을 주셔서, 주님의 백성을 재판하고, 선과 악을 분별할 수 있게 해주시기를 바랍니다. 이렇게 많은 주님의 백성을 누가 재판할 수 있겠습니까?"

10 ○ 주님께서는 솔로몬이 이렇게 청한 것이 마음에 드셨다. 11 그러므로 하나님께서 그에게 말씀하셨다. "네가 스스로를 생각하여 오래 사는 것이나 부유한 것이나 원수 갚는 것을 요

'산당'(4절)이라면 이방 민족들이 제 신들을 섬기던 곳 아닌가요? 그런데 솔로몬이 거기서 제사를 드리고 하나님도 그 제물을 기꺼이 받으셨다는 게 이상합니다. '산당'은 '높은 곳'이라고 옮길 수 있습니다. 고대 가나안 지역에서는 산이나 언덕처럼 높은 곳마다 신들에게 제사하는 장소를 만들어두었습니다. 신명기를 기반으로 한 신앙은 오직 주 하나님 한 분에게만 예배할 것을 촉구하며, 그것을 하나님께서 택하시는 한 곳에서만 드리는 예배로 표현합니다(신 12:1-5, 13-14). 2절은 아직 예루살렘 성전이 세워지기 전이라는 사실을 언급함으로써 백성들의 산당 제사와 4절에서 묘사된 솔로몬의 기브온 산당 제사를 이해하도록 돕습니다. 그러나 솔로몬이 성전을 건축한 이후 열왕기는 왕들의 산당 제사를 매우 강하게 비판합니다.

구하지 아니하고, 다만 재판하는 데에, 듣고서 무엇이 옳은지 분별하는 능력을 요구하였으므로, 12 이제 나는 네 말대로, 네게 지혜롭고 총명한 마음을 준다. 너와 같은 사람이 너보다 앞에도 없었고, 네 뒤에도 없을 것이다. 13 나는 또한, 네가 달라고 하지 아니한 부귀와 영화도 모두 너에게 주겠다. 네 일생동안, 왕 가운데서 너와 견줄 만한 사람이 없을 것이다. 14 그리고 네 아버지 다윗이 한 것과 같이, 네가 나의 길을 걸으며, 내 법도와 명령을 지키면, 네가 오래 살도록 해주겠다."

15 ○ 솔로몬이 깨어나서 보니, 꿈이었다. 그는 곧바로 예루살렘으로 가서, 주님의 언약궤 앞에 서서, 번제와 화목제를 드리고, 모든 신하에게 잔치도 베풀어주었다.

솔로몬의 재판

16 ○ 하루는 창녀 두 사람이 왕에게 와서, 그 앞에 섰다. 17 그 가운데서 한 여자가 나서서 말을 하였다. "임금님께 아룁니다. 저희 두 사람은 한 집에 살고 있습니다. 제가 아이를 낳을

재판에 필요한 분별력이 임금에게 왜 그토록 중요한지(11절) 모르겠습니다. 제왕이라면 재판은 신하들에게 맡기고 국력을 키우는 데 더 집중해야 하지 않을까요? 4-15절은 솔로몬의 그 유명한 지혜가 어디에서 비롯되었는지를 보여주면서 임금의 도리를 알려줍니다. 임금은 대체로 부귀영화, 대단한 위세와 영광 같은 것으로 대표됩니다. 그러나 하나님께서 솔로몬에게 나타나 "네가 원하는 것은 무엇이든 구하라" 하셨을 때 솔로몬이 구한 것은 부귀영화나 권세가 아닌, 그가 맡은 백성들을 위한 올바른 재판이었습니다. 특히 9절의 '지혜로운 마음'이라는 표현은 직역하면 '듣는 마음'입니다. 백성들이 무엇을 요구하는지, 무엇 때문에 그들의 삶이 힘겨운지 잘 듣고 이해해야 올바르게 재판할 수 있다 생각했기에 솔로몬은 '듣는 마음'을 구한 것입니다. 열왕기는 이것이야말로 임금의 존재 이유라고 증언합니다.

때에 저 여자도 저와 함께 있었습니다. 18 그리고 제가 이이를 낳은 지 사흘 만에 저 여자도 아이를 낳았습니다. 그 집 안에는 우리 둘만 있을 뿐이고, 다른 사람은 아무도 없었습니다. 19 그런데 저 여자가 잠을 자다가, 그만 잘못하여 자기의 아이를 깔아뭉갰으므로, 그 아들은 그날 밤에 죽었습니다. 20 그런데 이 종이 깊이 잠든 사이에, 저 여자가 한밤중에 일어나서 아이를 바꾸었습니다. 저의 옆에 누워 있는 저의 아들을 데리고 가서 자기 품에 두고, 자기의 죽은 아들은 저의 품에 뉘어 놓았습니다. 21 제가 새벽에 저의 아들에게 젖을 먹이려고 일어나서 보니, 아이가 죽어 있었습니다. 아침에 제가 자세히 들여다보았는데, 그 아이는 제가 낳은 아들이 아니었습니다." 22 그러자 다른 여자가 대들었다. 그렇지 않다는 것이었다. 살아 있는 아이가 자기의 아들이고, 죽은 아이는 다른 여자의 아들이라고 우겼다. 먼저 말을 한 여자도 지지 않고, 살아 있는 아이가 자기 아들이고, 죽은 아이는 자기의 아들이 아니라고 맞섰다. 그들은 이렇게 왕 앞에서 다투었다.

23 ○ 왕은 속으로 생각하였다. '두 여자가 서로, 살아 있는 아

솔로몬의 경우에서 보듯(11~15절) 하나님은 자주 꿈에 나타나 중요한 메시지를 전합니다. 크리스천들은 꿈을 중요하게 여기고 그 의미를 해석하기 위해 노력해야 합니까? 고대 세계에는 누구나 쉽게 접할 수 있는 요즘의 성경책 같은 것이 없었습니다. 그렇기에 하나님께서 친히 말씀하시거나 예언자를 보내 대신 말하게 하는 경우가 많았습니다. 꿈도 하나님께서 말씀하시는 중요한 통로였습니다. 그러나 오늘날에는 하나님의 뜻이 꿈이나 예언자가 아닌, 우리 모두에게 주어진 성경을 통해 드러납니다. 이 본문에서도 꿈 자체가 중요하다기보다는, 저러한 꿈을 꿀 만큼 솔로몬이 저 문제로 고심했고 하나님께 자신이 구하는 것을 또렷이 표현할 수 있었다는 점이 더 중요합니다. 그래서 평소 우리의 갈망과 생각이 무엇인지, 우리는 무엇을 고민하고 추구하는지 돌아보는 것이 꿈에 집착하는 것보다 훨씬 중요합니다.

이를 자기의 아들이라고 하고, 죽은 아이를 다른 여자의 아들이라고 한다. 그렇다면 좋은 수가 있다.' 24 왕은 신하들에게 칼을 가져오게 하였다. 신하들이 칼을 왕 앞으로 가져오니, 25 왕이 명령을 내렸다. "살아 있는 이 아이를 둘로 나누어서, 반쪽은 이 여자에게 주고, 나머지 반쪽은 저 여자에게 주어라." 26 ○ 그러자 살아 있는 그 아이의 어머니는, 자기 아들에 대한 모정이 불타올라, 왕에게 애원하였다. "제발, 임금님, 살아 있는 이 아이를, 저 여자에게 주시어도 좋으니, 아이를 죽이지는 말아 주십시오." 그러나 다른 여자는 "어차피, 내 아이도 안 될 테고, 네 아이도 안 될 테니, 차라리 나누어 가지자" 하고 말하였다. 27 그때에 드디어 왕이 명령을 내렸다. "살아 있는 아이를 죽이지 말고, 아이를 양보한 저 여자에게 주어라. 저 여자가 그 아이의 어머니이다."

28 ○ 모든 이스라엘 사람이, 왕이 재판한 판결 소식을 들었다. 그리고 백성들은, 왕이 재판할 때에 하나님께서 주시는 지혜로 공정하게 판단한다는 것을 알고, 왕을 두려워하였다.

임금이 백성들의 대소사에 직접 개입해 판결을 내리는 모습이(16–27절) 어색합니다. 나라를 다스리기는커녕 재판만 하다 세월 다 보내겠습니다. 고대 세계에서 재판은 임금의 가장 중요한 직무였습니다. 만일 임금이 진행하는 재판이 없다면 세상은 힘 있고 돈 많은 이들이 모든 것을 제멋대로 좌지우지해서 가난하고 힘없는 이들은 살기 어려웠을 것입니다. 그러므로 임금과 재판은 힘없는 이들의 보호자요, 피난처 역할을 위해 존재합니다. 하나님께 지혜를 얻은 솔로몬을 보여주는 단적인 예가 창녀 두 사람의 재판입니다. 다들 왜 그런 직업을 가지느냐고 훈계하거나 어떻게 이런 사람들이 감히 왕궁에 들어올 수 있느냐고 잔소리할 텐데, 열왕기 본문은 창녀라 할지라도 전혀 모욕당하지 않고 임금 앞에서 재판받을 수 있음을 보여줍니다. 그 것이 솔로몬 시대의 영광입니다. 가난하고 천대받기 쉬운 이들이 거리낌 없이 임금 앞에 나아갈 수 있는 세상이야말로 하나님께서 주신 지혜가 가득한 세상입니다.

{ 제4장 }

솔로몬이 거느린 관리들

1 솔로몬 왕이 온 이스라엘을 다스리는 왕이 되었을 때에, 2 그가 거느린 고급 관리들은 다음과 같다.

○ 사독의 아들 아사랴는 제사장이고, 3 시사의 아들 엘리호렙과 아히야는 서기관이고, 아힐룻의 아들 여호사밧은 역사 기록관이고, 4 여호야다의 아들 브나야는 군사령관이고, 사독과 아비아달은 제사장이고, 5 나단의 아들 아사랴는 관리를 지휘하는 장관이고, 나단의 아들 사붓은 제사장 겸 왕의 개인 자문관이고, 6 아히살은 궁내대신이고, 압다의 아들 아도니람은 강제 노역 책임자였다.

7 ○ 솔로몬은 온 이스라엘 지역에다가, 관리를 지휘하는 장관 열둘을 두었는데, 그들은 각각 한 사람이 한 해에 한 달씩, 왕과 왕실에서 쓸 먹거리를 대는 책임을 졌다. 8 그들의 이름은 다음과 같다.

○ 에브라임 산간지역은 벤훌이 맡았다. 9 마가스와 사알빔과

솔로몬은 서기관과 역사기록관을 두었습니다(3절). 언뜻 비슷해 보이는 두 직책의 차이는 무엇입니까? 고대 세계의 직책에 관해 정확한 의미를 알기는 무척 어렵습니다. 다만 오늘 우리는 어림짐작으로 말할 수 있을 따름입니다. 아마도 서기관은 '비서관' 정도로 옮길 수 있습니다. 이들은 재정 출납 업무를 맡기도 했고(왕하 12:11; 느 13:13), 군사를 모집하는 역할(왕하 25:19; 대하 26:11)도 수행했습니다. 역사 기록관은 오직 이 직책의 이름만 소개되어서 더 이상 알기는 어렵습니다. 기본적으로 '기억하게 하는 이'라는 의미를 지니기에 왕실 의전관일 수도 있고, 왕실 역사를 기록하는 사람일 수도 있습니다.

벳세메스와 엘론벳하난 지역은 벤데겔이 맡았다. 10 아룹봇과 소고와 헤벨 전 지역은 벤헤셋이 맡았다. 11 돌의 고지대 전 지역은 벤아비나답이 맡았는데, 그는 솔로몬의 딸 다밧의 남편이다. 12 다아낙과 므깃도와 이스르엘 아래 사르단 옆에 있는 벳산 전 지역과 저 멀리 아벨므홀라와 욕느암에 이르는 지역은 아힐룻의 아들 바아나가 맡았다. 13 길르앗의 라못 지역과 길르앗에 있는 므낫세의 아들 야일의 모든 동네와 바산에 있는 아르곱 지역의 성벽과 놋빗장을 갖춘 예순 개의 큰 성읍은 벤게벨이 맡았다. 14 마하나임 지역은 잇도의 아들 아히나답이 맡았다. 15 납달리 지역은 솔로몬의 딸 바스맛의 남편 아히마아스가 맡았다. 16 아셀과 아롯 지역은 후새의 아들 바아나가 맡았다. 17 잇사갈 지역은 바루아의 아들 여호사밧이 맡았다. 18 베냐민 지역은 엘라의 아들 시므이가 맡았다. 19 길르앗 땅은 우리의 아들 게벨이 맡았다. 이곳 길르앗은 아모리 사람의 왕 시혼과 바산 왕 옥의 땅이었다.

ㅇ 이 열둘 밖에도, 온 땅을 맡아서 관리하는 장관이 따로 있었다.

솔로몬의 하루 식자재 소비량이 엄청납니다(22절). 결국은 세금으로 거둬들였을 텐데, 백성들이 잘 지냈다는(20절) 말을 곧이곧대로 믿어도 될까요? 20–25절은 솔로몬 시대를 모든 백성이 평화롭게 지내던 시기로 묘사합니다. 각 사람이 자기 포도나무와 자기 무화과나무 아래 살았다는 것은(25절) 각각 자신의 땅을 경작하며 모자람 없이 누리는 평화를 표현합니다. "단에서부터 브엘세바에 이르기까지", 즉 이스라엘 전역에서 누구나 이 평화를 누렸습니다. 이런 맥락 속에 놓인 솔로몬의 하루 먹거리 소비량 역시 솔로몬 시대 이스라엘의 번영과 풍요로움을 보여주기 위한 표현이라 할 수 있습니다. 사람이 바닷가 모래알처럼 많은 번성의 시대였으나, 그럼에도 누구 하나 먹고 마시는 것에 모자람이 없었던 시절이 솔로몬 시대 이스라엘이었습니다.

솔로몬의 영화

20 ○ 유다와 이스라엘에는 인구가 늘어나서, 마치 바닷가의 모래알처럼 사람이 많아졌지만, 먹고 마시는 것에 모자람이 없었으므로, 백성들이 잘 지냈다. **21** 솔로몬은 유프라테스강에서부터 블레셋 영토에 이르기까지, 또 이집트의 국경에 이르기까지, 모든 왕국을 다스리고, 그 왕국들은 솔로몬이 살아 있는 동안, 조공을 바치면서 솔로몬을 섬겼다.

22 ○ 솔로몬이 쓰는 하루 먹거리는 잘 빻은 밀가루 서른 섬과 거친 밀가루 예순 섬과 **23** 살찐 소 열 마리와 목장 소 스무 마리와 양 백 마리이고, 그 밖에 수사슴과 노루와 암사슴과 살진 새들이었다.

24 ○ 솔로몬은 유프라테스강 이쪽에 있는 모든 지역 곧 딥사에서부터 가사에 이르기까지, 유프라테스강 서쪽의 모든 왕을 다스리며, 주위의 모든 민족과 평화를 유지하였다. **25** 그래서 솔로몬의 일생 동안에 단에서부터 브엘세바에 이르기까지, 유다와 이스라엘의 모든 사람은 저마다 자기의 포도나무와 무화과나무 아래에서 평화를 누리며 살았다.

말은 1만 2천 마리인데 마구간은 4만 칸이라고요?(26절) 여기 나온 기록은 역사적 사실이 아니라 상징적이고 허구적인 설명으로 보는 게 좋겠군요. '군마'라고 번역했지만, 히브리어의 실제 의미는 '군마를 모는 기병'입니다. 기병이 1만 2천 명이고 고대에는 대개 하나의 병거에 두 마리 이상의 말을 메었으니까 말은 그보다 더 많았을 겁니다. 그럼에도 4만이라는 숫자는 지나치게 큽니다. 역대지하 9장 25절에서는 솔로몬 시대에 기병이 1만 2천 명, 마구간은 4천 칸이라 전합니다. 이 숫자가 좀 더 현실적일 수 있습니다. 어느 것이 역사적 사실에 부합하는지는 알 수 없지만, 솔로몬 시대의 부강함을 보여주기에는 충분합니다.

26 ○ 솔로몬은 전차를 끄는 말을 두는 마구간 사만 칸과 군마 만 이천 필을 가지고 있었다. 27 그리고 솔로몬의 관리들은 각자 자기가 책임진 달에, 솔로몬 왕과 솔로몬 왕의 식탁에 참석하는 모든 사람이 먹을 수 있도록, 부족하지 않게 먹거리를 조달하였다. 28 또한 군마와 역마에게 먹일 보리와 보리짚도 각각 자기의 분담량에 따라서, 말이 있는 곳으로 가져왔다.

29 ○ 하나님께서 솔로몬에게 지혜와 총명과 넓은 마음을 바닷가의 모래알처럼 한없이 많이 주시니, 30 솔로몬의 지혜는 동양의 어느 누구보다도, 또 이집트의 어느 누구보다도 더 뛰어났다. 31 그는 어느 누구보다도 더 지혜로웠다. 예스라 사람 에단과 마홀의 아들 헤만과 갈골과 다르다보다도 더 지혜로웠으므로, 그의 명성은 주위의 모든 민족 가운데 자자하였다. 32 그는 삼천 가지의 잠언을 말하였고, 천다섯 편의 노래를 지었고, 33 레바논에 있는 백향목으로부터 벽에 붙어서 사는 우슬초에 이르기까지, 모든 초목을 놓고 논할 수 있었고, 짐승과 새와 기어 다니는 것과 물고기를 두고서도 가릴 것 없이 논할 수 있었다. 34 그래서 그의 지혜에 관한 소문을 들은 모든 백성과 지상의 모든 왕은, 솔로몬의 지혜를 들어서 배우려고 몰려왔다.

제5장

솔로몬이 성전 건축을 준비하다(대하 2:1~18)

1 두로의 히람 왕은 평소에 늘 다윗을 좋아하였는데, 솔로몬이 그의 아버지 다윗의 뒤를 이어 왕으로 기름 부음을 받았다는 소식을 듣고, 솔로몬에게 자기의 신하들을 보냈다. 2 그래서 솔로몬은 히람에게 사람을 보내어, 말을 전하였다. 3 "임금님께서 아시다시피, 나의 아버지 다윗 임금은 주 하나님을 섬기면서도, 주님께서 원수들을 그의 발바닥으로 짓밟을 수 있게 하여주실 때까지 전쟁을 해야 했으므로, 자기의 하나님이신 주님의 이름을 찬양할 성전을 짓지 못하였습니다. 4 그런데 이제는 주 나의 하나님께서 내가 다스리는 지역 온 사방에 안정을 주셔서, 아무런 적대자도 없고, 불상사가 일어날 일도 없습니다. 5 이제 나는 주님께서 나의 아버지 다윗 임금에게 '내가 네 왕위에 너를 대신하여 오르게 할 네 아들이, 내 이름을 기릴 성전을 지을 것이다' 하고 말씀하신 대로, 주 나의 하나님

국가 간에는 이해가 맞아야 우호적 관계가 될 수 있습니다. 두로는 어떤 나라고 무슨 이득이 있어서 이스라엘과 가까이 지냈습니까?(1절) 두로와 이스라엘 사이의 우호적인 관계는 다윗 시대부터 이어졌습니다(삼하 5:11). 두로는 페니키아로 알려진 지역으로, 오늘의 레바논 해안에 위치한 도시입니다. 두로와 인근의 시돈은 고대에 매우 번성한 무역항으로 유명했습니다. 특히 항구도시 두로는 서쪽으로 지중해와 접했고, 동쪽으로는 레바논 산맥과 안티레바논 산맥이 남북으로 이어져 있었으며, 특히 이곳에서 자라는 백향목은 매우 질 좋은 나무였습니다. 바다와 산맥에 둘러싸인 두로는 이스라엘을 통해 곡물을 공급받고, 이스라엘은 두로를 통해 레바논의 백향목을 공급받으며 이집트로 이어지는 교역로의 안전도 보장받을 수 있어서 두 나라 사이의 조약은 피차간에 유익한 결합이었습니다.

의 이름을 기릴 성전을 지으려고 합니다. 6 그러므로 이제 명령을 내리셔서, 성전 건축에 쓸 레바논의 백향목을 베어서 주시기 바랍니다. 나의 종들이 임금님의 종들과 함께 일을 할 것이고, 임금님의 종들에게 줄 품삯은, 임금님께서 정하시는 대로 지불하겠습니다. 임금님께서도 잘 아시다시피, 우리 쪽에는 시돈 사람처럼 벌목에 능숙한 사람이 없습니다."

7 ○ 히람이 솔로몬의 말을 전하여 듣고, 크게 기뻐하면서, 이렇게 말하였다. "오늘 다윗에게 이 큰 백성을 다스릴 지혜로운 아들을 주신 주님께 찬양을 드리자." 8 그리고 히람은 솔로몬에게 회신을 보내어서, 이렇게 말하였다. "임금님께서 나에게 보내주신 전갈은 잘 들었습니다. 백향목뿐만 아니라, 잣나무도 원하시는 대로 드리겠습니다. 9 나의 종들이 레바논에서부터 바다에까지 나무를 운반하고, 바다에 뗏목으로 띄워서, 임금님께서 나에게 말씀하신 곳까지 보내고, 그곳에서 그 나무를 풀어놓을 것입니다. 그러면 임금님께서는 끌어올리기만 하시면 됩니다. 그리고 그 값으로 내가 바라는 것은, 나의 왕실에서 쓸 먹거리를 제공하여주시는 것입니다." 10 이렇게 하여

히람은 솔로몬의 제안을 듣고 "주님께 찬양을 드리자"(7절)라고 말합니다. 두로도 이스라엘처럼 여호와 하나님을 섬기는 나라였습니까? 당연히 두로는 주 하나님을 섬기는 나라가 아닙니다. 그러나 고대 세계에서는 각 지역의 신들에 대한 존중이 일종의 기본적인 교양이며 상식이었습니다. 두로의 왕 히람이 선대 다윗과의 친분에 이어 솔로몬이 진행하려는 일을 격려하면서 솔로몬의 하나님을 찬양하는 것은 무척이나 자연스럽습니다. 아울러 열왕기를 포함하는 신명기 역사서는 솔로몬이 시작한 예루살렘 성전 건축에 모든 초점을 맞추면서, 이 일에 이방 왕도 협력했음을 보이고자 합니다. 신명기 역사서는 오직 주 하나님 한 분만이 찬양과 예배를 받으실 분이라는 점을 가장 중요하게 여기며, 솔로몬의 시대를 이러한 관점에서 서술합니다.

서, 히람은 백향목 재목과 잣나무 재목을 솔로몬이 원하는 대로 다 보내주었다. 11 솔로몬은 히람에게, 왕실에서 쓸 먹거리로, 밀 이만 섬과 짜낸 기름 스무 섬을 보내주었다. 솔로몬은 해마다 히람에게 이렇게 하였다. 12 주님께서는, 약속하신 그 말씀대로, 솔로몬에게 지혜를 주셔서, 히람과 솔로몬 사이에는 평화가 있었다. 그리고 그 둘은 조약도 맺었다.

13 ○ 솔로몬 왕은 이스라엘 전국에서 노무자를 불러 모았는데, 그 수는 삼만 명이나 되었다. 14 그는 그들을 한 달에 만 명씩 번갈아 레바논으로 보내어, 한 달은 레바논에서 일을 하게 하고, 두 달은 본국에서 일을 하게 하였다. 노역부의 책임자는 아도니람이었다. 15 솔로몬에게는, 짐을 운반하는 사람이 칠만 명이 있었고, 산에서 채석하는 사람이 팔만 명이 있었다. 16 그밖에 작업을 감독하는 솔로몬의 관리 가운데는 책임자만 해도 삼천삼백 명이 있었다. 그들은 공사장에서 노동하는 사람을 통솔하였다. 17 왕은 명령을 내려서, 다듬은 돌로 성전의 기초

벌목, 운반, 채석은 모두 중노동입니다. 20만 명에 가까운 백성들을 동원해(13-16절) 그렇게 험한 노동을 시켰다면 솔로몬은 성군보다 폭군에 가깝지 않을까요? 성전 건축은 모든 이스라엘이 함께 참여한 일임을 이처럼 무수히 동원된 백성의 숫자를 통해 알 수 있습니다. 오늘날 교회 건물을 건축하는 일도 온 교인들이 마음과 정성을 모아 진행되는 중요한 작업임을 생각한다면, 예루살렘 성전 건립이 그저 왕가의 일만이 아니라 주 하나님 신앙을 지닌 모든 이들에게 가장 중요한 작업이었으리라는 점을 충분히 이해할 수 있습니다. 신명기 역사서는 성전 건축이 모든 이스라엘의 일임을 이렇게 보여줍니다. 그렇지만 빛이 있으면 언제나 어둠이 있듯이, 솔로몬의 대대적인 성전 건축에 동원되면서 백성들은 자신의 일상을 충실하게 살아가기 어려워질 수밖에 없었습니다. 그리고 7년에 걸친 성전 건축이 끝이 아니라 이어서 무수한 왕실 건물도 지어야 했기 때문에 백성들의 삶은 더더욱 힘겨워졌습니다. 결국 솔로몬의 번영은 한 세대를 넘어가지 못합니다.

를 놓으려고, 크고 값진 돌을 채석하게 하였다. 18 그리하여 솔로몬의 건축자들과 히람의 건축자들과 그발 사람들은 돌을 다듬었고, 성전을 건축하는 데 쓸 목재와 석재를 준비하였다.

{ 제6장 }

솔로몬이 성전을 짓다

1 이스라엘 자손이 이집트 땅에서 나온 지 사백팔십 년, 솔로몬이 이스라엘의 왕이 된 지 사 년째 되는 해 시브월 곧 둘째 달에, 솔로몬은 주님의 성전을 짓기 시작하였다. 2 솔로몬 왕이 주님께 지어 바친 성전은, 길이가 예순 자이고, 너비가 스무 자이고, 높이가 서른 자이다. 3 성전의 본당 앞에 있는 현관은, 그 길이가 스무 자로서, 그 본당의 너비와 똑같고, 그 너비는 성전 본당 밖으로 열 자를 더 달아냈다. 4 그리고 그는 성전 벽에다가 붙박이창을 만들었는데, 바깥쪽을 안쪽보다 좁게 만

"이스라엘 자손이 이집트 땅에서 나온"(1절) 해를 기준으로 성전 지은 시기를 설명하는 까닭은 무엇입니까? 이러한 구절을 통해 열왕기가 포함된 신명기 역사서가 역사를 어떻게 이해하는지 엿볼 수 있습니다. 주 하나님의 이끄심을 따라 이집트의 노예 생활을 청산하고 약속의 땅을 향해 떠난 이스라엘은 그로부터 480년이 지나서야 하나님의 이름을 둘 성전을 짓기 시작했습니다. 열왕기는 성전 건축을 출애굽 사건의 완성으로 보고 있습니다. 단순히 독립된 자유로운 나라의 건설을 넘어, 오직 주 하나님을 섬기며 예배하는 백성 공동체의 확립이야말로 열왕기, 그리고 신명기 역사서의 이상입니다. 여기에서 480년은 365일짜리 480년을 가리킨다기보다는 12×40으로 보아, 열두 세대가 지난 후를 의미하는 상징적 숫자일 가능성이 큽니다.

들었다. 5 그리고 그 사방에 골방을 만들었다. 성전의 벽 곧 본당 양옆과 뒤로는, 쭉 돌아가면서 삼 층으로 다락을 만들었다. 6 아래층에 있는 다락은 그 너비가 다섯 자이고, 가운데층에 있는 다락은 그 너비가 여섯 자이고, 삼 층에 있는 다락은 그 너비가 일곱 자이다. 이것은 성전 바깥으로 돌아가면서 턱을 내어서, 골방의 서까래가 성전의 벽에 박히지 않게 하였다.

7 ○ 돌은 채석장에서 잘 다듬어낸 것을 썼으므로, 막상 성전을 지을 때에는, 망치나 정 등, 쇠로 만든 어떠한 연장 소리도, 성전에서는 전혀 들리지 않았다.

8 ○ 가운데층에 있는 골방으로 들어가는 문은 성전의 남쪽 측면에 있으며, 나사 모양의 층계를 따라서, 가운데층으로 올라가게 하였다. 또 가운데층에서부터 삼 층까지도 나사 모양의 층계를 따라서 올라가게 하였다. 9 이렇게 해서 그는 성전 짓기를 완성하였다. 성전의 천장은 백향목 서까래와 널빤지로 덮었다. 10 또한 성전 전체에다가 돌아가면서 높이가 저마다 다섯 자씩 되는 다락을 지었는데, 백향목 들보로 성전에 연결

모세가 하나님을 위해 지었던 성막과 솔로몬이 세운 성전은 천막과 돌집이라는 구조적 차이 외에 어떤 점에서 같고 또 다릅니까? 천막과 나무로 만든 광야 성막, 그리고 돌과 나무로 세운 솔로몬 성전의 근본적인 차이는 이동성입니다. 성막은 언제든 철거하고 조립할 수 있어서 이스라엘이 어디로 가든 옮겨 다니는 이동 성소인 반면, 솔로몬 성전은 예루살렘의 특정한 장소에 고정되어 있는 건물입니다. 성막의 지성소에는 법궤만이 존재했지만, 솔로몬 성전의 지성소에는 법궤와 더불어 두 개의 커다란 그룹이 세워졌습니다. 성막의 성소에는 하나의 촛대만이 있었지만, 솔로몬 성전에는 열 개의 촛대가 있습니다(7:49). 성막은 주로 여러 종류의 실로 장식했지만, 솔로몬 성전은 대부분 정금으로 장식했습니다. 그러나 성막과 성전 모두 지성소와 성소로 구분된 공간으로 이루어졌고, 법궤와 분향단, 떡상, 촛대, 제단이라는 구성 요소를 지닌다는 점은 동일합니다.

하였다.

11 ○ 주님께서 솔로몬에게 말씀하셨다. 12 "드디어 네가 성전을 짓기 시작하였구나. 네가 내 법도와 율례를 따르고, 또 나의 계명에 순종하여, 그대로 그것을 지키면, 내가 네 아버지 다윗에게 약속한 바를 네게서 이루겠다. 13 또한 나는 이스라엘 자손과 더불어, 그들 가운데서 함께 살겠고, 내 백성 이스라엘을 결코 버리지 않겠다."

14 ○ 솔로몬이 성전 짓기를 마쳤다.

성전 내부 장식(대하 3:8-14)

15 ○ 성전의 안쪽 벽에는 바닥에서 천장에 닿기까지 벽 전체에 백향목 널빤지를 입히고, 성전의 바닥에는 잣나무 널빤지를 깔았다. 16 성전 뒤쪽에서 앞쪽으로 스무 자를 재어서, 바닥에서부터 천장의 서까래에 이르기까지 백향목 널빤지로 가로막아서, 성전의 내실 곧 지성소를 만들었다. 17 내실 앞에 있는 성전의 외실은, 그 길이가 마흔 자였다. 18 성전 안쪽 벽

하나님이 솔로몬에게 지키겠다고 하는 '다윗과의 약속'(12절)은 구체적으로 무얼 가리킵니까? 이 약속은 사무엘기하 7장 8-16절을 가리킵니다. 다윗이 하나님을 위한 성전을 짓겠다고 마음먹었을 때, 하나님께서는 예언자 나단을 통해 다윗을 위해 다윗의 집안을 왕조로 만들겠다고 약속하십니다. 이 약속에는 이스라엘이 다시는 옮겨 다닐 필요 없이 하나님께서 허락하신 땅에서 살게 되리라는 약속, 하나님께서 그들을 원수들로부터 보호해 평안히 살게 하시리라는 약속, 다윗 왕가가 범죄하면 징계하시지만 하나님의 은총을 완전히 거두지는 않으시겠다는 약속, 그리고 다윗의 나라와 왕위가 영원히 튼튼하게 서 있으리라는 약속이 포함되어 있습니다. 그러므로 이제 솔로몬이 짓는 성전은 다윗과 그의 후손, 그리고 이스라엘이 오직 하나님의 법도와 율례와 계명을 따라 살겠다는 결단의 표시입니다.

에 입힌 백향목에는, 호리병 모양 박과 활짝 핀 꽃 모양을 새겼는데, 전체가 백향목이라서, 석재는 하나도 보이지 않았다. **19** ○ 성전 안에는, 주님의 언약궤를 놓아둘 내실을 마련하였다. **20** 성전의 내실 곧 지성소는 길이가 스무 자, 너비가 스무 자, 높이가 스무 자이고, 순금으로 입혔으며, 백향목 제단에도 순금으로 입혔다. **21** 솔로몬은 성전 내부도 순금으로 입히고, 지성소 앞에는 금사슬을 드리웠으며, 그 지성소를 모두 금으로 입혔다. **22** 그래서 그는 온 성전을, 빠진 곳이 전혀 없도록, 금으로 입혔다. 심지어는 성소에 속하여 있는 제단들까지도, 모두 금으로 입혔다.

23 ○ 그는 지성소 안에 올리브나무로 두 개의 그룹을 만들었는데, 높이는 각각 열 자이다. **24** 그 한 그룹의 한쪽 날개는 다섯 자, 그룹의 다른 쪽 날개 역시 다섯 자이다. 그 날개의 한쪽 끝으로부터 다른 쪽 날개의 끝까지는 열 자이다. **25** 두 번째 그룹도 열 자이며, 두 그룹이 같은 치수와 같은 모양이었다. **26** 이쪽 그룹의 높이도 열 자이고, 저쪽 것도 열 자이다. **27** 솔로몬은 그 그룹들을 지성소의 가장 깊숙한 곳에 놓았다. 그룹

14절은 너무 성급한 선언 아닌가요? 공사가 끝나려면 아직 멀었는데 말입니다. 솔로몬이 성전 건축을 마쳤다는 언급은 14절만이 아니라 앞의 9절이나 이후의 38절에서도 볼 수 있습니다. 그러나 성전 건축에 관한 내용은 6장은 물론 7장 13-51절에서도 볼 수 있고, 특히 7장 51절은 성전이 최종 완공되었음을 알립니다. 성전의 가장 기본적인 틀을 다룬 후 건축 완료를 선언했고(9절), 성전 건축과 다윗에게 주어진 하나님의 약속의 성취와 연관해 다시 한번 건축 완료를 선언했으며(14절), 성전 내부로 들어가서 지성소와 외실의 각 공간을 마련하고 장식하는 일과 연관해 건축 완료를 선언했습니다(38절). 그 점에서 6장 9, 14, 38절의 건축 완료 선언은 상징적이며 신앙적인 진술이라 볼 수 있습니다.

들의 날개는 펴져 있어서, 이쪽 그룹의 한 날개가 저쪽 벽에 닿았고, 저쪽 그룹의 한 날개는 이쪽 벽에 닿았다. 그리고 지성소의 중앙에서 그들의 다른 날개들은 서로 닿아 있었다. 28 그는 이 그룹에도 금으로 입혔다.

29 ○ 그는 성전의 지성소와 외실의 벽으로 돌아가면서, 그룹의 형상과 종려나무와 활짝 핀 꽃 모양을 새겼다. 30 또 그 성전의 지성소와 외실 마루에도 금으로 입혔다.

31 ○ 지성소 어귀에는 올리브나무로 문을 두 짝 만들고, 그 인방과 문설주는 오각형으로 만들었다. 32 그리고 올리브나무로 만든 문 두 짝에는, 그룹의 형상과 종려나무와 활짝 핀 꽃 모양을 새겼는데, 그룹 모양과 종려나무 모양 위에도 금으로 입혔다. 33 또 올리브나무로 본당의 외실 어귀를 만들었는데, 그 문설주는 사각형으로 만들었다. 34 그리고 잣나무로 만든 두 개의 문이 있는데, 한쪽의 문도 두 부분으로 접히고, 다른 문도 두 부분으로 접히게 되어 있었다. 35 그 위에 그룹들과 종려나무와 활짝 핀 꽃 모양을 새겼는데, 그 위에 고루고루

38절에 따르면 성전이 설계한 대로 완공되었다는데 정작 그 설계를 누가 했는지는 알 수 없습니다. 설계자의 이름을 의도적으로 빼버린 걸까요? 6장에는 "그가 만들었다", "그가 건축하였다" 같은 표현이 나옵니다. 특히 12절에서 하나님께서는 솔로몬에게 "네가 성전을 짓기 시작하였구나"라고 말씀하십니다. 당연히 솔로몬은 이 성전의 그 어떤 부분도 손수 만들지 않았을 것이고, 무수히 동원된 백성들의 손을 통해 성전이 완성되었을 것입니다. 아마도 성전 건축 계획 단계에서는 왕이 어느 정도 개입했을 것입니다. 솔로몬이 지혜로 유명했고, 고대의 지혜는 항해하는 기술이나 물건을 만들고 조립하는 것, 베로 실을 짜는 것까지 포함했으니, 솔로몬도 큰 역할을 했으리라 짐작할 수 있습니다. 그러나 여기에서 성전을 건축하는 주체는 이스라엘 모든 백성의 대표자로서 솔로몬이며, 그래서 "솔로몬 네가 성전을 건축한다" 같은 표현이 사용되었습니다.

금을 입혔다.

36 ○ 또 성전 앞에다가 안뜰을 만들었는데, 안뜰 벽은 잘 다듬은 돌 세 켜와 두꺼운 백향목 판자 한 켜로 벽을 쳤다.

37 ○ 주님의 성전 기초를 놓은 것은 솔로몬의 통치 제사 년 시브월이고, 38 성전이 그 세밀한 부분까지 설계한 대로 완공된 것은 제십일 년 불월 곧 여덟째 달이다. 솔로몬이 성전을 건축하는 데는 일곱 해가 걸렸다.

{ 제7장 }

솔로몬의 궁전

1 솔로몬은, 자기의 궁을 건축하기 시작하여 그것을 완공하는데, 열세 해가 걸렸다. 2 그는 '레바논 수풀 궁'을 지었는데, 그 길이는 백 자이고, 그 너비는 쉰 자이고, 그 높이는 서른 자이다. 백향목 기둥을 네 줄로 세우고, 그 기둥 위에는 백향목 서까래를 얹었다. 3 지붕에는, 한 줄에 열다섯 개씩, 모두 마흔다섯 개의 서까래를 대고, 백향목 판자로 덮었다. 4 창틀은 세 줄로 되어 있고, 그 창문들은 세 단으로 되어서, 서로 마주 보고 있었다. 5 문과 문설주는 모두 네모난 모양이고, 창문은 창문끼리 세 줄로 마주 보고 있었다.

6 ㅇ 그는 기둥들을 나란히 세워 주랑을 만들었다. 그것은 길이가 쉰 자이고 너비가 서른 자인, 벽이 없는 복도였다. 주랑 앞에는 현관이 있고, 현관 앞에 또 기둥들이 있고, 그 기둥들

성전 건축은 7년, 왕궁은 13년이 걸렸습니다. 솔로몬은 자신의 거처를 짓는 데 곱절이나 공을 들인 셈이군요(1절). 열왕기 저자는 성전 완공 기간을 언급한 6장 38절과 솔로몬의 왕궁 건설 기간을 언급한 7장 1절을 의도적으로 나란히 배치해 솔로몬의 행동에 의문이 생기게 합니다. 특히 1절 첫 문장은 우리말로는 드러나지 않지만 목적어("자기의 궁을")를 주어나 서술어보다 먼저 언급하는 특이한 배열을 통해 목적어를 강조했습니다. 그에 더해 성전 건축 도중에 왕궁 건설에 대한 내용이 1~12절에 놓이면서, 사실상 솔로몬이 성전 건축보다 왕궁 건축을 우선했음을 보여주기도 합니다. 결국 열왕기 기자는 이를 통해 솔로몬의 행동을 암묵적으로 비판하는 것 같습니다. 성전과 왕궁 전부를 완공하는 데 20년의 시간이 걸렸다는 점 역시, 이 긴 기간 동안 국가 공사에 강제로 동원된 백성들의 고충과 고역이 얼마나 길었을지 짐작하게 합니다.

위에는 차양이 걸려 있었다.

7 ○ 또 그는 '옥좌실' 곧 '재판정'을 짓고, 그 마루를 모두 백향목으로 깔았다.

8 ○ 자기가 있을 왕궁은, '재판정' 뒤에 있는 다른 뜰에 지었는데, 그 건축양식은 다른 건물들의 건축양식과 서로 비슷하였다. 또 솔로몬은 이것과 같은 궁전을, 그가 결혼하여 아내로 맞아들인 바로의 딸에게도 지어주었다.

9 ○ 왕궁을 포함한 모든 건물은, 치수를 재어서 깎은 귀한 돌, 앞뒤를 톱으로 자른 값진 돌들로 지었는데, 기초에서부터 갓돌까지, 또 바깥은 물론이고, 건물 안의 큰 뜰까지, 다 그러한 재료를 써서 지었다. 10 기초를 놓을 때에도 값진 큰 돌들을 놓았는데, 어떤 돌은 열 자나 되고, 어떤 돌은 여덟 자나 되었다. 11 기초를 다진 다음에는, 그 위에다가 치수를 재어서, 잘 다듬은 값진 돌과 백향목으로 벽을 올렸다. 12 왕궁 뜰의 담이나, 주님의 성전 안뜰의 담이나, 성전의 어귀 현관의 담은, 모두 잘 다듬은 돌 세 켜와 두꺼운 백향목 판자 한 켜를 놓아서 쌓았다.

'레바논 수풀 궁'과 관련해 2절과 3절의 수치가 조금 이상합니다. 2절에서는 백향목 기둥이 네 줄, 3절에서는 한 줄에 열다섯 개씩 서까래를 얹는다고 했는데, 그러면 모두 60개가 되어야 하는 거 아닌가요? 6–7장에서 묘사된 성전과 왕궁 건축 내용은 오늘 우리가 이해하기 극히 어렵습니다. 여러 건축 용어가 쓰였지만 정확하게 무엇을 의미하는지 알기 어렵기 때문입니다. 그래서 어림짐작으로 말할 수 있을 뿐입니다. 기둥이 네 줄이고 각 줄에 서까래가 열다섯이면 60개가 되는 것이 맞습니다. 그러다 보니 그리스어로 번역된 고대 번역 성경인 칠십인경은 2절에서 백향목 기둥이 네 줄이 아니라 '세 줄'이라고 표현하기도 합니다. 그러나 그 외의 많은 번역 성경이나 연구자들은 3절이 이야기하는 것이 수풀 궁 건물 위쪽에 있는 곁방들을 가리킨다고 봅니다.

후람의 임무

13 ○ 솔로몬 왕은 사람을 보내어서, 두로에서 후람을 불러왔는데, 14 그는 납달리 지파에 속한 과부의 아들이다. 그의 아버지는 두로 사람으로서, 놋쇠 대장장이다. 그는, 놋쇠를 다루는 일에는, 뛰어난 지혜와 기술과 전문 지식을 두루 갖춘 사람이었다. 그가 솔로몬 왕에게 불려와서, 공사를 거의 도맡아 하였다.

두 놋쇠 기둥(대하 3:15–17)

15 ○ 그는 두 개의 놋쇠 기둥을 만들었다. 둘 다 열여덟 자 높이에, 열두 자 둘레였다. 16 그는 또, 그 두 기둥의 꼭대기에 얹어 놓을 두 개의 기둥머리를, 놋을 녹여 부어서 만들었는데, 그 기둥머리는 둘 다 꼭 같이 높이가 다섯 자이다. 17 기둥 꼭대기에 얹은 기둥머리를 장식하려고, 바둑판 모양으로 얽은 그물과 사슬 모양의 고리를 각각 일곱 개씩 만들었다. 18 이렇게 두 기둥을 만들고 나서, 기둥 꼭대기에 얹은 기둥머리를

기둥 두 개만 놋쇠로 특별 제작하고 이름까지 부여한 까닭이 궁금합니다. 남다른 쓸모나 의미가 있었습니까? 이 두 개의 기둥은 건물을 떠받치기 위해 세워진 게 아니라, 성전 현관 앞부분에 우뚝 세워졌습니다. 그런 점에서 전적으로 상징적인 건축물임을 알 수 있습니다. 오른쪽 기둥의 이름은 '야긴'이며, 의미는 "그가 세우신다"입니다. 이 성전을 세운 이는 다른 누구도 아닌 주 하나님이심을 이러한 말로 표현했을 것입니다. 왼쪽 기둥의 이름은 '보아스'인데, "능력이 그에게 있다"는 의미입니다. 이 역시 모든 능력은 오직 하나님께 있음을 표현하고자 했을 것입니다. 두 기둥의 이름을 히브리어대로 오른쪽에서 왼쪽으로 합쳐서 읽으면, "그가 능력 가운데

장식하였다. 놋쇠로 석류를 만들고, 그물에다가 석류를 두 줄로 늘어뜨려서 기둥머리를 장식하였다. 19 기둥 꼭대기에 얹은 기둥머리는 그 높이가 넉 자이다. 나리꽃 모양으로 만들었는데, 20 사슬 장식 위에 둥그렇게 돌출된 부분에다가 얹었다. 기둥머리에는 놋쇠로 만든 석류 이백 개가 둥그렇게 열을 지어 있었다. 다른 기둥머리도 마찬가지였다.

21 ○ 후람은 이렇게 해서 만든 두 기둥을 성전의 현관에다가 세웠다. 오른쪽 기둥을 세우고, 그 이름을 야긴이라고 하였고, 왼쪽 기둥을 세우고, 그 이름을 보아스라고 하였다. 22 그다음에 기둥들의 꼭대기에는 나리꽃 모양으로 만든 기둥머리를 얹었는데, 이렇게 해서, 후람은 기둥 세우는 일을 마쳤다.

놋쇠 물통(대하 4:2-5)

23 ○ 그다음에 후람은 놋쇠를 부어서 바다 모양 물통을 만들었는데, 그 바다 모양 물통은, 지름이 열 자, 높이가 다섯 자, 둘레가 서른 자이고, 둥근 모양을 한 물통이었다. 24 그 가장자리 아래로는, 돌아가면서, 놋쇠로 만든 호리병 모양의 박이

세우신다"가 됩니다. 성전에 들어가는 이들은 이러한 이름들을 보면서 온 세상을 지탱하시는 하나님, 그리고 다윗 왕가와 그분의 백성, 그분의 이름을 두실 성전을 든든히 세우시는 하나님을 기억할 것입니다.

있는데, 이것들은 놋쇠를 부어서 바다 모양 물통을 만들 때에, 두 줄로 부어서 만든 것이다. 25 또한 열두 마리의 놋쇠 황소가 바다 모양 물통을 떠받치고 있는데, 세 마리는 북쪽을 바라보고, 세 마리는 서쪽을 바라보고, 세 마리는 남쪽을 바라보고, 세 마리는 동쪽을 바라보고 서 있었고, 등으로 바다 모형을 떠받치고 있었다. 황소는 모두 엉덩이를 안쪽으로 향하고 있었다. 26 그 놋쇠로 된 바다 모양 물통의 두께는 손 너비만 하였다. 그 테두리는 나리꽃 봉오리 모양으로, 잔의 테두리처럼 둥글게 만들었다. 그 용량은 물을 이천 말 정도 담을 수 있는 것이었다.

놋쇠 받침대와 대야

27 ○ 그는 또 놋으로 받침대를 열 개 만들었는데, 받침대마다 길이가 넉 자, 너비가 넉 자, 높이가 석 자이다. 28 받침대의 구조는 다음과 같다. 받침대는 판자 테두리를 가지고 있고, 그 테두리는 틀 사이에 끼어 있었다. 29 틀 사이에 낀 판자 테두리 위에다가는, 사자와 소와 그룹을 그려 넣었다. 사

'말'(26절)이란 어느 정도의 양을 가리킬까요? 요즘으로 치면 몇 리터나 될까요? 여기서 '말'은 히브리어 '바트'를 번역한 것입니다. 바트는 액체의 용량을 재는 단위이며, 약 22리터에서 37리터였다는 견해가 있습니다. 2천 바트라면 4만 4천 리터에서 7만 4천 리터 정도가 됩니다. 10바트는 1고르 혹은 1호멜입니다. 반면 '말'은 한 줌의 양인 '홉'의 100배, 되의 10배이며, 대략 18리터라고 합니다. 여기에서 보듯이 우리말 성경은 고대 이스라엘의 단위를 정확하게 옮기기보다는 대략 비슷한 우리의 전통적인 단위로 대응시키고자 했습니다. 사실 고대의 단위를 오늘날 우리가 정확히 알 수 없으므로 우리말 성경의 이러한 노력은 나름 의미 있다고 볼 수 있습니다.

자와 소의 위아래로는 화환 무늬를 새겨 넣었다. 30 그리고 각 받침대에는, 네 개의 놋쇠 바퀴와 놋쇠 축과 네 개의 다리를 달았다. 그 네 개의 다리는 놋쇠 대야 아래에서 어깨 모양의 받침두리를 괴고 있었다. 이 받침두리들은 화환 무늬의 맞은쪽에서 녹여 부어서 만든 것이었다. 31 그 아가리는 받침두리 안에서 위로 한 자 높이로 솟아나와 있었는데, 그 아가리는 지름이 한 자 반으로, 둥글게 받침두리와 같은 모양으로 되어 있고, 그 아가리에는 돌아가면서, 새긴 것이 있었다. 그러나 그 테두리 판자들은 네모지고, 둥글지 않았다. 32 그 테두리 판자의 아래에는 네 개의 바퀴를 달고, 바퀴의 축은 받침대 안에다 넣었다. 바퀴 하나의 높이는 한 자 반이었다. 33 그 바퀴의 구조는 말이 끄는 전차 바퀴의 구조와 같았다. 바퀴의 축과 테두리와 바퀴살과 그 축의 통은 모두 놋쇠를 녹여 부어서 만든 것이었다. 34 그리고 받침대의 네 귀퉁이에는, 어깨 모양의 받침두리가 네 개 붙어 있는데, 그 받침대에서 받침두리가 잇따라 나와 있었다. 35 받침대 꼭대기에는 반 자 높이의 테두리가 둥글게 둘려 있고, 또 받침대의 아래에는 바퀴축인 버팀대와 테두리 판자들이 연결되어 있었

바다와(23절) 대야는(38절) 모두 물을 담는 그릇이었습니다. 두 그릇에 담긴 물의 쓰임새는 무엇입니까? 성전에서 드리는 제사 절차 가운데는 무엇인가를 씻어야 하는 순서가 있습니다. 번제물을 씻어야 했고(레 1:9; 8:21; 9:14), 제사장들이 손과 몸을 씻어야 했습니다(레 8:6; 16:4, 24). 솔로몬의 성전 건축을 다루는 또 다른 본문인 구약성경 역대지하 4장 6절에서는 번제에 속한 물건을 씻기 위해 대야의 물을 사용하고, 제사장이 씻을 때는 바다의 물을 사용한다고 규정합니다. 이러한 실용적인 목적에 더해, 바다라고 불릴 만큼의 많은 물을 가둔 바다는 야훼의 능력으로 고대의 혼돈의 바다를 주관하는 것을 상징하기도 합니다.

다. 36 바퀴축인 버팀대 판자와 테두리 판자 위의 빈 곳에는, 그룹과 사자와 종려나무를 활짝 핀 꽃 모양과 함께 새겼다. 37 그는 이러한 방식으로 받침대 열 개를 만들었는데, 모두가 같은 치수와 같은 양식으로, 일일이 부어서 만들었다.

38 ○ 또 그는 놋쇠로 대야 열 개를 만들었다. 대야마다 물을 마흔 말씩 담을 수 있었다. 대야들의 지름은 넉 자이다. 받침대 열 개에는 모두 대야 하나씩을 달았다. 39 받침대 다섯 개는 성전의 오른쪽에, 다섯 개는 성전의 왼쪽에 놓았고, 바다 모양 물통은 성전 오른쪽의 동남쪽 모퉁이에 놓았다.

성전 기구(대하 4:11-5:1)

40 ○ 후람은 또 솥과 부삽과 피 뿌리는 대접을 만들었다. 이렇게 후람은, 솔로몬 왕이 주님의 성전에다가 해놓으라고 시킨 모든 일을 마쳤다. 41 그가 만든 것들은, 두 기둥과, 그 두 기둥 꼭대기에 얹은 둥근 공 모양을 한 기둥머리 둘과, 그 두 기둥 꼭대기에 있는 공 모양을 한 기둥머리에 씌운 그물 두 개와, 42 기둥 꼭대기에 있는 공 모양을 한 기둥머리에 씌운 각

성경은 예수님에 대한 책인 줄 알았는데, 쓸데없는 기록이 너무 많은 것처럼 느껴집니다. 오늘을 사는 우리가 왜 고릿적의 궁궐과 성전 건축에 관한 얘기까지 읽어야 하는 걸까요? 읽어야 한다기보다는 성경에 이 내용이 있으니 읽는다는 게 맞겠습니다. 사실 앞에서도 언급했지만, 고대의 건축 관련 용어를 오늘날 제대로 이해하기는 어려워서 7장이 묘사하는 건축물을 정확하게 그려내는 것 역시 거의 불가능합니다. 그래서 본문 읽기가 더 어렵습니다. 그러나 신앙을 가진 이들이 하나님의 말씀으로 고백하는 성경에는 우리에게 딱 맞아 보이는 내용만 있는 것이 아니라, 이처럼 고대의 상황을 반영한 내용도 많습니다. 맞는 내용을 취사선택하기보다

그물에다가 두 줄로 장식한 석류 사백 개와, 43 또 받침대 열 개와, 받침대 위에 놓을 대야 열 개와, 44 바다 모양 물통 한 개와, 그 바다 모양 물통 아래에 받쳐놓은 황소 모양 열두 개와, 45 솥과 부삽과 피 뿌리는 대접들이다.

○ 후람이 솔로몬 왕을 도와서 만든 주님의 성전의 이 모든 기구는 모두 광택 나는 놋쇠로 만든 것이다. 46 왕은 이 기구들을, 숙곳과 사르단 사이에 있는 요단 계곡의 진흙에 부어서 만들게 하였다. 47 이 기구들이 너무 많아서, 솔로몬이 그 무게를 달지 못하였으므로, 여기에 사용된 놋쇠의 무게는 아무도 모른다.

48 ○ 솔로몬은 또 주님의 성전 안에다가 둘 기구를 만들었는데, 곧 금제단과, 빵을 늘 차려놓는 금으로 만든 상과, 49 또 등잔대들, 곧 지성소 앞의 오른쪽에 다섯 왼쪽에 다섯 개씩 놓을 순금 등잔대들과, 금으로 만든 꽃 장식과, 등잔과, 부집게와, 50 순금으로 된 잔과, 심지 다듬는 집게와, 피 뿌리는 대접과, 향로와, 불 옮기는 그릇과, 내실 곧 지성소 문에 다는 금돌쩌귀와, 성전의 바깥문에 다는 금돌쩌귀들이다.

51 ○ 이렇게 해서, 솔로몬 왕은 주님의 성전을 짓는 모든 일을 완성하였다. 솔로몬은 그의 아버지 다윗이 거룩하게 구별해서

는 주어진 본문을 꾸준히 읽으며 고대에 의도했던 것이 무엇일지 궁리하고 생각해 보는 태도는 매우 유익한 읽기입니다. 성전, 왕궁, 화려함, 장엄함 같은 단어를 떠올리면서, 하나님을 향한 열정과 지나친 화려함이나 장엄함으로 인한 백성의 고역을 함께 생각해보는 것이 필요합니다.

바친 성물 곧 은과 금과 기구들을 가져다가, 주님의 성전 창고에 넣었다.

{ 제8장 }

언약궤를 성전으로 옮기다(대하 5:2-6:2)

1 솔로몬은 주님의 언약궤를 시온 곧 '다윗 성'에서 성전으로 옮기려고, 이스라엘 장로들과 이스라엘 자손의 각 가문의 대표인 온 지파의 지도자들을 예루살렘에 있는 자기 앞으로 불러 모았다. 2 이스라엘의 모든 남자는, 일곱째 달 곧 에다님월의 절기에, 솔로몬 왕 앞으로 모였다. 3 이스라엘의 모든 장로가 모이니, 제사장들이 궤를 메어 옮겼다. 4 주님의 궤와 회막과 장막 안에 있는 거룩한 기구를 모두 옮겨왔는데, 제사장들과 레위 사람들이 그것을 날랐다. 5 솔로몬 왕과 왕 앞에 모인

성전을 완공한 뒤, 이스라엘의 모든 남자들이 한자리에 모였습니다(2절). 건물 한 채 지은 게 그럴 만큼 대단한 일입니까? 열왕기상이 포함된 신명기 역사서는 '한 분 하나님', '하나의 백성 이스라엘', 그리고 '하나의 성전'이라는 신앙과 신학에 기반합니다. 한 분 하나님과 한 백성 이스라엘을 연결하는 것은 그 사이에 맺어진 언약입니다. 그 언약의 돌판을 보관한 궤가 이제 하나의 성전 예루살렘 성전에 안치됩니다. 그러므로 8장은 열왕기와 신명기 역사서 전체에서 가장 중요한 장 가운데 하나라고 할 수 있습니다. 단순히 성전이라는 건물 완공을 기념하는 것이 아니라, 하나님과 그분의 백성 이스라엘의 언약, 그리고 언약에 따라 베푸신 하나님의 은혜를 기억하고, 언약에 따라 주어진 계명과 법도에 순종하며 살아가는 삶이 어떠해야 하는지 알리는 것이 이 8장의 근본적인 의미입니다. 그래서 열왕기에서 다루는 모든 역사는 이 8장에서 비롯된다고 할 수 있습니다.

온 이스라엘 회중이 왕과 함께 궤 앞에서, 양과 소를, 셀 수도 없고 기록할 수도 없을 만큼 많이 잡아서 제물로 바쳤다. 6 제사장들은 주님의 언약궤를 제자리 곧 성전 내실 지성소 안, 그룹들의 날개 아래에 가져다가 놓았다. 7 그룹들이, 궤가 놓인 자리에 날개를 펼쳐서, 궤와 채를 덮게 하였다. 8 궤에서 삐죽 나온 두 개의 채는 길어서, 그 끝이 지성소의 정면에 있는 성소에서도 보였다. 그러나 성소 밖에서는 보이지 않았다. (그 채는 오늘날까지 그곳에 그대로 놓여 있다.) 9 궤 속에는 호렙에서 모세가 넣어둔 두 개의 돌판 말고는, 아무것도 없었다. 이 두 돌판은, 이스라엘 자손이 이집트 땅에서 나온 뒤에, 주님께서 호렙에서 그들과 언약을 세우실 때에, 모세가 거기에 넣은 것이다.

10 ○ 제사장들이 성소에서 나올 때에, 주님의 성전에 구름이 가득 찼다. 11 주님의 영광이 주님의 성전을 가득 채워서, 구름이 자욱하였으므로, 제사장들은 서서 일을 볼 수가 없었다. 12 그런 가운데 솔로몬이 주님께 아뢰었다. "주님께서는 캄캄

'남자들만'(2절) 행사에 참석했다는 게 마음에 걸립니다. 여성을 이렇게 하찮게 여긴다면 탈레반과 다를 게 무어랍니까? 열왕기가 포함된 구약성경은 현대의 우리가 아니라 최소 2,500년 전 고대 사람을 대상으로 기록되었기 때문에 까마득한 고대의 가부장제와 남녀의 위계 구조를 배경으로 합니다. 우리가 사는 오늘날의 세상 곳곳에도 성차별이 엄연히 존재하는 것을 생각하면, 고대 세계에서는 그런 차별이 마치 공기처럼 당연하게 여겨졌을 것입니다. 그렇다면 이 본문의 '모든 남자'가 말하고자 하는 대상은 '하나님의 모든 백성'이며, 모든 사람이 하나님과 법 앞에서 동등하다는 오늘의 기본 인권에 따라 성경의 '모든 남자'는 당연히 여성과 남성을 막론한 그야말로 '모든 사람'을 가리키는 것으로 이해해야 합니다. 성경이 문제가 아니라, 21세기를 살아가면서 여전히 고대를 배경으로 한 성경의 글자만을 지키려는 경직된 교회 문화가 문제일 것입니다.

한 구름 속에 계시겠다고 말씀하셨습니다. 13 이제 주님께서 계시기를 바라서, 이 웅장한 집을 지었습니다. 이 집은 주님께서 영원히 계실 곳입니다."

솔로몬의 연설(대하 6:3-11)

14 ○ 그런 다음에, 왕은 얼굴을 돌려 거기에 서 있는 이스라엘 온 회중을 둘러보며, 그들에게 복을 빌어주었다.
15 ○ 그는 말하였다.
○ "주 이스라엘의 하나님을 찬양하십시오. 주님께서는 나의 아버지 다윗에게 친히 말씀하신 것을 모두 그대로 이루어주셨습니다. 주님께서 말씀하시기를 16 '내가 내 백성 이스라엘을 이집트에서 이끌어낸 날로부터 오늘에 이르기까지, 내가 내 이름을 기릴 집을 지으려고, 이스라엘의 어느 지파에서 어느

어째서 하나님은 구름 뒤에 숨어(12절) 모습을 보여주지 않습니까? 붓다나 마호메트처럼 실체를 보여주면 신뢰감과 친밀감이 더 커지지 않을까요? 성전은 많은 경우 하나님께서 거하시는 곳을 의미하며, 이스라엘 가운데 거하시는 하나님에 대한 신앙을 가리키곤 합니다. 이것을 '임재의 신학', '내재의 신학'이라 부를 수 있습니다. 그러나 신명기 역사서는 성전에 하나님께서 거하시는 것이 아니라 "하나님의 이름을 두셨다"(예 16, 17, 18, 29절 등)라고 표현합니다. 마치 성전이 하나님께서 언제나 그들 가운데 거하심을 보장하는 곳이라는 생각에 대해 신명기는 매우 유의하며 조심합니다. 이런 맥락에서 '캄캄한 데 거하시는 하나님'은 쉽게 보이지 않고 찾을 수 없는 하나님, 사람이나 건물로부터 떨어져 계신 하나님을 나타냅니다. 이것을 '초월의 신학'이라 부를 수 있습니다. 한편으로 하나님께서는 백성의 기도에 응답하시는 하나님이지만, 다른 한편으로는 사람 마음대로 좌우할 수 없는 하나님이며 성전이 존재한다 하여 당연히 하나님께서 우리와 함께 계신다고 내세울 수 없는 하나님이십니다. 초월과 내재 사이의 긴장이 8장의 중요한 주제 중 하나입니다.

성읍을 택한 일이 없다. 다만, 다윗을 택하여서 내 백성 이스라엘을 다스리게 하였다' 하셨습니다.

17 ○ 내 아버지 다윗께서는 주 이스라엘의 하나님의 이름을 기릴 성전을 지으려고 생각하셨으나, 18 주님께서 나의 아버지 다윗에게 이르시기를 '네가 내 이름을 기릴 성전을 지으려는 마음을 품은 것은 아주 좋은 일이다. 19 그런데 그 집을 지을 사람은 네가 아니다. 네 몸에서 태어날 네 아들이 내 이름을 기릴 성전을 지을 것이다' 하셨습니다. 20 주님께서 말씀하신 대로, 아버지 다윗의 뒤를 이어서, 이렇게 내가 이스라엘의 왕위를 이었으며, 주 이스라엘의 하나님의 이름을 기릴 이 성전을 지었으니, 주님께서는 이제 그 약속을 이루셨습니다. 21 주님께서는 이집트 땅에서 우리의 조상을 이끌어내실 때에, 그들과 언약을 세우셨는데, 나는 주님의 언약이 들어 있는 궤를 놓아둘 장소를, 이렇게 마련하였습니다."

솔로몬이 행한 연설의(14–21절) 핵심을 모르겠습니다. "아버지도 못 한 일을 내가 해냈다", 뭐 그런 얘긴가요? 8장은 매우 주의 깊게 배열되어 중요성을 잘 드러냅니다. 처음에는 백성들이 모두 모여 제사를 드리며 준비하는 작업을 다루고(1–13절), 마지막에는 함께 모여 제사를 드린 백성들이 마침내 각자의 집으로 돌아가는 내용을 다루어 대응됩니다(62–66절). 14–21절에 있는 솔로몬의 연설은 온 회중을 향한 축복의 말인데, 온 회중을 향한 축복의 말은 54–61절에도 있어서 서로 대응됩니다. 처음과 끝의 대응, 앞에서 두 번째 단락과 뒤에서 두 번째 단락의 대응, 그리고 이런 대응의 한가운데에 솔로몬의 기도가(22–53절) 놓여 있어서 8장 전체 배열은 솔로몬의 기도를 단연코 부각시킵니다. 이런 짜임 속에서 솔로몬의 축복 연설이 앞부분 14–21절과 뒷부분 54–61절에 놓였습니다. 14–21절은 하나님께서 약속하신 대로 하나님의 이름을 기념할 성전을 솔로몬 시대에 짓게 하셨다며 하나님을 찬양하라 권하고, 54–61절은 이제 하나님과 마음을 함께하고 그분의 법도와 계명을 지키며 살아가자고 권합니다.

솔로몬의 기도(대하 6:12-42)

22 ○ 그런 다음에 솔로몬은, 이스라엘 온 회중이 보는 데서, 주님의 제단 앞에 서서 하늘을 바라보면서, 두 팔을 들어서 펴고, 23 이렇게 기도하였다.

○ "주 이스라엘의 하나님, 위로 하늘에나 아래로 땅에나, 그 어디에도 주님과 같은 하나님은 없습니다. 주님은, 온 마음을 다 기울여 주님의 뜻을 따라 사는 주님의 종들에게는, 세우신 언약을 지키시고 은혜를 베푸시는 분이십니다. 24 주님께서는 주님의 종인 내 아버지 다윗 임금에게 약속하신 것을 지키셨으며, 주님께서 친히 그에게 말씀하신 것을 오늘 이렇게 손수 이루어주셨습니다. 25 이제 주 이스라엘의 하나님, 주님께서 주님의 종인 내 아버지 다윗 임금에게 말씀하시기를 '네 자손이 저마다 길을 삼가서, 네가 내 앞에서 살아온 것같이 그렇게 살면, 네 자손 가운데서 이스라엘의 왕위에 앉을 사람이, 내 앞에서 끊어지지 않게 하겠다' 하고 약속하신 것을, 지켜주

"하늘 위의 하늘이라도 주님을 모시기에 부족"(27절)하다는 솔로몬의 고백이 진심이라면, 굳이 성전을 지을 필요가 있었을까요? 이러한 표현은 전형적으로 신명기의 신학을 반영합니다. 신명기와 그 영향을 따른 신명기 역사서가 성전을 무척 강조하지만, 성전 건물 자체에 특별한 권능이나 효력이 있다고 여기는 것은 결코 아닙니다. 8장에 있는 여러 상황의 기도 때마다 "하나님께서 계시는 곳, 하늘에서 들으시고"와 같은 표현이 반복되는데, 하나님께서는 사람과 다른 곳에 거하신다는 것을 명확히 합니다. 사실 그 어떤 공간이라도 하나님을 모시기에는 부족할 것이며, 제아무리 화려하다 한들 사람이 만든 건물도 결코 합당할 수 없습니다. 그 무엇으로도 하나님을 가두거나 제한할 수 없습니다. 그래서 8장은 성전을 가리켜 하나님께서 '그 이름'을 두신 곳이라고 여러 번 표현합니다. 성전은 상징일 뿐, 건물 자체가 특별한 것은 아니라는 뜻입니다.

시기를 바랍니다. 26 그러므로 이제 이스라엘의 하나님, 주님의 종인 제 아버지 다윗 임금에게 약속하신 말씀을 주님께서 이루어주시기를 빕니다.

27 ○ 그러나 하나님, 하나님께서 땅 위에 계시기를, 우리가 어찌 바라겠습니까? 저 하늘, 저 하늘 위의 하늘이라도 주님을 모시기에 부족할 터인데, 제가 지은 이 성전이야 더 말하여 무엇 하겠습니까? 28 그러나 주 나의 하나님, 주님의 종이 드리는 기도와 간구를 돌아보시며, 오늘 주님의 종이 주님 앞에서 부르짖으면서 드리는 이 기도를 들어주십시오. 29 주님께서 밤낮으로 눈을 뜨시고, 이 성전을 살펴주십시오. 이곳은 주님께서 '내 이름이 거기에 있을 것이다' 하고 말씀하신 곳입니다. 주님의 종이 이곳을 바라보면서 기도할 때에, 이 종의 기도를 들어주십시오. 30 그리고 주님의 종인 나와 주님의 백성 이스라엘이 이곳을 바라보며 기도할 때에, 그 기도를 들어주십시오. 주님께서 계시는 곳, 하늘에서 들으시고, 들으시는 대로 용서해주십시오.

31 ○ 사람이 이웃에게 죄를 짓고, 맹세를 하게 되어, 그가 이

31절에는 납득하기 어려운 구절이 있습니다. 이웃에게 죄를 짓는 게 맹세와 무슨 상관입니까? 하나의 상황에서 2명의 당사자가 각자 정반대의 주장을 할 때, 자신의 말에 거짓이 없음을 말하기 위해 주님 앞에서 맹세하는 경우가 있습니다. 주님 앞에서 혹은 주님의 이름으로 맹세하는 까닭은 모든 대화나 모든 상황에 주님께서 언제나 함께하신다는 신앙에서 비롯됩니다. 함께하셔서 모든 것을 보고 들으시는 주님 앞에서 자신의 결백을 말하는 것입니다. 그러므로 거짓말로 무엇을 증언하는 것은 단순히 사람을 속이는 게 아니라 모든 대화에 말없이 들으시는 하나님을 속이고 가벼이 여기는 짓입니다. 솔로몬의 기도는 이러한 상황에서 주님 앞에 나아와 아뢸 때 하나님께서 악한 자와 의로운 자를 판결해주시길 구합니다. 삶의 모든 영역이 주님께 아뢰고 기도할 영역입니다.

성전 안에 있는 주님의 제단 앞에 나와서 맹세를 하거든, 32 주님께서는 하늘에서 들으시고 주님의 종들을 심판하시되, 악행을 저지른 사람은 죄가 있다고 판결하셔서 벌을 주시고, 옳은 일을 한 사람은 죄가 없다고 판결하셔서 옳음을 밝혀주십시오. 33 ○ 주님의 백성 이스라엘이 주님께 죄를 지어 적에게 패배하였다가도, 그들이 뉘우치고 주님께로 돌아와서, 주님의 이름을 인정하고, 이 성전에서 주님께 빌며 간구하거든, 34 주님께서는 하늘에서 들으시고, 주님의 백성 이스라엘의 죄를 용서해주십시오. 그리고 그들의 조상에게 주신 땅으로, 그들을 다시 돌아오게 해주십시오.

35 ○ 또 그들이 주님께 죄를 지어서, 그 벌로 주님께서 하늘을 닫고 비를 내려주시지 않을 때에라도, 그들이 이곳을 바라보며 기도하고, 주님의 이름을 인정하고, 그 죄에서 돌이키거든, 36 주님께서 하늘에서 들으시고, 주님의 종들과 주님의 백성 이스라엘의 죄를 용서해주시고, 그들이 살아갈 올바른 길을 그들에게 가르쳐주시며, 주님의 백성에게 유산으로 주신 주님의 땅에 비를 다시 내려주십시오.

솔로몬은 이방인이라도 기도하면 들어달라고 합니다(41~43절). 이스라엘 백성들은 이방인이라면 질색하지 않던가요? 31~53절은 하나님의 성전을 향해 기도하게 되는 일곱 가지 상황을 열거합니다. 이웃과의 관계(31~32절), 전쟁에서의 패배(33~34절), 가뭄(35~36절), 기근이나 전염병 같은 온갖 어려운 상황(37~40절), 이방인의 기도(41~43절), 전쟁에 출전할 때(44~45절), 이방 땅에 끌려간 이후(46~53절) 등이 그 경우입니다. 이 가운데 가장 놀라운 본문 가운데 하나가 바로 41~43절입니다. 이 부분은 예루살렘 성전이 단지 이스라엘 사람만을 위한 곳이 아니라 이방인, 즉 모든 사람들을 위한 장소임을 잘 보여줍니다. 주 하나님은 이스라엘이라는 특정한 민족만의 하나님이 아닌, 온 세상 모든 생명의 하나님이심을 이 짧은 단락이 명확하게 보여줍니다.

37 ○ 이 땅에서 기근이 들거나, 역병이 돌거나, 곡식이 시들거나, 깜부기가 나거나, 메뚜기 떼나 누리 떼가 곡식을 갉아먹거나, 적들이 이 땅으로 쳐들어와서 성읍들 가운데 어느 하나를 에워싸거나, 온갖 재앙이 내리거나, 온갖 전염병이 번질 때에, 38 주님의 백성 이스라엘 가운데 어느 한 사람이나 혹은 주님의 백성 전체가, 재앙이 닥쳤다는 것을 마음에 깨닫고, 이 성전을 바라보며 두 팔을 펴고 간절히 기도하거든, 39 주님께서는, 주님께서 계시는 곳 하늘에서 들으시고 판단하셔서, 그들을 용서해주십시오. 주님께서는 각 사람의 마음을 아시니, 주님께서 각 사람에게 그 행위대로 갚아주십시오. 주님만이 모든 사람의 마음을 아십니다. 40 그렇게 하시면, 그들은, 주님께서 우리의 조상에게 주신 이 땅 위에서 사는 동안, 주님을 경외할 것입니다.

41 ○ 그리고 또 주님의 백성 이스라엘에 속하지 아니한 이방

여기서 말하는 성전은 요즘으로 치자면 교회 같은 곳이겠죠? 크라스천들이 왜 그렇게 예배당을 크고 화려하게 지으려 하는지 이제 알겠습니다. 앞에서도 이야기했지만, 신명기 역사서는 성전이 마치 무엇을 보장하는 듯이 여기는 태도를 경계합니다. 그래서 성전은 하나님의 처소가 아니라, 하나님의 이름을 두는 곳입니다. 성전을 지은 후 가장 중요한 일 두 가지가 이루어지는데, 하나는 하나님의 언약을 상징하는 언약궤를 지성소에 안치한 것이고, 두 번째는 성전을 향해 기도할 때 "계시는 곳 하늘에서 들어주십시오"라는 청원입니다. 그래서 하나님의 계명과 법도를 따르는 삶을 강조하고(23, 58, 61절), 성전을 향한 기도를 강조합니다. 계명을 지키는 삶과 기도하는 삶을 생각하면, 성전 건물의 화려함이나 웅장함은 전혀 중요하지 않고 필수 사항도 아님을 단번에 알 수 있습니다. 사실 솔로몬은 지금 성전에서 기도드리지만, 그가 권하는 일곱 가지 기도에서 대부분은 성전이 아닌 다른 곳에 살면서 '성전을 향해' 드리는 기도입니다(29, 35, 38, 42, 44, 48절). 중요한 것은 성전이 아니라 하나님과의 언약이며 언제든 하나님께로 돌이켜 성전을 향해 기도하는 것입니다.

인이라도, 주님의 크신 이름을 듣고, 먼 곳에서 이리로 오면, 42 그들이야말로 주님의 큰 명성을 듣고, 또 주님께서 강한 손과 편 팔로 하신 일을 전하여 듣고, 이곳으로 와서, 이 성전을 바라보면서 기도하거든, 43 주님께서는, 주님께서 계시는 곳 하늘에서 들으시고, 그 이방인이 주님께 부르짖으며 간구하는 것을 그대로 다 들어주셔서, 땅 위에 있는 모든 백성이 주님의 이름을 알게 하시고, 주님의 백성 이스라엘처럼 주님을 경외하게 하시며, 내가 지은 이 성전이 주님의 이름을 부르는 곳임을 알게 하여주십시오.

44 O 주님의 백성이 적과 싸우려고 전선에 나갈 때에, 주님께서 그들을 어느 곳으로 보내시든지, 그곳에서, 주님께서 선택하신 이 도성과, 내가 주님의 이름을 기리려고 지은 성전을 바라보며, 그들이 주님께 기도하거든, 45 주님께서는 하늘에서 그들의 기도와 간구를 들으시고, 그들의 사정을 살펴보아주십시오.

46 O 죄를 짓지 아니하는 사람은 없습니다. 이 백성이 주님께 죄를 지어서, 주님께서 진노하셔서 그들을 원수에게 넘겨주시게 될 때에, 멀든지 가깝든지, 백성이 원수의 땅으로 사로잡혀

53절은 뜬금없습니다. 갑자기 이집트에서 종노릇할 때의 기억을 끄집어내는 이유는 무엇입니까? 주 하나님께서 이집트에서 종이었던 이스라엘을 건져내셨다는 것은 모든 시대를 통틀어 이스라엘의 가장 기본적이고 중요한 신앙고백입니다. 그렇기에 그들은 자신들에게 있는 모든 것이 하나님의 은혜임을 고백하고, 언제 어떤 상황에 처하더라도 이집트에서 건져내신 하나님을 기억하며 그분께 다시 돌아와 기도할 수 있습니다. 솔로몬이 소개하는 일곱 가지 상황의 기도 가운데 가장 많은 분량을 차지하며 길게 다뤄지는 것은 이스라엘이 하나님께 거역해 이방 땅에 끌려간 상황을 다루는 마지막 사례입니다(46–53절). 이로 보건대 이 본문은 예루살렘

가더라도, 47 그들이 사로잡혀 간 그 땅에서라도, 마음을 돌이켜 회개하고, 그들을 사로잡아 간 사람의 땅에서 주님께 자복하여 이르기를 '우리가 죄를 지었고, 우리가 악행을 저질렀으며, 우리가 반역하였습니다' 하고 기도하거든, 48 또 그들이 사로잡혀 간 원수의 땅에서라도, 마음을 다하고 정성을 다하여 주님께 회개하고, 주님께서 그들의 조상에게 주신 땅과 주님께서 선택하신 이 도성과 내가 주님의 이름을 기리려고 지은 이 성전을 바라보면서 기도하거든, 49 주님께서는, 주님께서 계시는 곳인 하늘에서, 그들의 기도와 간구를 들으시고, 그들의 사정을 살펴보아주십시오. 50 주님께 죄를 지은 주님의 백성을 용서하여주십시오. 주님을 거역하여 저지른 모든 반역죄까지도 용서하여주십시오. 그들을 사로잡아 간 사람들 앞에서도 불쌍히 여김을 받게 하셔서, 사로잡아 간 사람들도 그들을 불쌍히 여기게 하여주십시오. 51 그들은, 주님께서 쇠용광로와 같은 이집트로부터 이끌어내신 주님의 백성이며, 주님의 소유입니다.

52 ○ 종의 간구와 주님의 백성 이스라엘의 간구를 살펴보시고, 부르짖을 때마다 응답해주십시오. 53 주 하나님, 주님께서

의 멸망으로 바빌론에 포로로 끌려온 청중을 고려했다는 것을 알 수 있습니다. 이집트에서 이스라엘의 기도를 듣고 건져내신 하나님께서 이제 바빌론에서 포로살이를 하는 이스라엘의 기도 소리를 듣고 구원을 베푸실 것이니, 낙심하지 말고 성전을 향해 기도하라고 이 본문은 당대 청중에게 권면하고 있습니다.

우리 조상을 이집트로부터 이끌어내실 때에, 주님의 종 모세를 시켜서 말씀하신 것과 같이, 주님께서는 그들을 주님의 소유가 되도록, 세상의 모든 백성과 구별하셨습니다."

솔로몬의 축복

54 ○ 솔로몬이 무릎을 꿇고서, 하늘을 바라보며, 두 손을 펴고, 이렇게 간절히 기도를 드린 다음, 주님의 제단 앞에서 일어나서, 55 이스라엘의 온 회중을 바라보며, 큰 소리로 축복하여주었다.

56 ○ "주님께서, 말씀하신 대로, 그의 백성 이스라엘에게 안식을 주셨으며, 그의 종 모세를 시켜서 하신 선한 말씀을, 한마디도 빠뜨리지 아니하시고 다 이루어주셨으니, 주님은 찬양을 받으실 분이십니다. 57 주 우리의 하나님께서 우리의 조상과 함께 계시던 것과 같이, 우리와도 함께 계시기를 바랍니다. 주님께서 우리를 버리지도 마시고, 포기하지도 마시기를 바랍니다. 58 우리의 마음을 주님께 기울이게 하셔서, 주님께서 지

계명, 법도, 율례는(58절) 다 같은 말인가요? 다르다면 어떻게 다른가요? 각각의 단어는 나름대로의 의미를 지니고 있지만, 이렇게 나란히 쓰일 때는 실질적으로 같은 것을 달리 표현하는 동의어입니다. 특히 이렇게 세 단어가 함께 쓰이는 것은 구약성경 신명기에서도 여러 번 볼 수 있는 표현으로(신 5:31; 6:1; 7:11; 26:17), 전형적인 신명기 용어라고 할 수 있습니다(또한 왕하 17:37). 이스라엘이 성전을 세웠다고 해서 무조건 그들에게 승리와 영광이 보장되는 것은 아닙니다. 성전은 자동으로 구원을 보장하는 건물이 결코 아닙니다. 성전에 안치된 언약궤는 하나님의 언약을 따르는 삶을 상징하며, 솔로몬이 드린 기도는 언제라도 자신의 잘못을 뉘우치고 성전을 향해, 즉 하나님께로 삶과 마음을 돌이키는 것을 강조합니다. 그래서 성전이라는 겉모습의 핵심은 계명과 법도, 율례를 지키는 삶입니다.

시하신 그 길을 걷게 하시며, 주님께서 우리 조상에게 내리신 계명과 법도와 율례를 지키게 하여주시기를 바랍니다. 59 오늘 주님 앞에 드린 이 간구와 기도를, 주 우리의 하나님께서 낮이나 밤이나 늘 기억해주시기를 바랍니다. 하나님께서 주님의 종과 주님의 백성 이스라엘에게, 날마다 그 형편에 맞게 자비를 베풀어주시기를 바랍니다. 60 그렇게 해서, 세상의 모든 백성이, 주님만이 하나님이시고 다른 신은 없다는 것을, 알게 되기를 바랍니다. 61 그러므로 그의 백성인 여러분도 주 우리의 하나님과 한마음이 되어서, 오늘과 같이 주님의 법도대로 걸으며, 주님의 계명을 지키기를 바랍니다."

성전 봉헌 (대하 7:4-10)

62 ○ 이렇게 한 다음에, 왕 및 왕과 함께 있는 모든 이스라엘 사람이 주님 앞에 제사를 드렸다. 63 솔로몬은 화목제를 드렸는데, 그가 주님의 제사에 드린 것은, 소가 이만 이천 마리이

솔로몬은 지나치다 싶을 만큼 많은 제물을 바쳤습니다(5, 63-64절). 하나님은 많은 제물을 바칠수록 더 즐거워하며 소원을 잘 들어줍니까? 웅장하게 지은 성전조차 온 세상의 주 하나님을 모시기에는 턱없이 부족하며, 그 자체로는 아무것도 보장하지 못합니다. 하물며 제아무리 많은 제물이라 해도 하나님을 움직일 순 없습니다. 다만 성전과 제사 제물은 오직 하나님만이 우리의 도움이며 구원이시라는 신앙의 외적인 표현입니다. 하나님께서는 솔로몬이 드린 제물의 양이 많아서 즐거워하시는 것이 아니라, 성전조차도 하나님 앞에서는 아무것도 아님을 고백하고 오직 하나님의 도우심을 구하는 솔로몬과 그 백성의 모습으로 인해 즐거워하십니다. 그래서 하나님을 정말로 기쁘게 하는 것은 하나님을 신뢰하며 찾는 기도, 그리고 그 어떤 괴로운 상황에서도 포기하거나 체념하지 않고 저지른 잘못을 뉘우치고 하나님께로 돌아오는 회개입니다. 이 두 가지 역시 8장의 중요한 주제입니다.

고, 양이 십이만 마리였다. 이와 같이 해서, 왕과 이스라엘의 모든 백성이 주님의 성전을 봉헌하였다. 64 그리고 바로 그날, 왕은 주님 앞에 있는 놋제단이, 번제물과 곡식제물과 화목제물의 기름기를 담기에는 너무 작았으므로, 주님의 성전 앞뜰 한가운데를 거룩하게 구별하고, 거기에서 번제물과 곡식예물과 화목제의 기름기를 드렸다.

65 ○ 그때에 솔로몬이 이렇게 절기를 지켰는데, 하맛 어귀에서부터 이집트 접경을 흐르는 강에 이르는 넓은 지역에 사는 큰 회중인 온 이스라엘이 그와 함께, 주 우리의 하나님 앞에서 이레 동안을 두 번씩 열나흘 동안 절기를 지켰다. 66 둘째 이레가 끝나고, 여드레째 되는 날에 그가 백성을 돌려보내니, 그들은 왕에게 복을 빌고, 주님께서 그의 종 다윗과 그 백성 이스라엘에게 베푸신 온갖 은혜 때문에 진심으로 기뻐하며, 흐뭇한 마음으로, 각자 자기의 집으로 돌아갔다.

절기를 지킨다는(65절) 건 무슨 뜻입니까? 성전을 완공하는 기념식인 줄 알았는데, 이때가 무슨 명절이었습니까? 2절에서는 일곱째 달 절기라고 했고, 65절에서는 일주일을 기본 단위로 하는 절기를 지켰다고 했는데, 이를 통해 매년 일곱째 달 14일부터 7일간 지키는 초막절이 성전 봉헌식의 배경임을 알 수 있습니다. 구약성경 신명기 31장 9-13절에 따르면 모세가 언약궤를 메는 제사장에게 하나님께서 명하신 율법을 주었고, 이스라엘은 매 7년이 되는 해 초막절에 하나님께서 택하신 곳에서 이 율법을 낭독하며 일종의 언약 갱신 의식을 행해야 합니다. 솔로몬 성전이 완공된 것은 공사를 시작한 지 7년이 되는 해 여덟째 달인데(6:38), 봉헌식은 다음 해인 8년째 해 일곱째 달에 거행되었습니다(8:2). 출애굽한 지 480년 만에 성전 공사에 착수했고, 광야 생활의 마지막 해인 40번째 해에 모세를 통해 신명기 31장을 포함한 말씀이 주어졌습니다. 그러면 성전 봉헌식은 출애굽 40년 되던 해로부터 448년 되던 해이고 448이라는 숫자는 7의 배수이니, 신명기 31장의 언약 갱신 초막절에 해당됩니다. 이러한 의도 때문에 성전을 완공하고도 열한 달을 더 기다려 7년째 초막절에 봉헌식을 진행했다고 볼 수 있습니다.

{ 제9장 }

하나님께서 솔로몬에게 다시 나타나시다

1 솔로몬이 주님의 성전과 왕궁 짓는 일과, 자기가 이루고 싶어 한 모든 것을 끝마치니, 2 주님께서는, 기브온에서 나타나신 것과 같이, 두 번째로 솔로몬에게 나타나셔서, 3 그에게 말씀하셨다. "네가 나에게 한 기도와 간구를 내가 들었다. 그러므로 나는 네가 내 이름을 영원토록 기리려고 지은 이 성전을 거룩하게 구별하였다. 따라서 내 눈길과 마음이 항상 이곳에 있을 것이다. 4 너는 내 앞에서 네 아버지 다윗처럼 살아라. 그리하여 내가 네게 명한 것을 실천하고, 내가 네게 준 율례와 규례를 온전한 마음으로 올바르게 지켜라. 5 그리하면 내가 네 아버지 다윗에게, 이스라엘의 왕좌에 앉을 사람이 그에게서 끊어지지 아니할 것이라고 약속한 대로, 이스라엘을 다스릴 네 왕좌를, 영원히 지켜주겠다. 6 그러나 너와 네 자손이 나를 따르지 아니하고 등을 돌리거나, 내가 네게 일러

하나님은 솔로몬에게 '다윗처럼' 살라고 합니다(4절). 다윗도 이런저런 실수가 많았는데, 어떻게 그가 선한 임금의 기준이 될 수 있죠? 정말 다윗은 흠이 많은 사람이었습니다. 그럼에도 9장을 비롯한 열왕기 곳곳에서 다윗은 하나님께서 기뻐하시는 올바른 통치자, 올바른 신앙인의 모습을 상징하는 존재로 빈번하게 언급됩니다. 이스라엘의 왕 가운데 자신의 죄악을 지적받은 뒤 잘못을 인정하며 회개한 이를 찾아보기 어렵기 때문에 다윗의 특별함이 부각됩니다. 지위가 높아질수록 오만해져서 다른 이의 말이라고는 듣지 않는 이들을 무수히 볼 수 있기에 다윗의 회개는 두드러집니다. 그런 점에서 다윗은 허물이 많았음에도 하나님의 율례와 규례를 온전한 마음으로 지킨 왕의 대명사로 불리고 있습니다. 결국 죄를 하나도 안 짓는 것보다 더 중요한 것은 죄를 짓더라도 언제든 다시 하나님께로 돌이키는 태도입니다.

준 내 계명과 율례를 지키지 아니하고, 곁길로 나아가서, 다른 신들을 섬겨 그들을 숭배하면, 7 나는, 내가 준 그 땅에서 이스라엘을 끊어버릴 것이고, 내 이름을 기리도록 거룩하게 구별한 성전을 외면하겠다. 그러면 이스라엘은 모든 민족 사이에서, 한낱 속담거리가 되고, 웃음거리가 되고 말 것이다. 8 이 성전이 한때 아무리 존귀하게 여김을 받았다고 하더라도, 이곳을 지나가는 사람마다 놀랄 것이고 '어찌하여 주님께서 이 땅과 이 성전을 이렇게 되게 하셨을까?' 하고 탄식할 것이다. 9 그러면서 그들은 '이스라엘 백성이 자기들의 조상을 이집트 땅으로부터 이끌어내신 주 그들의 하나님을 버리고, 다른 신들에게 미혹되어, 그 신들에게 절하여 그 신들을 섬겼으므로, 주님께서 이 온갖 재앙을 그들에게 내리셨다' 하고 말할 것이다."

하나님은 성전이라는 건물 자체를 중요하게 생각하지 않는 듯합니다(6-8절). 그렇다면 성전은 무얼 위해 세우게 한 걸까요? 성전 봉헌 후에 솔로몬이 드린 기도에서도 이미 땅의 성전이 하나님께서 거하시기엔 가당치 않음을 말했습니다(8:27). 이 성전은 하나님의 거처가 아니라 '하나님의 이름을 영원토록 기리는 건물'입니다. 오직 하나님만 섬기고 그분에게 경배하기 위해 온 이스라엘이 제사드리는 장소로 성전 건물이 웅장하게 세워졌습니다. 결국 성전은 이스라엘의 유일하신 하나님은 주 하나님뿐임을 증언합니다. 그러나 사람들은 성전이 있으니 하나님이 무조건 자신들의 편이라 착각하기 쉽습니다. 9장 1-9절은 성전을 믿고서 정작 하나님의 규례와 율례는 지키지 않는 작태를 고발하고 경고합니다. 성전은 하나님을 거역한 이들에게는 아무런 쓸모도 효력도 없는 건물에 불과합니다. 열왕기가 포함된 신명기 역사서는 성전을 매우 중요시하지만, 하나님의 언약을 지키지 않는 이들에게는 성전 자체가 아무 쓸모없어 파괴될 곳임을 반복해서 증언합니다.

솔로몬과 히람의 거래(대하 8:1-2)

10 ○ 솔로몬은, 주님의 성전과 왕궁, 이 두 건물을 다 짓는 데 스무 해가 걸렸다. 11 두로의 히람 왕이 백향목과 잣나무와 금을, 솔로몬이 원하는 대로 모두 보내왔으므로, 솔로몬 왕은 갈릴리 땅에 있는 성읍 스무 개를 히람에게 주었다. 12 히람이 두로에서부터 와서, 솔로몬이 그에게 준 성읍을 보았는데, 그 성들이 마음에 차지 않아서, 13 "나의 형제여, 그대가 나에게 준 성읍들이 겨우 이런 것들이오?" 하고 말하였다. 그래서 오늘날까지 그곳을 가불의 땅이라고 한다. 14 사실 이 일이 있기 전에, 히람이 솔로몬 왕에게 보낸 금액은 금 백이십 달란트나 되었다.

솔로몬의 나머지 업적(대하 8:3-18)

15 ○ 솔로몬 왕이 강제 노역꾼을 동원할 수밖에 없었던 까닭은, 주님의 성전과 자기의 궁전과 밀로 궁과 예루살렘 성벽을

히람 왕에 대한 솔로몬의 반응이(10-14절) 야박스럽습니다. 어마어마한 건축자재를 공급한 상대에게 불모지를 선사하는 건 모독이 아닌가요? 10절 이하부터 10장에 이어지는 내용은 솔로몬이 어떻게 나라의 안과 밖을 다스렸는지 보여줍니다. 그 가운데 하나로 히람에게 솔로몬이 갈릴리의 스무 곳을 선물로 주었다는 내용이 있습니다. 솔로몬이 히람에게 준 성읍들을 보고 히람이 실망했다지만, 어쩌면 이스라엘로부터 좋은 땅을 얻으리라는 히람의 기대 자체가 부당한 것일 수 있습니다. 한 나라의 좋은 영토를 다른 나라에 주는 것이야말로 예나 지금이나 이해하기 어려운 행동일 것입니다. 그래서 우리의 시선에는 다소 이상해 보일 수 있겠지만, 당시 독자들에게 이 내용은 솔로몬이 지혜롭게 나라의 이익을 지키고 증가시킨 재미있는 사례로 여겨졌을 것입니다.

쌓고, 하솔과 므깃도와 게셀의 성을 재건하는 데, 필요하였기 때문이다. 16 (이집트 왕 바로가 올라와서, 게셀을 점령하여 불로 태워버린 일이 있었다. 그는 그 성 안에 살고 있는 가나안 사람들을 살해하고, 그 성을 솔로몬의 아내가 된 자기의 딸에게 결혼 지참금으로 주었다. 17 그래서 솔로몬은 게셀을 재건하였다.) 솔로몬은 강제 노역꾼을 동원하여서, 낮은 지대에 있는 벳호론을 재건하였다. 18 또 바알랏과 유다 광야에 있는 다드몰을 세웠다. 19 그리고 솔로몬은 자기에게 속한 모든 양곡 저장 성읍들과 병거 주둔 성읍들과 기병 주둔 성읍들을 세웠다. 그래서 솔로몬은 예루살렘과 레바논과, 그가 다스리는 모든 지역 안에, 그가 계획한 것을 다 만들었다. 20 이스라엘 자손이 아닌 아모리 사람과 헷 사람과 브리스 사람과 히위 사람과 여부스 사람 가운데서 살아남은 백성이 있었다. 21 솔로몬은 그들을 노예로 삼아서, 강제 노역에 동원하였다. 그들은, 이스라엘 자손이 다 진멸할 수 없어서 그 땅에 그대로 남겨둔 백성들이었다. 그래서 그들은 오늘날까지도 노예로 남아 있다. 22 그러나 솔로몬은, 이스라엘 사람 가운데서는, 어느 누

성전, 왕궁, 성…. 이렇게 건설 사업에 집착하는(15-19절) 이유는 무엇입니까? 성전은 이스라엘이 어떤 나라이고 어떤 백성인지 정체성을 분명히 하는 일이라 할 수 있습니다. 반면 왕궁과 성은 나라의 부강함의 기준이라 할 수 있습니다. 솔로몬이 건설하는 나라는 하나님만을 섬기며 살아가는 종교 국가일 뿐 아니라(사실 고대의 나라는 대부분 나라마다 그들의 신을 섬기는 종교 국가를 표방했습니다), 일상에서 국민을 지키고 보호하며 국력을 키우는 현실의 나라이기도 합니다. 각 지역에 세워진 견고한 성은 그 인근 지역의 안전과 평화를 위한 중요한 거점이 될 것입니다. 9장과 이어지는 10장 내용은 솔로몬 치세가 얼마나 부국강병의 시대였는지, 솔로몬이 어떻게 그의 나라를 잘 다스리고 이끌었는지를 보여줍니다.

구도 노예로 삼지 않았다. 이스라엘 사람은 군인, 신하, 군사 령관, 관리 병거대 지휘관, 기병대원이 되었다.

23 ㅇ 솔로몬의 일을 지휘한 관리 책임자들은 오백오십 명이다. 그들은 작업장에서 일하는 백성을 감독하는 사람들이다.

24 ㅇ 바로의 딸은 다윗 성에서 올라와서, 솔로몬이 지어준 자기의 궁으로 갔다. 그때에 솔로몬이 밀로 궁을 완공하였다.

25 ㅇ 솔로몬은, 한 해에 세 번씩 주님의 제단에서 번제물과 화목제물을 드리고, 또 주님 앞에서 분향하였다. 이렇게 그는 성전 짓는 일을 완수하였다.

26 ㅇ 솔로몬 왕은 또 에돔 땅 홍해변 엘롯 근방에 있는 에시 온게벨에서 배를 만들었다. 27 히람은 자기 신하 가운데서 바다를 잘 아는 뱃사람들을 보내서, 솔로몬의 신하들을 돕게 하였다. 28 그들이 오빌에 이르러, 거기서 사백이십 달란트의 금을 솔로몬 왕에게로 가져왔다.

{ 제10장 }

스바 여왕의 방문(대하 9:1-12)

1 스바 여왕이, 주님의 이름 때문에 유명해진 솔로몬의 명성을 듣고서, 여러 가지 어려운 질문으로 시험해보려고, 솔로몬을 찾아왔다. 2 여왕은 수많은 수행원을 데리고 또 여러 가지 향료와 많은 금과 보석을 낙타에 싣고 예루살렘으로 왔다. 그는 솔로몬에게 이르러서, 마음속에 품고 있던 온갖 것을 다 물어보았다. 3 솔로몬은, 여왕이 묻는 온갖 물음에 척척 대답하였다. 솔로몬이 몰라서 여왕에게 대답하지 못한 것은 하나도 없었다. 4 스바의 여왕은, 솔로몬이 온갖 지혜를 갖추고 있는 것을 확인하고, 또 그가 지은 궁전을 두루 살펴보고, 5 또 왕의 식탁에다가 차려놓은 요리와, 신하들이 둘러앉은 모습과, 그의 관리들이 일하는 모습과, 그들이 입은 제복과, 술잔을 받들어 올리

스바 여왕의 방문 목적이 투명하지 않습니다. 나라를 비우고 엄청난 선물까지 챙겨서 먼 길을 찾아온(1-2절) 진짜 속셈은 무엇입니까? 9장 26절부터 10장 전체 본문은 솔로몬 시대의 활발한 국제 교류를 보여줍니다. 하나님께서는 솔로몬에게 지혜와 부귀와 영화를 주겠다 약속하셨고(3:12-13), 10장은 그 약속이 풍성하게 성취되었음을 보여줍니다. 흔히 성경의 지혜는 오직 종교적이고 신앙적인 영역으로만 국한해 생각하기 쉽습니다. 하지만 고대 이스라엘의 지혜는 하나님을 아는 지혜만이 아니라 일상의 모든 영역에서의 슬기로움, 손재주, 이웃과의 올바른 관계를 다 포함하며, 10장에서 보듯 세상 여러 나라와의 관계 역시 포함합니다. 이 본문을 통해 솔로몬의 지혜는 이스라엘 안에서만 통하는 것이 아니라 당대 세계에서 널리 인정받았음을 알 수 있습니다. 스바 여왕의 방문과 솔로몬에 대한 칭송, 스바 여왕과 솔로몬 사이에 오간 예물 등에 대한 내용은 솔로몬의 지혜를 단적으로 보여주는 사례라 할 수 있습니다.

는 시종들과, 주님의 성전에서 드리는 번제물을 보고, 넋을 잃었다. 6 여왕이 왕에게 말하였다. "임금님께서 이루신 업적과 임금님의 지혜에 관한 소문을, 내가 나의 나라에서 이미 들었지만, 와서 보니, 과연 들은 소문이 모두 사실입니다. 7 내가 여기 오기 전까지는 그 소문을 믿지 않았는데, 내 눈으로 직접 확인하고 보니, 오히려 내가 들은 소문은 사실의 절반도 안 되는 것 같습니다. 임금님께서는, 내가 들은 소문보다, 지혜와 복이 훨씬 더 많습니다. 8 임금님의 백성은 참으로 행복한 사람들입니다. 임금님 앞에 서서, 늘 임금님의 지혜를 배우는 임금님의 신하들 또한 참으로 행복하다고 하지 아니할 수 없습니다. 9 임금님의 주 하나님께 찬양을 돌립니다. 하나님께서는 임금님을 좋아하셔서, 임금님을 이스라엘을 다스리는 왕좌에 앉히셨습니다. 주님께서는 이스라엘을 영원히 사랑하셔서, 임금님을 왕으로 삼으시고, 공평과 정의로 다스리게 하셨습니다."

10 ㅇ 그런 다음에 여왕은 금 일백이십 달란트와 아주 많은 향료와 보석을 왕에게 선사하였다. 솔로몬 왕은, 스바 여왕에게서 받은 것처럼 많은 향료를, 어느 누구에게서도 다시는 더 받

1달란트는 34킬로그램 정도라더군요. 그럼 여왕이 4톤에 가까운 금을 선물했다는 뜻인데, 이걸 곧이곧대로 믿어야 할까요? 두로 왕 히람 역시 솔로몬에게 20개의 성읍을 받기 전에 금 120달란트를 먼저 주었습니다(9:14). 그런데 막상 히람이 받은 성읍이 그에겐 쓸모없는 땅으로 여겨졌다는 점에서, 히람과 솔로몬의 거래에 관한 짧은 기사는 솔로몬이 어떻게 지혜롭게 국가의 부를 증가시켰는가를 보여줍니다. 마찬가지로 스바의 여왕이 솔로몬에게 바친 막대한 금 역시 솔로몬의 나라가 부강해졌음을 보여줍니다. 두로 왕 히람과 스바 여왕처럼 솔로몬에게 금을 바쳐서, 또 교역을 통해 금이 흘러들어오니(10–11, 22절), 솔로몬 시대에 은은 보석으로 여기지도 않을 정도가 되었습니다.

아본 일이 없다.

11 ○ (오빌에서부터 금을 싣고 온 히람의 배들은, 대단히 많은 백단목과 보석을 가지고 왔는데, 12 왕은 이 백단목으로 주님의 성전과 왕궁의 계단을 만들고, 합창단원이 쓸 수금과 하프를 만들었다. 이와 같은 백단목은 전에도 들여온 일이 없고, 오늘까지도 이런 나무는 본 일이 없다.)

13 ○ 솔로몬 왕은 스바의 여왕에게 왕의 관례에 따라 답례물을 준 것 밖에도, 그 여왕이 요구하는 대로, 가지고 싶어 하는 것은 모두 주었다. 여왕은 신하들과 함께 자기 나라로 돌아갔다.

솔로몬의 부요함(대하 9:13-29)

14 ○ 해마다 솔로몬에게 들어오는 금은, 그 무게가 육백육십육 달란트였다. 15 이 밖에도 상인들로부터 세금으로 들어온 것과, 무역업자와의 교역에서 얻는 수입과, 아라비아의 모든

백성들의 고단한 삶을(9장 21절) 뒤로한 채 한껏 누리는 임금의 사치를(10-13절) '하나님이 주신 지혜와 복'(7절)으로 보는 게 성경의 입장입니까? 9장 20-22절은 솔로몬 시대 내내 지속되었던 건축 공사에 강제로 동원된 이들이 이스라엘 가운데 남아 있던 이방 민족이라고 알려줍니다. 이 같은 본문은 이스라엘을 강제 노동에 동원하면 안 되지만 이방인은 된다고 말하는 것이 아니라, 오직 하나님의 약속을 믿고 따른 이스라엘에게 마침내 그 땅을 얻게 하신 하나님을 바라보게 하는 데 목적이 있습니다. 솔로몬 시대의 막대한 부귀영화에 대한 내용 역시 부귀를 칭송하는 데 목적이 있지 않고, 하나님을 경외하며 백성의 소리를 들을 수 있는 지혜를 구한 솔로몬에게 하나님께서 주신 복을 강조하는 데 목적이 있습니다. 그래서 열왕기는 곳곳에서 하나님의 규례와 법도를 따르는 삶을 반복해서 이야기하고(3:3, 14; 8:58-61; 9:2-9), 10장에서도 스바 여왕의 말을 통해 공평과 정의로 다스리는 통치를 다시 언급합니다(9절).

왕들과 국내의 지방장관들이 보내오는 금도 있었다.

16 ○ 솔로몬 왕은, 금을 두드려 펴서 입힌 큰 방패를 이백 개나 만들었는데, 방패 하나에 들어간 금만 하여도 육백 세겔이나 되었다. 17 그는 또, 금을 두드려 펴서 입힌 작은 방패를 삼백 개를 만들었는데, 그 방패 하나에 들어간 금은 삼 마네였다. 왕은 이 방패들을 '레바논 수풀 궁'에 두었다.

18 ○ 왕은 상아로 큰 보좌를 만들고, 거기에다 잘 정련된 금을 입혔다. 19 보좌로 오르는 층계에는 계단이 여섯이 있었으며, 보좌의 꼭대기는 뒤가 둥그렇게 되어 있었으며, 그 앉는 자리 양쪽에는 팔걸이가 있고, 그 팔걸이 양옆에는 각각 사자 상이 하나씩 서 있었다. 20 여섯 개의 계단 양쪽에도, 각각 여섯 개씩 열두 개의 사자 상이 서 있었다. 일찍이, 어느 나라에서도 이렇게는 만들지 못하였다.

21 ○ 솔로몬 왕이 마시는 데 쓰는 모든 그릇은 금으로 되어 있었고, '레바논 수풀 궁'에 있는 그릇도 모두 순금이며, 은으로 된 것은 하나도 없었다. 솔로몬 시대에는, 은은 귀금속 축에 들지

솔로몬은 금 방패를 만듭니다(16-17절). 전쟁에 쓰는 무기를 굳이 금으로 만들 필요가 있을까요? 금 방패는 실전에서 사용하기 위한 목적이 아니라, 이 역시 솔로몬 시대에 금이 얼마나 넘쳐났는지를 보여주기 위한 목적일 것입니다. 크고 작은 방패들은 모두 솔로몬의 궁전인 레바논 수풀 궁을 장식하는 소품으로 전시되었고, 이 궁전을 출입하는 이들은 휘황찬란한 금 방패들을 보며 솔로몬이 다스리는 나라의 부에 경탄했을 것입니다. 그러나 이렇게 화려한 방패는 이 궁전에 그리 오래 있지 못했습니다. 솔로몬의 아들 르호보암이 왕이 된 지 5년 되던 해에 이집트 왕 시삭이 쳐들어왔고, 그는 예루살렘의 온갖 보물을 약탈하면서 솔로몬이 만든 금 방패를 모두 다 가져가버렸습니다(14:25-26). 이후에 르호보암은 금 방패 대신 놋으로 방패를 만들었고, 그것은 더 이상 장식품이 아니라 왕궁 경호대가 사용하는 실용적인 물건이 되었습니다(14:27-28).

도 못하였다. 22 왕은 다시스 배를 바다에 띄우고, 히람의 배와 함께 해상무역을 하게 하였다. 세 해마다 한 번씩, 다시스의 배가 금과 은과 상아와 원숭이와 공작새들을 실어오고는 하였다.

23 ○ 솔로몬 왕은 재산에 있어서나, 지혜에 있어서나, 이 세상의 그 어느 왕보다 훨씬 뛰어났다. 24 그래서 온 세계 사람은 모두, 솔로몬을 직접 만나서, 하나님께서 그의 마음에 넣어주신 지혜의 말을 들으려고 하였다. 25 그래서 그들은 각각 은그릇과 금그릇과 옷과 갑옷과 향료와 말과 노새를 예물로 가지고 왔는데, 해마다 이런 사람의 방문이 그치지 않았다.

26 ○ 솔로몬이 병거와 기병을 모으니, 병거가 천사백 대, 기병이 만 이천 명에 이르렀다. 솔로몬은 그들을, 병거 주둔성과 왕이 있는 예루살렘에다가 나누어서 배치하였다. 27 왕 덕분에 예루살렘에는 은이 돌처럼 흔하였고, 백향목은 세펠라 평원지대의 뽕나무만큼이나 많았다. 28 솔로몬은 말을 이집트와 구에로부터 수입하였는데, 왕실 무역상을 시켜서, 구에에

큰 전쟁도 없었는데 솔로몬이 이처럼 많은 말과 병거를 사들였던(26-29절) 까닭은 무엇입니까? 10장은 솔로몬의 영광을 보여주지만, 열왕기를 포함한 신명기 역사서는 하나님의 규례와 법도를 따르는 삶을 강조하는 책입니다. 그래서 열왕기는 부귀와 번영이 순종하는 자에게 주시는 좋은 것이되, 그 부귀와 영화야말로 도리어 훗날의 재앙을 불러들이는 통로가 된다는 점도 함께 보여줍니다. 신명기 17장 16-20절은 통치자가 전쟁을 위해 말을 많이 소유해서는 안 되고, 이집트로부터 사들여서도 안 되며, 은과 금을 너무 많이 모아도 안 된다고 명확하게 경고합니다. 그런데 본문 10장은 솔로몬 시대에는 금이 너무나 많아 은을 보석으로 여기지도 않았고, 특히 솔로몬이 이집트로부터 말과 병거를 사들였다고 이야기합니다. 이러한 언급은 솔로몬의 시대가 그야말로 전성기였으며, 그와 동시에 하나님을 거역한 자들에게 임하는 재앙을 불러일으키는 시대임을 암시합니다. 이어지는 11장은 솔로몬 시대의 몰락을 다룹니다.

서 시들였다. 29 병거는 이집트에서 한 대에 은 육백 세겔을, 그리고 말은 한 필에 은 백오십 세겔을 주고 들여와서, 그것을 헷 족의 모든 왕과 시리아 왕들에게 되팔기도 하였다.

{ 제11장 }

솔로몬이 하나님에게서 돌아서다

1 솔로몬 왕은 외국 여자들을 좋아하였다. 이집트의 바로의 딸 말고도, 모압 사람과 암몬 사람과 에돔 사람과 시돈 사람과 헷 사람에게서, 많은 외국 여자를 후궁으로 맞아들였다. 2 주님 께서 일찍이 이 여러 민족을 두고, 이스라엘 자손에게 경고하 신 일이 있다. "너희는 그들과 결혼을 하고자 해서도 안 되고, 그들이 청혼하여오더라도 받아들여서는 안 된다. 분명히 그 들은 너희의 마음을, 그들이 믿는 신에게로 기울어지게 할 것

고대의 임금들은 정략결혼으로 나라를 굳세게 했다고 들었습니다. '700명의 후궁 과 300명의 첩'(1-3절)을 마냥 비난할 일은 아니지 않을까요? 고대 세계는 솔로몬 의 결혼을 비난하지 않을 것이며, 천 명에 달하는 아내는 솔로몬의 나라의 대단한 위세와 누구도 함부로 할 수 없는 강력한 연결망을 보여줍니다. 그런 점에서 솔로 몬이 바로의 딸을 비롯한 이방 여인을 아내로 취한 것을 나무라는 열왕기의 강력한 비판은 열왕기와 이 책이 속한 신명기 역사서의 특별한 시각을 확연하게 드러냅니 다. 그에 따르면 하나님께서 다윗의 나라를 세우신 까닭은 온 세상에서 가장 강력 하고 부유한 나라를 건설하는 것이 아닌, 오직 주 하나님을 경외하고 그분의 율례 와 계명을 따라 행하는 나라를 세우기 위해서입니다. 그렇기에 당시 상황에서는 아 무리 위풍당당한 일이라 해도 열왕기 저자는 거침없이 비판적으로 그 내용을 서술 합니다.

이다" 하고 말씀하셨다. 그런데도 솔로몬은 외국 여자들을 좋아하였으므로, 마음을 돌리지 못하였다. 3 그는 자그마치 칠백 명의 후궁과 삼백 명의 첩을 두었는데, 그 아내들이 그의 마음을 사로잡았다. 4 솔로몬이 늙으니, 그 아내들이 솔로몬을 꾀어서, 다른 신들을 따르게 하였다. 그래서 솔로몬은, 자기의 주 하나님께 그의 아버지 다윗만큼은 완전하지 못하였다. 5 솔로몬이 시돈 사람의 여신 아스다롯과 암몬 사람의 우상 밀곰을 따라가서, 6 주님 앞에서 악행을 하였다. 그의 아버지 다윗은 주님께 충성을 다하였으나, 솔로몬은 그러하지 못하였다. 7 솔로몬은 예루살렘 동쪽 산에 모압의 혐오스러운 우상 그모스를 섬기는 산당을 짓고, 암몬 자손의 혐오스러운 우상 몰렉을 섬기는 산당도 지었는데, 8 그는 그의 외국인 아내들이 하자는 대로, 그들의 신들에게 향을 피우며, 제사를 지냈다.

9 ○ 이와 같이, 솔로몬의 마음이 주 이스라엘의 하나님을 떠났으므로, 주님께서 솔로몬에게 진노하셨다. 주님께서는 두 번씩이나 솔로몬에게 나타나셔서, 10 다른 신들을 따라가지 말라고 당부하셨지만, 솔로몬은 주님께서 하신 말씀에 순종

잘못은 솔로몬이 저질렀는데 정작 본인에게는 그 책임을 면제하고 아들에게 다 묻겠다니(12절), 하나님의 처분이 너무 불합리합니다. 하나님께서 말씀하셨다고 해서 그 말씀의 내용을 마치 어떤 숙명 같은 것으로 받아들이는 태도는 옳지 않습니다. 하나님께서 다윗에게 약속하신 왕조가 솔로몬의 불순종 탓에 곧 분열을 맞게 되듯이, 하나님께서 심판을 선언하셨다 할지라도 돌이켜 뉘우치고 하나님의 명령을 행하면 심판은 사라지고 평화가 임할 것입니다. 그러므로 지금 대단하다 싶어도 누구든 겸손하게 하나님의 계명에 순종할 일이고, 심판과 멸망이 예고되었다 하더라도 누구든 간절하게 하나님께로 돌이켜 그분의 계명을 행할 일입니다. 솔로몬의

하지 않았다. 11 그러므로 주님께서 솔로몬에게 이렇게 말씀하셨다. "네가 이러한 일을 하였고, 내 언약과 내가 너에게 명령한 내 법규를 지키지 아니하였으니, 내가 반드시 네게서 왕국을 떼어서, 네 신하에게 주겠다. 12 다만 네가 사는 날 동안에는, 네 아버지 다윗을 보아서 그렇게 하지 않겠지만, 네 아들 대에 이르러서는, 내가 이 나라를 갈라놓겠다. 13 그러나 이 나라를 갈라서, 다 남에게 내주지는 않고, 나의 종 다윗과 내가 선택한 예루살렘을 생각해서, 한 지파만은 네 아들에게 주겠다."

솔로몬의 적

14 ○ 이렇게 해서, 주님께서는, 에돔 출신으로 에돔에 살고 있는 왕손 하닷을 일으키셔서, 솔로몬의 대적이 되게 하셨다. 15 전에 다윗이 에돔에 있을 때에, 군사령관 요압 장군이 살해당한 사람들을 묻으려고 그곳으로 내려갔다가, 에돔에 있는 모든 남자를 다 쳐 죽인 일이 있다. 16 요압은 온 이스라엘 사람과 함께, 에돔에 있는 모든 남자를 다 진멸할 때까지, 여

불순종에도 불구하고 심판이 다소 유예되었다면, 그것은 하나님의 불합리함이 아니라 도리어 하나님의 자비하심의 결과일 것입니다. 그렇게 자비를 베푸시는 까닭은 다윗의 순종 때문입니다. 하나님의 계명에 순종하는 일은 솔로몬이 누린 무수한 부귀영화보다 훨씬 소중하고 값진 것입니다.

섯 달 동안 거기에 머물러 있었다. 17 그러나 하닷은 자기 아버지의 신하이던 에돔 사람들을 데리고서, 이집트로 도망하였다. 그때에 하닷은 아직 어린 소년이었다. 18 그들은 미디안에서 출발하여 바란에 이르렀고, 그곳에서 장정 몇 사람을 데리고 이집트로 내려가서, 이집트 왕 바로에게로 갔다. 이집트 왕 바로는 그에게, 집과 얼마만큼의 음식을 내주고, 땅도 주었다. 19 하닷이 바로의 눈에 들었으므로, 바로는 자기의 처제 곧 다브네스 왕비의 동생과 하닷을 결혼하게 하였다. 20 다브네스의 동생은 아들 그누밧을 낳았는데, 다브네스는 그를 바로의 궁 안에서 양육하였으므로, 그누밧은 바로의 궁에서 바로의 아들들과 함께 자랐다. 21 그 뒤에 하닷은, 다윗과 군사령관 요압 장군이 죽었다는 것을 이집트에서 듣고서, 고국 땅으로 돌아가게 허락해달라고 바로에게 요청하였다. 22 그러자 바로는 그에게 "나와 함께 있는 것이 무엇이 부족해서, 그렇게도 고국으로 가려고만 하오?" 하면서 말렸다. 그러나 하닷은, 부족한 것은 아무것도 없지만, 보내달라고 간청하였다.

23 ○ 하나님께서는 솔로몬의 또 다른 대적자로서, 엘리아다

이집트의 파라오는 솔로몬에게 딸을 시집보냈습니다(3:1). 그런데 어째서 사위의 적 하닷(17–22절)과 여로보암(40절)을 보호해주는 걸까요? 열왕기와 같은 책은 얼핏 역사책처럼 보이지만, 이미 곳곳에서 드러나듯이 역사에 대한 객관적인 보고에는 거의 관심이 없습니다. 구약성경의 사무엘기, 열왕기, 역대지 같은 책들은 지난 역사를 다루되 철저하게 신앙적인 관점에서 바라보고 평가합니다. 그래서 솔로몬의 장인인 이집트 왕과 하닷을 보호한 이집트 왕, 여로보암을 보호한 이집트 왕이 서로 같은 인물인지 아닌지 알 길이 없고, 열왕기는 그에 대해 알려주지도 않습니다. 열왕기가 말하고 싶은 것은 솔로몬이 이집트 왕의 딸을 아내로 맞기까지 했지

의 아들 르손을 일으키셨다. 그는 자기가 섬기던 소바 왕 하
닷에셀에게서 도망한 사람이다. 24 다윗이 소바 사람들을 죽
일 때에, 그는 사람들을 모으고, 그 모은 무리의 두목이 되어
서, 다마스쿠스로 가서 살다가, 마침내 다마스쿠스를 다스리
는 왕이 되었다. 25 르손은 솔로몬의 일생 동안에 이스라엘의
대적자가 되었다. 그렇지 않아도, 솔로몬은 하닷에게 시달리
고 있었는데, 엎친 데 덮친 격으로, 르손에게도 시달렸다. 르
손은 시리아를 다스리는 왕이 되어서, 계속하여 이스라엘을
괴롭혔다.

여로보암에게 하신 하나님의 약속

26 ○ 느밧의 아들 여로보암은 에브라임 족의 스레다 사람으
로서, 한동안은 솔로몬의 신하였다. 이 사람까지도 솔로몬 왕
에게 반기를 들어서 대적하였다. 그의 어머니는 과부 스루아
이다. 27 그가 왕에게 반기를 든 사정은 이러하다. 솔로몬이
밀로를 건축하고, 그의 아버지 다윗 성의 갈라진 성벽 틈을 수
리할 때이다. 28 그 사람 여로보암은 능력이 있는 용사였다.

만, 그런 결혼 동맹이 이스라엘의 안전을 조금도 보장하지 못한다는 점입니다. 이
집트로부터 말도 수입했지만(10:28-29), 이집트는 솔로몬의 나라를 든든하게 한 것
이 아니라 도리어 솔로몬의 평생의 대적과 솔로몬 이후 유다 왕들의 평생의 라이벌
을 키워내는 요람 역할을 합니다. 안전은 이방 나라와의 동맹에 있지 않다는 것을
이런 내용을 통해 명확하게 증언합니다.

솔로몬은, 이 젊은이가 일 처리하는 것을 보고는, 그에게 요셉 가문의 부역을 감독하게 하였다. 29 그 무렵에 여로보암이 예루살렘에서 나아오다가, 길에서 실로의 아히야 예언자와 마주쳤다. 아히야는 새 옷을 걸치고 있었고, 들에는 그들 둘만 있었는데, 30 아히야는 그가 입고 있는 새 옷을 찢어서, 열두 조각을 내고, 31 여로보암에게 말하였다.

○ "열 조각은 그대가 가지십시오. 주 이스라엘의 하나님께서 그대에게 이렇게 말씀하셨습니다. '자, 내가 솔로몬의 왕국을 찢어서, 열 지파를 너에게 준다. 32 그리고 한 지파는 내 종 다윗을 생각해서, 그리고 이스라엘의 모든 지파 가운데서 내가 선택한 성읍 예루살렘을 생각해서, 솔로몬이 다스리도록 그대로 남겨둔다. 33 솔로몬은 나를 버리고, 시돈 사람의 여신인 아스다롯과 모압의 신 그모스와 암몬 자손의 신 밀곰에게 절하며, 그의 아버지 다윗과는 달리, 내 앞에서 바르게 살지도 않고, 법도와 율례를 지키지도 않았지만, 34 내

여로보암은 이집트로 도망쳐 솔로몬이 죽을 때까지 거기 살았습니다(40절). 그런데 어떻게 솔로몬에게 반기를 들어 대적할(26절) 수 있습니까? 열왕기는 시간 순서를 따라 기록한 책이 아니며, 중요한 사건을 모두 알리지는 않는다는 점을 유념해야 합니다. 26-28절은 여로보암이 에브라임 지파 출신임을 알려주는데, 에브라임은 이스라엘 열두 지파 가운데 유다 지파에 필적하는 중요한 지파였습니다. 그리고 여로보암이 부각되는 배경에는 솔로몬 시대 무수한 국가 공사에 동원된 에브라임 지파의 현실이 있습니다. 이러한 정보로 보건대, 아마도 계속되는 공사 동원 탓에 에브라임 지파를 중심으로 솔로몬의 통치에 불평이 적지 않았을 것이라 짐작할 수 있습니다. 이때 여로보암은 에브라임 지파를 대표해 강제 노동 같은 현실에 변화를 촉구하며 어떤 움직임을 이끌었을 것입니다. 솔로몬이 그를 제거하려 할 정도로 여로보암 세력의 저항과 반대가 컸음을 알 수 있습니다. 솔로몬이 죽은 후 에브라임 지파는 즉각 이집트에서 여로보암을 데려왔습니다(12:2-3).

가 택한 나의 종 다윗이 내 명령과 법규를 지킨 것을 생각해서, 솔로몬이 살아 있는 동안에는, 그 온 왕국을 그의 손에서 빼앗지 아니하고, 그가 계속해서 통치하도록 할 것이다. 35 그렇지만 그의 아들 대에 가서는, 내가 그 나라를 빼앗아서, 그 가운데서 열 지파를 너에게 주고, 36 한 지파는 솔로몬의 아들에게 주어서 다스리게 할 것이다. 그러면 그가, 내 이름을 기리도록 내가 선택한 도성 예루살렘에서 다스릴 것이고, 내 종 다윗에게 준 불씨가 꺼지지 않을 것이다. 37 여로보암아, 내가 너를 이스라엘의 왕으로 삼겠다. 너는 네가 원하는 모든 지역을 다스릴 것이다. 38 네가, 나의 종 다윗이 한 것과 같이, 내가 명령한 모든 것을 따르고, 내가 가르친 대로 살며, 내 율례와 명령을 지켜서, 내가 보는 앞에서 바르게 살면, 내가 너와 함께 있을 것이며, 내가 다윗 왕조를 견고하게 세운 것같이, 네 왕조도 견고하게 세워서, 이스라엘을 너에

여로보암에게 열 지파를, 솔로몬의 자식에게 한 지파를 준다면(31~32절) 모두 열한 지파가 됩니다. 이스라엘은 본래 열두 지파가 아니던가요? 솔로몬의 후손에게 주어지는 한 지파는 '유다 지파'를 가리키는 것일 수도 있고, 유다 지파는 다윗과 솔로몬의 출신 지파이니 그에 더해 베냐민 지파를 가리키는 것일(12:21) 수도 있습니다. 그러나 사울이 베냐민 지파이고 사울의 아들이 왕위를 이었을 때 다윗이 유다 지파만의 임금이 된 것을 생각하면(삼하 2:10~11), 베냐민 지파가 다윗의 후손의 나라에 속했을 것이라고 생각하긴 쉽지 않습니다. 열둘이라는 숫자는 '모든 이스라엘'을 가리키는 상징적인 숫자이면서, 마땅히 이스라엘은 열두 지파여야 한다는 입장을 반영하는 이데올로기적인 숫자이기도 합니다. 솔로몬 시대에 열두 지파가 생생하게 존재했는지 알기 어렵지만, 이러한 진술은 모든 이스라엘을 표현하기 위해 당연한 것처럼 '열두 지파'를 말한다고 볼 수 있습니다. 그래서 열과 하나를 합치면 열둘이 되는 이상한 산수지만, '모든 이스라엘' 가운데 오직 한 지파만이 다윗과 솔로몬의 후손에게 주어졌다는 것이 이 말씀의 근본 취지입니다.

게 맡기겠다. 39 솔로몬이 지은 죄 때문에 내가 다윗 자손에게 이러한 형벌을 줄 것이지만, 항상 그러하지는 않을 것이다.'"

40 ○ 솔로몬이 여로보암을 죽이려고 하니, 여로보암은 일어나서 이집트 왕 시삭에게로 도망하여, 솔로몬이 죽을 때까지 이집트에 머물러 있었다.

솔로몬이 죽다(대하 9:29-31)

41 ○ 솔로몬의 나머지 행적과 그가 한 모든 일과 그의 지혜는 모두 '솔로몬 왕의 실록'에 기록되어 있다. 42 솔로몬은 예루살렘에서 사십 년 동안 온 이스라엘을 다스렸다. 43 솔로몬은 죽어서, 그의 아버지 다윗의 성에 묻혔다. 그의 아들 르호보암이 그의 뒤를 이어, 왕이 되었다.

'다윗에게 준 불씨'(36절)란 무얼 말합니까? 다윗 왕국이 이어지는 게 무슨 의미가 있습니까? 불씨가 남아 있다면 다 꺼진 것이 아니듯이 '다윗에게 준 불씨'는 하나님께서 다윗에게 약속하신 대로 다윗의 나라가 이어질 것임을 가리킵니다. 다윗의 나라가 이어진다는 것은 단지 어느 한 왕조에 대한 하나님의 선택이 아닌, 하나님의 계명과 법도를 따라 순종한 사람과 공동체를 하나님께서 끝까지 돌보고 지키심을 보여줍니다. 이후로도 열왕기는 다윗에 견주어 후대의 왕들을 평가합니다. 다윗이 대단한 인물이라서가 아닙니다. 다윗으로 상징되는, 즉 하나님의 말씀과 명령에 순종하는 것이야말로 다윗과 솔로몬, 그리고 그 이후 나라의 가장 중심이자 본질임을 보이기 위한 것입니다. 11장에서도 이미 아히야 같은 예언자가 등장하지만, 이후로도 무수한 예언자들이 나타나 다윗 이후의 왕들에게 가장 중요한 사항은 하나님의 계명에 대한 순종임을 선포할 것입니다.

{ 제12장 }

북쪽 지파들의 반항(대하 10:1-19)

1 온 이스라엘이 르호보암을 왕으로 세우려고 세겜에 모였으므로, 르호보암도 세겜으로 갔다. 2 느밧의 아들 여로보암도 이 소문을 들었다. (그때에 그는 솔로몬 왕을 피하여 이집트로 가서 있었다.) 이집트에서 3 사람들이 여로보암을 불러내니, 그가 이스라엘의 모든 회중과 함께 르호보암에게로 가서, 이렇게 말하였다. 4 "임금님의 아버지께서는 우리에게 무거운 멍에를 메우셨습니다. 이제 임금님께서는, 임금님의 아버지께서 우리에게 지워주신 중노동과 그가 우리에게 메워주신 이 무거운 멍에를 가볍게 해주십시오. 그러면 우리가 임금님을 섬기겠습니다." 5 르호보암이 그들에게 말하였다. "돌아갔다가, 사흘 뒤에 나에게로 다시 오도록 하시오." 이 말을 듣고서, 백성들은 돌아갔다.

6 ○ 르호보암 왕은 부왕 솔로몬이 살아 있을 때에, 부왕을 섬

즉위식이라면 예루살렘의 왕궁에서 거행하는 게 자연스럽지 않을까요? 어째서 임금이 세겜까지 내려간(1절) 걸까요? 열왕기와 함께 신명기 역사서에 속하는 여호수아기 24장을 보면, 여호수아는 세겜에서 모든 이스라엘의 대표자를 모아 주 하나님 한 분만 섬기겠다는 의식을 치릅니다. 이렇게 하나님과의 언약을 새롭게 하는 의식이 치러진 세겜은 하나님 앞에 있는 이스라엘 열두 지파라는 신앙을 상징합니다. 이제 르호보암의 즉위에 맞춰 온 이스라엘이 르호보암을 세겜으로 초대했다는 것은, 비록 한 왕이 존재하지만 온 이스라엘은 근본적으로 주 하나님 앞에서 동등한 열두 지파 공동체임을 상기시키고자 하는 의도가 있었음을 짐작하게 합니다. 참으로 이스라엘은 다윗 가문의 왕으로 대표되는 나라가 아니라, 오직 주 하나님 한 분을 섬기는 것으로 대표되는 나라입니다.

긴 원로들과 상의하였다. "이 백성에게 어떤 대답을 해야 할지, 경들의 충고를 듣고 싶소." 7 그들은 르호보암에게 이렇게 대답하였다. "임금님께서 이 백성의 종이 되셔서, 그들을 섬기려고 하시면, 또 그들이 요구한 것을 들어주시겠다고 좋은 말로 대답해주시면, 이 백성은 평생 임금님의 종이 될 것입니다." 8 원로들이 이렇게 충고하였지만, 그는 원로들의 충고를 무시하고, 자기와 함께 자란, 자기를 받드는 젊은 신하들과 의논하면서, 9 그들에게 물었다. "백성들이 나에게, 부왕께서 메워주신 멍에를 가볍게 하여달라고 요청하고 있소. 이 백성에게 내가 어떤 말로 대답하여야 할지, 그대들의 충고를 듣고 싶소." 10 왕과 함께 자란 젊은 신하들이 그에게 말하였다. "이 백성은, 임금님의 아버지께서 그들에게 메우신 무거운 멍에를 가볍게 해달라고, 임금님께 요청하였습니다. 그러나 임금님께서는 이 백성에게 이렇게 말씀하십시오. '내 새끼손가락 하나

백성들의 요구에 대한 원로들과 젊은 신하들의 대답은 어떻게 이해하면 좋을까요?
세겜에 모인 대표들은 솔로몬 때부터 부과된 강제 노동을 가볍게 해달라고 요구합니다. 이에 대해 원로들은 "임금이 백성의 종이 되면 백성들은 임금의 종이 될 것입니다"라고 간언하며 백성들의 노동을 줄여주라고 권합니다. 반면 젊은 신하들은 "'아버지보다 더 강력한 나는 더욱 강하게 통치하겠다'고 백성에게 선포하고 왕권을 강화하라"고 조언합니다. 원로들은 종이 되어 섬기는 것이 진정한 왕권이라 권하지만, 젊은 신하들은 왕의 권위는 섬김에 있지 않고 지배와 권력, 통제에 있다 여겼습니다. 그리고 원로들은 백성의 요구에 임금이 "대답하라" 권고하지만(7절), 젊은 신하들은 임금이 그들에게 "말하라" 권합니다(10절). 즉 원로들은 임금이 백성과 논의하고 응답하라고 조언했지만, 젊은 신하들은 일방적인 선포를 권한 것입니다. 두 입장은 왕권에 대한 서로 다른 견해를 잘 보여줍니다. 임금이 백성 위에 군림해 일방적으로 권세를 휘둘러야 할 것 같지만, 열왕기는 백성과 대화하며 섬겨야 나라가 제대로 지켜질 수 있음을 명확하게 보여줍니다.

가 내 아버지의 허리보다 굵다. 11 내 아버지가 너희에게 무거운 멍에를 메웠다. 그러나 나는 이제 너희에게 그것보다 더 무거운 멍에를 메우겠다. 내 아버지는 너희를 가죽 채찍으로 매질하였지만, 나는 너희를 쇠 채찍으로 치겠다' 하고 말씀하십시오."

12 ○ 왕이 백성에게 사흘 뒤에 다시 오라고 하였으므로, 여로보암과 온 백성은 사흘째 되는 날에 르호보암 앞에 나아왔다. 13 왕은 원로들의 충고는 무시하고, 백성에게 가혹한 말로 대답하였다. 14 그는 젊은이들의 충고대로 백성에게 말하였다. "내 아버지가 당신들에게 무거운 멍에를 메웠소. 그러나 나는 이제 그것보다 더 무거운 멍에를 당신들에게 메우겠소. 내 아버지는 당신들을 가죽 채찍으로 매질하였지만, 나는 당신들을 쇠 채찍으로 치겠소." 15 왕이 이렇게 백성의 요구를 들어주지 않은 것은 주님께서 일을 그렇게 뒤틀리게 하셨기 때문이다. 이것은 주님께서 실로 사람 아히야를 시켜서, 느밧의 아들 여로보암에게 하신 말씀을 이루시려는 것이었다.

성경은 "주님께서 일을 그렇게 뒤틀리게 하셨다"(15절)고 합니다. 그렇다면 로봇처럼 움직인 르호보암에게는 큰 잘못이 없는 것 아닌가요? 표현을 글자 그대로 받아들인다면 르호보암에게 책임을 물을 수 없을 겁니다. 그러나 만일 하나님께서 그렇게 인간사의 모든 일을 하나님 뜻대로 좌우하신다면, 인간은 더 이상 존엄한 인격체가 아니라 하나님의 뜻대로 조종되는 로봇이나 기계에 불과할 것입니다. 인간의 존엄은 자신의 일을 스스로 책임질 때, 스스로 자신의 삶을 판단하고 결정할 수 있을 때 가능합니다. 그러한 상황이 지나고 나서, 우리는 "이 모든 것을 하나님께서 이끄셨다"고 고백합니다. 15절 표현도 시간이 흐른 후에 지난 과거를 돌아보며 과거의 그 사건을 하나님의 행하심으로 해석한 것입니다. 그래서 '하나님의 행하심'과 '인간의 완전한 선택의 자유'는 서로 충돌하는 것처럼 보이지만, 실제로는 함께 존재할 수 있습니다.

16 ○ 온 이스라엘은, 왕이 자기들의 요구를 전혀 듣지 않는 것을 보고, 왕에게 외쳤다. "우리가 다윗에게서 받을 몫이 무엇인가? 이새의 아들에게서는 받을 유산이 없다. 이스라엘아, 저마다 자기의 장막으로 돌아가라. 다윗아, 이제 너는 네 집안이나 돌보아라."

○ 그런 다음에 이스라엘 백성은 저마다 자기의 장막으로 돌아갔다.

17 ○ 그러나 유다의 여러 성읍에 살고 있는 이스라엘 자손은, 르호보암의 통치 아래에 남아 있었다. 18 르호보암 왕이 강제노동 감독관 아도니람을 이스라엘 자손에게 보내니, 온 이스라엘이 모여서, 그를 돌로 쳐 죽였다. 그러자 르호보암 왕은 급히 수레에 올라서서, 예루살렘으로 도망하였다. 19 이렇게 이스라엘은 다윗 왕조에 반역하여서, 오늘에 이르렀다.

20 ○ 이 무렵에 온 이스라엘 백성은 여로보암이 돌아왔다는 소식을 듣고서, 사람을 보내어 그를 총회로 불러왔으며, 그를 온 이스라엘을 다스리는 왕으로 추대하였다. 그리하여 유다

'하나님의 사람'(22절)이란 어떤 이를 가리키는 말입니까? 스마야를 설명할 때만 쓰는 별명인가요? '하나님의 사람'은 하나님을 대신해 하나님의 말씀을 백성에게 전하는 이를 가리킵니다. 이런 일을 행하는 사람을 '예언자'라고 부릅니다. 그래서 하나님의 사람은 실질적으로 예언자 같은 존재를 의미한다고 볼 수 있습니다. 하나님의 사람이라 불리는 이에게 예언자라고도 하는 것을 볼 수 있으며(13:18), 스마야 역시 예언자로 불리기도 합니다(대하 12:5). 모세와(신 33:1; 수 14:6 등) 사무엘도(삼상 9:6, 9-10) 하나님의 사람이라 불렸고, 특히 엘리야와 엘리사가 이런 이름으로 빈번하게 불렸습니다. 특이하게도 다윗 역시 하나님의 사람이라 불린 것을 볼 수 있습니다(대하 8:14; 느 12:24, 36). 하나님께 특별한 능력을 받은 이들에게 존경과 경외를 담아 이 같은 표현으로 불렀으리라 여겨집니다.

지파만 제외하고는, 어느 지파도 다윗 가문을 따르지 않았다.

스마야의 예언(대하 11:1-4)

21 ○ 르호보암이 예루살렘에 이르러서, 온 유다의 가문과 베냐민 지파에 동원령을 내려, 정병 십팔만 명을 선발하였다. 그래서 이스라엘 가문과 싸워서, 왕국을 다시 솔로몬의 아들 르호보암에게 돌리려고 하였다. 22 그러나 그때에 하나님께서 하나님의 사람 스마야에게 말씀하셨다. 23 "너는 유다 왕 솔로몬의 아들 르호보암과, 유다와 베냐민의 모든 가문과, 그 밖에 나머지 모든 백성에게, 이 말을 전하여라. 24 '나 주가 말한다. 일이 이렇게 된 것은, 내가 시킨 것이다. 너희는 올라가지 말아라. 너희의 동족인 이스라엘 자손과 싸우지 말고, 저마다 자기 집으로 돌아가거라.'" 그들은 이러한 주님의 말씀을 듣고, 주님의 말씀에 순종하여 모두 귀향하였다.

모세 때도 이스라엘 백성들이 금송아지를 섬기지 않았던가요? 금송아지가 유난히 사랑받은(28절) 특별한 이유가 있습니까? 고대 중동에서 널리 숭배되던 바알 같은 신을 상징적으로 표현할 때 풍요와 힘을 나타내는 황소가 흔하게 사용되었습니다. 금은 동서고금을 막론하고 풍요와 부의 상징이며, 인간의 모든 욕망이 향하는 가장 근본적인 대상입니다. 그래서 '금송아지'는 강하고 능력 있어서 구하는 이에게 풍요와 부귀를 가져다줄 신을 표현하기에 매우 적절하면서도 상징적입니다. 모세 시대의 아론이나 북왕국의 여로보암 역시 금송아지를 섬기게 하려는 의도보다는, 이스라엘을 이집트에서 건져내신 하나님을 섬기되(출 32:4; 왕상 12:28) 그 하나님을 상징하는 것으로 금송아지를 만들었습니다. 그러나 금송아지가 바알로 대표되는 이방 신의 상징이었기에, 금송아지는 너무도 자연스럽게 주 하나님이 아닌 다른 신을 섬기는 신앙과 뒤섞일 수밖에 없었습니다.

여로보암이 하나님에게서 돌아서다

25 ㅇ 여로보암이 에브라임의 산지에 있는 세겜 성을 도성으로 삼고, 얼마 동안 거기에서 살다가, 브누엘 성을 세우고, 그리로 도성을 옮겼다. 26 그런데 여로보암의 마음에, 잘못하면 왕국이 다시 다윗 가문으로 돌아갈지도 모른다는 생각이 들었다. 27 이 백성이 예루살렘에 있는 주님의 성전으로 제사를 드리려고 올라갔다가, 그들의 마음이 그들의 옛 주인인 유다 왕 르호보암에게로 돌아가게 되는 날이면, 그들이 자기를 죽이고, 유다 왕 르호보암에게 돌아갈지도 모른다는 생각이 들었다. 28 왕은 궁리를 한 끝에, 금송아지 상 두 개를 만들었다. 그러고는 백성에게 이렇게 말하였다. "예루살렘으로 올라가는 일은, 너희에게는 너무 번거로운 일이다. 이스라엘 백성들아, 너희를 이집트에서 구해주신 신이 여기에 계신다." 29 그리고 그는 금송아지 상 두 개를, 하나는 베델에 두고, 다른 하나는 단에 두었다. 30 그런데 이 일은 이스라엘 안에서 죄가 되었다. 백성들은 저 멀리 단까지 가서 거기에 있는 그 한 송아지를 섬겼다. 31 여로보암은 또 여러 높은 곳에 산당

신앙이란 처음 갖기도, 바꾸기도 몹시 어려운데, 어떻게 이스라엘 백성들은 임금의 명령 한마디에 한꺼번에 금송아지를 섬긴(30절) 걸까요? 처음부터 다른 신인 금송아지를 섬기자 했던 게 아니라 하나님의 상징으로 금송아지를 세운 것이기에, 금송아지가 세워진 산당에서 하나님을 예배했을 겁니다. 그러나 이는 곧바로 바알 숭배와 뒤섞이고 말았습니다. 특히 하나님은 눈에 보이지 않으며, 눈에 보이는 그 어떤 형상도 세워서는 안 되는 분입니다. 그러니 눈에 보이는 금송아지 형상은 신 앞에 나아가 예배하며 자신의 소원을 아뢰는 이들에게 매력적이었을 것입니다. 주 하나님은 아무리 많은 제사를 드려도 하나님의 규례를 어기면 심판하시는 분이지만, 금

들을 짓고, 레위 자손이 아닌 일반 백성 가운데서, 제사장을 임명하여 세웠다.

베델 제단 규탄

32 ○ 여로보암은 유다에서 행하는 절기와 비슷하게 하여, 여덟째 달 보름날을 절기로 정하고, 베델에다 세운 제단에서, 그가 만든 송아지들에게 제사를 드렸으며, 그가 만든 베델의 산당에서 제사를 집행할 제사장들도 임명하였다. 33 왕은 자기 마음대로 정한 여덟째 달 보름날에, 베델에 세운 제단에서 제사를 드렸다. 그는 이스라엘 자손이 지켜야 할 절기를 이렇게 제정하고, 자기도 그 제단에 분향을 하려고 올라갔다.

송아지로 대표되는 신앙은 신을 향해 막대한 제물을 바치면 풍요와 권세를 약속해 주었기에 이 또한 매력적이었을 것입니다. 사실 오늘날에도 스스로는 예수님을 믿는다 생각하지만, 실제로는 풍요와 부귀를 약속하는 금송아지를 섬기는 크리스천들이 많을 것입니다.

{ 제13장 }

1 여로보암이 제단 곁에 서서 막 분향을 하려고 하는데, 바로 그때에 하나님의 사람이 주님의 말씀을 전하려고 유다로부터 베델로 왔다. 2 그리고 그는 그 제단 쪽을 보고서, 주님께 받은 말씀을 외쳤다.

○ "제단아, 제단아, 나 주가 말한다. 다윗의 가문에서 한 아들이 태어난다. 그 이름은 요시야다. 그가 너의 위에 분향하는 산당의 제사장들을 너의 위에서 죽여서 제물로 바칠 것이며, 또 그가 너의 위에서 그 제사장들의 뼈를 태울 것이다." 3 바로 그때에 그는 한 가지 징표를 제시하며, 이렇게 말하였다. "이 것은 나 주가 말한 징표다. 이 제단이 갈라지고, 그 위에 있는 재가 쏟아질 것이다." 4 여로보암 왕은, 하나님의 사람이 베델에 있는 제단 쪽에 대고 외치는 말을 듣고, 제단 위로 손을 내밀면서 "저 자를 잡아라" 하고 소리를 쳤다. 그러자 그 사람에게 내어 뻗은 여로보암의 손이 마비되어서, 다시 오므릴 수 없었다. 5 그리고 곧 이어서, 하나님의 사람이 주님의 말씀으로

유다의 선지자가(1절) 이스라엘에 가서 예언하는 그림이 어색합니다. 이스라엘에는 예언자가 없었습니까? 남왕국에 속한 예언자가 북왕국에서 활동하는 또 다른 사례로 아모스를 들 수 있습니다. 북왕국과 남왕국은 본디 두 개의 서로 다른 민족이 아닙니다. 주 하나님의 뜻과 명령과 행하심으로 생겨났다는 점에서 '서로 다른 지역'이라고 할 수는 있어도 '서로 다른 나라'라고 말하는 것은 적합하지 않을 겁니다. 여기서 놀라운 사실이 있다면 유다에서 온 하나님의 사람이 북왕국의 왕 여로보암이 분향하는 베델 제단에 와서 심판을 선포한다는 점입니다. 그와 같은 예언은 본문에서도 볼 수 있듯이, 권력의 탄압과 박해를 받을 수 있으니까요. 그래서 이 하나님의 사람의 모습은 하나님께서 명하시면 순종해 어디든 가서 행하는 예언자 본래의 모습을 보여줍니다.

제시한 징표대로, 그 제단은 갈라지고, 그 제단으로부터는 재가 쏟아져 내렸다. 6 그러자 왕은 하나님의 사람에게 "제발 그대의 주 하나님께 은총을 빌어서, 내 손이 회복되도록 기도하여주시오" 하고 청하였다. 하나님의 사람이 주님께 은총을 비니, 왕의 손이 회복되어서, 예전과 같이 되었다. 7 이에 왕은 하나님의 사람에게 말하였다. "나와 함께 집으로 가서, 피곤을 풀도록 합시다. 그대에게 선물도 주고 싶소." 8 그러나 하나님의 사람은 왕에게 이렇게 말하였다. "비록 임금님께서 저에게 왕실 재산의 절반을 주신다고 하여도, 나는 임금님과 함께 갈 수 없습니다. 이곳에서는 밥도 먹지 않겠으며, 물도 마시지 않겠습니다. 9 주님께서 나에게 명하시기를, 밥도 먹지 말고, 물도 마시지 말고, 온 길로 되돌아가지도 말라고 하셨습니다." 10 그런 다음에, 그는 베델에 올 때에 온 길로 돌아가지 않고, 다른 길로 돌아갔다.

일꾼에게 심부름을 시키면서 "밥도 먹지 말고 물도 마시지 말라"(9절)고 명령한 하나님의 뜻은 무엇입니까? 하나님께서 이 하나님의 사람에게 주의하라고 당부하신 사항은 "왔던 길로 돌아가지 말라, 밥도 먹지 말라, 물도 마시지 말라" 이렇게 세 가지입니다. 이 내용은 13장에서 세 번이나 반복되었습니다(8-9, 16-17, 21-22절). 두 번은 하나님의 사람이 자신을 초대한 이들에게 하나님의 명령을 거역할 수 없음을 말하기 위해 언급되었고, 마지막 세 번째는 하나님의 사람이 하나님의 명령을 어겼음을 보여주는 장면에 나왔습니다. 어떤 연유로든 이를 어긴 하나님의 사람은 결국 죽고 맙니다. 그래서 이 명령과 세 번의 반복은 하나님의 명령이 얼마나 지엄한지를 보여주고, 유다에서 온 하나님의 사람이 정말 하나님께서 보내신 자이며 그가 전한 말씀이 참으로 주님의 말씀임을 확증해줍니다. "되돌아가지 말고, 밥도 물도 먹지 말라"와 같은 특이한 명령과 이에 대한 순종은 하나님의 말씀이 때로 우리 보기엔 합리적이지 않을지라도 절대적으로 순종해야 함을 일러줍니다.

베델의 늙은 예언자

11 ○ 그 무렵에 늙은 예언자가 베델에 살고 있었다. 그의 아들들 가운데 하나가 와서, 그날 베델에서 하나님의 사람이 한 일과, 그가 왕에게 말한 내용을, 모두 아버지에게 말하였다. **12** 그러자 그들의 아버지가 그들에게 "그가 어느 길로 돌아갔느냐?" 하고 물었다. 그의 아들들은, 유다로부터 온 하나님의 사람이 돌아간 길을 말하였다. **13** 그 말을 듣고서, 그들의 아버지는 곧 그의 아들들에게 말하였다. "내가 타고 갈 나귀에 안장을 얹어다오." 그들이 아버지가 타고 갈 나귀에 안장을 얹으니, 그는 나귀를 타고서, **14** 하나님의 사람을 뒤쫓아갔다. 마침내, 그는 상수리나무 아래에 앉아 있는 하나님의 사람을 보고 물었다. "그대가 유다로부터 온 하나님의 사람이오?" ○ 그러자 그가 대답하였다. "그렇습니다." **15** 그는 하나님의 사람에게 말하였다. "함께 우리 집으로 가서, 무엇을 좀 잡수시고 가시지요." **16** 하나님의 사람은 대답하였다. "나는 노인

베델의 늙은 예언자는 무슨 속셈으로 거짓말까지 해가면서(18절) 하나님의 사람을 초대해 결국 죽음으로 몰아간 걸까요? 본문은 이 늙은 예언자의 동기에 대해 전혀 알려주지 않습니다. 어쩌면 베델에서 살던 늙은 예언자는 하나님의 사람이 선포한 내용, 즉 "베델 제단이 무너지고 사람의 뼈가 그 위에서 불살라질 것"이라는 말씀의 확실성을 의심했을 수 있습니다. 거짓말로 하나님의 사람을 속여 하나님의 명령을 어기게 만들어서 그 역시 엉터리 하나님의 사람임을 보이고 싶었을 수 있습니다. 오늘날 우리 또한 우리 곁의 진실하고 정직해 보이는 이들의 진심을 의심하고 비웃고 싶은 경우가 있듯이 말입니다. 그러나 하나님의 사람을 사자가 물어 죽였으나 그의 시체는 훼손하지 않았다는 사실을 알게 된 늙은 예언자는 그가 참으로 하나님의 사람이었음을 깨달았습니다. 이 이야기의 결론은 그가 선포한 베델 제단과 산당의 멸망 예언이 반드시 이루어질 것이라는 점입니다(32절).

이른과 함께 돌아가서 노인 어른의 집에 들어갈 수 없습니다. 또 이곳에서는 누구와 함께 밥을 먹어도 안 되고, 물을 마셔도 안 됩니다. 17 주님께서 나에게 명하시기를, 여기에서는 밥도 먹지 말고, 물도 마시지 말고, 온 길로 되돌아가지도 말라고 하셨습니다." 18 그래서 그는 하나님의 사람에게 이렇게 말하였다. "나도 그대와 같은 예언자요. 주님께서 천사를 보내셔서, 나에게 말씀하시기를, 그대를 내 집으로 데리고 가서, 밥도 대접하고 마실 물도 대접하라고 하셨소." 그런데 그것은 거짓말이었다. 19 이렇게 해서, 하나님의 사람은 이 늙은 예언자와 함께 가서, 그의 집에서 밥을 먹고, 물도 마셨다. 20 그들이 이렇게 식탁에 함께 앉아 있는데, 주님의 말씀이 하나님의 사람을 데려온 그 예언자에게 내렸다. 21 그는 유다에서 온 그 하나님의 사람에게 이렇게 외쳤다. "주님께서 말씀하십니다, 당신은 주님의 말씀을 어기고, 당신의 주 하나님께서 당신에게 말씀하신 명령을 지키지 않았습니다. 22 당신은 주님께서 밥도 먹지 말고, 물도 마시지 말라고 말씀하신 곳에서, 밥도 먹

거짓말을 한 노인은 살려두고 속아 넘어간 예언자만 짐승에 물려 죽게 하다니(23절), 이러고서야 어떻게 하나님이 정의로운 분이라 할 수 있습니까? 이 이야기는 이상한 부분을 모두 설명하지 않습니다. 그래서 세부적으로는 납득하기 어려운 지점이 여러 군데 있습니다. 그렇지만 이 이야기의 의도와 쓰임새는 분명합니다. 그것은 유다에서 온 하나님의 사람의 선포가 정말로 주 하나님께로부터 비롯된 말씀이라는 점입니다. '주님의 말씀'이라는 표현이 이 장에 여러 번 등장하는데, 특히 처음과 끝머리가 이 표현으로 장식됩니다(1, 32절). 하나님의 사람이 베델에 대해 선포한 내용이 사실이며 반드시 이루어질 것임을 알리기 위해 거짓말하는 예언자도 등장하고, 사람을 물어 죽이되 그 시체는 전혀 훼손하지 않은 채 그 곁에서 기다리는 사자까지 등장합니다. 이 이야기의 초점은 하나님의 정의가 아니라, 하나님의 말씀이 확실하며 반드시 성취될 것임을 강조하는 데 있습니다.

고, 물도 마셨습니다. 그러므로 당신의 주검은 당신 조상의 무덤에 묻히지 못할 것입니다."

23 ○ 그 늙은 예언자는 하나님의 사람이 밥을 먹고 물을 마신 뒤에, 나귀 등에 안장을 얹어주었다. 24 이에 그 사람이 길을 떠났다. 그는 길을 가다가 사자를 만났는데, 그 사자가 그를 물어 죽였다. 그리고 그 주검은 길가에 버려두었으며, 나귀와 사자는 그 주검 옆에 서 있었다. 25 길을 지나가는 사람들은 길가에 버려둔 주검과 그 주검 가까이에서 어슬렁거리는 사자를 보았다. 그들은, 그 늙은 예언자가 사는 성읍으로 돌아와서, 이 사실을 널리 알렸다. 26 길을 가는 하나님의 사람을 자기 집으로 데리고 간 그 늙은 예언자가, 이 말을 듣고 말하였다. "그는 틀림없이 주님의 말씀을 어긴 그 하나님의 사람일 것이다. 주님께서는 전에 그에게 말씀하신 대로, 그를 사자에게 내주셔서, 사자가 그를 찢어 죽이게 하신 것이다." 27 그리고 그는 또 자기의 아들들에게, 나귀에 안장을 지우라고 하였다. 그들이 나귀에 안장을 지워놓으니, 28 그는 곧 가서, 길가에 있는 그 주검을 찾아내었다. 나귀와 사자가 그 주검 가까이에 서 있었는데, 사자는 그 주검을 먹지 않았을 뿐만 아니라,

여로보암은 제단이 무너져 내리는 걸 두 눈으로 봤고, 팔도 마비됐습니다(4-5절). 이렇게 명확한 증표를 보고도 돌이키지 않은(33절) 그의 속내는 무엇입니까? 온갖 일이 일어나도 막상 하나님의 말씀을 믿지 못하는 것은 단지 여로보암만이 아닐 것입니다. 구약성경과 신약성경 곳곳에는 하나님의 말씀을 끝까지 신뢰하지 못하는 많은 사람들이 등장하고, 그런 자들의 대열에 오늘날에도 무수한 사람이 포함됩니다. 사실 13장 전체는 하나님의 말씀의 확실성을 증언합니다. 이를 보이기 위해 거짓말을 하는 늙은 예언자와 사자도 등장하지만, 당연히 가장 중요한 등장인물 중 하나는 바로 이 제단을 세운 임금일 것입니다. 여로보암은 하나님의 사람의 선포

나귀도 물어 죽이지 않았다. **29** 예언자는 하나님의 사람의 주검을 나귀 등에 싣고, 자기의 성읍으로 옮겨와서, 곡을 한 뒤에 묻어주었다. **30** 그 주검을 자기의 무덤에 안장하고 나서, 그 늙은 예언자는 "아이고, 내 형제여!" 하면서 통곡을 하였다. **31** 장사를 마친 뒤에, 그는 자기 아들들에게 말하였다. "내가 죽거든, 너희는 나를, 이 하나님의 사람이 묻힌 곳에 같이 묻어다오. 나의 뼈를 그의 뼈 옆에 두어라. **32** 그가 주님의 말씀을 받아서, 베델에 있는 제단과 사마리아 성읍 안에 있는 모든 산당을 두고 외친 그 말씀이, 그대로 이루어질 것이다."

여로보암의 죄

33 ○ 이런 일이 생긴 뒤에도, 여로보암은 여전히 그 악한 길에서 돌아서지 아니하고, 오히려 일반 백성 가운데서, 원하는 사람은 누구든지 산당의 제사장으로 임명하였다. **34** 그런 일 때문에 여로보암 가문은 죄를 얻었으며, 마침내 땅에서 흔적도 없이 사라졌다.

를 전혀 믿지 않고, 도리어 그를 붙잡고 박해하려고 합니다. 왕은 하나님의 사람을 붙잡으려 하고, 늙은 예언자는 거짓말로 하나님의 사람을 속여 죽음에 이르게 합니다. 이 모두는 도리어 죽은 그가 전한 말씀이 진실임을 보여줍니다.

{ 제14장 }

여로보암의 아들의 죽음

1 그때에 여로보암의 아들 아비야가 병들어 누웠다. 2 여로보암이 자기 아내에게 말하였다. "변장을 하고 나서시오. 당신이 여로보암의 아내라는 것을 사람들이 알아차리지 못하도록 하고, 실로로 가시오. 거기에는 아히야 예언자가 있소. 그가 바로 내게, 이 백성을 다스리게 될 것이라고 말한 예언자요. 3 당신은 빵 열 개와 과자와 꿀 한 병을 들고, 그에게로 가시오. 그리하면 그는, 이 아이에게 어떤 일이 일어날 것인지를 당신에게 알려줄 것이오." 4 여로보암의 아내는 그와 같이 하고 실로로 가서, 아히야의 집에 이르렀다. 아히야는, 나이가 들어서 눈이 어두워졌으므로, 사람을 잘 알아보지 못하였다. 5 주님께서 아히야에게 미리 말씀하셨다. "여로보암의 아내가 자기

여로보암은 아내를 변장시켜 예언자 아히야에게 보냅니다(2절). 당당하게 직접 찾아가거나 부하를 보내지 못할 무슨 사정이 있었습니까? 변장으로 자신의 정체를 감추고 찾아간 것을 볼 때, 아마도 여로보암은 자신의 통치가 하나님 보시기에 온당하지 못하다고 스스로도 생각한 것 같습니다. 일반 평민이 자식의 병 때문에 간절한 마음으로 예물을 드리며 어떤 일이 일어날지 묻는 거라면 혹시라도 예언자로부터 호의적이고 긍정적인 답을 들을 수 있으리라 기대했을 것입니다. 당장 자식에 관한 일이었기에 여로보암과 마찬가지로 가장 절실했을 아내를 보냈을 겁니다. 그러나 희망적인 소식을 기대하며 보낸 그의 아내는 아히야로부터 여로보암의 죄악과 그의 왕가 전체에 임할 하나님의 무서운 심판에 대한 말씀을 전달하는 사자가 되고 말았습니다. 눈이 잘 보이지 않는 예언자가 변장한 이의 정체를 알아봤다는 점에서, 아내의 변장은 예언자가 선포한 말씀이 참으로 하나님의 말씀임을 더욱 뒷받침하는 근거가 되었습니다.

의 병든 아들의 일을 물으려고, 네게로 올 것이다. 너는 그에게 내가 일러준 대로 말하여라. 그는 올 때에 변장을 하고, 다른 사람인 것같이 차릴 것이다."

6 ○ 왕의 아내가 문에 들어설 때에, 아히야는 그의 발소리를 듣고 이렇게 말하였다. "여로보암의 부인께서 오신 줄 알고 있습니다. 들어오십시오. 그런데 어찌하여, 다른 사람인 것처럼 변장을 하셨습니까? 불행하게도 좋지 않은 소식을 전해야 하겠습니다. 7 집으로 돌아가서, 여로보암에게 이 말을 전하십시오. '나 주 이스라엘의 하나님이 말한다. 내가 너를 백성 가운데서 높여서, 내 백성 이스라엘의 지도자로 임명하였고, 8 다윗의 가문으로부터 왕국을 쪼개어서 네게 주었지만, 너는 내 종 다윗처럼 살지 않았다. 다윗은 내 명령을 지키고, 내가 보기에 올바르게 행동하였으며, 마음을 다해서 나를 따랐다. 9 그러나 너는, 너보다 앞서 있던 모든 왕들보다 더 악한 일을 하여서, 다른 신들을 만들고, 우상을 부어 만들어서, 나의 분

애도를 받고 제대로 무덤에 묻히는 일을 왜 이토록 중요하게 취급하는 걸까요?(11, 13절) 죽은 뒤에야 몸이 어찌 되든 무슨 상관이랍니까? 죽음 이후의 세계에 대한 어떤 기대 같은 것을 구약성경에서는 찾아볼 수 없습니다. 고대 이스라엘은 죽을 때 조상들과 더불어 제대로 매장되는 것을 삶의 자연스럽고 마땅한 결말이라 여겼습니다. 제대로 매장되지 않으면 시체가 들짐승의 밥이 될 수 있는데, 이 같은 죽음은 범죄한 이들에 대한 하나님의 심판이라고 받아들였습니다(16:4; 21:23-24). 여로보암의 죄 때문에 아무 죄 없는 아이가 죽는다는 사실을 이해하긴 어렵지만, 사실 과거 조상들이 저지른 잘못 때문에 다음 세대가 고통당하는 일은 오늘날에도 쉽게 볼 수 있습니다. 우리 세대가 저지른 광범위한 지구 환경 파괴로 인한 피해를 고스란히 다음 세대가 겪을 것이라는 사실이 그 단적인 예입니다. 그러나 이 아이는 모두의 애도 속에 제대로 매장되지만, 여로보암 가문의 다른 남자들은 모두 참혹한 죽음을 맞을 것입니다.

노를 격발시켰다. 결국 너는 나를 배반하고 말았다. 10 그러므로 내가 여로보암의 가문에 재난을 내리겠다. 여로보암 가문에 속한 남자는, 종이거나 자유인이거나 가리지 않고, 이스라엘 가운데서 모두 끊어버리겠다. 마치 사람이 쓰레기를 깨끗이 쓸어버리듯이, 여로보암 가문에 사람을 하나도 남기지 아니하고, 다 쓸어버리겠다. 11 여로보암에게 속한 사람으로서, 성읍 안에서 죽은 사람들은 개들이 먹어치울 것이고, 성읍 바깥의 들에서 죽은 사람들은 하늘의 새들이 와서 쪼아 먹을 것이다. 이것은 나 주가 하는 말이다.'

12 ○ 이제 일어나서, 집으로 돌아가십시오. 부인이 성읍 안에 들어설 때에 아이는 곧 죽을 것입니다. 13 그런데 온 이스라엘은 그의 죽음을 애도하며 장사를 지낼 것입니다. 여로보암 가문에서는 그 아이만이 주 이스라엘의 하나님께서 보시기에 착하게 살았으므로, 여로보암의 가문에 속한 사람 가운데서, 그 아이만 제대로 무덤에 묻힐 수 있을 것입니다. 14 주님께서는 이스라엘을 다스릴 또 다른 한 왕을 세우실 터인데, 그가 여로보암의 가문을 끊어버릴 것입니다. 이 일은 오늘, 지금 이 순간에 일어날 것입니다. 15 주님께서는 이스라엘을 쳐서, 물가

'유프라테스강 저쪽'(15절)이란 어딜 가리킵니까? 이런 일이 정말 일어났습니까?
유프라테스강은 가나안 지역과 그 너머 메소포타미아 지역을 가르는 자연적인 경계선입니다. 유프라테스강 너머에는 티그리스강도 있었고, 이 두 개의 커다란 강이 만들어주는 비옥한 환경을 바탕으로 예로부터 유프라테스-티그리스 지역에는 강력한 제국들이 등장했습니다. 그 가운데 대표적인 나라들이 앗시리아, 바빌로니아, 그리고 페르시아입니다. 여로보암이 시작한 북왕국 이스라엘은 훗날 앗시리아에 멸망당하고, 북왕국의 무수한 백성들은 앗시리아 제국에 의해 유프라테스강 너머 여기저기로 끌려가 흩어지게 됩니다(왕하 17:6).

의 갈대가 흔들리듯이 흔들리게 하실 것이며, 그들이 아세라 목상을 만들어서 주님의 분노를 샀으므로, 조상들에게 주신 이 좋은 땅에서부터 이스라엘을 뿌리째 뽑아내어서, 유프라테스강 저쪽으로 흩으실 것입니다. 16 여로보암은 자기도 죄를 지었을 뿐만 아니라, 이스라엘까지 죄를 짓게 하였으므로, 주님께서는 여로보암의 죄 때문에 이스라엘을 버리실 것입니다." 17 ○ 여로보암의 아내는 일어나서, 그곳을 떠나 디르사로 돌아갔다. 그가 집 안으로 들어설 때에 그 아이가 죽었다. 18 온 이스라엘은 그를 장사 지내고, 그의 죽음을 슬퍼하며 애곡하였다. 모든 것은, 주님께서 그의 종 아히야 예언자를 시켜서 하신 말씀대로 되었다.

여로보암의 죽음

19 ○ 여로보암의 나머지 행적 곧 그가 전쟁을 어떻게 하고 또

여로보암도 하나님이 선택한 인물이었습니다(11:37). 그렇다면 여로보암의 실패는 곧 하나님의 실패이기도 하지 않을까요? 솔로몬의 죄악 때문에 하나님께서는 그의 나라를 쪼개 여로보암에게 주셨습니다. 죄악에 대한 심판이었기에 하나님께서는 여로보암에게 하나님의 율례와 명령을 지킬 것을 촉구하시고 그럴 때 그의 왕조가 견고할 것이라 이르셨습니다(11:37-39). 솔로몬이든 여로보암이든 하나님께서 세우고 지키시되, 하나님의 규례와 법도를 따를 때 그분의 보호가 작동합니다. 사람이 무엇을 하든 하나님께서 보호하신다면, 하나님께서는 그 사람을 갓난아이로 여기시는 것입니다. 그래서 하나님께 순종하면 지키신다는 말씀은 하나님께서 사람을 책임 있는 주체로 보신다는 의미입니다. 하나님께서는 여로보암을 선택하셨고 나라를 이루게 하셨습니다. 이제 그에게 책임이 주어졌으나, 그는 하나님을 거역했습니다. 그래서 여로보암의 실패는 그에게 주어진 하나님의 은혜를 거역한 여로보암의 실패이며 그의 책임입니다.

나라를 어떻게 다스렸는가 하는 것은, '이스라엘 왕 역대지략'
에 기록되어 있다. 20 여로보암은 스물두 해 동안 다스린 뒤
에, 조상들과 함께 잠들고, 그의 아들 나답이 그의 뒤를 이어
서 왕이 되었다.

유다 왕 르호보암(대하 11:5-12:15)

21 ○ 또한 솔로몬의 아들 르호보암은 유다를 다스렸다. 르호
보암이 즉위할 때의 나이는 마흔한 살이었는데, 그는, 주님께서
자신의 이름을 두시려고 택하신 성읍 예루살렘에서 열일곱 해
를 다스렸다. 그 어머니의 이름은 나아마이며, 암몬 여자이다.
22 ○ 유다도 주님께서 보시기에 악한 일을 하였다. 그들이 지
은 죄는 조상들이 저지른 죄보다 더 심하여서, 주님의 진노를
격발하였다. 23 그들도 높은 언덕과 푸른 나무 아래마다, 산당
과 돌 우상과 아세라 목상을 만들었다. 24 그 땅에는 신전 남
창들도 있었다. 이와 같이 이스라엘 자손은, 주님께서 그들 앞

**방패 이야기를(25-28절) 이토록 자세히 기록해둔 의도는 무엇입니까? 사관은 이
사건을 통해 무슨 이야기를 하고 싶었던 걸까요?** 왕을 호위하는 자는 왕이 성전을
방문할 때 이 방패를 사용합니다. 혹시 모를 위험을 방지하기 위함이기도 하고, 왕
의 위엄을 보여주는 의미이기도 했을 것입니다. 르호보암이 빼앗긴 금 방패는 솔로
몬이 만들었던 것으로(10:16-17), 솔로몬 시대의 영화를 보여줍니다. 왕을 호위하는
이가 들었던 그 방패를 다 빼앗겼다는 것은 르호보암의 유다가 이집트에게 완전히
장악당했음을 보여주는 단적인 예입니다. 다윗 왕가가 영원히 지속될 것이라는 약
속을 다윗이 들었고(삼하 7:16), 솔로몬은 엄청난 부귀영화를 누렸지만, 한 대가 채
지나기도 전에 가장 깊은 곳 왕 곁에 있는 방패까지 죄다 이방 나라에 빼앗기는 신
세가 되었습니다. 그래서 금 방패의 행방은 하나님의 명령을 거역한 나라의 몰락을
상징적으로 보여줍니다.

에서 내쫓으신 나라들이 지킨 그 혐오스러운 관습을 그대로 본받았다.

25 ○ 르호보암이 즉위한 지 오 년째 되는 해에, 이집트의 시삭 왕이 예루살렘을 치러 올라와서, 26 주님의 성전에 있는 보물과 왕궁의 보물을 다 털어갔다. 하나도 남기지 않고 다 가져갔다. 솔로몬이 만든 금방패들도 가져갔다. 27 그래서 르호보암 왕은 금방패 대신에 놋방패를 만들어서, 대궐 문을 지키는 경호 책임자들의 손에 그것을 맡겼다. 28 왕이 주님의 성전으로 들어갈 때마다, 경호원들이 그 놋방패를 들고 가서 경호하다가, 다시 경호실로 가져오곤 하였다.

29 ○ 르호보암의 나머지 행적과 그가 한 모든 일은 '유다 왕 역대지략'에 기록되어 있다. 30 르호보암과 여로보암이 살아 있는 동안에, 그들 사이에는 늘 전쟁이 있었다. 31 르호보암이 죽으니, 조상들과 함께 '다윗 성'에다가 장사하였다. 그의 어머니 나아마는 암몬 여자이다. 그의 아들 아비야가 그의 뒤를 이어서 왕이 되었다.

'역대지략'(19, 29절)이란 무엇입니까? 지금 읽고 있는 열왕기와는 어떤 차이가 있습니까? '역대지략'으로 옮겨진 표현을 직역하면 '그 시대의 일들'입니다. 구약성경에 포함된 '역대지'와 마찬가지로 히브리식 표현이지만, 이 '역대지략'이 지금의 '역대지'를 가리키는지는 알기 어렵습니다. 역대지략은 19절과 29절에 처음 나타나고, 이후 계속 언급됩니다. 열왕기 저자는 어떤 내용을 자세히 다루지 않고 간략하게 언급하며 지나갈 때, 이 '역대지략'에 추가 내용이 있으니 그것을 참고하라는 투로 이 책을 이야기합니다. 이로 보건대 아마도 당대에는 이 '역대지략'을 조금만 노력하면 찾아 읽을 수 있었던 것 같습니다. 그래서 왕실의 기록이라기보다는 일반인도 접근할 수 있는 문헌이었을 것으로 여겨집니다. 아쉽게도 저 책이 오늘날 전혀 전해지지 않아서 더 이상 알기는 어렵습니다.

{ 제15장 }

유다 왕 아비야(대하 13:1~14:1)

1 느밧의 아들 여로보암 왕 제십팔 년에, 아비야가 유다 왕이
되었다. 2 그는 삼 년 동안 예루살렘에서 다스렸다. 그의 어머
니는 아비살롬의 딸 마아가이다. 3 아비야는 그의 아버지가 지
은 죄를 모두 그대로 따라갔으며, 그의 조상 다윗의 마음과는
달라서, 주 하나님 앞에서 온전하지 못하였다. 4 그러나 주 하
나님께서는 다윗을 생각하셔서, 예루살렘에다가 한 등불을 주
시고, 그의 뒤를 이을 아들을 세우셔서, 예루살렘을 굳게 세워
주셨다. 5 다윗은 주님께서 보시기에 올바르게 살았고, 헷 사
람 우리야의 사건 말고는, 그 생애 동안에 주님의 명령을 어긴
일이 없었다. 6 여로보암과 르호보암 사이에는 그들이 살아 있
는 동안 늘 전쟁이 있었고, 7 아비야와 여로보암 사이에도 전
쟁이 있었다. 아비야의 나머지 행적과 그가 한 모든 일이, '유
다 왕 역대지략'에 모두 기록되어 있다.

8 ○ 아비야가 죽어서, 그의 조상들과 함께 잠드니, '다윗 성'에

**하나님은 유다를 더 편애합니까? 똑같이 죄를 지었는데 아비야에 대한 징벌이(4절)
여로보암과(14:1~11) 사뭇 다릅니다.** 하나님의 행하심은 컴퓨터나 수학 공식 같은
것이 아닌지라, 각 사람의 죄에 똑같이 대응한다고 생각할 수 없습니다. 그리고 열
왕기 같은 책의 목적이 일어난 일을 정확하게 사실대로 기술하는 데 있지 않다는
점도 고려해야 합니다. 그러니 '똑같은 죄'인지 아닌지 오늘 우리는 확인할 길이 없
습니다. 만약 누군가에게 내려진 징벌이 다른 이에 비해 덜하다 싶다면, 우리는 불
공평을 생각하기보다는 죄로 인해 마땅히 심판이 임해야 함에도 하나님께서 은혜
를 베푸셨음을 생각하는 것이 중요합니다.

장사 지냈고, 그의 아들 아사가 그의 뒤를 이어서 왕이 되었다.

유다 왕 아사(대하 15:16-16:6)

9 ○ 이스라엘의 여로보암 왕 제이십 년에, 아사가 유다 왕이 되어서, 10 예루살렘을 마흔한 해 동안 다스렸다. 그의 할머니는 아비살롬의 딸 마아가이다. 11 아사는 그의 조상 다윗과 같이 주님께서 보시기에 정직하게 행하였다. 12 그는 성전 남창들을 나라 밖으로 몰아내고, 조상이 만든 모든 우상을 없애버렸다. 13 그리고 그는, 자기 할머니 마아가가 아세라를 섬기는 혐오스러운 상을 만들었다고 해서, 자기의 할머니를 왕 대비의 자리에서 물러나게 하였다. 아사는, 할머니가 만든 혐오스러운 상을 토막 내어서, 기드론 시냇가에서 불살라버렸다. 14 그렇다고 해서 산당이 모두 제거된 것은 아니지만, 주님을 사모하는 아사의 마음은 평생 한결같았다. 15 그는 자기의 아버지와 자기가 거룩하게 구별해서 바친 은과 금과 그릇들을, 주님의 성전에 들여놓았다.

아사의 공적을 말하면서 성전 남창을 몰아낸 일을 첫손에(12절) 꼽는 까닭은 무엇입니까? 이들은 신전에서 무슨 일을 했습니까? 직역하면 '거룩한 남자', '거룩한 여자'라고 옮길 수 있는 표현이 한글 성경에서는 이처럼 남자의 경우 '성전 남창'(22:46) 혹은 '남창'(신 23:18; 왕하 23:7; 욥 36:14), 여자의 경우 '창기'(개역개정 신 23:17) 혹은 '창녀'(창 38:21-22; 호 4:14)로 번역되었습니다. 고대 중동 지역과 이스라엘에서는 신전에 속한 남녀 가운데 신을 예배하고자 찾아오는 이들을 상대로 매음 행위를 하는 이들을 이런 식으로 불렀을 수 있습니다. 그러나 이러한 풍습이 존재했다는 증거가 어디에도 없기에 이런 주장은 근거가 매우 희박합니다. 적어도 분명한 것은 '남창' 혹은 '창녀'로 불리는 이들이 우상숭배와 연관된 일에 종사했다는 점입니다. 그런 점에서 12절은 아사가 단행한 우상숭배 척결을 보여줍니다.

16 ○ 아사와 이스라엘 왕 바아사 사이에는, 그들이 살아 있는 동안에 늘 전쟁이 있었다. **17** 이스라엘 왕 바아사가 유다를 치러 올라와서, 라마를 건축하고, 어느 누구도 유다 왕 아사에게 왕래하지 못하게 하였다. **18** 그러자 아사는, 주님의 성전 창고와 왕실 창고에 남아 있는 모든 은과 금을 모아, 그의 신하들의 손에 들려서, 다마스쿠스에 있는 시리아의 헤시온 왕의 아들인 다브림몬의 아들 벤하닷에게 보내면서 말하였다. **19** "나의 아버지와 그대의 아버지가 서로 동맹을 맺은 것과 같이, 나와 그대도 서로 동맹을 맺읍시다. 여기에 그대에게 은과 금을 선물로 보냅니다. 부디 가셔서, 이스라엘 왕 바아사와 맺은 동맹을 파기하시고, 그를 여기에서 떠나게 하여주십시오." **20** 벤하닷이 아사 왕의 청을 받아들이고, 이스라엘 성읍들을 치려고 자기의 군사령관들을 보내어서, 이욘과 단과 아벨벳마아가와 긴네렛 전 지역과 납달리 전 지역을 치게 하였다. **21** 바아사는 이 소문을 듣고는, 라마 건축을 멈추고, 디르사로 거처를 옮겼다. **22** 그리고 아사 왕은 모든 유다 사람에게 명령하여, 한 사람도 빼놓지 않고 모두, 바아사가 라마를 건축할 때에 쓰던 돌과 재목을 가져오게 하였다. 아사 왕은 이것으로 베냐민

이스라엘 왕 바아사가 새로 성을 세워가면서까지 한사코 유다와의 왕래를 막으려 했던(17절) 속셈은 무엇입니까? 16절과 32절은 아사와 바아사 사이에 내내 전쟁이 있었다고 전하고, 15장 6절과 14장 30절은 이들의 선대인 르호보암과 여로보암 사이에 내내 전쟁이 있었다고 전합니다. 즉 이스라엘이 남북으로 갈라진 직후 양쪽 왕들 사이에 전쟁이 매우 많았다는 것입니다. 영토 확장을 위해 두 나라 사이에 매우 빈번하게 전쟁이 있었을 것으로 여겨집니다. 바아사가 라마에 성을 쌓는 것도 이러한 맥락에서 이해하자면 유다가 북왕국을 침략하는 일이 없도록 막으면서 유다를 고립시켜 그 힘을 약화시키려는 의도에서 나온 것으로 볼 수 있습니다.

의 게바와 미스바를 보수하였다.

23 ○ 아사의 나머지 행적과 그의 권세와, 그가 한 일과 그가 건축한 모든 일이, '유다 왕 역대지략'에 다 기록되어 있다. 그는 늘그막에 이르러서, 발에 병이 났다. **24** 아사가 죽어서 조상들과 함께 잠드니, 그의 조상 '다윗 성'에 조상들과 함께 장사 지냈다. 그리고 그의 아들 여호사밧이 그의 뒤를 이어 왕이 되었다.

이스라엘 왕 나답

25 ○ 유다의 아사 왕 제이 년에 여로보암의 아들 나답이 이스라엘 왕이 되어서, 두 해 동안 이스라엘을 다스렸다. **26** 그러나 그는 주님께서 보시기에 악한 일을 하였다. 그도 그의 부친이 걷던 그 악한 길을 그대로 걸었으며, 또 이스라엘에게 죄를 짓게 하는 그 잘못을 그대로 따랐다.

27 ○ 잇사갈 가문의 아히야의 아들인 바아사가 그에게 반기를 들고 일어났다. 나답과 모든 이스라엘이 깁브돈을 포위하였으므로, 바아사는 블레셋의 영토인 깁브돈에서 나답을 쳤다. **28** 바아사는 나답을 죽이고, 그를 대신하여서 왕이 되었

아사의 발에 병이 났다는 기록이 뜬금없습니다(23절). 정말 발병이 생겼다는 건가요, 아니면 숨은 뜻이 있을까요? 아사에 대한 열왕기의 평가는 전반적으로 매우 우호적입니다. 그는 다윗처럼 행했고, 평생 주님을 사모했으며, 우상숭배를 몰아냈습니다. 그러나 바아사와의 갈등 속에서 뜻밖에도 성전에 있는 금과 은을 모아 시리아의 벤하닷 왕에게 보내며 도움을 청해 위기를 넘깁니다(18~22절). 나라에 위기가 닥쳤을 때 이방 왕에게 도움을 청하는 것은 열왕기 저자가 혹독하게 비판하는 일입니다. 아사의 발병에 대한 내용이 그가 이방 왕을 의지해 위기를 극복한 사건 다음에 놓였다는 점에서, 독자로 하여금 아사의 시대를 좀 더 객관적으로 보도록 돕습니다.

는데, 때는 유다의 아사 왕 제삼 년이 되는 해였다. 29 바아사는 왕이 되자, 여로보암 가문을 쳤는데, 숨 쉬는 사람은 누구든지, 하나도 남기지 않고 모두 전멸시켰다. 주님께서 실로 사람인, 주님의 종 아히야에게 말씀하신 대로 이루어진 것이다. 30 여로보암이 자기만 죄를 지은 것이 아니라, 이스라엘까지도 죄를 짓게 하였으므로, 주 이스라엘의 하나님께서 이렇게 진노하셨다.

31 ○ 나답의 나머지 행적과 그가 한 모든 일은 '이스라엘 왕역대지략'에 다 기록되어 있다. 32 아사와 이스라엘 왕 바아사 사이에는, 그들이 살아 있는 동안에 늘 전쟁이 있었다.

이스라엘 왕 바아사

33 ○ 유다의 아사 왕 제삼 년에 아히야의 아들 바아사가 이스라엘의 왕이 되어서, 디르사에서 스물네 해 동안 다스렸다. 34 그는 주님께서 보시기에 악한 일을 하였고, 여로보암이 걸은 길을 그대로 걸었으며, 이스라엘에게 죄를 짓게 하는 그 죄도 그대로 따라 지었다.

{ 제16장 }

1 주님의 말씀이 하나니의 아들 예후에게 내려서, 바아사를 두고 이렇게 말씀하셨다. 2 "나는 너를 먼지 속에서 이끌어내어서, 내 백성 이스라엘의 통치자로 삼았다. 그런데 너는 여로보암과 같은 길을 걸어서, 내 백성 이스라엘로 하여금 죄를 짓게 하고, 그 죄 때문에 내 분노를 사는구나. 3 내가 바아사와 그의 가문을 쓸어버리겠다. 그리하여 네 가문을 느밧의 아들 여로보암의 가문처럼 만들겠다. 4 바아사에게 속한 사람으로서, 성 안에서 죽는 사람은 개들이 먹어치울 것이고, 성 바깥의 들에서 죽는 사람은 하늘의 새들이 쪼아 먹을 것이다."

5 ㅇ 바아사의 나머지 행적과 그가 한 것과 그의 권세, 이 모든 것은 '이스라엘 왕 역대지략'에 다 기록되어 있다. 6 바아사가 조상들과 함께 잠들어서, 디르사에 묻혔다. 아들 엘라가 그의 뒤를 이어 왕이 되었다.

7 ㅇ 주님께서 예언자 하나니의 아들 예후를 시키셔서, 바아사와 그의 가문에게 말씀하셨다. 바아사가 여로보암의 가문처럼

하나님은 바아사를 '먼지 속에서' 이끌어냈다고(2절) 지적합니다. 임금에 오를 정도라면 그만한 배경을 갖췄을 텐데, 너무 심하게 깎아내리는 거 아닌가요? 하나님께서 누군가를 '이끌어 올리셨다'는 표현은 바아사만이 아니라 북왕국을 시작한 여로보암에게도 쓰였습니다(14:7). 두 사람 모두 하나님께서 '이끌어 올리셨다', "내 백성 이스라엘의 지도재(혹은 통치자)로 임명하였다"라는 표현이 적용되었습니다. 여로보암의 경우 백성들의 환호와 지지가 있었던 반면, 바아사는 군사력을 동원한 쿠데타로 집권했기에 그가 정말 아무것도 없는 상태에서 왕이 되었다는 것을 '먼지 속에서' 이끌어 올렸다는 말로 표현했다고 볼 수 있습니다. 그들의 권력은 하나님께로부터 나온 것입니다. 그러나 두 사람 모두 하나님의 뜻을 행하지 않고 죄를 지었기 때문에 하나님께서 세우셨지만 하나님께서 부숴버리십니다.

주님께서 보시기에 악한 일을 하므로, 주님의 노를 격동하였을 뿐만 아니라, 여로보암의 가문을 치기까지 했기 때문이다.

이스라엘 왕 엘라

8 ○ 유다의 아사 왕 제이십육 년에, 바아사의 아들 엘라가 이스라엘의 왕이 되어서, 디르사에서 두 해 동안 다스렸다. 9 그러나 엘라의 신하이며 병거부대의 절반을 지휘하는 시므리 장군이, 엘라에게 반기를 들었다. 그때에 엘라는, 디르사에 있는 아르사 궁내대신의 집에서 술을 마시고, 취해 있었는데, 10 시므리가 들어가서, 엘라를 쳐 죽였다. 유다의 아사 왕 제이십칠 년에, 시므리가 엘라를 대신하여 이스라엘의 왕이 되었다.

11 ○ 시므리는 왕위에 올라서, 바아사 가문에 딸린 사람은 모두 죽였는데, 바아사 가문의 남자는, 일가친척이든지 친구이든지, 한 사람도 남겨두지 않았다. 12 시므리는, 주님께서 예후 예언자를 시키셔서 바아사에게 말씀하신 대로, 바아사 가문의 모든 사람을 멸망시켰다. 13 이것은 바아사와 그의 아들 엘라

하나님은 여로보암을 타락의 선구자처럼 취급하면서도(2절) 바아사에게는 그 가문을 공격한 죄를 묻습니다(7절). 잣대가 왜 이리 이중적이죠? '여로보암의 길'은 하나님께서 세우셨으되 이전 사람보다 더욱 악을 행해 하나님을 거역하고 우상을 숭배한 통치를 상징하는 표현이 되었습니다. 하나님께서 세우신 권력이라고 해서 그들이 저지른 불의가 결코 정당화될 수는 없으며, 하나님께서 세우셨기에 더 신속하게 심판을 당하는 경우가 많습니다. 바아사의 쿠데타는 여로보암 왕가에 대한 하나님의 심판의 실현이었습니다. 그런데 그렇게 이전 왕가를 멸망시킨 바아사가 이전과 조금도 다르지 않게 행해 고스란히 '여로보암의 길'을 간다면, 그가 일으킨 쿠데타 역시 부당한 짓이 되고 맙니다. 새로운 권력이 이전보다 낫지 않다면 그들의 집권 역시 죄가 됩니다.

가 지은 모든 죄 때문이다. 그들은 자기들만 죄를 지은 것이 아니라, 우상을 만들어서 이스라엘에게 죄를 짓게 하였으므로, 이스라엘의 주 하나님의 분노를 샀다. 14 엘라의 나머지 행적과 그가 한 일은 '이스라엘 왕 역대지략'에 다 기록되어 있다.

이스라엘 왕 시므리

15 ○ 유다의 아사 왕 제이십칠 년에, 시므리는 디르사에서 이스라엘의 왕이 되었으나, 그의 통치는 칠 일 만에 끝났다. 시므리가 엘라를 살해하고서 왕위를 차지할 그 무렵에, 이스라엘 군대는 블레셋에 속한 깁브돈을 치려고 포진하고 있었다. 16 그러나 진을 치고 있던 군대는, 시므리가 반역하여 왕을 살해하였다는 소식을 듣고서, 바로 그 진에서 그날로 군사령관인 오므리 장군을 온 이스라엘의 왕으로 세웠다. 17 오므리는 온 이스라엘을 이끌고 깁브돈으로부터 올라와서, 디르사를 포위하였다. 18 이때에 시므리는, 그 성읍이 함락될 것을 알고는, 왕궁의 요새로 들어가서, 그 왕궁에 불을 지르고,

시므리에 대한 평가가 지나치게 가혹합니다. 딱 7일 동안 통치했을 뿐인데(15절), 그 짧은 틈에 어떻게 이스라엘 백성들을 죄로 이끈다는(19절) 말입니까? 엘라와 시므리 모두 그들의 집권을 알리는 첫 부분에는 그들에 대한 평가가 나오지 않고, 그들의 몰락에 이어서 평가가 기록되었다는 공통점이 있습니다(13, 19절). 열왕기 저자는 엘라의 통치 기간이 2년밖에 되지 않았지만 그의 통치가 하나님을 노하게 했고, 겨우 7일짜리 임금이었던 시므리도 주님 보시기에 악을 행하고 여로보암의 길을 따랐다고 평가했습니다. 이것은 열왕기를 포함한 '신명기 역사서'가 왕정 시대를 바라보는 시각을 확실히 보여줍니다. 여로보암의 길을 바로잡으려는 노력과 시도가 없다면, 그 어떤 쿠데타나 그 어떤 권력이라 하더라도 멸망해 마땅한 세력에 불과합니다.

그 불길 속으로 들어가서, 자기도 불에 타 죽었다. **19** 이것은 시므리가, 주님께서 보시기에 악행을 하고, 여로보암의 길을 따라가서, 이스라엘에게 죄를 짓게 한 그 죄 때문에 생긴 일이다. **20** 시므리의 나머지 행적과 그가 꾀한 모반에 관한 것은 '이스라엘 왕 역대지략'에 기록되어 있다.

이스라엘 왕 오므리

21 ○ 그때에 이스라엘 백성은 둘로 나뉘어, 그 절반은 기낫의 아들 디브니를 따라가서 그를 왕으로 삼았고, 그 나머지는 오므리를 따랐다. **22** 그러나 오므리를 따르는 백성이 기낫의 아들 디브니를 따르는 백성보다 강하여서, 디브니는 살해되고, 오므리는 왕이 되었다. **23** 유다의 아사 왕 제삼십일 년에 오므리는 이스라엘의 왕이 되어서 열두 해 동안 다스렸는데, 여섯

오므리가 왕이 되는 과정에서(22절) 보듯, 하나님이 제사장을 보내 기름을 붓는 임명 절차가 언제부터인가 사라져버렸습니다. 하나님이 역사에서 손을 뗐다는 뜻인가요? 백성들도 누군가에게 기름을 부어 왕으로 세울 수 있었습니다(삼하 2:4; 5:3; 19:10; 왕하 23:30). 왕으로 인정된 사람을 공식적으로 확인하는 경우에 제사장이 그에게 기름을 붓기도 했습니다(왕상 1:39; 왕하 11:12). 그리고 하나님께서 왕가와 전혀 무관한 누군가를 왕으로 세우고자 하실 때, 예언자를 보내 그에게 기름을 붓게 하셨습니다. 이렇게 세워진 왕이 사울(삼상 9:16; 10:1; 15:1, 17), 다윗(삼상 16:13; 삼하 12:7) 그리고 예후(왕상 19:16; 왕하 9:3, 6)입니다. 제사장이 기름을 부어 왕으로 확정하는 것이나 예언자가 누군가에게 기름 부어 다음 왕으로 세우는 것을 이 시기 이후에도 볼 수 있습니다. 그러나 이러한 일이 없다 해서 하나님께서 역사에서 손을 떼신 것은 아닙니다. '기름 부음'이라는 구체적인 행동이 없더라도 세워진 임금은 하나님의 뜻과 연관되며, 하나님께서 세우셨다 해서 죄악에 대한 심판이 면제되는 것은 결코 아닙니다. 열왕기는 이스라엘과 유다의 역사 전부가 하나님의 행하심이라고 증언합니다.

해 동안은 디르사에서 다스렸다. 24 그는 세멜에게서 은 두 달란트를 주고, 사마리아 산지를 사들였다. 그리고 그 산에다가 도성을 건설하였는데, 그 산의 소유자인 세멜의 이름을 따라서 그 도성의 이름을 사마리아라고 하였다.

25 ○ 오므리가 주님께서 보시기에 악한 일을 하였는데, 그 일의 악한 정도는 그의 이전에 있던 왕들보다 더 심하였다. 26 그는 느밧의 아들 여로보암이 걸은 모든 길을 그대로 따랐다. 오므리는 이스라엘에게 죄를 짓게 하고, 또 우상을 만들어서, 이스라엘의 하나님께서 진노하시게 하였다. 27 오므리가 한 나머지 행적과 그가 부린 권세는, '이스라엘 왕 역대지략'에 모두 기록되어 있다. 28 오므리는 그의 조상들과 함께 잠들어서 사마리아에 묻히고, 그의 아들 아합이 그의 뒤를 이어서 왕이 되었다.

이스라엘 왕 아합

29 ○ 유다의 아사 왕 제삼십팔 년에 오므리의 아들 아합이 이

성경이 아합의 악행을 일컬어 여로보암을 앞질렀다고(31절) 설명하는 근거는 무엇입니까? 우상숭배라면 아합이 새로 시작한 일도 아니지 않습니까? 아합 시대에 바알 숭배가 가장 번성했다는 점이 아합의 시대를 다른 어떤 시대와도 구별되게 합니다. 그는 바알 숭배의 본고장이라 할 수 있는 시돈의 공주 이세벨과 결혼했고, 수도 사마리아에 바알을 위한 신전과 제단을 만들어 바알을 섬기고 예배했으며, 고대 중동에서 널리 숭배되던 여신인 아세라를 받들기 위한 기둥도 만들었습니다. 여로보암 이래 우상숭배가 북왕국에서 자행되고 있었으며, 어떤 왕도 이를 바로잡지 않았습니다. 그리고 아합에 이르러 바알 신앙은 완전하게 이스라엘에 확산되고 보편화되었습니다. 이어지는 장들에서 보겠지만, 그렇다고 아합이 주 하나님 신앙을 포기한 것은 아닙니다. 그래서 아합의 시대는 하나님을 섬기는 신앙과 바알을 섬기는 신앙을 완전하게 뒤섞어버린 '혼합주의'의 시대라 표현할 수 있습니다.

스라엘의 왕이 되어서, 사마리아에서 이스라엘을 스물두 해 동안 다스렸다. 30 오므리의 아들 아합은 그 이전에 있던 왕들보다 더 심하게, 주님께서 보시기에 악한 일을 하였다. 31 그는 느밧의 아들 여로보암의 죄를 따라가는 정도가 아니라, 오히려 더 앞질렀다. 그는 시돈 왕 엣바알의 딸인 이세벨을 아내로 삼았으며, 더 나아가서 바알을 섬기고 예배하였다. 32 또 그는 사마리아에 세운 바알의 신전에다가 바알을 섬기는 제단을 세우고, 33 아세라 목상도 만들어 세웠다. 그래서 그는 그 이전의 이스라엘 왕들보다 더 심하게 주 이스라엘의 하나님을 진노하시게 하였다.

34 ○ 아합 시대에 베델 사람 히엘이 여리고를 건축하였다. 주님께서 눈의 아들 여호수아를 시켜서 하신 주님의 말씀대로, 그는 그 성의 기초를 놓으면서는 그의 맏아들 아비람을 잃었고, 성문을 달면서는 그의 막내아들 스굽을 잃었다.

"눈의 아들 여호수아를 시켜서 하신 주님의 말씀"(34절)이란 무얼 가리킵니까? 가나안 정복 전쟁을 이끌었던 여호수아는 오직 하나님께 순종해 여리고를 무너뜨린 다음, 훗날에라도 여리고에 성을 건축하는 이는 맏아들과 막내아들을 잃으리라는 저주의 예언을 했습니다(수 6:26). 여기서 여리고 재건축은 하나님의 뜻에 거역함을 상징합니다. 아합 시대에 이루어진 여리고 재건축이 아합과 어떤 관계가 있는지 본문은 설명하지 않습니다. 그러나 아합이 바알 신전을 '건축'했고 히엘도 여리고를 건축했다는 공통점, 그리고 아합의 행위가 주 하나님께서 금하신 것을 어기는 행동이며 히엘의 여리고 건축 역시 하나님의 뜻에 어긋난 행동이었다는 점에서 아합과 히엘은 서로 연결됩니다. 히엘의 여리고 건축을 둘러싼 본문은 이 자리에 놓여 아합 시대가 하나님의 뜻에 어긋났음을 부각시킵니다.

{ 제17장 }

엘리야와 가뭄

1 길르앗의 디셉에 사는 디셉 사람 엘리야가 아합에게 말하였다. "내가 섬기는 주 이스라엘의 하나님께서 살아계심을 두고 맹세합니다. 내가 다시 입을 열기까지 앞으로 몇 해 동안은, 비는커녕 이슬 한 방울도 내리지 않을 것입니다."

2 ○ 주님께서 엘리야에게 말씀하셨다. 3 "이곳을 떠나서, 동쪽으로 가거라. 그리고 거기 요단강 동쪽에 있는 그릿 시냇가에 숨어서 지내며, 4 그 시냇물을 마셔라. 내가 까마귀에게 명하여서, 네게 먹을 것을 날라다 주게 하겠다."

5 ○ 엘리야는 주님의 말씀대로 가서, 그대로 하였다. 그는 곧 가서, 요단강 앞에 있는 그릿 시냇가에 머물렀다. 6 까마귀들이 아침에도 빵과 고기를 그에게 가져다주었고, 저녁에도 빵

하나님은 왜 하필이면 가난한 과부에게 가서(9절) 물과 음식을 청하게 했는지 모르겠습니다. 그나마 살림이 넉넉한 부자에게 엘리야를 보내는 게 자연스럽지 않을까요? 17장과 18장을 관통하는 소재는 극심한 가뭄입니다. 이미 16장 29–33절은 아합 왕이 얼마나 바알 숭배를 확산시켰는지 보여줍니다. 고대 중동에서 바알은 폭풍의 신이며, 폭풍을 통해 비를 내린다는 점에서 풍요의 신이기도 합니다. 지금 엘리야는 주 하나님께서 이스라엘 땅에 비를 내리지 않으실 것을 선언함으로써 바알이 아닌 주 하나님이 이스라엘의 하나님이심을 드러내려고 합니다. 오래도록 비가 오지 않는 현실은 모두에게 힘들지만, 특히 가난한 이들은 더욱 견디기 어렵습니다. 대표적인 예로 17장은 가난한 예언자 엘리야와 사르밧 과부를 보여줍니다. 하나님께서는 엘리야를 그릿 시냇가에 숨기고 먹이셨고, 이제는 더 이상 살아가기 어려울 만큼 가난했던 사르밧 과부의 가정에 보내 이 가정과 엘리야 모두를 살게 하십니다. 이러한 예는 생명의 길이 오직 주 하나님께 있음을 보여줍니다.

과 고기를 그에게 가져다주었다. 그리고 물은 그곳 시냇물을 마셨다. 7 그런데 그 땅에 비가 내리지 않으므로, 얼마 있지 않아서, 시냇물까지 말라버렸다.

엘리야와 사르밧 과부

8 ○ 주님께서 엘리야에게 말씀하셨다. 9 "이제 너는, 시돈에 있는 사르밧으로 가서, 거기에서 지내도록 하여라. 내가 그곳에 있는 한 과부에게 명하여서, 네게 먹을 것을 주도록 일러두었다." 10 엘리야는 곧 일어나서, 사르밧으로 갔다. 그가 성문 안으로 들어설 때에, 마침 한 과부가 땔감을 줍고 있었다. 엘리야가 그 여인을 불러서 말하였다. "마실 물을 한 그릇만 좀 떠다 주십시오." 11 그 여인이 물을 가지러 가려고 하니, 엘리야가 다시 여인을 불러서 말하였다. "먹을 것도 조금 가져다주시면 좋겠습니다." 12 그 여인이 말하였다. "어른께서 섬기시는 주 하나님께서 살아계심을 두고 맹세합니다. 저에게는 빵한 조각도 없습니다. 다만, 뒤주에 밀가루가 한 줌 정도, 그리

과부는 하나님을 일컬어 "어른께서 섬기시는 주"(12절)라고 남 얘기하듯 말합니다. 애초부터 여호와를 섬기는 여인인 줄 알았는데, 그게 아닌가 봅니다. 본문은 사르 밧이 시돈에 속한 곳임을 알려줍니다. 두로와 인접한 시돈은 이스라엘 땅이 아니라, 아합의 아내 이세벨의 나라입니다(16:31). 그렇다면 이방 사람이었을 이 과부가 엘리야의 하나님에 대해 이같이 표현한 것을 이해할 수 있습니다. 시돈은 그야말로 바알 신앙의 본고장이었습니다. 그러나 이곳 역시 비가 내리지 않았고, 시돈 사회에서 가장 가난한 처지였을 이 과부는 먹을 것이라고는 한줌밖에 남지 않은 지경이 되었습니다. 하나님께서는 시돈 사람 과부에게 엘리야를 보내 결국 그와 그의 아이를 살게 하십니다. 이 내용은 이스라엘의 하나님이 그저 이스라엘이라는 특정 민족만의 하나님이 아니심을 보여줍니다.

고 병에 기름이 몇 방울 남아 있을 뿐입니다. 보시다시피, 저는 지금 땔감을 줍고 있습니다. 이것을 가지고 가서, 저와 제 아들이 죽기 전에 마지막으로, 남아 있는 것을 모두 먹으려고 합니다." 13 엘리야가 그 여인에게 말하였다. "두려워하지 말고 가서, 방금 말한 대로 하십시오. 그러나 음식을 만들어서, 우선 나에게 먼저 가지고 오십시오. 그 뒤에 그대와, 아들이 먹을 음식을 만들도록 하십시오. 14 주님께서 이 땅에 다시 비를 내려주실 때까지, 그 뒤주의 밀가루가 떨어지지 않을 것이며, 병의 기름이 마르지 않을 것이라고, 주 이스라엘의 하나님께서 말씀하셨습니다." 15 그 여인은 가서, 엘리야의 말대로 하였다. 과연 그 여인과 엘리야와 그 여인의 식구가 여러 날 동안 먹었지만, 16 뒤주의 밀가루가 떨어지지 않고, 병의 기름도 마르지 않았다. 주님께서 엘리야를 시켜서 하신 주님의 말씀대로 되었다.

17 ○ 이런 일이 있은 뒤에, 이 집 여주인의 아들이 병이 들었다. 그의 병은 매우 위중하여서, 끝내는 숨을 거두고 말았다.

아들이 죽자 여인은 엘리야를 원망합니다(18절). 어떻게 그럴 수가 있습니까? "죄를 기억나게 했다"는 건 또 무슨 말입니까? 예나 지금이나 아이가 아프면 부모는 자신의 죄 때문이라 여기곤 합니다. 여로보암의 경우, 실제로 그의 죄로 인해 아이가 죽었습니다(14:10-12). 갑작스레 자신의 집과 삶에 등장한 엘리야가 자신의 집에 머무는 동안 아이가 죽었습니다. 그러니 이 어미는 이 일이 자신의 죄 때문이라 여겼을 것이고, 이렇게 죽게 될 것이라면 그 가뭄과 기근 속에서 왜 살아남게 하셨나 원망스럽기도 했을 것입니다. 그러나 엘리야는 여인의 죄에 대해서는 이후로도 절대 언급하지 않았고(20-21절), 하나님께서 살려주시기만을 기도합니다. 사르밧 과부의 아들이 죽었다가 다시 살아나는 이 이야기는 이 모자가 기근 속에 죽을 처지였으나 밀가루와 기름이 떨어지지 않았다는 이야기와 함께, 어디에서건 바알이 아니라 주 하나님이야말로 생명과 죽음을 주관하시는 분임을 증언합니다.

18 그러자 그 여인은 엘리야에게 이렇게 말하였다. "하나님의 사람이신 어른께서 저와 무슨 상관이 있다고, 이렇게 저에게 오셔서, 저의 죄를 기억나게 하시고, 제 아들을 죽게 하십니까?" 19 엘리야가 그 여인에게 아들을 달라고 하면서, 그 여인의 품에서 그 아이를 받아 안고, 자기가 머물고 있는 다락으로 올라갔다. 그리고 그를 자기의 침대 위에 뉘어놓고, 20 주님께 부르짖었다. "주 나의 하나님, 어찌하여 내가 머물고 있는 이 집의 과부에게 이렇게 재앙을 내리시어, 그 아들을 죽게 하십니까?" 21 그는 그 아이의 몸 위에 세 번이나 엎드려서, 몸과 몸을 맞춘 다음, 주님께 또 부르짖었다. "주 나의 하나님, 제발 이 아이의 호흡이 되돌아오게 하여주십시오!" 22 주님께서 엘리야가 부르짖는 소리를 들으시고, 그 아이의 호흡을 되돌아오게 하여주셔서, 그 아이가 살아났다.

23 ○ 엘리야는, 그 아이를 안고 다락에서 내려와서, 아이를 돌려주면서 말하였다. "보시오, 아들이 살아났습니다." 24 그 여인이 엘리야에게 말하였다. "이제야 저는, 어른이 바로 하나님의 사람이시라는 것과, 어른이 하시는 말씀은 참으로 주님의 말씀이라는 것을 알았습니다."

{ 제18장 }

엘리야와 바알 예언자들

1 많은 날이 흘러서, 삼 년이 되던 해에, 주님께서 엘리야에게 말씀하셨다. "가서, 아합을 만나거라. 내가 땅 위에 비를 내리 겠다." 2 엘리야가 곧 아합을 만나러 갔다.

○ 그때에 사마리아에는 기근이 심하였다. 3 아합이 오바댜 궁내대신을 불렀다. 오바댜는 주 하나님을 깊이 경외하는 사 람으로서, 4 이세벨이 주님의 예언자들을 학살할 때에, 예언 자 백 명씩 쉰 명씩 동굴에 숨기고서, 먹을 것과 물을 대준 사 람이다. 5 아합이 오바댜에게 말하였다. "이 땅 곳곳으로 다 다니며, 물이 있을 만한 샘과 시내를 샅샅이 찾아보도록 합시 다. 어쩌다가 풀이 있는 곳을 찾으면, 말과 나귀를 살릴 수 있 을 거요. 짐승들이 죽는 것을 이대로 보고 있을 수만은 없소." 6 왕과 오바댜는 물을 찾으려고, 전 국토를 둘로 나누어서, 한 쪽은 아합이 스스로 담당하고, 다른 한쪽은 오바댜가 담당하

아합은 사람보다 말과 나귀를 더 걱정합니다(5절). 어떻게 그럴 수가 있습니까? 엘 리야의 선포 이래 3년이나 비가 오지 않았습니다. 아마도 이세벨이 주님의 예언자 들을 완전히 말살하려는 것은 엘리야를 찾아 죽이려는 목적이었을 것입니다. 다행 히도 오바댜와 같은 자가 주님의 예언자들을 숨겨주고, 그들에게 물과 먹을 것을 공급했습니다. 온 나라에 물이 없는 현실과 오바댜가 예언자들에게 물과 먹을 것을 주었다는 표현은 대조적입니다. 엘리야와 하나님의 예언자를 대적하면서 모조리 죽여버리려는 왕비의 행동 역시 말과 나귀에게 먹일 풀을 찾아 곳곳으로 다니는 아 합 왕의 모습과 무척 대조적입니다. 그 점에서 말과 나귀에게 먹일 풀을 찾아다니 는 아합의 모습에 대한 묘사는 풍자라고 볼 수 있습니다. 무엇을 해야 하는지, 무엇 이 문제인지 전혀 분간하지 못하는 왕을 보여줍니다.

여, 제각기 길을 나섰다.

7 ○ 오바댜가 길을 가고 있는데, 마침 엘리야가 그를 만나려고 오고 있었다. 오바댜가 엘리야를 알아보고, 머리를 숙여서 인사를 하였다. "엘리야 어른이 아니십니까?" 8 엘리야가 그에게 말하였다. "그렇소. 가서, 엘리야가 여기에 있다고 그대의 상전에게 말하시오." 9 그러나 오바댜는 두려워하며 말하였다. "제가 무슨 죄를 지었기에, 저를 아합의 손에 넘겨 죽이려고 하십니까? 10 예언자께서 섬기시는 주 하나님께서 살아 계심을 두고 맹세합니다. 제 상전은 어른을 찾으려고, 모든 나라, 모든 왕국에 사람들을 풀어놓았습니다. 그러나 그들이 돌아와서, 엘리야가 없다고 보고하면, 제 상전은, 그 나라와 왕국에게 어른을 정말 찾지 못하였다고, 맹세하게 하였습니다. 11 그런데 지금 어른께서는 저더러 가서, 어른께서 여기에 계시다고 말하라는 말씀이십니까? 12 제가 어른을 떠나가면, 주님의 영이 곧 어른을 제가 알지 못하는 곳으로 데려가실 것입니다. 제가 가서, 아합에게 말하였다가, 그가 와서 어른을 찾지 못하면, 반드시 저를 죽일 것입니다. 어른의 종인 저는 어

임금의 총애를 받는 대신인 오바댜가 엘리야를 '어른'(7절)이라고 부르는 게 이상합니다. 선지자는 고위 관료보다 지체가 높았습니까? 원래 히브리말 성경에는 높임말이라는 것이 따로 없고, 이 부분에는 그저 '너' 혹은 '당신'에 해당하는 2인칭 단수 명사가 쓰였습니다. 여기서 우리말 성경은 엘리야를 대하는 오바댜의 마음과 자세를 잘 반영해서 번역했다고 볼 수 있습니다. 오바댜는 하나님을 깊이 경외하는 사람이었고, 예언자들을 숨겨주기도 한 신앙인이었습니다. 그렇기에 엘리야 같은 하나님의 사람을 매우 존경하고 존중했을 것입니다. 그런 점에서 '어른'이라는 우리말 번역은 꽤 적절해 보입니다. 자신의 지위가 높다고 자신을 특별하다 여기는 행태는 예나 지금이나 옳고 그름, 진리를 분간하지 못하는 이들의 특징일 것입니다.

릴 때부터 주님을 경외하여왔습니다. 13 이세벨이 주님의 예언자들을 학살할 때에 제가 한 일과, 제가 주님의 예언자 백명을 쉰 명씩 동굴에 감추고 그들에게 먹을 것과 마실 것을 대준 일을, 어른께서는 듣지도 못하셨습니까? 14 그런데 지금 어른께서는, 저더러 가서, 저의 상전에게, 어른께서 여기 계시다고 말하라는 것입니까? 그러면 제 상전은 반드시 저를 죽일 것입니다." 15 그러자 엘리야가 말하였다. "내가 섬기는 만군의 주님께서 살아계심을 두고 맹세하오. 나는 오늘 꼭 아합을 만날 것이오." 16 오바댜가 아합에게로 가서, 이 사실을 알리니, 아합이 엘리야를 만나러 왔다.

17 ○ 아합은 엘리야를 만나서, 이렇게 말하였다. "그대가 바로 이스라엘을 괴롭히는 자요?" 18 엘리야가 대답하였다. "내가 이스라엘을 괴롭히는 것이 아니라, 임금님과 임금님 아버지의 가문이 괴롭히는 것입니다. 임금님께서는 주님의 계명을 내버리고, 바알을 섬기십니다. 19 이제 사람을 보내어, 온 이스라엘을 갈멜산으로 모아주십시오. 그리고 이세벨에게 녹을 얻어먹는 바알 예언자 사백쉰 명과 아세라 예언자 사백 명도

오바댜는 무얼 두려워하는(14절) 걸까요? 임금이 수배령을 내린 인물을 신고하는 건 칭찬받을 일이 아닌가요? 12절은 오바댜가 하나님의 사람 엘리야를 어떻게 생각하고 있는지 보여줍니다. 엘리야 같은 이가 어떤 장소에 등장했더라도 하나님의 영이 그를 데려가시면 순식간에 다른 장소로 이동할 수 있다는 것이 오바댜의 생각이고, 당시에는 많은 이들이 그렇게 믿었고 경험하기도 했습니다(왕하 2:11; 6:20). 만약 엘리야가 여기 있다고 오바댜가 왕에게 고한 후에 엘리야가 다른 곳으로 이동해버린다면, 왕에게 헛된 말을 고한 죄로 처벌당할 것입니다. 바로 이 점을 오바댜가 두려워한 것입니다. 무엇보다도 엘리야를 죽이려는 왕에게 엘리야가 여기 있다 고발하는 것 자체를 내켜하지 않는다는 점 역시 생각할 필요가 있습니다.

함께 불러주십시오." 20 아합은 모든 이스라엘 자손을 부르고, 예언자들을 갈멜산으로 모았다.

21 ○ 그러자 엘리야가 그 모든 백성 앞에 나서서, 이렇게 말하였다. "여러분은 언제까지 양쪽에 다리를 걸치고 머뭇거리고 있을 것입니까? 주님이 하나님이면 주님을 따르고, 바알이 하나님이면 그를 따르십시오." 그러나 백성들은 한마디도 그에게 대답하지 못하였다. 22 그래서 엘리야는 백성들에게 다시 이렇게 말하였다. "주님의 예언자라고는 나만 홀로 남았습니다. 그런데 바알의 예언자는 사백쉰 명이나 됩니다. 23 이제, 소 두 마리를 우리에게 가져다주십시오. 바알 예언자들이 소 한 마리를 선택하여 각을 떠서, 나뭇단 위에 올려놓되, 불을 지피지는 않게 하십시오. 나도 나머지 한 마리의 소를 잡아서, 나뭇단 위에 올려놓고, 불은 지피지 않겠습니다. 24 그런 다음에, 바알의 예언자들은 바알 신의 이름을 부르십시오. 나는 주님의 이름을 부르겠습니다. 그때에, 불을 보내셔서 응답하는 신이 있으면, 바로 그분이 하나님이십니다." 그러자 모든 백성

백성들이 한마디도 답을 하지 못하는 진짜 이유는 무엇입니까?(21절) 양심에 찔려서일까요, 아니면 후환이 두려웠던 걸까요? 아합은 바알을 숭배했지만, 그렇다고 주 하나님을 섬기는 일을 중단한 것도 아닙니다. 고대 중동 세계에서는 여러 신을 섬기는 것이 잘못이 아닌, 도리어 권장되는 일이었습니다. 가나안 땅에 들어온 이래 이스라엘 역시 끊임없이 이러한 주변의 영향을 받았습니다. 엘리야가 하나님과 바알 가운데 선택하라며 양자택일을 요구했을 때 백성들이 머뭇거린 까닭은 "왜 둘 가운데 하나를 선택해야 하는가?"라는 의문이 있었기 때문입니다. 이스라엘의 하나님을 섬기되, 농사와 연관해서는 풍요의 신 바알을 섬길 수 있다는 것이 이들의 생각이었을 겁니다. 이런 점에서 엘리야로 대표되는 이스라엘 예언자들의 줄기찬 싸움은 오직 주 하나님이야말로 이스라엘의 한 분 하나님이심을 증언하는 일이었습니다.

들은, 그렇게 하는 것이 좋겠다고 대답하였다.

25 ○ 엘리야가 바알의 예언자들에게 말하였다. "당신들은 수가 많으니, 먼저 시작하시오. 소 한 마리를 골라놓고, 당신들의 신의 이름을 부르시오. 그러나 불은 지피지 마시오." 26 그들은 가져온 소 한 마리를 골라서 준비하여놓은 뒤에, 아침부터 한낮이 될 때까지 "바알은 응답해주십시오" 하면서 부르짖었다. 그러나 응답은커녕, 아무런 소리도 없었다. 바알의 예언자들은 제단 주위를 돌면서, 춤을 추었다. 27 한낮이 되니, 엘리야가 그들을 조롱하면서 말하였다. "더 큰 소리로 불러보시오. 바알은 신이니까, 다른 볼일을 보고 있을지, 아니면 용변을 보고 있을지, 아니면 멀리 여행을 떠났을지, 그것도 아니면 자고 있으므로 깨워야 할지, 모르지 않소!" 28 그들은 더 큰 소리로 부르짖으면서, 그들의 예배 관습에 따라, 칼과 창으로 피가 흐르도록 자기 몸을 찔렀다. 29 한낮이 지나서 저녁 제사를 드릴 시간이 될 때까지, 그들은 미친 듯이 날뛰었다. 그러나 아무런 소리도 없고, 아무런 대답도 없고, 아무런 기척도 없었다.

30 ○ 이때에 엘리야가 온 백성들에게 가까이 오라고 하였다.

바알 신을 섬기는 관습이 너무 참혹합니다(28절). 당시에는 피가 나도록 자기 몸에 상처를 내는 것이 흔한 제사법이었습니까? 흔한 관습인지 정확히 규명하기는 어렵지만, 신을 추구하며 그 뜻을 찾는 중에 자신의 몸을 괴롭게 하는 일은 대부분의 종교에서 찾아볼 수 있습니다. 금식 역시 몸을 괴롭게 하는 일 가운데 하나이며, 때로 기독교 전통 안에도 욕망으로 말미암는 죄를 다스리기 위해 자신의 몸을 때리거나 괴롭게 하는 일이 있었습니다. 본문에서 바알의 예언자들이 피가 흐르는데도 긴 시간 저런 행위를 지속했다는 것은 이들이 일종의 무아지경(ecstasy)에 접어들었음을 보여줍니다. 그러나 엘리야가 조롱했듯이, 그런 대단한 종교적 체험에도 불구하고 바알 신은 아무런 응답도 하지 않습니다. 바알은 하나님이 아니기 때문입니다.

백성들이 가까이 오니, 그는 무너진 주님의 제단을 고쳐 쌓았다. 31 그리고 엘리야는, 일찍이 주님께서 이스라엘이라고 이름을 고쳐주신 야곱의 아들들의 지파 수대로, 열두 개의 돌을 모았다. 32 이 돌을 가지고 엘리야는 주님께 예배할 제단을 다시 쌓고, 제단 둘레에는 두 세아 정도의 곡식이 들어갈 수 있는 넓이의 도랑을 팠다. 33 그다음에, 나뭇단을 쌓아놓고, 소를 각을 떠서, 그 나뭇단 위에 올려놓고, 물통 네 개에 물을 가득 채워다가, 제물과 나뭇단 위에 쏟으라고 하였다. 사람들이 그대로 하니, 34 엘리야가 한 번 더 그렇게 하라고 하였다. 그들이 그렇게 하니, 그는 또 그렇게 하라고 하였다. 그들이 세 번을 그렇게 하니, 35 물이 제단 주위로 넘쳐흘러서, 그 옆 도랑에 가득 찼다.

36 ○ 제사를 드릴 때가 되니, 엘리야 예언자가 앞으로 나서서, 이렇게 기도하였다. "아브라함과 이삭과 이스라엘을 돌보신 주 하나님, 주님께서 이스라엘의 하나님이시고, 나는 주님의 종이며, 내가 오직 주님의 말씀대로만 이 모든 일을 하고 있다는 것을, 오늘 저들이 알게 하여주십시오. 37 주님, 응답

지금은 왜 이런 대결을 펼치지 않습니까? 이렇게만 하면 단번에 다들 하나님을 믿을 텐데요. 18장과 이어지는 19장을 보면 이러한 엄청난 대결이 벌어졌고 주 하나님이야말로 참 하나님이심이 드러나지만, 엘리야의 삶은 조금도 편해지지 않았고 도리어 도망쳐야 하는 상황까지 이릅니다. 만약 두 신의 대결을 통해 더 강한 신이 숭배된다면, 그것은 뒷골목에서 벌어지는 깡패들의 싸움이나 시장을 두고 치열하게 다퉈서 이긴 기업이 전부 차지하는 것과 별반 다르지 않을 겁니다. 그렇게 이긴 신을 숭배하는 것은 결국 '강함에 대한 숭배'일 뿐, 온 인류의 하나님에 대한 신앙과는 본질적으로 거리가 멉니다. 17-18장은 "우리 하나님이 가장 세고 강해!"를 말하는 것이 아닙니다. 이 본문은 이스라엘이 그들의 하나님을 버리고 엉뚱한 곳에서 헤매고 있음을 가뭄이라는 메마른 현실에 비춰 보여주면서, 그들의 하나님께로 돌이킬 것을 촉구합니다(37절).

하여주십시오. 응답하여주십시오. 이 백성으로 하여금, 주님이 주 하나님이시며, 그들의 마음을 돌이키게 하시는 주님이심을 알게 하여주십시오."

38 ○ 그러자 주님의 불이 떨어져서, 제물과 나뭇단과 돌들과 흙을 태웠고, 도랑 안에 있는 물을 모두 말려버렸다. **39** 온 백성이 이것을 보고, 땅에 엎드려서 말하였다. "그가 주 하나님이시다! 그가 주 하나님이시다!" **40** 엘리야가 그들에게 말하였다. "바알의 예언자들을 잡아라. 한 사람도 도망가게 해서는 안 된다." 백성은 곧 그들을 사로잡았고, 엘리야는 그들을 데리고 기손강 가로 내려가서, 거기에서 그들을 모두 죽였다.

가뭄이 그침

41 ○ 엘리야가 아합에게 말하였다. "빗소리가 크게 들리니, 이제는 올라가셔서, 음식을 드십시오." **42** 아합이 올라가서, 음식을 먹었다. 엘리야는 갈멜산 꼭대기로 올라가서, 땅을 바라보며 몸을 굽히고, 그의 얼굴을 무릎 사이에 넣었다. **43** 그

어마어마한 사건을 마무리 지은 엘리야가 왕에게 음식을 먹으라고 합니다(41절). 어째서 생뚱맞게 음식 얘길 꺼내는 걸까요? '올라가서 먹고 마시는 것'은 언약을 맺는 행위와 연관됩니다. 시내산에서 하나님과 언약을 맺은 이스라엘은 모세의 인도를 따라 시내산 위로 '올라가서'(출 24:9) '먹고 마셨습니다'(출 24:11). 이스라엘에 오래도록 비가 내리지 않은 것이나 바알 예언자들과의 대결은 모두 "주님이 주 하나님이심을 알게 하고 이스라엘의 마음을 돌이키기 위한 것"(왕상 18:37)이기에, 이제 아합이 올라가서 먹고 마시는 행위는 하나님과의 언약으로 돌이키는 것을 상징한다고 여겨집니다. 여기에서 아합은 온 이스라엘을 대표하는 사람입니다. 이렇게 언약의 식사를 마친 후에 마침내 하나님께서 큰 비를 내려주십니다.

러고는 그의 시종에게, 올라가서 바다 쪽을 살펴보라고 하였다. 시종은 올라가서 보고 와서, 아무것도 보이지 않는다고 말하였다. 엘리야가 다시 그의 시종에게, 일곱 번을 그렇게 더 다녀오라고 하였다. **44** 일곱 번째가 되었을 때에, 그 시종은 마침내, 사람의 손바닥만 한 작은 구름이 바다에서부터 떠올라 오고 있다고 말하였다. 그러자 엘리야는 아합에게 사람을 보내어서, 비가 와서 길이 막히기 전에 어서 병거를 갖추고 내려가라는 말을 전하라고 하였다.

45 ○ 그러는 동안에 이미 하늘은 짙은 구름으로 캄캄해지고, 바람이 일더니, 곧 큰 비가 퍼붓기 시작하였다. 아합은 곧 병거를 타고 이스르엘로 내려갔다. **46** 주님의 능력이 엘리야와 함께하였기 때문에, 엘리야는 허리를 동여매고, 아합을 앞질러서, 이스르엘 어귀에까지 달려갔다.

{ 제19장 }

시내산의 엘리야

1 아합은, 엘리야가 한 모든 일과, 그가 칼로 모든 예언자들을 죽인 일을, 낱낱이 이세벨에게 알려주었다. 2 그러자 이세벨은 엘리야에게 심부름꾼을 보내어 말하였다. "네가 예언자들을 죽였으니, 나도 너를 죽이겠다. 내가 내일 이맘때까지 너를 죽이지 못하면, 신들에게서 천벌을 달게 받겠다. 아니, 그보다 더한 재앙이라도 그대로 받겠다." 3 엘리야는 두려워서 급히 일어나, 목숨을 살리려고 도망하여, 유다의 브엘세바로 갔다. 그곳에 자기 시종을 남겨두고, 4 자신은 홀로 광야로 들어가서, 하룻길을 더 걸어 어떤 로뎀나무 아래로 가서, 거기에 앉아서, 죽기를 간청하며 기도하였다. "주님, 이제는 더 바랄 것이 없습니다. 나의 목숨을 거두어주십시오. 나는 내 조상보

이세벨의 전갈을 받은 엘리야는 도망치기 바쁩니다(3절). 450 대 1의 싸움도 마다하지 않던 기개는 어디로 갔습니까? 하나님을 믿고 신뢰하는 엘리야만 강한 것이 아니라, 이세벨로 대표되는 악도 끈질기고 강해 결코 쉽게 포기하거나 물러나지 않습니다. 이세벨은 도리어 온 힘을 다해 엘리야를 제거하겠다고 을러댑니다. 미리 겁줄 필요 없이 곧바로 죽이면 될 것을 이렇게 이세벨이 공개적으로 엘리야를 위협하는 것은 그를 북왕국에서 쫓아내고 그의 사역을 중단시키려는 의도가 있음을 짐작하게 합니다. 이렇게 직접적으로 엘리야의 목숨을 노리는 권력 앞에서, 어제의 대단한 예언자 엘리야는 두려움과 자신의 사역에 대한 깊은 절망에 빠져 북왕국의 힘이 미치지 않는 저 남쪽 브엘세바로 도망칩니다. 하나님의 사람이라고 해서 그의 능력과 의지가 대단히 특별하다고 볼 수는 없습니다. 열정과 노력에도 불구하고 잘 바뀌지 않는 현실 앞에서 그 누구라도 약해지고 두려움에 빠지고 침체되고 낙망하기 마련입니다.

다 조금도 나을 것이 없습니다." 5 그런 다음에, 그는 로뎀나무 아래에 누워서 잠이 들었는데, 그때에 한 천사가, 일어나서 먹으라고 하면서, 그를 깨웠다. 6 엘리야가 깨어보니, 그의 머리맡에는 뜨겁게 달군 돌에다가 구워낸 과자와 물 한 병이 놓여 있었다. 그는 먹고 마신 뒤에, 다시 잠이 들었다. 7 주님의 천사가 두 번째 와서, 그를 깨우면서 말하였다. "일어나서 먹어라. 갈 길이 아직도 많이 남았다." 8 엘리야는 일어나서, 먹고 마셨다. 그 음식을 먹고, 힘을 얻어서, 밤낮 사십 일 동안을 걸어, 하나님의 산인 호렙산에 도착하였다. 9 엘리야는 거기에 있는 동굴에 이르러, 거기에서 밤을 지냈다.

○ 그때에 주님께서 그에게 말씀하셨다. "엘리야야, 너는 여기에서 무엇을 하고 있느냐?" 10 엘리야가 대답하였다. "나는 이제까지 주 만군의 하나님만 열정적으로 섬겼습니다. 그러나 이스라엘 자손은 주님과 맺은 언약을 버리고, 주님의 제단을 헐었으며, 주님의 예언자들을 칼로 쳐서 죽였습니다. 이제 나만 홀로 남아 있는데, 그들은 내 목숨마저도 없애려고 찾고 있습니다." 11 주님께서 말씀하셨다. "이제 곧 나 주가 지나

"내 조상보다 조금도 나을 것이 없다"(4절)는 말이 뜬금없습니다. 갑자기 조상을 끌어들이는 이유는 무엇입니까? 이제 충분하니 죽여달라고 기도하는 엘리야의 모습은 하나님께서 함께하시지만 잘 변하지 않는 백성을 이끌다 절망해서 차라리 자신을 죽여달라고 기도했던 모세의 모습과도(민 11:14-15) 겹칩니다. 모세를 비롯한 신앙의 선배들은 모두 죽었습니다. 엘리야는 지금 자신 역시 살았다고 할 수 없는 상태라고 토로하면서 자신도 그들처럼 죽은 자가 되고 싶어 합니다. 4절에서 "더 바랄 것이 없다"라는 표현과 7절의 "아직도 많이 남았다"라는 구절은 히브리말로 같은 표현입니다. 엘리야는 "이제 충분합니다"라고 말하지만, 하나님께서 보내신 천사는 "갈 길이 충분하다", 즉 "갈 길이 아직 멀다" 이르십니다.

갈 것이니, 너는 나가서, 산 위에, 주 앞에 서 있어라." 크고 강한 바람이 주님 앞에서 산을 쪼개고, 바위를 부수었으나, 그 바람 속에 주님께서 계시지 않았다. 12 그 바람이 지나가고 난 뒤에 지진이 일었지만, 그 지진 속에도 주님께서 계시지 않았다. 지진이 지나가고 난 뒤에 불이 났지만, 그 불 속에도 주님께서 계시지 않았다. 그 불이 난 뒤에, 부드럽고 조용한 소리가 들렸다. 13 엘리야는 그 소리를 듣고서, 외투 자락으로 얼굴을 감싸고 나가서, 동굴 어귀에 섰다. 바로 그때에 그에게 소리가 들려왔다. "엘리야야, 너는 여기에서 무엇을 하고 있느냐?" 14 엘리야가 대답하였다. "나는 이제까지 주 만군의 하나님만 열정적으로 섬겼습니다. 그러나 이스라엘 자손은 주님과 맺은 언약을 버리고, 주님의 제단을 헐었으며, 주님의 예언자들을 칼로 쳐 죽였습니다. 이제 나만 홀로 남아 있는데, 그들은 내 목숨마저도 없애려고 찾고 있습니다." 15 주님께서 그

'부드럽고 조용한 소리'(12절)는 무얼 가리킵니까? 음성입니까, 아니면 단순한 기척입니까? 호렙산으로 도망친 엘리야 앞에 하나님께서 나타나셨습니다. 호렙산은 하나님과 이스라엘이 모세를 통해 언약을 맺은 장소입니다. 두려움과 절망으로 사역을 내려놓고 도망쳤던 엘리야는 호렙산에서 하나님과의 만남을 통해 이제 다시 하나님의 사람으로 두 번째 사역을 시작합니다. 하나님께서 엘리야 앞을 지나가실 때 크고 강한 바람, 지진, 불과 같은 현상이 일어났고, 마지막으로 부드럽고 조용한 소리가 들렸습니다. 하나님께서 행하실 때 이처럼 굉장한 현상, 엄청난 일이 벌어지지만, 본문은 그런 일들 속에 하나님께서 계시지 않는다고 언급합니다. 이는 하나님의 역사가 그런 것들로만 드러나는 것이 아니라고 말합니다. 부드럽고 조용한 소리, 말소리인지 가벼운 바람 소리인지 알 수 없는 그 소리는 하나님의 크고 놀라운 행하심 다음에 이어지는 고요함을 반영하기도 합니다. 도망쳐서 굴속에 숨었던 엘리야는 놀랍게도 이 조용한 소리 다음에 마침내 굴 바깥으로 나와 서고, 그의 새로운 사역을 시작합니다.

에게 말씀하셨다. "너는 돌이켜, 광야 길로 해서 다마스쿠스로 가거라. 거기에 이르거든, 하사엘에게 기름을 부어서, 시리아의 왕으로 세우고, **16** 또 님시의 아들 예후에게 기름을 부어서, 이스라엘의 왕으로 세워라. 그리고 아벨므홀라 출신인 사밧의 아들 엘리사에게 기름을 부어서, 네 뒤를 이을 예언자로 세워라. **17** 하사엘의 칼을 피해서 도망하는 사람은 예후가 죽일 것이고, 예후의 칼을 피해서 도망하는 사람은 엘리사가 죽일 것이다. **18** 그러나 나는 이스라엘에 칠천 명을 남겨놓을 터인데, 그들은 모두 바알에게 무릎을 꿇지도 아니하고, 입을 맞추지도 아니한 사람이다."

엘리야가 엘리사를 부르다

19 ○ 엘리야가 그곳을 떠나서, 길을 가다가, 사밧의 아들 엘리사와 마주쳤다. 엘리사는 열두 겨릿소를 앞세우고 밭을 갈고 있었다. 열한 겨리를 앞세우고, 그는 열두째 겨리를 끌고

엘리야가 낙담하고 주저앉자 하나님이 직접 찾아와 만나줍니다(11~13절). 그런데 왜 우리가 낙심했을 때는 아는 척도 하지 않습니까? 구약성경은 기본적으로 지금으로부터 수천 년 전의 고대 이스라엘을 배경으로 한 책이지만, 오늘날 온 세상 곳곳에서 하나님의 말씀으로 고백되며 읽힙니다. 이 책이 이렇게 널리 읽히는 유일한 까닭은 이 책의 내용이 그저 고대인들만의 이야기가 아니라, 오늘 우리를 향해 말하고 있음을 사람들이 발견하고 깨달았기 때문입니다. 하나님께서 낙심하며 절망한 엘리야를 찾아오셨다는 본문은 분명하고도 명확하게 이 일이 그때만의 일이 아니라 오늘의 일이기도 함을 말해줍니다. 누구나 쉽게 약해지고, 실망하고, 절망합니다. 그럴 때 많은 신앙인들이 이 본문을 읽고 또 읽었습니다. 그리고 적지 않은 이들이 자신을 향한 하나님의 부드럽고 조용한 소리를 깨닫기도 했습니다. 언제든 가장 약하고 가장 힘겨울 때가 하나님의 그 소리를 깨달을 때입니다.

서, 밭을 갈고 있었다. 엘리야가 엘리사의 곁으로 지나가면서, 자기의 외투를 그에게 던져주었다. **20** 그러자 엘리사는 소를 버려두고, 엘리야에게로 달려와서 말하였다. "아버지와 어머니에게 작별 인사를 드린 뒤에, 선생님을 따르겠습니다." 그러자 엘리야가 말하였다. "돌아가거라. 내가 네게 무엇을 하였기에 그러느냐?" **21** 엘리사는 엘리야를 떠나 돌아가서, 겨릿소를 잡고, 소가 메던 멍에를 불살라서 그 고기를 삶고, 그것을 백성에게 주어서 먹게 하였다. 그런 다음에, 엘리사는 곧 엘리야를 따라가서, 그의 제자가 되었다.

엘리야와 엘리사가 만나는 장면이(20-21절) 기이합니다. 엘리사는 어떻게 엘리야를 알아보고 모든 걸 다 버려둔 채 따라나섰던 걸까요? 엘리사는 엘리야를 알아봤을 것입니다. 그렇기에 예언자가 외투를 던지는 행위가 자신을 부르는 행위임도 깨달았을 것입니다. 나중에 엘리야가 자신의 외투로 강물을 가르기도 한다는 것을 고려해볼 때(왕하 2:8), 여기서 외투는 예언자의 능력과 사역을 상징하는 소품이라 할 수 있습니다. 훗날 엘리야가 하늘로 승천할 때 그의 몸에서 떨어진 외투를 엘리사가 취하는 내용 역시(왕하 2:13-14) 엘리사가 엘리야의 뒤를 이어 하나님의 능력이 임한 예언자가 되었음을 알려줍니다(왕하 2:15). '열두 겨릿소'와 같은 언급으로 미뤄볼 때 엘리사의 집안은 꽤 잘사는 축에 속했을 것으로 짐작되는데, 그럼에도 엘리사는 엘리야의 부름 앞에서 자신이 가진 모든 것을 청산하고 엘리야를 따라나섭니다. 엘리야의 사역은 엘리사의 사역을 거치며 완성됩니다.

{ 제20장 }

시리아와의 전쟁

1 시리아 왕 벤하닷은 군대를 모두 모았다. 지방 영주 서른두 명과 기마병과 병거들이 모이자, 그는 올라가서, 사마리아 성을 포위하고, 공격하였다. 2 그는 그 성 안에 있는 이스라엘 왕 아합에게 사절들을 보내어, 3 그에게 말하였다. "나 벤하닷이 말한다. 너의 은과 금은 모두 나의 것이다. 그리고 네 아리따운 아내들과 자녀도 모두 나의 것이다." 4 이스라엘 왕이 회답을 보내어 말하였다. "나의 상전이신 임금님, 임금님의 말씀대로, 나와 내가 소유하고 있는 것은 모두 임금님의 것입니다." 5 사절들이 다시 아합에게 와서, 벤하닷의 말을 전하였다.
○ "나 벤하닷이 말한다. 내가 전에 사절을 보내어서 전달한 것은, 너의 은과 금과 아내들과 자녀들을 모두 나에게로 보내라는 말이었다. 6 내일 이맘때쯤에 내가 내 신하들을 보내겠다. 그들이 네 집과 신하들의 집을 뒤져서, 그들의 눈에 드는 것은 무엇이나 가져올 것이니, 그리 알아라."

아합이 의논 상대로 삼았던 '원로'(7절)는 어떤 사람들입니까? 신하나 부하들과는 어떤 차이가 있습니까? '원로'는 한 성읍, 혹은 여기에서처럼 나라 안의 모든 지도자들을 가리킨다고 볼 수 있습니다. 특별하게 국가로부터 녹을 받는 직책이었는가와 상관없이, 한 지역에서 오래도록 살면서 그 지역의 지도자로 인정받은 이들입니다. 원로에 해당하는 히브리말 자체는 '나이 든 사람' 혹은 '노인'을 의미한다는 점을 생각하면, '원로'는 살아온 세월과 함께 지혜를 얻은 이라 할 수 있습니다. 국가 전체의 위기 앞에서 백성들의 뜻과 지지가 필요했기에 이스라엘 왕은 나라 안의 모든 원로를 모아 어떻게 대응할지 자문을 구합니다.

7 ○ 그래서 이스라엘 왕은 나라 안의 모든 원로들을 모아놓고 의논하였다. "벤하닷이라는 사람이 꾀하고 있는 일이 얼마나 악한 일인지, 잘 생각해보시오. 그가 나에게 왕비들과 자녀들을 내놓으라고 하고, 또 은과 금까지 요구하고 있는데, 나로서는 이것을 거절할 수가 없소." 8 그러나 모든 원로와 백성들은 왕에게, 벤하닷의 말을 듣지도 말고, 요구한 것을 보내지도 말라고 간언하였다. 9 그래서 그는 벤하닷의 사절들에게 말하였다. "임금님께 가서, 첫 번째 요구는 내가 듣겠지만, 두 번째 요구는 내가 들어줄 수 없다고 전하시오." 사절들은 돌아가서, 그대로 보고하였다. 10 벤하닷은 다시 전갈을 보내어서 말하였다. "내가 네 사마리아 성을 잿더미로 만들어서, 깨어진 조각 하나도 남지 않게 하겠다. 내가 이끄는 군인들이, 자기들의 손에 깨어진 조각 하나라도 주울 수 있으면, 신들이 나에게, 천벌이 아니라 그보다 더한 재앙을 내려도, 내가 달게 받겠다." 11 이스라엘 왕이 회신을 보냈다. "너의 왕에게 가서, 참 군인은 갑옷을 입을 때에 자랑하지 아니하고, 갑옷을 벗을 때에 자랑하는 법이라고 일러라." 12 벤하닷은 지방 영주들과 함께 막사에서 술을 마시고 있다가, 이 말을 듣고는, 신하들에게

아합은 노골적으로 악행을 일삼는 못된 왕이었습니다(16:30). 하나님은 어째서 그런 아합을 돕습니까?(13절) 20장에 아합이라는 이름은(2, 13, 14절) 잘 등장하지 않고, 대체로 이스라엘 왕이(4, 7, 11, 21, 22, 28, 31, 32, 40, 41, 43절) 언급됩니다. 5, 15, 16, 32, 33, 34절에 쓰인 아합은 원래의 히브리말 본문에는 삼인칭 단수의 '그'로 적혀 있습니다. 이 같은 표현 방식은 이 내용이 아합 왕의 시대를 넘어 이스라엘 어느 왕의 시대든 외적과의 전쟁에 어떻게 대처해야 하는지 알려주기 위한 것임을 보여줍니다. 이스라엘의 승리는 군사의 많고 적음이 아닌, 하나님께 달린 것입니다. 그러니 군사력 때문에 절망하거나 군사력을 믿고 오만하지 말 것을 촉구합니다.

공격 준비를 갖추라고 명령을 내렸다. 그들은 곧 사마리아 성을 공격할 준비를 갖추었다.

13 ㅇ 그때에 예언자 한 사람이 이스라엘 왕 아합에게 와서 말하였다. "나 주가 말한다. 네가 이렇게 큰 군대를 본 적이 있느냐? 그러나 내가 오늘 그들을 네 손에 넘겨줄 것이니, 너는, 내가 주인 줄 알게 될 것이다." 14 아합이 물었다. "진 앞에는 누가 섭니까?" 예언자가 대답하였다. "주님께서 말씀하시기를, 지방장관들의 젊은 부하들을 앞세우라고 하셨습니다." 그러자 아합은 다시 물었다. "누가 총지휘를 합니까?" 그 예언자가 대답하였다. "임금님이십니다." 15 그래서 아합이 지방장관들의 젊은 부하들을 점검하여보니, 그들은 모두 이백서른두 명이었다. 그런 다음에, 그가 이스라엘 군대를 모두 점검하여보니, 모두 칠천 명이었다.

16 ㅇ 정오가 되자, 아합의 군대가 공격을 시작하였다. 그때에 벤하닷은 자기를 돕는 지방 영주 서른두 명과 함께 막사에서 술에 취해 있었다. 17 지방장관들의 젊은 부하들이 먼저 공격을 시작하였다. 벤하닷의 정찰병들이 벤하닷에게, 적군들이

하나님은 경험이 적은 '지방장관들의 젊은 부하들'을 선봉에 세웁니다(14절). 싸움에 이기려면 최정예 병력을 내세우는 게 상식 아닐까요? '지방장관의 젊은 부하'는 왕의 직속부대 같은 정예 병력과는 상당히 다른 인상을 줍니다. 이런 사람으로 전쟁에 나서라는 명령은 이스라엘 전쟁의 승리가 오직 하나님께 달려 있을 뿐, 이스라엘의 군사력에 있지 않음을 알려줍니다. 만일 정예 병력으로 전쟁에 임해 이긴다면 이스라엘은 자신들의 힘으로 승리를 거두었다 여길 것이며, 앞으로도 자신의 군사력 여부에 따라 오만해지거나 절망할 것입니다. 그러나 지방장관의 젊은 부하들로 이루어진 군대를 통한 승리는 하나님의 함께하심이야말로 승리의 길임을 깨닫게 해줄 것입니다. 언제든, 어떤 상황에서든, 하나님의 능력이 핵심임을 깨닫고, 하나님을 신뢰하며 살아가는 삶을 이와 같은 본문이 가르칩니다.

사마리아 성에서 나오고 있다고 보고하였다. 18 보고를 받은 벤하닷은, 그들이 화친을 하러 나왔더라도 사로잡고, 싸움을 하러 나왔더라도 사로잡으라고 명령하였다.

19 ○ 그러나 지방장관의 젊은 부하들과 그들을 뒤따르는 군대는 이미 성읍 바깥으로 나와서, 20 저마다 닥치는 대로 벤하닷의 군대를 무찔렀다. 그래서 시리아 군인들은 다 도망하였고, 이스라엘 군대가 그들을 추격하였다. 시리아 왕 벤하닷도 기병들과 함께 말을 타고 도망하였다. 21 이렇게 해서 이스라엘 왕은, 첫 싸움에서 많은 말과 병거를 격파하고, 시리아 군대를 크게 무찔렀다.

22 ○ 그 예언자가 다시 이스라엘 왕에게 와서, 이렇게 말하였다. "임금님께서는 힘을 키우시고, 앞으로 하셔야 할 일이 무엇인지를 생각해두십시오. 내년에 시리아 임금이 다시 임금님을 치려고 올라올 것입니다."

시리아 군대의 두 번째 공격

23 ○ 시리아 왕의 신하들이 자기들의 왕에게 말하였다.

시리아 왕의 신하들이 "이스라엘의 신은 산의 신"(23절)이라고 판단한 근거는 무엇입니까? 이스라엘은 가나안 땅에 들어온 이래 유다 산지, 에브라임 산지, 사마리아 산지, 갈릴리 산지 등 팔레스타인의 산악 지역에 정착하기 시작했습니다. 그러다 보니 이방 나라들이 이스라엘을 공격해오면 주로 산지에서 전쟁이 벌어지곤 했고, 하나님을 의지했던 이스라엘의 승리는 상대편에게 이스라엘의 하나님은 곧 '산의 신'이라는 인식을 가져다줬을 것입니다. 20장에서도 벤하닷 군대의 사마리아 공격이 패배로 끝났기에, 벤하닷 무리는 자신들의 패배를 산악 지역이라는 지형 탓으로 돌리며 '산의 신' 운운합니다. 전쟁 무대를 평지로 바꾸면 이길 수 있다 생각한 것입니다.

○ "이스라엘의 신은 산의 신입니다. 저번에는 산에서 싸웠으므로, 우리가 졌습니다. 그러나 평지에서 싸우면, 우리가 그들을 반드시 이길 것입니다. 24 그러므로 임금님께서는 이렇게 하시는 것이 좋을 줄 압니다. 지방 영주를 모두 그 자리에서 물러나게 하시고, 그 대신에 군사령관들을 그 자리에 임명하십시오. 25 잃은 수만큼, 군대와 기마와 병거를 보충하십시오. 그런 다음에 평지에서 싸우면, 틀림없이 우리가 이길 것입니다." 왕은 그들의 말을 듣고, 그대로 하였다.

26 ○ 해가 바뀌었다. 벤하닷은 시리아 군대를 소집하고, 이스라엘과 싸우려고 아벡으로 올라갔다. 27 이스라엘 군대도 소집이 되어서, 식량을 배급받고는, 그들과 싸우려고 나아갔다. 이스라엘 군대가 그들 앞에 진을 쳤으나, 이스라엘 군대는 시리아 군대에 비하면, 마치 작은 염소 두 떼와 같았고, 시리아 군대는 그 땅을 가득 채울 만큼 많았다. 28 그때에 하나님의 사람이 가까이 와서, 이스라엘 왕에게 말하였다. "주님께서 이렇게 말씀하셨습니다. '시리아 사람이 말하기를, 내가 산의 신이지, 평지의 신은 아니라고 하니, 내가 이 큰 군대를 모두 네 손

벤하닷의 신하들은 전쟁에 패하자 이스라엘 왕들은 인정이 많다며 항복을 권합니다(31절). 정말 이스라엘 왕들은 인심이 좋은 편이었습니까? 벤하닷의 아람과 이스라엘 사이의 갈등이 처음 시작되던 시점에 벤하닷은 이스라엘 왕의 모든 것이 자신의 것이라 선언하고, 이스라엘 왕은 그를 '나의 상전'이라 부릅니다(3~4절). 이것은 아람과 이스라엘 사이의 주군과 봉신 관계를 반영합니다. 이러한 관계는 두 차례의 전쟁을 거쳐 이스라엘이 승리하면서 완전히 뒤바뀝니다. 이제 벤하닷은 스스로를 이스라엘 왕의 종이라 표현합니다(32절). 주군과 봉신의 처지가 뒤바뀐 것입니다. 이러한 맥락 안에서 "이스라엘 왕들은 인정이 많다"라는 말은 이스라엘 왕들이 두 나라 사이에 맺은 조약 관계를 존중한다는 것을 의미합니다.

에 내주겠다. 이제 너희는 곧, 내가 주인 줄 알게 될 것이다.'"

29 ○ 양쪽 군대는 서로 대치하여서, 이레 동안 진을 치고 있었다. 드디어 이레째 되는 날 전투가 벌어졌는데, 이스라엘 군대가 시리아 군대를 쳐서 하루 만에 보병 십만 명을 무찔렀다. 30 그 나머지는 아벡 성으로 도망하였으나, 성벽이 무너져서, 나머지 이만 칠천 명을 덮쳐버렸다.

○ 벤하닷도 도망하여서, 그 성 안의 어느 골방으로 들어갔다. 31 그의 신하들이 그에게 말하였다. "이스라엘 왕가의 왕들은 모두 인정이 많은 왕이라고 들었습니다. 우리가 굵은 베로 허리를 묶고, 목에 줄을 동여매고, 이스라엘 왕에게 가면, 어쩌면 그가 임금님의 생명을 살려줄지도 모릅니다." 32 그래서 그들은 굵은 베로 허리를 묶고, 목에 줄을 동여매고 이스라엘 왕에게 나아가서 "왕의 종 벤하닷이, 제발 목숨만은 살려달라고 애원하고 있습니다." 하고 말하니, 아합 왕이 말하였다. "아직도 그가 살아 있느냐? 그는 나의 형제다." 33 그들은 이것을 좋은 징조로 여기고, 얼른 말을 받아서 대답하였다. "예, 벤하닷은 임금님의 형제입니다." 그러자 왕이 말하였다. "가서 그

아합 왕은 원수였던 벤하닷을 갑자기 '형제'라고 선언합니다(32절). 돌연히 태도를 바꾼 이유는 무엇입니까? 이제 이스라엘과 아람 사이의 조약 관계의 본질이 180도 뒤바뀌었습니다. 자신의 군사력을 믿고 상대 나라를 업신여기고 제멋대로 하려던 아람 왕은 스스로를 낮추지 않고서는 살아남지 못하게 되었습니다. 아람이 스스로를 낮추자 이스라엘 왕은 자신의 승리에 취해 거들먹거리기 시작합니다. 여기에서 살려달라 간청하는 아람 왕을 향해 이스라엘 왕이 사용한 '형제'라는 표현은 조약 관계의 한쪽 당사자를 가리킵니다. 하나님으로 말미암아 이겼지만, 이스라엘 왕은 자신의 손에 모든 권세가 있는 양, 마음대로 조약을 맺고 '형제'라 부르며 그를 살려줍니다. 어려울 때는 오직 하나님의 도움을 구하다가 상황이 괜찮아지면 마치 모든 것이 제 능력 때문인 양 거들먹거리는 이들은 어디에서나 볼 수 있습니다.

를 데려오너라." 벤하닷이 아합 왕에게 나아오니, 왕은 그를 자기 병거에 올라타게 하였다. 34 벤하닷은 아합에게 말하였다. "나의 부친이 왕의 부친에게서 빼앗은 성들을 다 돌려드리겠습니다. 나의 부친이 사마리아 안에 상업 중심지인 광장을 만든 것같이, 임금님께서도 손수 다마스쿠스 안에 그러한 광장들을 만드십시오." 그러자 아합은 "그러면 나는 그런 조약을 조건으로 하고, 당신을 보내드리겠소" 하고 말한 뒤에, 그와 조약을 맺고서, 벤하닷을 놓아주었다.

한 예언자가 아합을 규탄하다

35 ○ 예언자의 무리 가운데서 어떤 예언자가 주님의 명령을 받고서, 동료에게 자기를 때리라고 말하였으나, 그 동료가 때리기를 거절하니, 36 그 예언자가 말하였다. "네가 주님의 말씀에 순종하지 않았으니, 네가 나를 떠날 때에 사자가 너를 죽일 것이다." 과연 그 사람이 그를 떠날 때에 사자가 나타나서 그를 죽였다.

37 ○ 그 예언자가 또 다른 사람을 만나서, 자기를 때리라고

동료를 차마 때리지 못한 예언자에게 하나님은 사자에게 물려 죽는 벌을 내립니다(35-36절). 마음 약한 게 어떻게 죽을죄가 될 수 있습니까? 35-43절은 하나님의 명령을 도외시한 것이 큰 죄악임을 알려주는 상징적인 비유입니다. 20장 첫머리에 "벤하닷이 이같이 말하였다"라는 표현이 나옵니다(3, 5절). 한편 예언자가 등장해서 "주님께서 이같이 말씀하셨다"라며 하나님의 말씀을 전하는 것도 여러 번 등장합니다(13, 14, 28, 42절). 결국 20장의 주제는 "누가 주님인가?"입니다. 첫머리에는 벤하닷의 오만함이 드러나는 대화가 있고(2-6절), 뒤에는 이스라엘 왕의 오만함을 보여주는 대화가 배치되어 있습니다(32-34절). 마지막 35-43절은 아람 왕도,

말하였다. 그러자 그 사람은 예언자를 때려서, 심한 상처를 입혔다. **38** 그 예언자는 붕대로 눈을 감아서 위장하고는, 길목으로 가서, 왕을 기다렸다. **39** 왕이 그대로 지나치려고 하니, 예언자는 왕을 부르며 말하였다. "임금님의 종인 제가 전쟁터에 갔습니다. 그런데 어떤 사람이 저에게로 포로 한 명을 데리고 와서는, 그 사람을 감시하라고 하였습니다. 포로가 도망을 하면, 제가 대신 죽든지, 아니면 은 한 달란트를 물어내야 한다고 하였습니다. **40** 그런데 임금님의 종인 소인이 이 일 저 일을 하는 동안에, 그 포로가 없어지고 말았습니다." 그러자 이스라엘 왕이 그에게 말하였다. "네가 받아들인 것이니, 벌금을 물어야 한다." **41** 그 예언자는 그의 눈에 감은 붕대를 급히 풀었다. 그때에야 이스라엘 왕은, 그가 예언자 가운데 한 사람임을 알았다. **42** 그 예언자는 왕에게 이렇게 말하였다. "주님께서 이렇게 말씀하셨습니다. '내가 멸망시키기로 작정한 사람을 네가 직접 놓아주었으니, 너는 그 목숨을 대신하여서 죽게 될 것이고, 네 백성은 그의 백성을 대신하여서 멸망할 것이다.'" **43** 이스라엘 왕은, 마음이 상하여 화를 내면서, 사마리아에 있는 자기의 궁으로 돌아갔다.

이스라엘 왕도 아닌, 하나님이야말로 참된 권위의 왕이심을 보여줍니다. 다소 극단적인 비유지만, 이 비유는 하나님의 명령을 가볍게 여겼을 때 도리어 더 큰 재앙을 불러온다는 것을 알려줍니다.

{ 제21장 }

나봇의 포도원

1 그 뒤에 이런 일이 있었다. 이스르엘 사람 나봇이 이스르엘 땅에 포도원을 하나 가지고 있었는데, 그 포도원은 사마리아의 왕 아합의 궁 근처에 있었다. 2 아합이 나봇에게 말하였다. "그대의 포도원이 나의 궁 가까이에 있으니, 나에게 넘기도록 하시오. 나는 그것을 정원으로 만들려고 하오. 내가 그것 대신에 더 좋은 포도원을 하나 주겠소. 그대가 원하면, 그 값을 돈으로 계산하여줄 수도 있소." 3 나봇이 아합에게 말하였다. "제가 조상의 유산을 임금님께 드리는 일은, 주님께서 금하시는 불경한 일입니다." 4 아합은, 이스르엘 사람 나봇이 그 포도원을 조상의 유산이라는 이유로 양도하기를 거절하였으므로, 마음이 상하였다. 화를 내며 궁으로 돌아와서, 침대에 누워 얼굴을 돌리고, 음식도 먹지 않았다. 5 그러자 그의 아내 이세벨이 그에게로 와서, 무슨 일로 그렇게 마음이 상하여 음식까지

이스라엘 사람들에게 조상의 유산을(3절) 지키는 건 어떤 의미가 있습니까? 임금의 부탁을 단칼에 거절할 만큼 중요한 일입니까? 나봇에게 그의 포도원은 그냥 땅이 아니라 '조상의 유산'입니다. 그들은 대대로 조상에게 물려받은 땅을 하나님께로부터 받은 것이라 믿습니다. 그래서 "모든 땅은 하나님의 것이고, 이스라엘은 그땅의 나그네요 임시 거주자"이기에 "땅을 사고팔아서는 안 된다"고 믿었습니다(레 25:23). 매매나 다른 방법을 통해 다른 사람의 땅을 차지하는 것을 금하는 말씀도 그러한 맥락입니다(신 19:14; 27:17; 잠 15:25; 22:28; 23:10). 아합이 나봇에게 땅을 팔라고 요구했다는 것은 이러한 오랜 신앙적 관행이 아합 시대에는 거의 무너져 사문화되었음을 보여줍니다. 시대가 변했으나, 이스르엘의 농부 나봇은 땅에 대한 신앙 전통을 굳게 간직하고 있었습니다.

들지 않는지를 물었다. 6 왕이 그에게 대답하였다. "내가 이스라엘 사람 나봇에게, 그의 포도원을 내게 넘겨주면, 그 값을 돈으로 계산해주든지, 그가 원하면 그 대신 다른 포도원을 주든지 하겠다고 했는데, 그는 자기의 포도원을 내게 줄 수가 없다고 하였소. 그 때문이오." 7 그러자 그의 아내 이세벨이 그에게 말하였다. "당신은 현재 이스라엘을 다스리는 임금님이 아니십니까? 일어나셔서 음식을 드시고, 마음을 좋게 가지십시오. 내가 이스르엘 사람 나봇의 포도원을 임금님의 것으로 만들어드리겠습니다."

8 ○ 그런 다음에, 이세벨은 아합의 이름으로 편지를 써서, 옥쇄로 인봉하고, 그 편지를 나봇이 살고 있는 성읍의 원로들과 귀족들에게 보냈다. 9 그는 편지에 이렇게 썼다. "금식을 선포하고, 나봇을 백성 가운데 높이 앉게 하시오. 10 그리고 건달 두 사람을 그와 마주 앉게 하고, 나봇이 하나님과 임금님을 저주하였다고 증언하게 한 뒤에, 그를 끌고 나가서, 돌로 쳐서 죽

거절당한 아합은 속앓이만 합니다(4절). 이렇게 나약한 건 아합의 개인적인 성향인가요, 이스라엘 왕권이 그만큼 허약했다는 뜻인가요? 아합은 바알 숭배를 확산시킨 왕이지만, 그 또한 이스라엘 사람입니다. 그의 아들 아하시야는(22:51) "주님은 나의 힘"을 의미하고, 또 다른 아들 여호람은(왕하 1:17) "주님은 존귀하시다"를 뜻합니다. 그의 두 아들이 이 같은 이름을 가졌다는 것은 아합 역시 주 하나님을 믿는 신앙인이었음을 보여줍니다. 그래서 나봇이 땅 매매를 하나님을 믿는 신앙과 연관해 거절했을 때, 원칙적으로 땅 매매는 하나님께서 금하신 일이라는 것을 아합도 알고 있었습니다. 땅을 사고파는 일이 일반화되었지만, 나봇이 원칙을 말할 때 어찌할 수 없었던 것입니다. 그래서 왕이지만 마음이 상해 화를 낸 채 궁으로 돌아와야 했습니다. 왕이 마음 상하고 화를 냈다는 표현은 20장 43절에도 기록되어 있습니다. 이름 없는 예언자와 농부가 강력한 권력을 지닌 임금의 속을 이렇게 뒤집어 놓는 것이 하나님을 믿는 이스라엘의 중요한 특징이기도 합니다.

이시오." 11 그 성 안에 살고 있는 원로들과 귀족들은, 이세벨이 편지에 쓴 그대로 하였다. 12 그들은 금식을 선포하고, 나봇을 백성 가운데 높이 앉게 하였다. 13 건달 둘이 나와서, 그와 마주 앉았다. 그리고 그 건달들은 백성 앞에서 나봇을 두고, 거짓으로 "나봇이 하나님과 임금님을 욕하였다" 하고 증언하였다. 그렇게 하니, 그들은 나봇을 성 바깥으로 끌고 가서, 돌로 쳐서 죽인 뒤에, 14 이세벨에게 나봇이 돌에 맞아 죽었다고 알렸다.

15 ○ 이세벨은 나봇이 돌에 맞아 죽었다는 소식을 듣고, 곧 아합에게 말하였다. "일어나십시오. 돈을 주어도 당신에게 넘기지 않겠다고 하던 이스르엘 사람 나봇의 포도원을 차지하십시오. 나봇은 살아 있지 않습니다. 죽었습니다." 16 아합은, 나봇이 죽었다는 말을 듣고 일어나서, 이스르엘에 있는 나봇의 포도원을 차지하려고 내려갔다.

17 ○ 주님께서 디셉 사람 엘리야에게 말씀하셨다. 18 "일어나 사마리아에 있는 이스라엘 왕 아합을 만나러 내려가거라. 그

고작 두 사람의 고발만 듣고 나봇의 변론은 들어보지도 않은 채 처형을 집행합니다 (13절). 이걸 공정한 재판이라고 볼 수 있을까요? 이스라엘 가운데 잘못이나 죄를 저지른 사람을 재판할 때는 한 사람의 증언으로는 안 되고, 최소한 두 사람 이상의 증언이 있어야 합니다(신 17:6; 19:15). 이세벨이 두 사람의 증인을 세우게 했으니 일단 합법적 요건을 갖춘 셈입니다. 나봇은 이스라엘의 신앙에 따라 왕에게 땅 팔기를 거절했고, 이세벨은 이스라엘의 신앙 전통을 이용해 나봇을 함정에 빠뜨려 죽이려 합니다. 2명의 건달을 매수해서 나봇이 왕과 하나님을 저주했다는 증언을 하게 합니다. 하나님을 저주한 자는 이스라엘이 사는 성 바깥으로 끌고 나가 돌로 쳐 죽이도록 되어 있습니다(레 24:14, 23). 이세벨의 편지를 받은 이스르엘 성의 원로와 귀족들은 나봇이 결코 그럴 사람이 아니라는 것을 분명히 알았지만, 이세벨의 편지대로 나봇에게 사형 판결을 내립니다. 그들에게는 두 사람의 증인이라는 합법적인 구실이 있었으니까요.

가 나봇의 포도원을 차지하려고 그곳으로 내려갔다. **19** 너는 그에게 다음과 같이 전하여라. '나 주가 말한다. 네가 살인을 하고, 또 재산을 빼앗기까지 하였느냐? 나 주가 말한다. 개들이 나봇의 피를 핥은 바로 그곳에서, 그 개들이 네 피도 핥을 것이다.'" **20** 아합은 엘리야를 보자, 이렇게 말하였다. "내 원수야, 네가 또 나를 찾아왔느냐?" 그러자 엘리야가 대답하였다. "그렇습니다. 이렇게 또 찾아왔습니다. 임금님께서는 목숨을 팔아가면서까지, 주님께서 보시기에 악한 일만 하십니다. **21** '내가 너에게 재앙을 내려 너를 쓸어버리되, 너 아합 가문에 속한 남자는 종이든지 자유인이든지, 씨도 남기지 않고, 이스라엘 가운데서 없애버리겠다. **22** 네가 이스라엘 사람에게 죄를 짓게 해서 나를 분노하게 하였으니, 내가 네 가문을, 느밧의 아들 여로보암의 가문처럼, 또 아히야의 아들 바아사의 가문처럼 되게 하겠다.' **23** 주님께서는 또 이세벨을 두고서도 '개

죄를 지은 사람뿐만 아니라 가문에 속한 종들까지 없애버리는(21절) 건 부당합니다. 이런 하나님을 어떻게 정의롭다고 말할 수 있습니까? 21장에는 나오지 않지만, 열왕기하 9장 26절을 보면 나봇의 아들들 역시 살해당했다고 언급됩니다. 나봇의 아들들을 죽이지 않으면, 나봇의 포도원을 다시 그 아들들에게 물려줘야 하니까요. 결국 아합 가문에 대한 심판 말씀은 그가 나봇 집안에 저지른 짓을 그대로 돌려받는 것임을 알 수 있습니다. 행한 대로 받는다는 것은 고대 이스라엘에서 가장 기본적인 원칙입니다. 한 농부를 짓밟은 일 때문에 하나님께서는 왕가 전체를 진멸하겠다고 선언하십니다. 임금의 목숨이나 농부의 목숨이 다를 바가 없고, 임금의 자식이나 농부의 자식도 같습니다. 놀라운 것은 나봇의 죽음에 아합이 직접 관여하지 않았음에도 하나님께서는 아합이 살인과 도둑질의 죄를 지었다고 책망하신다는(19절) 점입니다. 실제로 죄는 이세벨이 다 저질렀지만, 아합은 농부의 포도원을 탐냈고 그 포도원이 자기 수중에 들어온 과정을 전혀 개의치 않고 그것을 차지해버렸습니다. 이러한 사실만으로도, 손에 피 한 방울 안 묻었더라도 왕은 살인자요, 도둑이라고 규정하는 것이 하나님의 법입니다.

들이 이스르엘 성 밖에서 이세벨의 주검을 찢어 먹을 것이다'
하고 말씀하셨습니다. **24** 아합 가문에 속한 사람은, 성 안에서
죽으면 개들이 찢어 먹을 것이고, 성 밖에서 죽으면 하늘의 새
들이 쪼아 먹을 것이라고 하셨습니다."

25 ○ (자기 아내 이세벨의 충동에 말려든 아합처럼, 주님께서
보시기에 이렇게 악한 일을 하여 자기 목숨을 팔아버린 사람
은, 일찍이 없었다. **26** 아합은, 주님께서 이스라엘 자손의 눈
앞에서 쫓아내신 그 아모리 사람이 한 것을 본받아서, 우상을
숭배하는 매우 혐오스러운 일을 하였다.)

27 ○ 아합은 이 말을 듣고는, 자기 옷을 찢고 맨몸에 굵은 베
옷을 걸치고 금식하였으며, 누울 때에도 굵은 베옷을 입은 채
로 눕고, 또 일어나서 거닐 때에도 슬픈 표정으로 힘없이 걸
었다. **28** 그때에 주님께서 디셉 사람 엘리야에게 말씀하셨
다. **29** "너는, 아합이 내 앞에서 겸손해진 것을 보았느냐? 그
가 내 앞에서 겸손해졌기 때문에, 나는, 그가 살아 있는 동안
에는 그에게 재앙을 내리지 않고, 그의 아들 대에 가서 그 가
문에 재앙을 내리겠다."

**조금 겸손해졌다고 벌을 확 깎아주다니(29절), 하나님의 마음을 도통 알 수가 없습
니다. 애초에 벌을 내릴 뜻이 있기는 했던 걸까요?** 왕이 입는 화려한 옷을 찢고 거
친 베옷을 입으며 금식하는 것은 자신의 죄를 인정하고 뉘우치는 회개의 표시입니
다. 아합은 자신의 행동이 잘못되었다는 것을 깨닫고 인정하며 뉘우쳤을 것입니다.
그로 인해 하나님의 심판은 유예됩니다. 아합과 이세벨이 저지른 짓을 생각하면 이
렇게 봐줘도 되나 싶지만, 그만큼 회개는 더없이 중요한 것임을 알 수 있습니다. 그
러나 지위가 높고 재산이 많고 권력이 강할수록 자신의 잘못을 인정하고 뉘우치는
것은 더 어려워집니다. 이스라엘의 역사에서도 이렇게 잘못을 뉘우친 왕은 참으로
드뭅니다. 누구라도 죄 짓지 않는 이는 단 한 명도 없습니다. 중요한 것은 언제라도
자신의 잘못을 인정하고 뉘우치며 돌이키는 것입니다.

{ 제22장 }

예언자 미가야가 아합에게 경고하다(대하 18:2-27)

1 시리아와 이스라엘 사이에는 세 해 동안이나 전쟁이 없었다. 2 그런데 삼 년째 되는 해에, 유다의 여호사밧 왕이 이스라엘 왕을 찾아갔다. 3 이스라엘 왕은 자기의 신하들에게 말하였다. "길르앗에 있는 라못은 우리 땅인데도, 우리가 그 땅을 시리아 왕의 손에서 다시 찾아올 생각조차 하지 않고 있소. 경들은 이 것을 알고 있었소?" 4 그리고 그는 또 여호사밧에게도 말하였다. "길르앗의 라못을 치러 나와 함께 올라가시겠습니까?" 그러자 여호사밧이 이스라엘 왕에게 대답하였다. "나의 생각이 바로 임금님의 생각이며, 내가 통솔하는 군대가 곧 임금님의 군대이고, 내가 부리는 말이 곧 임금님의 말입니다." 5 그러면서도 여호사밧은 이스라엘 왕에게 말하였다. "그러나 먼저 주님의 뜻을 알아봄이 좋을 것 같습니다."

6 ○ 그러자 이스라엘 왕은 예언자 사백 명가량을 모아놓고서,

서로 으르렁대던 유다와 이스라엘의 왕이 다정하게 대화를 나눕니다(1-2절). 어쩌다 이렇게 화해 분위기가 된 건가요? 북왕국 이스라엘과 남왕국 유다는 분열 초기에 끊임없이 전쟁했습니다. 아마도 그러한 초기 전투들은 각 나라가 이제 막 분리된 만큼, 서로의 국경을 단단히 하고 내부를 결속시키기 위해 필요했을 것입니다. 그러나 고대 중동의 팔레스타인 땅에는 이스라엘 바로 위의 아람을 비롯해 여러 나라가 있어서, 언제까지나 둘 사이에 전투를 반복할 순 없었을 것입니다. 특히 아합의 딸이 여호사밧의 아들 여호람과 결혼해 두 나라의 왕가는 서로 인척 관계까지 성립되었습니다(왕하 8:18; 대하 18:1). 덕분에 이 시기 두 나라는 유례없이 평화로운 관계를 형성했고, 아람과의 3년 평화를 깨고 전쟁을 일으킬 만한 힘까지 이뤄냈습니다.

그들에게 물었다. "내가 길르앗의 라못을 치러 올라가는 것이 좋겠소, 아니면 그만두는 것이 좋겠소?" 그러자 예언자들은 대답하였다. "올라가십시오. 주님께서 그 성을 임금님의 손에 넘겨주실 것입니다." 7 여호사밧이 물었다. "이 밖에 우리가 물어볼 만한 주님의 예언자가 또 없습니까?" 8 이스라엘 왕은 여호사밧에게 대답하였다. "주님의 뜻을 물어볼 사람으로서, 이믈라의 아들 미가야라고 하는 예언자가 있기는 합니다만, 나는 그를 싫어합니다. 그는 한 번도 나에게 무엇인가 길한 것을 예언한 적이 없고, 언제나 흉한 것만 예언하곤 합니다." 여호사밧이 다시 제안하였다. "임금님께서 예언자를 두고 그렇게 말씀하시면 안 됩니다." 9 그러자 이스라엘 왕은 신하를 불러서 명령하였다. "이믈라의 아들 미가야를 빨리 데려오너라."

10 ○ 그때에 이스라엘 왕과 유다의 여호사밧 왕은 왕복을 입고, 사마리아 성문 어귀에 있는 타작마당에 마련된 보좌에 앉아 있고, 예언자들은 모두 그 두 왕 앞에서 예언을 하고 있었다. 11 그 예언자들 가운데서, 그나아나의 아들 시드기야는 자기가 만든 철뿔들을 가지고 나와서 말하였다. "주님께서 이렇게 말씀하십니다. '철로 만든 이 뿔을 가지고, 너 아합은 사람

400명이나 불러서 물어놓고도 곧바로 다른 예언자를 찾는(6–7절) 여호사밧 왕의 속내는 무엇입니까? 전쟁에 나가기 전에 신의 뜻 혹은 하나님의 뜻을 묻는 일은 고대 중동에서 흔한 관행이었습니다. 그래서 여호사밧은 주 하나님의 뜻이 무엇인지 확인하고자 했고, 아합은 즉각 400명의 예언자를 모읍니다. 왕의 부름에 곧바로 이 정도의 예언자가 모였다는 점에서 이들은 왕과 깊이 연루된 이들이라 할 수 있습니다. 22절에서는 이들을 '아합의 예언자들'이라 부릅니다. 이들이 모두 한결같이 승리하리라고 대답했고, 여호사밧은 다른 예언자는 없는지 묻습니다. 여호사밧으로서는 400명의 한결같은 대답에서 어떤 의심이나 회의가 생겼을 수도 있습니다.

들을 찌르되, 그들이 모두 파멸될 때까지 그렇게 할 것이다' 하십니다." 12 다른 예언자들도 모두 그와 같은 예언을 하면서 말하였다. "길르앗의 라못으로 진군하십시오. 승리는 임금님의 것입니다. 주님께서 이미 그 성을 임금님의 손에 넘기셨습니다."

13 ○ 미가야를 데리러 간 신하가 미가야에게 말하였다. "이 것 보시오. 다른 예언자들이 모두 한결같이 왕의 승리를 예언하였으니, 예언자께서도 그들이 한 것같이, 왕의 승리를 예언하시는 것이 좋을 것이오." 14 미가야가 대답하였다. "주님께서 살아계심을 두고 맹세하지만, 나는 다만 주님께서 말씀하신 것만을 말하겠습니다." 15 그가 왕 앞에 나아가니, 왕이 그에게 물었다. "미가야는 대답하시오. 우리가 길르앗의 라못을 치러 올라가는 것이 좋겠소, 아니면 그만두는 것이 좋겠소?" 미가야가 대답하였다. "올라가십시오. 승리는 임금님의 것입니다. 주님께서 그곳을 왕의 손에 넘겨주실 것입니다." 16 그러자 왕은 그에게 다시 말하였다. "그대가 주님의 이름으로 나에게 말을 할 때에는, 진실을 말해야 한다고 누차 일렀거늘, 내가 얼마나 더 똑같은 말을 되풀이해야 하겠소?" 17 미가야

미가야가 듣기 좋은 말을 하는데도 왕은 진실을 말하라고 다그칩니다(15-16절). 아합은 어째서 곧이곧대로 받아들이지 않습니까? 8절에서 보듯, 이미 미가야와 아합 사이에는 편치 않은 과거가 있습니다. 미가야는 아합에게 언제나 '흉한 것', 재앙을 예고했기 때문에 아합은 그에게 하나님의 뜻 묻기를 불편해했습니다. 길르앗 라못을 얻기 위한 이번 전쟁을 앞두고 아합이 처음에 미가야를 부르지 않은 것도 그에 게서 들을 대답이 예상되었기 때문일 겁니다. 여호사밧 때문에 마지못해 불러냈는데 미가야가 뜻밖에도 승리를 예언하자, 아합은 그가 진실을 말하지 않는다고 여겼습니다. 혹은 미가야가 전한 승리가 정말인지 확인하고 싶은 마음도 있었을 겁니다.

가 대답하였다. "내가 보니, 온 이스라엘이 이 산 저 산에 흩어져 있습니다. 마치 목자 없는 양 떼와 같습니다. '나 주가 말한다. 이들에게는 인도자가 없다. 제각기 집으로 평안히 돌아가게 하여라' 하십니다."

18 ○ 이스라엘 왕이 여호사밧에게 말하였다. "보십시오, 그는 나에게, 길한 것은 예언하지 않고, 흉한 것만을 예언한다고 말씀드리지 않았습니까?" 19 미가야가 말을 계속하였다. "그러므로 이제는 주님의 말씀을 들으십시오. 내가 보니, 주님께서 보좌에 앉으시고, 그 좌우 옆에는, 하늘의 모든 군대가 둘러서 있는데, 20 주님께서 물으십니다. '누가 아합을 꾀어내어서, 그로 길르앗의 라못으로 올라가서 죽게 하겠느냐?' 그러자 그들은 '이렇게 하자' 또는 '저렇게 하자' 하며, 저마다 자기의 의견을 말하는데, 21 한 영이 주님 앞에 나서서 말합니다. '제가 가서, 그를 꾀어내겠습니다.' 그러자 주님께서는 그에게 물으십니다. '그를 어떻게 꾀어내겠느냐?' 22 그러자 그는 대답합니다. '제가 거짓말하는 영이 되어, 아합의 모든 예언자들의 입에 들어가서, 그들이 모두 거짓말을 하도록 시키겠습니다.' 그

19-22절은 미가야가 실제로 목격한 장면입니까, 아니면 우화적인 설명인가요? 여기서 말하는 '영'이란 어떤 존재입니까? 이 내용은 미가야가 본 환상입니다. 고대 이스라엘에서는 하나님께서 예언자를 통해 그분의 뜻을 알리실 때 이 같은 환상을 사용하시는 것을 흔히 볼 수 있습니다. 오늘날 우리는 기록된 하나님의 말씀인 성경을 쉽게 구할 수 있지만, 고대 세계에서는 이 같은 책이 존재하지 않았고, 하나님께서는 때로 꿈이나 환상을 통해 말씀하셨습니다. 열왕기상 같은 책이나 여기에 실린 환상은 전적으로 지금으로부터 수천 년 전 고대인을 대상으로 한 것이기에 그 당대 사람들의 이해를 따라 표현되었습니다. 그래서 천상의 하나님을 표현하기를 마치 왕과 왕 앞에 시립한 신하들 같은 모습을 빌려서, 하나님께서 보좌에 앉으셨고 그 앞에 하나님의 신하로 '영'들이 하나님을 모시고 선 것으로 묘사합니다.

러자 주님께서 말씀하십니다. '네가 그를 꾀어라. 틀림없이 성공할 것이다. 가서, 곧 그렇게 하여라.' 23 그러므로 이제 보십시오. 주님께서 거짓말하는 영을 여기에 있는 임금님의 예언자들의 입에 들어가게 하셨으니, 주님께서는 임금님께 이미 재앙을 선언하신 것입니다."

24 ○ 그러자 그나아나의 아들 시드기야가 다가와서, 미가야의 뺨을 치면서 말하였다. "주님의 영이 어떻게 나를 떠나 네게로 건너가서 말씀하시더냐?" 25 미가야가 대답하였다. "네가 골방으로 들어가서 숨는 바로 그날에, 너는 모든 것을 알게 될 것이다." 26 이스라엘 왕은 명령하였다. "미가야를 잡아다가, 아몬 성주와 요아스 왕자에게로 끌고 가거라. 27 그리고 내가 명하는 것이니, 이 자를 감옥에 가두고, 내가 평안히 돌아올 때까지, 빵과 물을 죽지 않을 만큼만 먹이라고 하여라." 28 미가야가 말하였다. "임금님께서 정말로 평안히 돌아오실 수 있으면, 주님께서 나를 시켜서 이런 말씀을 하시지도 않으셨을 것입니다." 미가야는 한마디 더 붙였다. "여기에 있는 모든 백성은 나의 말을 잘 기억하여두시오!"

하나님의 뜻이 이렇다 저렇다 이야기하는 크리스천을 자주 봅니다. 참말과 거짓말을 어떻게 구분할 수 있습니까? 철뿔을 가지고 예언하는 시드기야의 행동은 예언자들이 흔히 수행하는 '상징 행위'이며, 그가 전하는 말씀이 참으로 하나님으로부터 온 것이라는 의미입니다. "주님께서 이렇게 말씀하십니다"(11절)라는 표현 또한 그의 말이 주님께로부터 온 것임을 보여줍니다. 이렇게 참 예언과 거짓 예언은 겉으로 구분하기 어렵고, 아마 시드기야 스스로도 자신이 참 예언자라고 여겼을 것 같습니다. 이런 경우, 그들의 예언이 성취되는가를 보고 판단할 수 있습니다(신 18:20-22). 미가야의 예언이 실제로 이루어졌다는 것은 그가 참 예언자임을 알려줍니다. 성취 여부를 알기 전까지는 대체로 심판을 예언하는 자가 참 예언자고, 평화를 말하는 이는 거짓 예언자라는 잠정적 기준을 고려할 수 있습니다(렘 28:7-9).

아합의 죽음(대하 18:28-34)

29 ○ 이스라엘 왕 아합과 유다의 여호사밧 왕은 시리아와 싸우려고 길르앗의 라못으로 올라갔다. **30** 이스라엘의 아합 왕은 여호사밧에게 말하였다. "나는 변장을 하고 싸움터로 들어갈 터이니, 임금께서는 왕복을 그대로 입고 나가십시오." 이스라엘 왕은 변장을 하고, 싸움터로 들어갔다. **31** 시리아 왕은 그와 함께 있는 서른두 사람의 병거대 지휘관들에게 말하였다. "너희는 작은 자나 큰 자를 상대하여 싸우지 말고, 오직 이스라엘 왕만 공격하여라." **32** 병거대 지휘관들이 여호사밧을 보더니 "저 자가 이스라엘의 왕이다." 하며, 그와 싸우려고 달려들었다. 여호사밧이 기겁을 하여서 소리치니, **33** 병거대 지휘관들은, 그가 이스라엘의 왕이 아님을 알고서, 그를 추적하기를 그만두고 돌아섰다.

34 ○ 그런데 군인 한 사람이 무심코 활을 당긴 것이 이스라엘 왕에게 명중하였다. 화살이 갑옷 가슴막이 이음새 사이를 뚫고 들어간 것이다. 왕은 자기의 병거를 모는 부하에게 말하였

싸우러 나가면서 왕복을 벗고 변장을 한(30절) 아합의 의도는 무엇입니까? 400명의 예언자가 승리를 말했어도 아합은 한 사람 미가야의 예언이 못내 마음에 걸렸을 것입니다. 혹시라도 아람의 공격이 왕인 자신에게 몰려 미가야의 말대로 될 수도 있겠다 여긴 아합은 자신이 왕임을 숨기고자 했습니다. 전쟁에서 패배하더라도 자신만 무사히 살아 돌아갈 수 있다면 미가야의 예언은 틀린 것이 되니까요. 과연 그의 계책은 성공적이어서, 아람은 아합을 공격하려다가 엉뚱하게 여호사밧을 공격하게 되었습니다. 그러나 뜻밖에도 아람의 군사 한 명이 '무심코', 즉 누군가를 겨냥하거나 의도하지 않은 채 이스라엘 진영을 향해 화살을 날렸고, 그것이 군사로 변장한 아합에게 명중하고 말았습니다. 여기에서 '우연'은 '필연'이 되었습니다.

다. "병거를 돌려서, 이 싸움터에서 빠져나가자. 내가 부상을 입었다." 35 그러나 특히 그날은 싸움이 격렬하였으므로, 왕은 병거 가운데 붙들려 서서, 시리아 군대를 막다가 저녁때가 되어 죽었는데, 그의 병거 안에는 왕의 상처에서 흘러나온 피가 바닥에 흥건히 고여 있었다. 36 해가 질 즈음에 "각각 자기의 성읍으로, 각각 자기의 고향으로!" 하고 외치는 명령이 진영에 전달되었다.

37 ○ 왕은 죽고, 사람들은 그 주검을 사마리아로 가지고 가서, 그곳에 묻었다. 38 그리고 사마리아의 연못에서 왕의 병거와 갑옷을 씻을 때에 개들이 그 피를 핥았고, 창녀들이 그곳에서 목욕을 하였다. 이렇게 해서 모든 것은 주님께서 말씀하신 대로 되었다.

39 ○ 아합의 나머지 행적과 그가 한 모든 일과, 그가 건축한 상아 궁과, 그가 세운 성읍들에 관한 모든 사실이, '이스라엘 왕 역대지략'에 다 기록되어 있다. 40 아합이 조상들과 함께 묻히니, 그의 뒤를 이어서 그의 아들 아하시야가 왕이 되었다.

크게 열세였던 지난 두 차례의 전쟁에선 이겼는데, 유다까지 합세한 싸움에선 도리어 패했습니다. 어디서 이런 차이가 생겼을까요? 20장에서 보았던 전쟁들이나 22장에서 보는 전쟁은 모두 이스라엘에게 전쟁의 승패는 군사력에 달려 있지 않고 하나님께 달린 것임을 명확하게 증언합니다. 아합이 전사하지만, 이 전쟁의 승패는 그리 분명하지 않습니다. 그래서 왕의 패배가 곧 백성 전체의 패배라고 보기는 어렵습니다. 도리어 "각각 자기 성읍으로, 각각 자기 고향으로"(36절)라는 명령이나 백성들은 "제각기 집으로 평안히 돌아가게 하여라"(17절)라는 미가야의 예언을 볼 때, 이 전쟁이 백성들에게 일상으로 복귀하는 기회가 되었음을 알 수 있습니다. 본문은 왕실의 이익과 백성의 이익은 같지 않다는 것을 보여주면서, "나라를 위해 싸우자"라고 말하지만 사실은 소수의 왕실을 위해 싸우게 만드는 '왕실 이데올로기'가 통하지 않는다고 말합니다.

41 ○ 이스라엘의 아합 왕 제사 년에 아사의 아들 여호사밧이 유다의 왕이 되었다. **42** 여호사밧은 왕이 될 때에 서른다섯 살이었고, 예루살렘에서 스물다섯 해 동안 다스렸다. 그의 어머니 아수바는 실히의 딸이다. **43** 여호사밧은 자기의 아버지 아사가 걸어간 길에서 벗어나지 아니하고, 그 길을 그대로 걸어서, 주님께서 보시기에 정직하게 행하였으나, 그가 산당만은 헐어버리지 않아서, 백성은 여전히 산당에서 제사를 드리며 분향하였다. **44** 여호사밧은 이스라엘 왕과 평화롭게 지냈다.

45 ○ 여호사밧의 나머지 행적과, 그가 보여준 권세와, 그가 치른 전쟁에 관한 것들이, 모두 '유다 왕 역대지략'에 기록되어 있다. **46** 그는 그의 아버지 아사 시대까지 남아 있던 성전 남창들을 그 땅에서 내쫓았다.

47 ○ 그때에 에돔에는 왕이 없었고, 유다의 왕이 임명한 대리자가 다스리고 있었다. **48** 여호사밧이 오빌에서 금을 가져오려고 다시스 선단을 만들었으나, 그 배들이 에시온게벨에서

성전 남창은(46절) 어떤 존재들입니까? 동성애를 사형에 해당하는 죄로 여기던 시대에 남창이 성전에 있다니요? 15장 12절 해설에서도 보았듯이, '성전 남창'은 고대 이스라엘에서 빈번히 언급됩니다. '남창'이라고 옮겼지만, 해당 히브리말을 직역하면 '구별된 남자들' 혹은 '거룩한 남자들'입니다. 그리고 남창을 없애는 일과 우상숭배를 배격하는 일이 대체로 결합된다는 점에서(왕상 14:24; 15:12; 왕하 23:7), '성전 남창'은 우상숭배와 연관된 일을 수행하는 이들이라 여겨집니다. 그래서 '성전 남창'을 두고 남자를 상대하는 남창으로 보기는 어렵습니다. 설령 '남창'이 성전에서 매음 행위를 하는 사람이라고 해도 그는 성전에 찾아오는 여성을 상대하는 사람이지, 남자를 상대하는 사람은 아니었다고 볼 수 있습니다. 결국 '성전 남창'은 동성애와는 아무 연관이 없습니다.

파선하였으므로, 가지 못하였다. **49** 그러자 아합의 아들 아하시야가 여호사밧에게 "나의 신하들이 임금님의 신하들과 같은 배를 타고 가게 하겠습니다" 하고 제의하였으나, 여호사밧은 이 제의를 받아들이지 않았다.

50 ○ 여호사밧이 숨을 거두니, '다윗 성'에다가 조상들과 함께 그를 장사하였다. 그의 뒤를 이어서, 그의 아들 여호람이 왕이 되었다.

이스라엘 왕 아하시야

51 ○ 유다의 여호사밧 왕 제십칠 년에, 아합의 아들 아하시야가 사마리아에서 이스라엘의 왕이 되었다. 그는 두 해 동안 이스라엘을 다스렸다. **52** 그는 주님께서 보시기에 이스라엘을 죄에 빠뜨리게 한 그의 아버지와 어머니가 걸은 길과 느밧의 아들 여로보암이 걸은 길을 그대로 따라갔다. **53** 그는 바알을 섬기고, 그것에 절을 하여서, 그의 아버지가 한 것과 마찬가지로, 주 이스라엘의 하나님께서 진노하시게 하였다.

성경은 아하시야가 "아버지와 어머니가 걸은 길"(52절)을 따라갔다고 합니다. 이렇게 '어머니'까지 언급한 경우는 처음 봅니다. 열왕기에서 왕들을 평가할 때 빈번하게 '아버지의 길을 따라'와 같은 표현을 사용하지만, 유일하게 아하시야의 경우는 '아버지의 길'과 '어머니의 길'이 모두 언급됩니다. 이와는 조금 다르지만, 아합과 이세벨의 또 다른 아들인 여호람(혹은 요람)을 평가할 때도 그의 어머니를 언급하면서 그가 악을 행하되 "그의 부모처럼 악하지는 않았다"(왕하 3:2)라고 표현하기도 합니다. 아하시야와 여호람의 어머니는 바로 이세벨입니다. 아하시야와 여호람에 대한 이 두 군데의 특이한 언급을 통해, 열왕기는 이세벨이 어떻게 이스라엘 가운데 바알 숭배를 확산시키며 악을 행했는지 강조합니다.

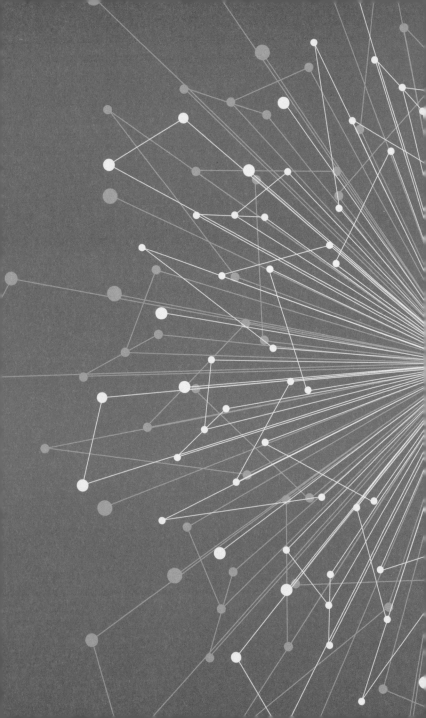

열왕기하

2 Kings

구원에
합당한 삶

●

하나님께서 이집트 땅에서 인도해내신 백성이며,

다윗에게 주신 약속과 솔로몬 성전에서의 영광을 경험한 민족임에도 불구하고,

이스라엘은 패망해 앗시리아와 바빌론 땅에 사로잡히는 신세가 되고 말았습니다.

하나님의 명령에 따라 삶을 바꾸지 않는다면,

제아무리 하나님의 약속을 내세우더라도 살아남을 수 없습니다.

'구원의 확신'이 이들을 살게 하는 것이 아니라,

'구원에 합당한 삶'이 핵심 열쇠입니다.

북왕국과 남왕국이 최종 멸망에 이르는 과정

열왕기하는 열왕기상과 한 권으로 묶을 수 있는 책입니다. 아합의 뒤를 이은 아하시야와 그에 이어지는 시대를 다루면서 열왕기하 첫 부분은 예언자 엘리야와 엘리사 이야기로 채워집니다(1-8장). 열왕기하 9-10장은 아합의 아버지 오므리 왕으로부터 시작된 오므리 왕조가 아합의 아들인 아하시야와 여호람(혹은 요람) 대에 이르러 신하 예후가 일으킨 쿠데타로 완전히 망하는 내용을 다룹니다. 엘리야는 아합의 패망을 선언했고, 엘리야의 제자 엘리사는 아합과 그 가문이 속한 오므리 왕가 전체의 최종적인 소멸을 선포했습니다. 그리고 두 사람의 예언은 그대로 이루어졌습니다.

예후의 통치를 다룬 10장에 이어 11장부터 16장까지는 북왕국과 남왕국 왕들의 치세를 번갈아 계속 다룹니다. 17장 1-6절은 북왕국의 마지막 왕 호세아 시대를 이야기하면서 결국 앗시리아에 의해 북왕국이 최종적으로 멸망하는 과정을 보여줍니다. 17장 7-41절은 북왕국 멸망 원인에 대한 열왕기 역사가의 분석과 설명을 보여줍니다.

이제 18장부터는 남왕국의 역사를 다룹니다. 히스기야 왕 시대를 길게 다루고(18-20장), 남왕국을 멸망에 이르게 할 정도로 악을 행한 므낫세 왕 시대를 거쳐(21장), 남왕국 유다의 마지막 개혁적 임금이었던 요시야 시대를 이야기합니다

(22:1-23:30). 열왕기하의 마지막 내용은 요시야가 죽은 이래 마지막 임금들의 역사(23:31-25:21), 예루살렘 멸망 이후 유다 땅에 남은 자들의 형편(25:22-26), 바빌론에 끌려간 여호야긴 왕의 이후 이야기(25:27-30)가 기록되어 있습니다.

나라의 멸망 이유를 신앙의 눈으로 해석한 책

열왕기상 17장에서 엘리야가 처음 언급된 것을 생각하면, 엘리야와 엘리사의 이야기가 열왕기 전체의 가장 한가운데 놓여 있고, 상당히 많은 분량을 차지하고 있음을 알 수 있습니다. 두 예언자 모두 북왕국 지역을 배경으로 활동하면서 누가 참으로 하나님인지, 진정으로 의지하고 신뢰해야 할 분이 누구인지, 구원이 누구에게로부터 오는지를 북왕국 왕들과 백성들에게 증언하고 선포했습니다. 때로 죽은 자를 살리기도 하고(왕상 17:17-24; 왕하 4:17-37), 현재 통치하는 임금을 규탄하며 하나님의 심판을 선포하기도 하고(왕상 21:17-26), 현 임금을 몰아내는 쿠데타를 하나님의 이름으로 지원하기도 했습니다(왕하 9:1-13). 그리고 이 모든 활동의 근원에는 여호와 하나님만이 생명이요, 구원자가 되심을 확실히 드러내려는 의도가 있습니다.

왕이라는 절대 권력 앞에서도 조금도 굴하지 않고 죄악을 규탄하며 심판을 선포했기에, 왕들이 보기에 이들은 '이스라엘을 괴롭히는 자'(왕상 18:17)였습니다. 그러나 그들이 전한 말씀이야말로 이스라엘의 왕과 백성이 걸어가야 할 생명의 길이었다는 점에서 그들은 참으로 '이스라엘의 병거요 마병'(왕하 2:12; 13:14)이었습니다.

그러나 북왕국과 남왕국은 예언자를 통해 선포된 하나님의 말씀을 듣고도 순종하지 않았고, 결국 그들을 기다리는 것은 파국, 멸망이었습니다. 열왕기하 17장은 북왕국의 멸망을 오직 신앙의 눈으로 풀이한 해석을 보여줍니다. 이에 따르면 국력이 약하거나 경제가 흔들려서, 또는 외교력이 부족해서 나라가 망하는 것이 아닙니다. 온 나라가 이집트의 손에서 건져내신 하나님을 잊고 다른 신들을 경배했으며, 하나님의 명령과 규례를 따르라고 선포하는 예언자들의 촉구를 따르지 않았기 때문입니다. 결국 하나님의 명령을 따르지 않으면 멸망할 것이라는 예언자들의 말대로, 하나님께서는 이스라엘을 내쫓으셨습니다. 북왕국 백성은 다른 나라로 사로잡혀 갔고, 북왕국 지역에는 앗시리아가 정복한 다른 나라의 사람들이 강제 이주로 끌려와 살기 시작했습니다.

언제라도 하나님께로 돌이키는 것

이러한 사정은 남왕국 유다 역시 크게 다르지 않았습니다. 주전 722년 멸망한 북왕국에 비해 남왕국은 좀 더 오래 존속했는데, 거기에는 히스기야 왕이나 요시야 왕 같은 개혁적인 임금의 역할이 컸을 것입니다. 두 임금 모두 앗시리아나 이집트, 바빌론 같은 강대국의 틈바구니에서 강대국에게 굽신거리거나 외교력으로 나라를 지탱하지 않았고, 하나님의 도우심을 구하고 하나님께서 명하신 계명을 따르고 행하는 데 힘썼습니다. 열왕기하 역시 이 왕들의 시기를 좀 더 자세히 다루면서 독자와 청중을 향해 현실 속에서 어떻게 행해야 하는지 보여주고자 합니다. 특히 요시야는 성전에서 발견된 율법책에 근거해 개혁을 단행하는데, 그의 시대에 발견된 이 율법책은 신명기로 추측됩니다.

히스기야나 요시야 같은 임금이 있는가 하면, 므낫세처럼 이전의 모든 개혁적인 변화를 일거에 엎어버리고 이미 폐기된 온갖 우상숭배 관행을 다시 들여온 임금도 있습니다. 유다의 마지막 시기를 다스렸던 임금들 역시 다르지 않았습니다. 요시야가 죽은 이후 여호아하스 왕은 이집트에, 여호야긴 왕은 바빌론에 포로로 끌려갔고, 마지막 왕인 시드기야 역시 눈이 뽑힌 채 바빌론에 포로로 끌려갔습니다. 하나님의 말씀에 귀기울이지 않고 우상을 섬기며 불의를 행한다면, 다윗의 자손이 다스리는 나라라 할지라도 존속할 수 없습니다.

그래서 열왕기상·하, 이 두꺼운 책의 마지막은 북왕국과 남왕국 모두 멸망과 포로살이라는 결과를 맞이했음을 증언합니다. 하나님께서 이집트 땅에서 인도해내신 백성이며, 다윗에게 주신 약속과 솔로몬 성전에서의 영광을 경험한 민족임에도 불구하고, 이스라엘은 패망해 앗시리아와 바빌론 땅에 사로잡히는 신세가 되고 말았습니다. 하나님의 명령에 따라 삶을 바꾸지 않는다면, 제아무리 하나님의 약속을 내세우더라도 살아남을 수 없습니다. '구원의 확신'이 이들을 살게 하는 것이 아니라, '구원에 합당한 삶'이 핵심 열쇠입니다. 특히 이스라엘에게 요구되는 율법, 그리고 그에 따르는 축복과 저주가 신명기의 중심 내용이라는 점에서, 여호수아기부터 열왕기에 이르는 여러 책들을 '신명기 역사서'라고 부릅니다. 신명기가 증언하는 관점과 시각에 따라 역사를 평가하며 서술된 책이라는 의미로 '신명기 역사서'를 이해할 수 있습니다.

바빌론 포로 기간에 정리되고 집필되었을 신명기 역사서와 그 안에 있는 열왕기는 이렇게 과거를 비판적으로 반성합니다. 이러한 잘못으로 인해 멸망하고 포로로 끌려왔으니, 이제라도 돌이켜 하나님의 규례를 따라 살아가라고 격려하는 것, 그것이 열왕기 역사서의 의도입니다. 그렇다면 끝이 끝이 아닙니다. 언제라도 하나님께로 돌이키는 것, 그것이 살 길입니다.

{ 제1장 }

엘리야와 아하시야 왕

1 아합이 죽은 뒤에, 모압이 이스라엘에게 반역하였다.

2 ○ 아하시야가 사마리아에 있는 그의 다락방 난간에서 떨어져 크게 다쳤다. 그래서 그는 사절단을 에그론의 신 바알세붑에게 보내어, 자기의 병이 나을 수 있을지를 물어보게 하였다.

3 ○ 그때에 주님의 천사가 나타나서, 디셉 사람 엘리야를 보고, 사마리아 왕의 사절단을 만나서 이렇게 전하라고 명령하였다. "너희가 에그론의 신 바알세붑에게 물으러 가다니, 이스라엘에 하나님이 계시지 않느냐? 4 그러므로 나 주가 말한다. 네가, 올라가 누운 그 병상에서 일어나 내려오지 못하고, 죽고 말 것이다."

○ 엘리야는 천사가 시키는 대로 하였다. 5 그리하여 사절들은 가던 길에서 돌이켜서, 왕에게 되돌아갔다. 왕이 그들에게 왜 그냥 돌아왔는지를 물었다. 6 그들은 왕에게 사실대로

우상이라면 바알이나 아세라가 더 익숙할 텐데, 어째서 뜬금없이 바알세붑을(2절) 찾아가 묻는 걸까요? 바알은 고대 중동 지역에서 널리 숭배되던 신입니다. 거기에 붙은 이름 '세붑'은 파리를 뜻해서 바알세붑은 '파리들의 주' 혹은 '파리들의 왕'이라 이해할 수 있습니다. 아마도 원래 이름은 '높은 곳에 있는 처소'를 의미하는 '세불'과 함께 쓰인 '바알세불'이었을 텐데(마 9:34; 10:25 참고), 열왕기 기자는 이를 비꼬고 조롱하면서 바알세붑으로 바꿔 표현한 것 같습니다. 에그론은 블레셋의 중요 도시 가운데 하나인데, 이 본문 외에는 이 신의 이름이 전혀 등장하지 않기에 어째서 북왕국의 왕이 블레셋의 신에게 찾아가는지 설명하기는 어렵습니다. 다만 현재의 본문은 이스라엘의 임금이라는 자가 자신들의 주 하나님을 찾지 않고, 그야말로 얼토당토않은 짓을 하고 있음을 강조한다고 이해할 수 있습니다.

대답하였다. "길을 가다가 웬 사람을 만났습니다. 그는 우리를 보고, 우리를 보내신 임금님께 돌아가서, 주님께서 하신 말씀을 전하라고 하였습니다. 그러면서 하는 말이 '네가 에그론의 신 바알세붑에게 사람을 보내어 물으려 하다니, 이스라엘에 하나님이 계시지 않느냐? 그러므로 너는, 네가 올라가 누운 그 병상에서 일어나 내려오지 못하고, 분명히 거기에서 죽고 말 것이다' 하였습니다." 7 왕이 그들에게 물었다. "너희들을 만나서 그러한 말을 한 그 사람이 어떻게 생겼더냐?" 8 그들이 왕에게 대답하였다. "털이 많고, 허리에는 가죽띠를 띠고 있었습니다." 그러자 왕은 "그는 분명히 디셉 사람 엘리야다" 하고 외쳤다.

9 ○ 그리하여 왕은 오십부장에게 부하 쉰 명을 딸려서 엘리야에게 보냈다. 그 오십부장은 엘리야가 산꼭대기에 앉아 있는 것을 보고, 그에게 소리쳤다. "어명이오. 하나님의 사람께

병사를 50명씩이나 보낸(9절) 아하시야의 속셈은 무엇입니까? 엘리야를 모셔 오라는 걸까요, 아니면 잡아 오라는 뜻일까요? 50명이나 보냈다는 것은 엘리야를 모셔 오려는 게 아니라 엘리야를 위협해 잡아 오려는 의도이며, 그가 보낸 병력은 사절단이 아니라 군대라고 봐야 할 것입니다. 어명을 내세우며 "내려오라" 외쳤던 첫 번째 군대와 비교하면, 두 번째 군대 역시 어명을 내세우되 "속히 내려오라"고(11절에서 새번역 성경은 '속히'를 번역에 반영하지 않았습니다) 외칩니다. 11절의 '속히'는 임금의 분노와 권력 행사 의지를 잘 보여줍니다. 그러나 임금의 명령은 하나님의 사람 엘리야를 한 발자국도 움직이게 하지 못했고, 하나님께서 가라 하시자 엘리야는 비로소 움직입니다(15절). "두려워하지 말라"(15절)는 하나님의 격려 역시 엘리야를 부르는 왕의 위협과 진노를 짐작하게 합니다. 그래서 본문의 초점은 왕이 보낸 사자와 하나님의 사자 사이의 대결임을 알 수 있습니다. 임금이라는 권력은 모든 것을 제 뜻대로 할 수 있다 생각하면서도 어리석게 '파리들의 주'에게 의지하는 신세지만, 엘리야는 하나님의 사자이기에 제멋대로 사람을 좌우하는 인간의 권력에 굴복하지 않습니다.

서는 내려오시오!" 10 엘리야가 그 오십부장에게 말하였다. "내가 하나님의 사람이라면, 불이 하늘에서 내려와서, 너와 네 부하 쉰 명을 모두 태울 것이다." 그러자 불이 하늘에서 내려와서, 그와 그의 부하 쉰 명을 태워버렸다.

11 ○ 왕이 다시 다른 오십부장에게 부하 쉰 명을 딸려서 엘리야에게 보냈다. 그 오십부장은 엘리야에게 말하였다. "어명이오. 하나님의 사람께서는 내려오시오!" 12 엘리야가 그들에게 말하였다. "내가 하나님의 사람이라면, 불이 하늘에서 내려와서, 너와 네 부하 쉰 명을 모두 태울 것이다." 그러자 하나님의 불이 하늘에서 내려와서, 그와 그의 부하 쉰 명을 태웠다.

13 ○ 왕이 세 번째로 또 다른 오십부장에게 부하 쉰 명을 딸려서 보냈다. 그 세 번째 오십부장은 올라가서, 엘리야 앞에 무릎을 꿇고, 애원하며 말하였다. "하나님의 사람께서는 우리의 청을 물리치지 말아 주십시오. 나의 목숨과 어른의 종들인, 이 쉰 명의 목숨을 귀하게 여겨주십시오. 14 보십시오, 하늘에서 불이 내려와서, 이미 오십부장 두 명과 그들의 부하 백 명을 모두 태워 죽였습니다. 그러니 이제 나의 목숨을 귀

50명씩 두 번이나 불태워 죽이다니, 하나님과 선지자의 생명 사랑이 세 번째 오십부장만도(13-14절) 못해 보입니다. 전쟁이 벌어지면 무수히 많은 사람이 죽지만 전쟁의 의미에 초점을 더 두듯이, 본문 역시 왕이 휘두르는 권력의 허망함을 보여주며 진정한 권세이신 하나님과 대조하는 데 초점이 있습니다. 왕의 군대는 엘리야에게 손 하나 댈 수 없지만, 하나님께로부터 불이 나와서 왕이 보낸 모든 군대를 다 살라버립니다. 왕의 군대는 결국 하나님의 사자 앞에 무릎 꿇을 수밖에 없습니다 (13절). 애꿎게 죽은 군사들 때문에 당황스러운 지점이 있지만, 이 본문의 모든 초점은 참된 권세이며 왕이신 주 하나님을 증언하는 데 있습니다. 하나님께서는 세

하게 여겨주십시오." 15 그때에 주님의 천사가 엘리야에게 말하였다. "그와 함께 내려가거라. 그 사람을 두려워하지 말아라." 그리하여 엘리야가 일어나서, 그와 함께 왕에게 내려갔다. 16 엘리야가 왕에게 말하였다. "주님께서 말씀하시기를 '네가, 에그론의 신 바알세붑에게 네 병에 관하여 물어보려고 사절들을 보내다니, 이스라엘에 네가 말씀을 여쭈어볼 하나님이 계시지 않더란 말이냐? 그러므로 너는, 네가 올라가 누운 그 병상에서 일어나 내려오지 못하고, 죽고 말 것이다' 하셨습니다." 17 엘리야가 전한 주님의 말씀대로, 북왕국 이스라엘에서는 아하시야 왕이 죽었다. 그에게 아들이 없었으므로, 그의 동생 여호람이 그의 뒤를 이어 왕이 되었다. 때는 남왕국 유다에서 여호사밧의 아들 여호람이 즉위하여 다스린 지 이 년이 되던 해였다.

18 ○ 아하시야가 한 나머지 일들은 '이스라엘 왕 역대지략'에 기록되어 있다.

번에 걸쳐 왕의 죽음을 예고하셨고(3-4, 6, 16절), 엘리야가 전한 하나님의 뜻대로 왕은 자식 없이 죽었습니다. 여기에서 자식이 없다는 것은 미래가 없다는 의미입니다. 권세를 휘두르며 오만하게 행하던 오므리 왕조와 아합 가문은 아무런 미래 없이 종말을 맞을 것입니다.

{ 제2장 }

엘리야가 승천하다

1 주님께서 엘리야를 회오리바람에 실어 하늘로 데리고 올라가실 때가 되니, 엘리야가 엘리사를 데리고 길갈을 떠났다. 길을 가다가, 2 엘리야가 엘리사에게 말하였다. "나는 주님의 분부대로 베델로 가야 한다. 그러나 너는 여기에 남아 있거라." 그러나 엘리사는 "주님께서 살아계심과 스승께서 살아계심을 두고 맹세합니다. 나는 결코 스승님을 떠나지 않겠습니다" 하고 말하였다. 그리하여 그들은 함께 베델까지 내려갔다. 3 베델에 살고 있는 예언자 수련생들이 엘리사에게 와서 물었다. "선생님의 스승을 주님께서 오늘 하늘로 데려가려고 하시는데, 선생님께서는 알고 계십니까?" 엘리사가 말하였다. "나도 알고 있으니, 조용히 하시오."

4 ○ 엘리야가 엘리사에게 말하였다. "나는 주님의 분부대로 여리고로 가야 한다. 그러나 너는 여기에 남아 있거라." 그러

엘리야의 명령에도 불구하고 엘리사가 한사코 스승 곁을 떠나지 않았던(2절) 이유는 무엇입니까? 1장은 아하시야 왕의 마지막을 묘사하고, 3장은 그를 이은 여호람(요람) 왕의 즉위를 설명합니다. 두 이야기 사이에 놓인 2장은 이스라엘 왕들의 교체 시기에 이스라엘의 진정한 힘이 어디에 있는지 보여줍니다. 엘리사와 다른 여러 예언자 무리들이 엘리야의 승천에 관심을 기울이는 모습 또한 세상 권력의 부침과 무관한, 하나님의 사람이 갖는 권세를 보여줍니다. 역사는 왕들이 아닌 아무 힘도 능력도 없으며 주변부 인물처럼 보이는 예언자들에 의해 움직인다는 것입니다. 특히 엘리사에게 엘리야는 '아버지'(12절) 같은 존재였던 것을 생각하면, 마지막 순간까지 엘리야를 따르는 엘리사의 모습은 엘리야에 대한 존경과 사랑, 그리고 엘리야처럼 예언자 사역을 수행하고자 하는 간절함을 보여줍니다.

나 엘리사는 "주님께서 살아계심과 스승께서 살아계심을 두고 맹세합니다. 나는 결코 스승님을 떠나지 않겠습니다" 하고 말하였다. 그리하여 그들은 함께 여리고로 갔다. 5 여리고에 살고 있는 예언자 수련생들이 엘리사에게 와서 물었다. "선생님의 스승을 주님께서 오늘 하늘로 데려가려고 하시는데, 선생님께서는 알고 계십니까?" 엘리사가 말하였다. "나도 알고 있으니, 조용히 하시오."

6 ○ 엘리야가 엘리사에게 말하였다. "나는 주님의 분부대로 요단강으로 가야 한다. 그러나 너는 여기에 남아 있거라." 그러나 엘리사는 "주님께서 살아계심과 스승께서 살아계심을 두고 맹세합니다. 나는 결코 스승님을 떠나지 않겠습니다" 하고 말하였다. 그리하여 두 사람은 함께 길을 떠났다. 7 예언자 수련생들 가운데서 쉰 명이 요단강까지 그들을 따라갔다. 엘리야와 엘리사가 요단강 가에 서니, 따르던 제자들도 멀찍이 멈추어 섰다. 8 그때에 엘리야가 자기의 겉옷을 벗어 말아서,

'예언자 수련생'이란 어떤 사람들입니까? 이들은 엘리야가 하늘로 올라간다는 사실을 어떻게 알고(3절) 있었던 걸까요? 고대 이스라엘에는 사무엘이나(삼상 19:20) 엘리야, 엘리사(왕하 4:1, 38-44; 6:1-7) 같은 인물을 스승으로 삼아 따르는 예언자 무리가 있었던 것으로 보입니다. 엘리야를 '아버지'라고 부르는 엘리사처럼(12절), 이들은 중심이 된 예언자와 함께 아버지와 아들 같은 관계를 이루며 당대의 사회에서 분리된 채 공동 생활을 했습니다. 엘리야의 승천에 대해서는 엘리야가 알려주었거나 그들 가운데 누군가에게 임한 하나님의 영을 통해 알았을 수 있습니다. 매우 가난해서 경제적인 곤경을 겪는 경우가 많았지만, 이들 중 누군가에게 하나님의 영이 임하면 즉시 도시로 나가 임금을 비롯한 당대의 권력을 향해 하나님의 말씀을 선포하며 사회의 근본 질서를 뒤바꾸기도 했습니다. 그럼에도 그들은 새로운 권력으로부터 혜택을 얻거나 거기에 끼어들어 권세를 누리지는 않았습니다. 그야말로 주변에 살면서 중심부를 바꾸는 이들이라 할 수 있습니다.

그것으로 강물을 치니, 물이 좌우로 갈라졌다. 두 사람은 물이 마른 강바닥을 밟으며, 요단강을 건너갔다.

9 ○ 요단강 맞은쪽에 이르러, 엘리야가 엘리사에게 말하였다. "주님께서 나를 데려가시기 전에 내가 네게 어떻게 해주기를 바라느냐?" 엘리사는 엘리야에게 "스승님이 가지고 계신 능력을 제가 갑절로 받기를 바랍니다" 하고 대답하였다. 10 엘리야가 말하였다. "너는 참으로 어려운 것을 요구하는구나. 주님께서 나를 너에게서 데려가시는 것을 네가 보면, 네 소원이 이루어지겠지만, 그렇지 않으면 그것이 이루어지지 않을 것이다." 11 그들이 이야기를 하면서 가고 있는데, 갑자기 불병거와 불말이 나타나서, 그들 두 사람을 갈라놓더니, 엘리야만 회오리바람에 싣고 하늘로 올라갔다. 12 엘리사가 이 광경을 보면서 외쳤다. "나의 아버지! 나의 아버지! 이스라엘의 병거이시며 마병이시여!" 엘리사는 엘리야를 다시는 볼 수 없었다.

엘리사는 '갑절이나 큰 능력'을 요구합니다(9절). 예언자의 능력은 어디서 비롯됩니까? 스승이 제자에게 골라 전수하는 방식인가요? 엘리야는 처음 엘리사를 불렀을 때, 자신을 잇는 예언자라는 표시로 이미 자신의 겉옷을 엘리사에게 주었습니다(왕상 19:19-21). 그리고 엘리야가 승천한 후 그의 몸에서 떨어진 겉옷을 엘리사가 주웠다는 내용(왕하 2:13) 역시, 엘리사가 엘리야의 뒤를 잇는 예언자임을 보여줍니다. 그러나 그것은 어디까지나 외적인 형식에 불과합니다. 고대이건, 지금이건 겉옷이 어떤 능력을 지닐 수는 없습니다. 예언자의 진정한 권세는 오직 주 하나님께로부터 나옵니다. 엘리사가 엘리야의 능력을 구하고 있지만, 엘리야의 능력이라고 해서 엘리야가 자기 마음대로 다른 사람에게 줄 수 있는 건 아닙니다. 10절에서 "네 소원이 이루어진다"라는 표현은 엘리야 마음대로 하는 일이 아니라 수동적인 것, 하나님께서 이루어주시는 것임을 분명히 합니다. 엘리야의 '갑절의 능력'이란 스승이 하는 일을 자신은 두 배의 능력이 있어야 수행할 수 있다는 겸손과 존경의 표시로 이해할 수 있습니다.

○ 엘리사는 슬픔에 겨워서, 자기의 겉옷을 힘껏 잡아당겨 두 조각으로 찢었다. 13 그러고는 엘리야가 떨어뜨리고 간 겉옷을 들고 돌아와, 요단강 가에 서서, 14 엘리야가 떨어뜨리고 간 그 겉옷으로 강물을 치면서 "엘리야의 주 하나님, 주님께서는 어디에 계십니까?" 하고 외치고, 또 물을 치니, 강물이 좌우로 갈라졌다. 엘리사가 그리로 강을 건넜다. 15 그때에 여리고에서부터 따라온 예언자 수련생들이 강 건너에서 이 광경을 보고는 "엘리야의 능력이 엘리사 위에 내렸다" 하고 말하면서, 엘리사를 맞으러 나와, 땅에 엎드려 절을 하였다. 16 그리고 엘리사에게 말하였다. "보십시오, 여기에 선생님의 제자들이 쉰 명이나 있습니다. 우리들은 모두 힘 있는 사람입니다. 우리들을 보내셔서, 선생님의 스승을 찾아보도록 하십시오. 주님의 영이 그를 들어다가, 산 위에나 계곡에 내던졌을까 염려됩니다." 그러나 엘리사는, 보낼 필요가 없다고 말하였다. 17 그러다가 그들이 하도 성가시게 간청하자, 엘리사는 사람을 보내어 엘리야를 찾아보라고 하였다. 그러나 그들이 사람 쉰 명을 보내어 사흘 동안이나 찾아보았으나, 엘리야

예언자 수련생들은 스스로를 '힘 있는 사람'(16절)이라고 합니다. 한낱 수련생들에게 무슨 힘이 있다는 걸까요? 어떤 장벽이나 어려움이 있더라도, 험한 곳까지 전부 다니며 샅샅이 수색할 수 있다는 것을 '힘 있는 사람'으로 표현했을 겁니다. 그런 사람들이 50명이나 흩어져 인근 지역을 다 살펴봤는데도 엘리야를 찾을 수 없었다는 것은 엘리야의 승천이 얼마나 확실한 사건인지를 보여줍니다. 빈 무덤이 부활하신 주님을 증언하듯, 이 '힘 있는 사람' 50명의 수색은 승천한 엘리야를 증언합니다. 아울러 엘리사는 이미 엘리야를 찾을 수 없을 것이라 일렀고, 과연 그의 말대로 사람들은 엘리야를 찾지 못했습니다. 이를 통해 이 본문은 엘리사가 엘리야의 뒤를 이은 예언자임을 증언합니다. 처음에는 사람들이 엘리사의 말을 쉽게 받아들이지도 듣지도 않았지만, 사건의 진행은 그의 말이 맞았음을 보여줍니다.

를 발견하지 못하고, **18** 여리고에 머물고 있는 엘리사에게로 돌아왔다. 엘리사가 그들에게 말하였다. "내가 너희들에게 가지 말라고 하지 않더냐?"

엘리사의 기적

19 ○ 그 성읍 사람들이 엘리사에게 말하였다. "보십시오, 선생님께서도 보시는 바와 같이, 이 성읍이 차지하고 있는 자리는 좋지만, 물이 좋지 않아서, 이 땅에서는 사람들이 아이를 유산합니다." **20** 그러자 그는 새 대접에 소금을 조금 담아 가지고 오라고 하였다. 그들이 그것을 가져오니, **21** 엘리사는 물의 근원이 있는 곳으로 가서, 소금을 그곳에 뿌리며 말하였다. "주님께서 이렇게 말씀하신다. '내가 이 물을 맑게 고쳐놓았으니, 다시는 이곳에서 사람들이 물 때문에 죽거나 유산하는 일

엘리사의 자질이 의심스럽습니다. 놀림을 받았기로서니 어떻게 예언자라는 사람이 아이들을 저주해 죽일 수 있습니까?(23-24절) 엘리야는 길갈에서 베델, 여리고, 요단강으로 여행했고, 엘리야의 승천 이후 엘리사는 요단강에서 여리고, 길갈, 베델로 여행합니다. 이러한 대칭을 통해 2장은 엘리사가 엘리야를 잇는 하나님의 사람임을 선언합니다. 엘리야의 말이 맞았다는 것이 엘리야의 시체를 수색하려는 사건에서 드러났고, 엘리사로 인해 여리고 성의 물이 생명의 물로 바뀌었습니다(19-22절). 이어지는 베델에서의 사건 역시 근본적인 초점은 엘리사의 권세입니다. 작은 아이들이건, 힘 있는 사람들이건, 마시지 못하는 물이건 예언자 엘리사를 가벼이 여길 수 없습니다. 작은 아이들의 죽음을 오늘 우리는 결코 당연한 것으로 여겨서는 안 되며, 이런 일을 벌어지게 하는 그 어떤 것이든 강력히 규탄해야겠지만, 본문 안에서 이 단락의 초점은 하나님께서 예언자 엘리사의 권세를 세워주시는 데 있습니다. 그리고 이제 사마리아로 돌아갈 엘리사는 이스라엘의 왕 역시 권세의 정점이 아니라, 하나님의 권세 아래 있음을 드러낼 것입니다.

이 없을 것이다.'" **22** 그곳의 물은, 엘리사가 말한 대로, 그때부터 맑아져서 오늘에 이르렀다.

23 ○ 엘리사가 그곳을 떠나 베델로 올라갔다. 그가 베델로 올라가는 길에, 어린아이들이 성읍에서 나와 그를 보고 "대머리야, 꺼져라. 대머리야, 꺼져라" 하고 놀려댔다. **24** 엘리사는 돌아서서 그들을 보고, 주님의 이름으로 저주하였다. 그러자 곧 두 마리의 곰이 숲에서 나와서, 마흔두 명이나 되는 아이들을 찢어 죽였다. **25** 엘리사는 그곳을 떠나 갈멜산으로 갔다가, 거기에서 다시 사마리아로 돌아갔다.

{ 제3장 }

이스라엘과 모압의 전쟁

1 유다의 여호사밧 왕 제십팔 년에 아합의 아들 요람이 사마리아에서 이스라엘을 열두 해 동안 다스렸다. **2** 그는 주님 보시기에 악을 행하였지만, 그의 부모처럼 악하지는 않았다. 그는, 아버지가 만든 바알의 우상들을 철거하였다. **3** 그러나 이스라엘을 죄에 빠뜨린 느밧의 아들 여로보암이 저지른 것과 같은 죄에서는 벗어나지 못하고, 그로부터 완전히 돌아서지도 못하였다.

4 ○ 모압 왕 메사는 양을 치는 사람이었는데, 이스라엘 왕에게 암양 십만 마리의 털과 숫양 십만 마리의 털을 조공으로 바쳤다. **5** 그러다가 아합이 죽은 뒤에, 모압 왕이 이스라엘 왕을 배반하였다. **6** 그때에 요람 왕은 그날로 사마리아로부터 행군하여 나와서, 이스라엘 군대 전체를 점검한 다음에, **7** 전쟁터로 가면서, 유다의 여호사밧 왕에게 사절을 보내어 물었다.

에돔 왕은 왜 갑자기 튀어나온 걸까요?(9절) 이건 이스라엘과 유다가 모압에 맞서 싸우는 전쟁이 아니던가요? 7절은 모압 원정에 나서는 북왕국 이스라엘의 요람 왕이 남왕국 유다의 여호사밧 왕에게 함께하자고 제안한 것으로 보일 수도 있습니다. 그러나 요람의 제안과 여호사밧의 대답은 동맹국이지만 사실상 이스라엘에 종속되어 있는 유다의 현실을 반영합니다. 에돔 왕이 요람과 여호사밧의 진군에 동행하는 부분 역시 마찬가지로 에돔이 북왕국에 종속된 나라임을 보여줍니다. 요람 왕이 속한 오므리 왕가는 당시 꽤 강력한 나라였고, 고대 중동의 다른 문헌에도 그 이름이 전해질 정도였습니다. 요람이 처음에 출병을 결정하면서 하나님의 뜻을 묻지 않는 것도 나라의 강성함에서 오는 오만함을 보여줍니다.

"모압 왕이 나를 배반하였습니다. 나와 함께 모압을 치러 올라 가시겠습니까?" 여호사밧이 대답하였다. "물론 함께 올라가겠 습니다. 우리는 서로 한 몸이나 다름없는 처지가 아닙니까? 나 의 군대가 곧 임금의 군대이고, 나의 군마가 곧 임금의 군마가 아닙니까?" 8 이에 요람이 "그러면 우리가 어느 길로 올라가는 것이 좋겠습니까?" 하고 물으니, 여호사밧은 에돔의 광야 길 로 가는 것이 좋겠다고 말하였다.

9 ○ 그래서 이스라엘 왕과 유다 왕과 에돔 왕이 함께 출정하 였다. 그러나 그들이 길을 돌아 행군하는 이레 동안에, 군대와 함께 간 가축들이 마실 물이 바닥났다. 10 이스라엘 왕이 탄식 하였다. "아, 큰일 났구나! 주님께서 우리 세 왕을 모압의 손 에 넘겨주시려고 불러내신 것이 아닌가!" 11 그러나 여호사밧 은 "여기에는 주님의 예언자가 없습니까? 이 일을 주님께 물 을 예언자가 없습니까?" 하고 물었다. 그때에 이스라엘 왕의 신하 가운데 하나가 대답하였다. "사밧의 아들 엘리사라는 사 람이 여기에 있습니다. 그는 엘리야의 시중을 들던 사람입니 다." 12 그러자 여호사밧이 말하였다. "그에게서 주님의 말씀

전쟁터에 가축들을 끌고 나오다니(9절), 세상에 무슨 이런 희한한 군대가 다 있죠?
20절에 따르면 이스라엘과 유다의 군대는 제사를 드렸습니다. 치열한 전쟁 도중에 도 그들의 신에게 제사하는 일은 고대 세계에서 드문 일이 아니었을 겁니다. 이를 위해 가축이 필요했을 것이며, 그와 더불어 식량 조달 차원에서도 가축을 끌고 갔 을 것 같습니다. 군대와 가축을 위한 물이 모자랐다는 사실은, 겉으로는 세 나라의 군대가 모이니 대단해 보이지만, 필요한 만큼의 물도 충분히 준비하지 못한 그들의 실상을 보여줍니다. 풍자적이기까지 한 이 구절을 통해 요람의 강성함의 허점을 드 러냅니다. 엘리야는 북왕국에 비가 오지 않을 것이라는 선언과 함께 자신의 사역을 시작했고, 이제 엘리사 역시 생명에 필요한 물은 전적으로 하나님의 손 안에 있음 을 보여줄 것입니다.

을 들을 수 있을 것 같습니다." 그래서 이스라엘의 왕과 여호사밧과 에돔 왕이 그에게로 내려갔다. 13 그러나 엘리사는 이스라엘 왕에게 말하였다. "무슨 일로 나에게 오셨습니까? 임금님의 아버지와 어머니의 예언자들에게나 가보십시오" 하고 말하였다. 이스라엘 왕이 그에게 말하였다. "그런 말씀은 마십시오. 주님께서 우리들 세 왕을 불러내셔서, 모압의 손에 넘겨 주시려고 하십니다." 14 그제야 엘리사는 말하였다. "내가 섬기는 만군의 주님께서 살아계심을 두고 맹세합니다. 내가 유다 왕 여호사밧의 체면을 생각하지 않았더라면, 요람 임금님을 염두에 두지도 않았을 뿐만 아니라, 임금님을 쳐다보지도 않았을 것입니다. 15 이제 나에게 거문고를 타는 사람을 데려오십시오." 그리하여 거문고 타는 사람이 와서 거문고를 타니, 주님의 권능이 엘리사에게 내렸고, 16 엘리사는 예언을 하기 시작하였다. "주님께서 이렇게 말씀하십니다. '이 계곡에 도랑을 많이 파라.' 17 주님께서 또 이렇게 말씀하십니다. '너는 바람이 부는 것도 보지 못하고, 비가 내리는 것도 보지 못하겠지만, 이 계곡은 물로 가득 찰 것이며, 너희와 너희의 가축과 짐

'여호사밧의 체면'(14절)이 뭘 가리키는지 모르겠습니다. 함께 전장에 나온 마당에 여호사밧이 요람보다 나을 게 무어란 말입니까? 여호사밧 시대의 유다는 이스라엘보다 약했기 때문에 이렇게 동맹국으로서 전쟁에 의무적으로 참여해야 했습니다. 그러나 여호사밧에 대해 열왕기 기자는 그가 주님 앞에서 정직히 행했다고 긍정적으로 표현합니다(왕상 22:41-44). 이전에도 북왕국의 아합 왕이 아람과의 전쟁을 시작하면서 여호사밧에게 합류를 요구한 적이 있었고, 그때 여호사밧은 하나님의 뜻이 무엇인지 묻기를 제안했습니다(왕상 22:2-5). 아합과 요람, 그리고 여호사밧을 언급하면서, 열왕기는 이 글을 읽는 독자를 향해 삶의 중요한 순간마다 하나님의 뜻을 물으며 살아갈 것을 권합니다. 승리가 군사력이 아닌, 하나님의 뜻에 있음을 실제 역사 속의 사건을 통해 가르쳐줍니다.

승이 마시게 될 것이다.' 18 그렇습니다. 이런 일쯤은 주님께서 보시기에는 너무나 가벼운 일입니다. 그러므로 주님께서는 모압을 임금님들의 손에 넘겨주셨습니다. 19 그러므로 임금님들 께서는 요새화된 모든 성읍과 모든 아름다운 성읍을 치실 것이고, 모든 좋은 나무를 쓰러뜨리며, 물이 솟는 모든 샘을 막을 것이며, 모든 옥토를 돌짝밭으로 만드실 것입니다." 20 그 다음 날 아침에 제물을 드릴 때에, 물이 에돔 쪽을 따라 흘러 내려서, 그 땅을 물로 가득 채웠다.

21 ○ 다른 한편, 모든 모압 사람들은, 여러 왕들이 자기들과 싸우려고 올라왔다는 소식을 들었다. 그래서 군복을 입을 만한 사람, 징집 연령이 된 사람은 모두 소집되어서, 위로 올라와, 국경에서 그 왕들과 대치하였다. 22 모압 사람들이 이튿날 아침 일찍 일어나 보니, 해가 물 위에 비쳐서, 반대편 물이 온통 피와 같이 붉게 물든 것을 보았다. 23 그래서 그들은 "아, 이것은 피다! 분명 저쪽 왕들이 서로 싸우고 서로 치다가 흘린 피일 것이다. 자, 모압 사람들아, 약탈하러 가자!" 하고 소리쳤다. 24 그러나 막상 그들이 이스라엘 진에 이르니, 이스라엘

엘리사는 거문고 연주자를 청합니다(15절). 거문고 소리에 무슨 신비한 힘이라도 있는 걸까요? 하나님의 뜻을 받아 그분의 말씀을 전할 때 무엇인가에 완전히 사로잡힌 것과 같은 일종의 '접신' 현상이 구약성경에도 나타나는데, 이 경우 음악 연주가 수반되곤 합니다(삼상 10:5-6, 10). 사울이 악한 영에 잡혔을 때 다윗이 수금을 타면 악한 영이 떠났다는 것도 이와 비슷합니다(삼상 16:23). 이러한 일은 오늘날의 합리적이고 과학적인 사고 풍토에서는 이해할 수 없습니다. 그러나 이를 두고 거짓이나 조작으로 여기는 것은 현대인의 오만함일 것입니다. 엘리사는 거문고 연주 속에서 마른 땅 아래 있는 물을 봤고, 비도 바람도 없던 골짜기가 물로 가득해지는 것을 봤습니다. 그래서 본문은 거문고 연주의 특별함이 아니라, 전쟁과 생명의 모든 것을 주관하시는 하나님의 능력을 드러내고 증언합니다.

군인들이 일제히 일어나서 모압 군인들을 쳤다. 그래서 그들이 이스라엘 앞에서 도망하니, 이스라엘 군인들은 모압 진 안에까지 쳐들어가서, 모압 군인들을 무찔렀다. 25 그들은 또 성읍들을 파괴하고, 옥토에는 모두 돌을 던져서, 돌로 가득 채웠다. 물이 나는 샘을 모두 메우고, 좋은 나무를 모두 쓰러뜨려서 길하레셋의 돌담만 남겼는데, 그곳도 무릿매꾼들이 포위하고 공격하였다.

26 ○ 그제야 모압 왕은, 전쟁이 자기에게 불리하다는 것을 알고, 칼 잘 쓰는 사람 칠백 명을 뽑아서, 에돔 왕이 있는 쪽으로 돌파하여나가려고 하였으나, 그 일도 뜻대로 되지 않았다. 27 그래서 모압 왕은, 자기를 대신하여 왕이 될 장자를 죽여, 성벽 위에서 번제로 드렸다. 이것을 본 이스라엘 사람들은 크게 당황하여, 그곳을 버리고 고국으로 돌아갔다.

모압 왕이 아들을 죽여 제물로 바치는 꼴을 보았기로서니(27절), 그게 어떻게 다 이긴 전쟁을 포기할 명분이 될 수 있습니까? 궁지에 몰리자 자신의 맏아들을 산 채로 제물로 바쳐 태우는 장면은 승리에 대한 무서운 집착과 격렬한 종교심의 결합에서 나온 광기를 보여줍니다. 이러한 광기를 보는 것은 승리의 기쁨보다는 오히려 큰 충격을 가져다줍니다. 이미 모압 전역이 파괴되었기에, 이스라엘과 유다 연합군은 충격 속에 철군을 결정했습니다. 사실 하나님께서도 이스라엘의 모든 처음 난 생명은 하나님의 것이라 이르셨고(출 13:11-13), 아브라함에게도 첫아들 이삭을 바치라 명하신 적이 있습니다(창 22:1-2). 이스라엘 역시 하나님께 가장 큰 정성을 드린다면서 맏아들을 바칠 생각을 하기도 했습니다(미 6:6-7). 그러나 결론적으로 이삭은 죽지 않았고, 이스라엘의 맏아들 대신 가축으로 하나님께 제사드리도록 규례가 만들어졌습니다. 하나님께서 받으시는 것은 극단적인 정성이 결코 아니며, 오직 정의롭고 겸손하게 하나님과 함께 걸어가는 것입니다(미 6:8). 패배의 지경에서도 사람에게 필요한 것은 극단적 종교심의 광기가 아닙니다. 지금의 패배가 끝이 아니며, 언제라도 돌이켜 새로 시작할 수 있음을 기억하는 것입니다.

{ 제4장 }

과부의 기름병

1 예언자 수련생들의 아내 가운데서 남편을 잃은 어느 한 여인이, 엘리사에게 부르짖으며 호소하였다. "예언자님의 종인 저의 남편이 죽었습니다. 예언자님께서도 아시다시피 그는 주님을 경외하는 사람이었습니다. 그런데 빚을 준 사람이 와서, 저의 두 아들을 자기의 노예로 삼으려고 데려가려 합니다." 2 엘리사가 그 여인에게 말하였다. "내가 어떻게 하면 도움이 되겠는지 알려주시오. 집 안에 무엇이 남아 있소?" 그 여인이 대답하였다. "집 안에는 기름 한 병 말고는 아무것도 없습니다." 3 엘리사가 말하였다. "나가서 이웃 사람들에게 빈 그릇들을 빌려오시오. 되도록 많이 빌려와서, 4 두 아들만 데리고 집으로 들어가, 문을 닫고, 그 그릇마다 모두 기름을 부어서, 채워지는 대로 옆으로 옮겨놓으시오."

빚을 갚지 못하면 채무자의 자식을 노예로 잡아가다니(1절), 너무 가혹합니다. 당시 사회에서는 일반적인 처분이었나요? 빚 때문에 노예로 팔려가는 일은 수천 년 전 고대뿐 아니라 오늘날에도 세계 곳곳에서 벌어집니다. 다만 우리가 그런 참혹한 현실을 보지 못하고 있을 따름이며, 그런 현실을 보지 못하는 것은 고대 세계에서도 마찬가지였을 겁니다. 4장 초반에 등장하는 이 이야기는 빚만 남기고 죽은 이의 가족이 예언자로 인해 회복되는 아름다운 사연 같지만, 당대 사회의 무섭고 참혹한 현실을 부각시킵니다. 구약성경 신명기 15장 1~18절은 7년마다 빚을 탕감할 것을 명령합니다. 빚진 이의 외투나 맷돌을 저당 잡더라도 저녁이 되면 가난한 이들에게 돌려줘야 한다는 규정도 있습니다(출 22:25~26; 신 24:10~13). 그런데도 이렇게 빚 때문에 자식들이 노예로 팔려가는 현실이 존재한다는 것은 당시 사회가 심각한 문제를 안고 있음을 폭로합니다.

5 ○ 그 여인은 엘리사 곁을 떠나, 두 아들과 함께 집으로 들어가 문을 닫고, 그 아들들이 가져온 그릇에 기름을 부었다. 6 그 릇마다 가득 차자, 그 여인은 아들들에게 물었다. "그릇이 더 없느냐?" 아들들은 그릇이 이제 더 없다고 대답하였다. 그러자 기름은 더 이상 나오지 않았다. 7 여인은 하나님의 사람에게로 가서, 이 사실을 알렸다. 하나님의 사람이 그에게 말하였다. "가서 그 기름을 팔아 빚을 갚고, 그 나머지는 모자의 생활비로 쓰도록 하시오."

엘리사와 수넴 여인

8 ○ 하루는 엘리사가 수넴 마을을 지나가게 되었는데, 그곳에 한 부유한 여인이 있었다. 그가 엘리사에게 음식을 대접하고 싶어 하여, 엘리사는 그곳을 지나칠 때마다 거기에 들러서 음식을 먹곤 하였다. 9 그 여인이 자기 남편에게 말하였다. "여

기적이 일어나려면 기름 한 병(2–7절) 같은 마중물이 반드시 필요합니까? 기름 한 병마저 없었더라면 어떻게 되었을까요? 흥미로운 생각입니다. 저 기름 한 병은 마치 광야에서 먹을 것이 없던 5천 명 무리 가운데 한 아이가 내어놓은 보리떡 다섯 개와 물고기 두 마리 같습니다(요 6:9). 예수님께서 행하신 일이건, 이 가난한 여인과 가족에게 일어난 일이건, 사건의 초점은 하나님의 능력입니다. 빚 때문에 가정이 완전히 붕괴될 위기에 처한 이 여인은 엘리사에게 나아와 도움을 청했고, 하나님의 크고 놀라운 일이 엘리사를 통해 이 가족에게 일어나 빚이 해결되고 새로운 삶이 가능해졌습니다. 본래 이러한 가난한 이들을 돕기 위해 제도가 존재하고 왕정을 중심으로 한 국가가 존재하지만, 이 장면 어디에도 나라는 찾아볼 수 없고 아이들은 빚 때문에 노예로 팔려갑니다. 그래서 이 사건은 가난한 이를 회복시키는 하나님의 능력을 드러내면서, 동시에 있어야 할 곳에 있지 않은 왕과 나라에 대해 고발합니다.

보, 우리 앞을 늘 지나다니는 그가 거룩한 하나님의 사람인 것을 내가 압니다. 10 이제 옥상에 벽으로 둘러친 작은 다락방을 하나 만들어서, 거기에 침대와 탁자와 의자와 등잔을 갖추어 놓아둡시다. 그래서 그가 우리 집에 들르실 때마다, 그곳에 들어가서 쉬시도록 합시다."

11 ○ 하루는 엘리사가 거기에 갔다가, 그 다락방에 올라가 누워 쉬게 되었다. 12 엘리사가 자기의 젊은 시종 게하시에게, 수넴 여인을 불러오라고 하였다. 게하시가 그 여인을 불러오니, 그 여인이 엘리사 앞에 섰다. 13 엘리사가 게하시에게 말하였다. "부인께 이렇게 여쭈어라. '부인, 우리를 돌보시느라 수고가 너무 많소. 내가 부인에게 무엇을 해드리면 좋겠소? 부인을 위하여 왕이나 군사령관에게 무엇을 좀 부탁해드릴까요?'" 그러나 그 여인은 대답하였다. "저는 저의 백성과 한데 어울려 잘 지내고 있습니다." 14 엘리사가 게하시에게 물었다. "그러면 내가 이 부인에게 무엇을 해주면 좋을까?" 게하시가 대답하였다. "생각나는 것이 있습니다. 이 부인에게는 아들이

엘리사는 시종을 사이에 두고 수넴 여인과 대화합니다(13절). 이스라엘에도 유교식 내외법이 있었습니까? 어느 나라나 민족에서든 여성이 가족 아닌 남성을 만날 때는 조심하고 예의를 갖추는 것이 자연스러웠던 것 같습니다. 특히 엘리사는 당대에 하나님의 사람으로 여겨지는 특별한 인물이었던지라, 수넴 여인이 그를 대할 때 더욱 조심했던 것 같습니다. 그러나 빚 때문에 엘리사를 찾아온 여인은 곧바로 예언자에게 나아오고(1절), 수넴 여인 역시 아들의 죽음으로 인해 나아갈 때는 예언자가 해결책으로 게하시를 보냈음에도 불구하고 개의치 않고 예언자에게 나아와 그의 발을 껴안기까지 합니다. 하나님의 사람인 예언자에게 존중과 예의를 차리는 것은 당연히 필요하겠지만, 이스라엘의 예언자 곁으로는 이처럼 절박한 사람 누구라도 나아올 수 있었습니다. 예언자의 곁에는 항상 가난하고 아프고 괴로운 사람들이 있습니다. 그가 예언자입니다.

없습니다. 그의 남편은 너무 늙었습니다." 15 엘리사는 게하시에게 그 여인을 다시 불러오게 하였다. 게하시가 그 여인을 부르니, 그 여인이 문 안에 들어섰다. 16 엘리사가 말하였다. "내년 이맘때가 되면, 부인께서는 품에 한 아들을 안고 있을 것이오." 여인이 대답하였다. "그런 말씀 마십시오. 예언자님! 하나님의 사람께서도 저 같은 사람에게 농담을 하시는 것입니까?" 17 그러나 그 여인은 임신하였고, 엘리사가 말한 대로 다음 해 같은 때에 아들을 낳았다.

18 ○ 그 아이가 자랐는데, 하루는 그 아이가, 자기 아버지가 곡식 베는 사람들과 함께 곡식을 거두고 있는 곳으로 나갔다. 19 갑자기 그 아이가 "아이고, 머리야! 아이고, 머리야!" 하면서, 아버지가 듣는 데서 비명을 질렀다. 그의 아버지는 함께 있는 젊은 일꾼더러, 그 아이를 안아서, 어머니에게 데려다주라고 일렀다. 20 그 일꾼은 그 아이를 안아서, 그의 어머니에게로 데리고 갔다. 그 아이는 점심때까지 어머니의 무릎에 누워 있다가, 마침내 죽고 말았다. 21 그러자 그 여인은 옥상으로 올라가서, 하나님의 사람이 눕던 침대 위에 그 아들을 눕히

엘리사의 방은 옥상에 있었습니다(10절). 숨진 아이를 수고롭게 거기까지 끌고 올라간(21절) 여인의 속셈은 무엇이었습니까? 수넴 여인은 이 상황에서 누구를 찾아가야 하며, 문제를 어떻게 해결해야 하는지 명확하게 알고 있었습니다. 예언자를 통해 얻은 아들이기에 오직 예언자만이 이 아이의 삶을 회복시킬 수 있다고 단단히 믿었을 겁니다. 그래서 말리는 남편의 말에도, 예언자의 시종인 게하시의 말에도, 이 여인은 멈추지 않고 곧장 예언자에게 나아갑니다. 그리고 마침내 그를 통해 죽었던 아들을 다시 받을 수 있었습니다. 이 이야기는 독자를 향해 "당신은 문제를 해결하기 위해 어디를 찾아가야 하는지, 누구에게 물어야 하는지 알고 있습니까?"라고 되묻고 있습니다. 그리고 하나님께 묻지 않았던 아하시야 왕(1장), 전쟁에 나가면서도 하나님께 묻지 않은 요람 왕(3장)을 고발합니다. .

고, 문을 닫고 나왔다. **22** 그리고 그 여인은 남편을 불러서 이렇게 말하였다. "일꾼 한 사람과 암나귀 한 마리를 나에게 보내주십시오. 내가 얼른 하나님의 사람에게 다녀오겠습니다." **23** 남편이 말하였다. "왜 하필 오늘 그에게 가려고 하오? 오늘은 초하루도 아니고 안식일도 아니지 않소?" 그러나 그의 아내는 걱정하지 말라고 대답하며, **24** 나귀에 안장을 지우고, 일꾼에게 말하였다. "내가 말하기 전까지는 늦추지 말고, 힘껏 달려가자." **25** 이 여인은 곧 갈멜산에 있는 하나님의 사람에게 이르렀다.

○ 때마침 하나님의 사람이 멀리서 그 여인을 보고, 그의 시종 게하시에게 말하였다. "저기 수넴 여인이 오고 있구나. **26** 달려가서 맞아라. 부인께 인사를 하고, 바깥어른께서도 별고 없으신지, 그리고 아이도 건강한지 물어보아라."

○ 게하시가 달려가서 문안하자, 그 여인은 모두 별고 없다고 대답하였다. **27** 그런 다음에 곧 그 여인은 산에 있는 하나님의 사람에게로 가서, 그의 발을 꼭 껴안았다. 게하시가 그 여인을 떼어놓으려고 다가갔으나, 하나님의 사람이 말리면서

발을 껴안거나(27절) 발에 얼굴을 대는(37절) 건 어떤 의미를 담은 행동입니까? 당시에는 흔히 볼 수 있는 모습이었습니까? 엘리사의 발을 껴안은 여인의 행동은 예수님의 발에 향유를 부었던 여인을 떠올리게 합니다(눅 7:36–38). 몸에서 가장 낮은 부위인 발과 연관된 이러한 행동은 자신을 낮추면서 상대를 높이는 행동이며, 간절함과 신뢰의 표현으로 볼 수 있습니다. 수넴 여인은 엘리사만이 자신의 아들을 살릴 수 있다고 믿었습니다. 마침내 예언자로 인해 자기 아들이 다시 살아났을 때도 이 여인은 예언자의 발에 얼굴을 댔습니다. 이 역시 상대방에 대한 극진한 공경을 표현한 것이라 볼 수 있습니다. 이 여인은 예언자를 신뢰했고, 그 믿음대로 죽은 아들을 다시 받았습니다. 우리는 누구에게 엎드리며 그 발에 입 맞춰야 하는지 알고 있느냐고, 이 여인은 묻고 있습니다.

말하였다. "그대로 두어라. 부인의 마음속에 무엇인가 쓰라린 괴로움이 있는 것 같구나. 주님께서는, 그가 겪은 고통을 나에게는 감추시고, 알려주지 않으셨다." 28 여인이 엘리사에게 말하였다. "예언자님, 제가 언제 아들을 달라고 하였습니까? 저는 오히려 저 같은 사람에게 농담을 하지 마시라고 말씀드리지 않았습니까?" 29 엘리사가 게하시에게 말하였다. "허리를 단단히 묶고, 내 지팡이를 들고 가거라. 길을 가다가 어떤 사람을 만나도 인사를 해서는 안 된다. 인사를 받더라도 그에게 대꾸를 해서는 안 된다. 그리고 가거든, 내 지팡이를 그 아이의 얼굴 위에 놓아라." 30 그러나 아이의 어머니는 말하였다. "주님의 살아계심과 예언자님의 목숨이 살아계심을 두고 맹세합니다. 저는 어떤 일이 있어도 예언자님을 떠나지 않겠습니다." 엘리사는 하는 수 없이 일어나서, 그 부인을 따라나섰다.

31 ○ 게하시가 그들보다 먼저 가서, 그 아이의 얼굴에 지팡이를 올려놓아 보았으나, 아무런 소리도 없었고, 아무런 기척도 없었다. 게하시가 엘리사를 맞으려고 되돌아와서, 그에

목회자를 잘 대접하면 복을 받는다는 설교를 들은 적이 있습니다. 수넴 여인의 이야기를 좋은 증거로 볼 수 있을까요? 엘리사는 목회자가 아닙니다. 5장에는 빛, 죽음, 독, 결핍으로 고통당하는 사람들이 여럿 등장합니다. 본문이 말하고 싶은 점은 이러한 죽음의 영역에 하나님의 사람이 나타나면서 생명과 회복이 일어난다는 것입니다. 하나님의 사람은 이렇게 가난하고 힘겹고 괴로운 이들 곁에 존재하며, 그들은 언제라도 하나님의 사람에게 나아와 부르짖을 수 있습니다. 마땅히 그들 곁에 있어야 하는 존재는 사실 왕인데, 5장은 왕의 코빼기도 보여주지 않습니다. 그래서 이 장을 읽으면서 목회자 대접을 말할 것이 아니라, 우리는 누구의 곁에 있는가를 되돌아봐야 합니다. 그리고 오늘날 국가는 가난한 이들의 곁에 있는지 비판적으로 돌아보는 것 또한 필요합니다.

게 말하였다. "아이가 깨어나지 않습니다." 32 엘리사가 집 안에 들어가서 보니, 그 아이는 죽어 있었고, 그 죽은 아이는 엘리사가 눕던 침대 위에 뉘어 있었다. 33 엘리사는 방 안으로 들어가서 문을 닫았다. 방 안에는 엘리사와 그 죽은 아이 둘뿐이었다. 엘리사는 주님께 기도를 드린 다음에, 34 침대 위로 올라가서, 그 아이 위에 몸을 포개어 엎드렸다. 자기 입을 그 아이의 입 위에 두고, 자기 눈을 그 아이의 눈 위에 두고, 자기의 손을 그 아이의 손 위에 놓고, 그 아이 위에 엎드리니, 아, 아이의 몸이 따뜻해지기 시작하는 것이 아닌가! 35 엘리사가 잠시 내려앉았다가, 집 안 이곳저곳을 한 번 거닌 뒤에 다시 올라가서, 그 아이의 몸 위에 몸을 포개어 엎드리니, 마침내 그 아이가 일곱 번이나 재채기를 한 다음에 눈을 떴다. 36 엘리사가 게하시를 불러서, 수넴 여인을 불러오게 하였다. 게하시가 그 여인을 불렀다. 그 여인이 들어오니, 엘리사가 그 여인에게 아들을 데리고 가라고 하였다. 37 그 여인은 들어와서, 예언자의 발에 얼굴을 대고, 땅에 엎드려 큰절을 하고, 아들을 데리고 나갔다.

지팡이나(31절) 밀가루처럼(41절) 기적의 도구가 된 물건들에 무슨 특별한 효험 같은 게 있었던 걸까요? 모세가 그의 지팡이를 바다로 내밀었을 때 홍해가 갈라졌듯이(출 14:16), 종종 지팡이를 통해 놀라운 일이 벌어집니다. 그러나 지팡이에는 아무 효력이 없다는 것은 게하시가 이 지팡이를 들고 엘리사의 지시대로 아이에게 행했으나 아무 일도 일어나지 않았던 장면에서 잘 드러납니다. 그러므로 지팡이와 밀가루는 우리가 지닌 작은 것, 아무것도 아닌 것을 상징합니다. 그 자체로는 아무것도 아니되, 하나님께서 행하시면 그 아무것도 아닌 것이 사람을 살리고 변화를 만들어내는 데 쓰입니다. 지팡이가 아니라, 그 지팡이를 사용하시는 하나님께 능력이 있습니다. 사실 우리 한 사람, 한 사람은 이 지팡이와 밀가루 같은 존재입니다. 우리는 작아도, 우리를 사용하시는 하나님은 크고 능력 있는 하나님입니다.

두 가지 기적

38 ○ 엘리사가 길갈로 돌아왔다. 그곳은 엘리사가 예언자 수련생들을 데리고 사는 곳이었다. 마침 그때에 그 땅에 흉년이 들었다. 엘리사가 한 종에게, 큰 솥을 걸어놓고 예언자 수련생들이 먹을 국을 끓이라고 하였다. **39** 한 사람이 나물을 캐려고 들에 나갔다가 들포도덩굴을 발견하고서, 그 덩굴을 뜯어, 옷에 가득 담아 가지고 돌아와서, 그것이 무엇인지도 잘 모르는 채로 국솥에 썰어 넣었다. **40** 그들이 각자 국을 떠다 먹으려고 맛을 보다가, 깜짝 놀라 하나님의 사람을 부르며, 그 솥에 사람을 죽게 하는 독이 들어 있다고 외쳤다. 그래서 그들이 그 국을 먹지 못하고 있는데, **41** 엘리사가 밀가루를 가져오라고 하여, 그 밀가루를 솥에 뿌린 뒤에, 이제는 먹어도 되니 사람들에게 떠다 주라고 하였다. 그러고 나니 정말로 솥 안에는 독이 전혀 없었다.

42 ○ 어떤 사람이 바알살리사에서 왔다. 그런데 맨 먼저 거둔

4장만 보면 기적이 거의 일상 속 흔한 일처럼 보입니다. 하나님은 어떤 상황에서, 무얼 위해 기적을 일으키는지 알고 싶습니다. 이와 같은 놀라운 기적은 오늘날 찾아보기 어렵습니다. 성경대로 믿으면 저런 기적이 오늘도 일어난다는 것이 성경 이야기의 목표나 초점은 아닙니다. 성경에 실린 많은 기적 이야기는 읽는 이로 하여금 지금 우리의 어려움과 곤고함을 당연한 것이나 체념해야 하는 것으로 여기지 말라고 말합니다. 우리 보기에는 끝이어도 하나님께는 끝이 아닙니다. 죽은 아이는 그야말로 아무 가능성이 없는 상태입니다. 그러나 하나님께서는 그 아이를 다시 살리셨고, 주 예수 그리스도 역시 죽음에서 부활하셨습니다. 신앙을 가지고 살아간다는 것은 초자연적인 기적을 믿는다는 의미가 아니라, 그 어떤 상황에서도 끝이 끝이 아님을 기억하는 것입니다. 밀가루만 있어도, 한 그릇의 기름만 있어도, 하나님께서 변화를 만들어내실 것임을 믿고, 또 걸어가고 살아가는 것입니다.

보리로 만든 보리빵 스무 덩이와, 자루에 가득 담은 햇곡식을, 하나님의 사람에게 가지고 왔다. 엘리사가 그것을 사람들에게 주어서 먹게 하라고 하였더니, **43** 그의 시종은 백여 명이나 되는 사람들 앞에 그것을 어떻게 내놓겠느냐고 하였다. 그러나 엘리사가 말하였다. "사람들에게 주어서 먹게 하여라. 주님께서 말씀하시기를, 먹고도 남을 것이라고 하셨다." **44** 그리하여 그것을 백 명이나 되는 사람들 앞에 내놓으니, 주님의 말씀처럼 사람들이 배불리 먹고도 남았다.

{ 제5장 }

나아만이 고침을 받다

1 시리아 왕의 군사령관 나아만 장군은, 왕이 아끼는 큰 인물이고, 존경받는 사람이었다. 주님께서 그를 시켜 시리아에 구원을 베풀어주신 일이 있었다. 나아만은 강한 용사였는데, 그만 나병에 걸리고 말았다. 2 시리아가 군대를 일으켜서 이스라엘 땅에 쳐들어갔을 때에, 그곳에서 어린 소녀 하나를 잡아온 적이 있었다. 그 소녀는 나아만의 아내의 시중을 들고 있었다. 3 그 소녀가 여주인에게 말하였다. "주인어른께서 사마리아에 있는 한 예언자를 만나보시면 좋겠습니다. 그분이라면 어른의 나병을 고치실 수가 있을 것입니다." 4 이 말을 들은 나아만은 시리아 왕에게 나아가서, 이스라엘 땅에서 온 한 소녀가 한 말을 보고하였다. 5 시리아 왕은 기꺼이 허락하였다. "내가 이스라엘 왕에게 편지를 써 보내겠으니, 가보도록 하시오."

ㅇ 나아만은 은 열 달란트와 금 육천 개와 옷 열 벌을 가지고

하나님은 자기를 따르지 않는 나라에까지 구원을 베풉니까?(1절) 그럼 이슬람 국가들도 보살피겠네요? 나아만의 활약으로 시리아가 전쟁에서 승리한 일을 열왕기 기자는 하나님께서 구원을 베푸신 것이라고 서술합니다. 이를 통해 이스라엘의 하나님이 온 세상을 다스리시는 분임을 증언하며, 최종적으로 나아만 역시 바로 그렇게 고백합니다(15절). 온 세상에 유일하신 하나님이시라면, 당연히 그 하나님께서 시리아를 돌보실 것입니다. 다만 구약성경이 이스라엘에 초점을 둔 지라 그 내용을 다루지 않았을 뿐이며, 그러니 우리는 그 내용을 자세히 알 수 없습니다. 오늘날에도 온 세상을 다스리시는 하나님께서 중동 지역도, 이슬람 세계도 보호하고 인도하십니다. 그래서 누구도 온 세상의 하나님을 제 마음대로 독점할 순 없습니다.

가서, 6 왕의 편지를 이스라엘 왕에게 전하였다. 그 편지에는 이렇게 씌어 있었다. "내가 이 편지와 함께 나의 신하 나아만을 귀하에게 보냅니다. 부디 그의 나병을 고쳐주시기 바랍니다." 7 이스라엘 왕은 그 편지를 읽고 낙담하여, 자기의 옷을 찢으며, 주위를 둘러보고 말하였다. "내가 사람을 죽이고 살리는 신이라도 된다는 말인가? 이렇게 사람을 보내어 나병을 고쳐달라고 하니 될 말인가? 이것은 분명, 공연히 트집을 잡아 싸울 기회를 찾으려는 것이니, 자세히들 알아보도록 하시오." 8 이스라엘 왕이 낙담하여 옷을 찢었다는 소식을, 하나님의 사람 엘리사가 듣고, 왕에게 사람을 보내어 말하였다. "어찌하여 옷을 찢으셨습니까? 그 사람을 나에게 보내주십시오. 이스라엘에 예언자가 있음을 그에게 알려주겠습니다." 9 나아만은 군마와 병거를 거느리고 와서, 엘리사의 집 문 앞에 멈추어 섰다. 10 엘리사는 사환을 시켜서 나아만에게, 요단강으로 가서 몸을 일곱 번 씻으면, 장군의 몸이 다시 깨끗하게 될 것이라고 말하였다.

11 ○ 나아만은 이 말을 듣고 화가 나서 발길을 돌렸다. "적어

아무리 낙담했기로서니 어떻게 지체 높은 임금이 자기 옷을 찢고(7절) 맨몸을 드러낼 수가 있습니까? 북이스라엘의 위쪽에 존재했던 당시의 시리아는 북왕국보다 더 강력한 나라였습니다. 그런 시리아에서 나병에 걸린 나아만을 치료해달라며 사신을 보내자, 이스라엘의 왕은 시리아가 불가능한 일을 요구하면서 시비를 걸어 전쟁을 일으키려는 속셈이라 생각했습니다. 당시에 나병은 불치병으로 취급되었기에 나병을 고치는 것은 마치 죽은 사람을 살리는 수준의 일이라 여겨졌습니다. 눈앞에 닥친 상황이 왕권으로 할 수 없는 일일 때, 이스라엘의 왕들은 이렇게 왕의 권세와 지위를 상징하는 왕의 옷을 찢으며 절망과 비통함을 표현했습니다. 대개 머리에 재를 뿌리는 행동도 동시에 하면서, 사람이 할 수 없는 일을 두고 하늘의 하나님께 도움을 청하기도 했습니다.

도, 엘리사가 직접 나와서 정중히 나를 맞이하고, 주 그의 하나님의 이름을 부르며 상처 위에 직접 안수하여, 나병을 고쳐 주어야 도리가 아닌가? 12 다마스쿠스에 있는 아마나강이나 바르발강이, 이스라엘에 있는 강물보다 좋지 않다는 말이냐? 강에서 씻으려면, 거기에서 씻으면 될 것 아닌가? 우리 나라의 강물에서는 씻기지 않기라도 한다는 말이냐?" 하고 불평하였다. 그렇게 불평을 하고 나서, 나아만은 발길을 돌이켜, 분을 참지 못하며 떠나갔다.

13 ○ 그러나 부하들이 그에게 가까이 와서 말하였다. "장군님, 그 예언자가 이보다 더한 일을 하라고 하였다면, 하지 않으셨겠습니까? 다만 몸이나 씻으시라는데, 그러면 깨끗해진다는데, 그것쯤 못할 까닭이 어디에 있습니까?" 14 그리하여 나아만은 하나님의 사람이 시킨 대로, 요단강으로 가서 일곱 번 몸을 씻었다. 그러자 그의 살결이 어린아이의 살결처럼 새 살로 돌아와, 깨끗하게 나았다.

15 ○ 나아만과 그의 모든 수행원이 하나님의 사람에게로 되

엘리사가 큰 나라의 권력자인 나아만을 문전박대하는(9–12절) 이유를 모르겠습니다. 도대체 무슨 속셈일까요? 병을 고치는 것은 장군의 위력이나 나라의 강성함이 아닌, 하나님의 능력임을 보이려는 것이 엘리사의 의도였다고 짐작됩니다. 요단강은 열왕기하 이전 장들에서 나온 엘리사의 옷이나 소금 같은 도구에 불과할 뿐, 아무런 효력도 효험도 없습니다. 다만 하나님의 말씀에 순종할 때, 시리아의 강보다 훨씬 볼품없었을 요단강 물을 통해 나아만이 낫는 것입니다. 앞서 그 강한 시리아의 왕과 유력한 장군 나아만을 움직인 것은 시리아가 이스라엘 땅에서 잡아온 한 어린 소녀의 말이었습니다(3절). 그 말을 가벼이 여겼다면 나아만의 삶에 건강과 변화는 없었을 겁니다. 그리고 나아만이 자신을 문전박대하는 것 같은 엘리사의 말에 분노해 돌아가려고 할 때 그를 붙잡은 이 또한 그의 부하들이었습니다(13절). 중요한 것은 위세와 위엄이 아니라 작은 이들의 말에 귀 기울여 듣는 순종입니다.

돌아와, 엘리사 앞에 서서 말하였다. "이제야 나는 온 세계에서 이스라엘밖에는 하나님이 계시지 않다는 것을 알게 되었습니다. 부디, 예언자님의 종인 제가 드리는 이 선물을 받아주십시오." 16 그러나 엘리사는 "내가 섬기는 주님께서 살아계심을 두고 맹세하지만, 나는 그것을 받을 수가 없소" 하고 사양하였다. 나아만이 받아달라고 다시 권하였지만, 엘리사는 끝내 거절하였다. 17 나아만이 말하였다. "정 그러시다면, 나귀 두어 마리에 실을 만큼의 흙을 예언자님의 종인 저에게 주시기 바랍니다. 예언자님의 종인 저는, 이제부터 주님 이외에 다른 신들에게는 번제나 희생제를 드리지 않겠습니다. 18 그러나 한 가지만은 예언자님의 종인 저를 주님께서 용서하여 주시기를 바랍니다. 제가 모시는 왕께서 림몬의 성전에 예배 드리려고 그곳으로 들어갈 때에, 그는 언제나 저의 부축을 받아야 하므로, 저도 허리를 굽히고 림몬의 성전에 들어가야 합니다. 그러므로 제가 림몬의 성전에서 허리를 굽힐 때에, 주

나아만의 선물을 한사코 거절할(15-16절) 필요가 있었을까요? 규모가 엄청나던데, 받아서 좋은 일에 쓰면 되잖아요? 예언자들은 찾아온 이들에게 도움을 주면서 얼마간의 사례를 받았습니다. 그러므로 나아만의 선물을 거절한 것은 특별한 상황이라고 볼 수 있습니다. 본문에는 자세하게 소개되지는 않았지만, 엘리사는 지금은 이런 선물을 받으면 안 되는 때라고 생각했습니다(26절). 엘리사를 따르는 예언자의 제자들 무리가 참으로 가난해서 이런저런 어려움을 겪었던 것이 이미 4장에도 나타나지만, 그럼에도 예언자는 지금은 대가를 받을 때가 아니라고 단호하게 거절합니다. 곤궁하지만 언제든 하나님께서는 역사하고 필요한 것을 채우셨습니다. 하나님의 도우심을 굳게 신뢰했기에, 엘리사는 이스라엘 예언자로서 재물을 조금도 탐하지 않는 모습을 확실하게 보여줍니다. 특히 나아만이 이제 하나님을 믿기로 했다는 점에서, 엘리사가 재물에 좌우되지 않는 하나님의 사람으로 서 있는 것이 더욱 중요했다고 여겨집니다.

님께서 이 일 때문에 예언자님의 종인 저를 벌하지 마시고, 용서해주시기를 바랍니다." 19 그러자 엘리사가 나아만에게 말하였다. "좋소, 안심하고 돌아가시오."

○ 이렇게 하여 나아만은 엘리사를 떠나 얼마쯤 길을 갔다. 20 그때에 하나님의 사람 엘리사의 시종인 게하시가 이런 생각을 하였다. '나의 주인께서는 이 시리아 사람 나아만이 가져와 손수 바친 것을 받지 않으셨구나. 주님께서 살아계심을 두고 맹세하지만, 내가 그를 뒤쫓아가서 무엇이든 좀 얻어와야 하겠다.' 21 그래서 게하시는 곧 나아만을 뒤쫓아 달려갔다. 나아만은 자기를 뒤쫓아 달려오는 사람을 보고, 그를 맞이하려고 수레에서 내려 "별일 없지요?" 하고 물었다. 22 게하시가 대답하였다. "별일은 없습니다만, 지금 주인께서 나를 보내시면서, 방금 에브라임 산지에서 예언자 수련생 가운데서 두 젊은이가 왔는데, 그들에게 은 한 달란트와 옷 두 벌을 주면 좋겠다고 말씀하셨습니다." 23 그러자 나아만은 "드리다 뿐이겠습니까? 두 달란트를 드리겠습니다" 하고는, 게하시를 강권하

나아만의 요청에(18-19절) 대한 엘리사의 반응이 뜻밖입니다. 매사에 단호하더니 이번엔 왜 물렁한 걸까요? 이제 나아만은 이스라엘 땅이 아닌 시리아 땅에서, 홀로 이스라엘의 하나님을 주로 고백하고 제사하며 살아갈 것입니다. 놀랍게도 엘리사는 그런 나아만에게 목숨을 걸지라도 다른 신에게는 몸을 숙이지 말라고 요구하는 것이 아니라, 평화롭고도 따뜻한 말로 축복합니다. 시리아의 고관으로 직무 수행을 위해 다른 신의 신전에 출입하는 일이 두 신을 모두 섬기려는 태도에서 비롯된 것은 아니었고, 무엇보다도 하나님께서는 겉모습이 아닌 사람의 속을 보시는 분이기에, 하나님을 향한 믿음을 지닌 나아만을 엘리사는 이렇게 축복했을 겁니다. 성경은 그다음을 전혀 알려주지 않지만, 이제 나아만은 자신의 신앙의 걸음을 걸어가야 하며, 스스로 무수한 선택을 하며 살아가야 할 것입니다. 그 첫걸음을 엘리사는 따뜻하게 격려하며 축복합니다.

여, 은 두 달란트를 두 자루에 넣고, 옷 두 벌을 꺼내어서 두 부하에게 주어, 게하시 앞에서 메고 가게 하였다. 24 언덕에 이르자, 게하시는 그들의 손에서 그것을 받아 집 안에 들여놓고, 그 사람들을 돌려보냈다.

25 ○ 그리고 그가 들어가서 주인 앞에 서자, 엘리사가 그에게 물었다. "게하시야, 어디를 갔다 오는 길이냐?" 그러자 그는 "예언자님의 종인 저는 아무데도 가지 않았습니다" 하고 말하였다. 26 그러나 엘리사는 게하시에게 이렇게 말하였다. "어떤 사람이 너를 만나려고 수레에서 내릴 때에, 내 마음이 너와 함께 거기에 가 있지 않은 줄 알았느냐? 지금이 은을 받고 옷을 받고, 올리브기름과 포도나무와 양과 소와 남녀종을 취할 때냐? 27 그러므로 나아만의 나병이 네게로 옮아갈 것이고, 네 자손도 영원히 그 병을 앓을 것이다." 게하시가 엘리사에게서 물러나오니, 나병에 걸려, 피부가 눈처럼 하얗게 되었다.

게하시의 태도를 납득할 수 없습니다. 스승의 눈을 피해 욕심을 채우러 가면서 하나님을 걸고 맹세를 하다니요(20절). 돈 앞에서는 누구라도 자신의 마음을 지키기가 참 어려운 것 같습니다. 앞 장에서 봤듯이, 많은 사람들이 엘리사를 찾아와 도움을 청했습니다. 그런데 엘리사를 따르는 무리는 가난했기에, 엘리사를 수종하는 게하시로서는 재정적 필요를 더 크게 느꼈을 수 있습니다. 아마도 그는 하나님께서 나아만을 통해 자신들에게 재물을 주신다고 여겼을 것이고, 그래서 하나님의 살아 계심을 두고 맹세까지 하면서 얼마의 돈을 받고자 했던 것 같습니다. 결국 그는 나아만이 걸렸다가 나은 나병에 걸리고 말았으니, 살았으나 죽은 자처럼 되었습니다. 하나님의 사람을 따르면서 재물에 대해 선을 넘은 욕심을 가졌을 때, 그는 살았으나 죽은 자와 마찬가지입니다. 무수히 많은 이들이 하나님에 대한 신앙을 운운하며 이러한 욕심을 합리화하곤 합니다. 그래서 게하시는 탐욕스러운 신앙인의 슬픈 자화상인 셈입니다.

{ 제6장 }

도끼를 찾다

1 예언자 수련생들이 엘리사에게 말하였다. "보십시오, 우리들이 예언자님을 모시고 살고 있는 이곳이, 우리에게는 너무 좁습니다. 2 우리가 요단으로 가서, 거기에서 들봇감을 각각 하나씩 가져다가, 우리가 살 곳을 하나 마련하는 것이 좋겠습니다." 이 말을 듣고 엘리사는 그렇게 하는 것이 좋겠다고 대답하였다. 3 한 사람이, 엘리사도 함께 가는 것이 좋겠다고 하니, 엘리사도 같이 가겠다고 나서서, 4 그들과 함께 갔다. 그들이 요단에 이르러, 나무를 자르기 시작하였다. 5 그때에 한 사람이 들봇감을 찍다가 도끼를 물에 빠뜨렸다. 그러자 그는 부르짖으며 "아이고, 선생님, 이것은 빌려온 도끼입니다" 하고 소리쳤다. 6 하나님의 사람이 물었다. "어디에 빠뜨렸느냐?" 그

도끼를 찾는 따위의 하찮은 일에(5-7절) 하나님이 준 능력을 써도 괜찮은가요? 예언자의 직권남용이 아닐까요? 문제가 발생하면 사람들은 엘리사에게 도움을 청하고, 엘리사는 소금이나, 밀가루, 혹은 나뭇가지로 놀라운 기적을 일으켜 상황을 해결합니다. 이런 상황이 2장 19-22절, 4장 38-41절, 그리고 6장 1-7절에 반복해서 나옵니다. 물에 빠진 도끼는 빌려온 것이었습니다. 아마 쇠로 된 도끼는 당시에 그리 흔한 물건이 아니었을 테니, 이 가난한 무리에게 도끼를 잃어버린 일은 작은 일이 아니었을 겁니다. 하나님의 영을 통해 엘리사가 행하는 기적은 이처럼 주변부에서 살아가는 가난한 무리들 속에서 이루어집니다. 어떻게 이런 일이 가능한가를 물으며 기적의 가능성을 따지기보다, 일상에 찾아와 행하시는 하나님, 무거운 쇠를 가볍게 하셔서 물에 뜨게 하시는 하나님을 기뻐하고 경탄하며 즐거워하는 태도가 필요합니다. 하나님을 신뢰하며 믿음으로 걸어가는 삶은 이러한 경탄을 경험하고 누리는 삶이기도 합니다.

가 그곳을 알려주니, 엘리사가 나뭇가지를 하나 꺾어서 그곳에 던졌다. 그랬더니 도끼가 떠올랐다. 7 엘리사가 "그것을 집어라" 하고 말하니, 그가 손을 내밀어 그 도끼를 건져내었다.

시리아의 군대를 물리치다

8 ○ 시리아 왕이 이스라엘과 전쟁을 하고 있던 무렵이다. 그가 신하들과 은밀하게 의논하며 이러이러한 곳에 진을 치자고 말하였다. 9 그러자 하나님의 사람이 이스라엘 왕에게 사람을 보내어, 시리아 사람들이 거기에 진을 칠 곳이 이러이러한 지역이니, 그곳으로 지나가는 것은 삼가라고 말하였다. 10 이러한 전갈을 받은 이스라엘 왕은, 하나님의 사람이 자신에게 말한 그곳에 사람을 보내어, 그곳을 엄하게 경계하도록 하였다. 그와 같이 경계한 일이 한두 번이 아니었다. 11 이 일 때문에 시리아 왕은 화가 머리끝까지 나서, 신하들을 불러 모아 추궁하였다. "우리 가운데서 이스라엘 왕과 내통하는 자가 없고

나아만을 보내 치료를 부탁할 때는 언제고, 전쟁은 또 뭐랍니까?(8-11절) 이스라엘과 시리아는 어떤 관계입니까? 본문에서 이스라엘이나 시리아의 왕 이름은 언급되지 않고 오직 엘리사의 이름만 나오기 때문에 시기를 특정할 수 없습니다. 그런 면에서 본문은 이스라엘과 시리아 두 나라의 일반적인 관계를 말한다고 볼 수 있습니다. 시리아는 북이스라엘의 북동쪽에 인접한 나라입니다. 열왕기상 20장에서 처음 이스라엘과 전쟁하는 나라로 등장하고, 이후 이스라엘과의 관계에서 계속 언급됩니다. 어느 한 나라의 힘이 일방적으로 더 강한 게 아니어서, 두 나라 사이에는 오랫동안 분쟁이 발생합니다. 때로 이스라엘이 더 강하고, 때로 시리아가 더 강합니다. 이러한 분쟁 상태는 놀랍게도 오늘날에도 많이 달라지지 않았습니다. 지금도 이스라엘과 시리아를 비롯한 중동 국가들의 분쟁은 끊이지 않고 이어집니다. 그래서 오늘 이 본문을 보면서 다시 묻게 됩니다. 어떻게 평화가 올 수 있을까요?

서야, 어찌 이런 일이 있을 수 있단 말이냐?" 12 신하 가운데서 한 사람이 말하였다. "높으신 임금님, 그런 것이 아닙니다. 이스라엘에는 엘리사라는 예언자가 있어서, 임금님께서 침실에서 은밀히 하시는 말씀까지도 다 알아서, 일일이 이스라엘 왕에게 알려줍니다." 13 시리아 왕이 말하였다. "그가 어디에 있는지, 가서 찾아보아라. 내가 사람을 보내어 그를 붙잡을 것이다." 어떤 사람이 그 예언자가 도단에 있다고 왕에게 보고하였다. 14 왕은 곧 그곳에 기마와 병거와 중무장한 강한 군대를 보내어, 밤을 틈타 그 성읍을 포위하였다.

15 ㅇ 하나님의 사람의 시종이 아침에 일찍 일어나서 밖으로 나가보니, 강한 군대가 말과 병거로 성읍을 포위하고 있는 것이 아닌가! 그 시종이 엘리사에게 와서 이 사실을 알리면서 걱정하였다. "큰일이 났습니다. 선생님, 어떻게 하면 좋습니까?" 16 엘리사가 말하였다. "두려워하지 말아라! 그들의 편에 있는 사람보다는 우리의 편에 있는 사람이 더 많다." 17 그렇게 말한 다음에 엘리사는 기도를 드렸다. "주님, 간구하오니, 저 시종의 눈을 열어주셔서, 볼 수 있도록 해주십시오." 그러자 주님께서 그 시종의 눈을 열어주셨다. 그가 바라보니, 온 언덕에

시리아 군대의 눈이 멀었다고 하지 않았나요? 그런데 어떻게 엘리사를 따라 도단 성 안까지 들어갔을까요?(18-19절) 14-23절을 관통하는 소재는 "눈이 열려 보게 되고, 눈이 어두워 못 보게 되고"입니다. 시리아 군대가 엘리사를 에워쌌을 때, 엘리사는 사환에게 "두려워하지 말라"고 말한 뒤 그의 눈을 열어달라고 기도하고, 그 사환은 불말과 불수레가 산에 가득한 것을 보게 됩니다. 엘리사가 다시 기도하니, 시리아 군대는 모두 눈이 어두워 못 보게 되고 꼼짝도 할 수 없게 되었습니다. 엘리사가 이 군대를 인도해주겠다며 길잡이가 되어 이들을 사마리아 한가운데로 데려갔습니다. 그제야 시리아 군대는 눈이 열려 적진 한가운데서 적들에게 둘러싸인 자

는 불말과 불수레가 가득하여, 엘리사를 두루 에워싸고 있었다. 18 시리아 군대들이 산에서 엘리사에게로 내려올 때에, 엘리사가 주님께 기도하였다. "주님, 이 백성을 쳐서, 눈을 멀게 해주시기를 간구합니다." 그러자 주님께서는 엘리사의 말대로 그들을 쳐서 눈을 멀게 하셨다. 19 엘리사가 그들에게 말하였다. "이 길은 당신들이 가려는 길이 아니며, 이 성읍도 당신들이 찾는 성읍이 아니니, 나를 따라오시오. 내가, 당신들이 찾는 그 사람에게로 데려다주겠소." 이렇게 하여 엘리사는, 그들을 사마리아로 데리고 갔다.

20 ○ 그들이 사마리아에 들어서자, 엘리사가 "주님, 이들의 눈을 열어서, 보게 해주십시오!" 하고 기도하였다. 주님께서는 그들의 눈을 열어주셨다. 그들은 비로소 자기들이 사마리아 한가운데에 있는 것을 알게 되었다. 21 이스라엘 왕이 그들을 보고 엘리사에게 말하였다. "이스라엘의 아버지께서는 말씀해주십시오. 그들이 눈을 뜨고 보게 되면, 쳐서 없애버려도 됩니까?" 22 엘리사가 말하였다. "쳐서는 안 됩니다. 그들을 칼과 활을 가지고 사로잡았습니까? 어찌 임금님께서 그들을 쳐 죽이시겠습니까? 차라리 밥과 물을 대접하셔서, 그들이 먹

신들의 처지를 발견합니다. 이들을 공격하려는 왕에게 엘리사는 공격이 아닌 대접을 말했고, 엘리사를 제거하려고 진격했던 시리아 군대는 이스라엘 왕의 풍성한 대접을 받고 본국에 돌아갔습니다. 평화는 상대가 내 손에 들어왔을 때 모두 제거해버린다고 이뤄지는 것이 아니라, 오히려 대접해 돌려보내는 데서 비롯됩니다.

고 마시게 한 다음에, 그들의 상전에게 돌려보내시는 편이 좋겠습니다." 23 그리하여 왕이 큰 잔치를 베풀어서 그들에게 먹고 마시게 한 다음에 그들을 보내니, 그들이 자기들의 상전에게로 돌아갔다. 그로부터 시리아의 무리들이 다시는 이스라엘 땅을 침략하지 못하였다.

포위된 사마리아에 기근이 들다

24 ○ 그러나 그런 일이 있은 지 얼마 뒤에, 시리아 왕 벤하닷이 또다시 전군을 소집하여 올라와서, 사마리아를 포위하였다. 25 그들이 성을 포위하니, 사마리아 성 안에는 먹거리가 떨어졌다. 그래서 나귀 머리 하나가 은 팔십 세겔에 거래되고, 비둘기 똥 사분의 일 갑이 은 다섯 세겔에 거래되는 형편이었다. 26 어느 날 이스라엘 왕이 성벽 위를 지나가고 있을 때에, 한 여자가 왕에게 부르짖었다. "높으신 임금님, 저를 좀 살려 주십시오." 27 왕이 대답하였다. "주님께서 돕지 않으시는데, 내가 어찌 부인을 도울 수가 있겠소? 내가 어찌 타작마당에서

나귀 머리는 그렇다 쳐도 비둘기 똥은(25절) 먹지도 못할 물건인데 왜 그리 비싸게 거래된 걸까요? 23절은 시리아 군대가 다시는 이스라엘을 침략하지 못했다고 하지만, 24절은 그런 일이 언제 있었냐는 듯이 다시 시리아가 쳐들어온 사건을 언급합니다. 일상에서 평화를 이루는 것은 이토록 어렵습니다. 나귀 머리는 식량으로 쓰기는 부적합한데, 그것조차도 은 80세겔에 매매된다는 것은 사마리아 성내에 모든 물자가 바닥났음을 보여줍니다. 비둘기 똥은 아마 식량이었다기보다는 불을 피우는 연료였을 것 같습니다(예. 겔 4:12-15). 분명한 것은 오랜 시간 사마리아가 시리아 군대에 포위되면서 성 안의 모든 물자가 떨어져 죽기 직전이었다는 점입니다. 특히 이런 굶주림은 궁궐 안보다는 일반 백성들 사이에 더욱 극심했을 겁니다. 언제나 전쟁은 가난한 이들을 가장 먼저 고통에 빠뜨립니다.

곡식을 가져다줄 수가 있겠소, 포도주 틀에서 술을 가져다줄 수가 있겠소? 28 도대체 무슨 일로 그러오?" 그 여자가 말하였다. "며칠 전에 이 여자가 저에게 말하기를 '네 아들을 내놓아라. 오늘은 네 아들을 잡아서 같이 먹고, 내일은 내 아들을 잡아서 같이 먹도록 하자' 하였습니다. 29 그래서 우리는 우선 제 아들을 삶아서, 같이 먹었습니다. 다음 날 제가 이 여자에게 '네 아들을 내놓아라. 우리가 잡아서 같이 먹도록 하자' 하였더니, 이 여자가 자기 아들을 숨기고 내놓지 않습니다." 30 왕은 이 여자의 말을 듣고는, 기가 막혀서 자기의 옷을 찢었다. 왕이 성벽 위를 지나갈 때에 백성들은, 왕이 겉옷 속에 베옷을 입고 있는 것을 보았다. 31 왕이 저주받을 각오를 하고 결심하여 말하였다. "사밧의 아들 엘리사의 머리가 오늘 그대로 붙어 있다면, 하나님이 나에게 벌 위에 더 벌을 내리신다 하여도 달게 받겠다."

32 ○ 그때에 엘리사는 원로들과 함께 자기 집에 앉아 있었다. 왕이 전령을 엘리사에게 보냈다. 그 전령이 이르기 전에 엘리

백성들의 비참한 현실을(28-29절) 목격한 임금이 엉뚱하게 엘리사의 목을 치겠다고 나서는(31절) 영문을 모르겠습니다. 왕에게 자신의 사정을 아뢰는 여인의 행동은 고대 이스라엘에서 백성의 사정을 재판하는 왕의 직무를 반영합니다(예, 왕상 3:16-28). 도무지 버틸 수 없는 지경에서 두 여인이 서로의 아이를 차례로 잡아먹기로 했다가 약속을 지키지 않은 상대를 고발하는 이 여인의 사정은 참혹하기 그지없습니다. 전쟁이라는 참상은 마땅히 왕의 책임이라 할 수 있습니다. 저러한 사정을 들었다면 왕은 당연히 자신의 과오를 돌아봐야 합니다. 그러나 이 왕은 저 여인이나 가난한 이들의 참상이 자신과 같은 권력자들 때문임을 인정하려 들지 않고, 인정할 능력조차 없어 보입니다. 그는 이 모든 책임을 엘리사에게 돌립니다. 즉 하나님께 책임을 돌리는 것입니다.

사가 원로들에게 말하였다. "여러분은 살인자의 아들이 나의 머리를 베려고 사람을 보낸 것을 알고 계십니까? 전령이 오거든 문을 단단히 걸어 잠그고 그를 들어오지 못하게 하십시오. 그를 보내놓고 뒤따라오는 그 주인의 발자국 소리가 벌써 들려오고 있지 않습니까?" 33 엘리사가 원로들과 함께 말하고 있는 동안에, 왕이 엘리사에게 와서 말하였다. "우리가 받은 이 모든 재앙을 보시오. 이런 재앙이 주님께로부터 왔는데, 내가 어찌 주님께서 우리를 도와주시기를 기다리겠소?"

사마리아는 극심한 곤경에 시달립니다(25절). 당장 기적이 필요한데, 하나님은 왜 이렇게 오래도록 침묵합니까? 엘리사는 왕을 가리켜 '살인자의 아들'(32절)이라 부릅니다. 사마리아의 위기와 곤경은 하나님께로부터 온 것이지만, 온 나라를 정의롭게 다스려야 할 왕의 죄악 때문에 참상이 임한 것입니다. 본문은 왕과 권력자들이 저지르는 잘못과 과오로 인한 피해는 그 사회의 주변부에 있는 가난한 사람들이 가장 극심하게 겪는다는 것을 보여줍니다. 놀랍게도 왕에게 호소하는 여인은 이 모든 사태의 책임을 왕에게 묻는 것이 아니라, 오직 자신의 아들이 죽었으니 상대의 아들도 죽어야 한다고 요구합니다. 참으로 끔찍한 '공정'인 셈입니다. 생존이 모든 가치가 되어 서로가 서로에게 적이 되고, 약한 여인들이 더 약한 그들의 아이를 잡아먹는 현실을 본문은 그대로 드러내며 고발합니다. 왕은 왜 있는 것일까요? 나라의 존재 의미는 무엇일까요?

{ 제7장 }

1 엘리사가 말하였다. "주님의 말씀을 들으십시오. 주님께서 이렇게 말씀하시었습니다. '내일 이맘때쯤에 사마리아 성문 어귀에서 고운 밀가루 한 스아를 한 세겔에 사고, 보리 두 스아를 한 세겔에 살 수 있을 것이다' 하셨습니다." 2 그러자 왕을 부축하고 있던 시종무관이 하나님의 사람에게 대답하였다. "비록 주님께서 하늘에 있는 창고 문을 여신다고 할지라도, 어찌 그런 일이 일어날 수 있겠습니까?" 엘리사가 말하였다. "당신은 분명히 그런 일이 생기는 것을 눈으로 직접 볼 것이오. 그렇지만 당신이 그것을 먹지는 못할 것이오."

시리아의 군대가 도망가다

3 ○ 그 무렵에 나병 환자 네 사람이 성문 어귀에 있었는데, 그들이 서로 말을 주고받았다. "우리가 어찌하여 여기에 앉아

전쟁이 한창인데, 나병 환자들은 어째서 성 안으로 피하지 않고 성문 어귀를 서성이고 있습니까?(3절) 성경 속의 나병은 오늘날의 한센병과는 아무 상관이 없지만, 전염력이 심각한 피부병입니다. 나병에 대해 길게 다룬 구약성경 레위기에 따르면, 나병에 걸린 사람은 진영 밖에서 따로 살아야 합니다. 그래서 나병 환자는 성 안에서 살 수 없습니다. 이 당시 왕과 귀족, 관리들은 백성들의 삶을 전혀 보호하지 못하고 있음을, 6장에서 서로의 자식을 잡아먹기로 한 여성들의 이야기에서 알 수 있었습니다. 성 안의 사람조차 도무지 지켜내지 못하는 왕과 당시의 나라였기에, 이 나병 환자들에 대해서는 그야말로 조금도 신경 쓰거나 배려하지 않았을 것입니다. 나라가 제 역할을 하지 않으면 가장 어려운 사람들부터 살아갈 방도가 사라져버립니다. 성 밖에서든 성 안에서든 죽을 수밖에 없는 지경에 처하자, 놀랍게도 이들은 시리아 진영으로 갈 생각을 했고 거기에서 자신과 다른 사람들을 살릴 길을 발견합니다.

서 죽기만을 기다리겠느냐? 4 성 안으로 들어가 봐도 성 안에는 기근이 심하니, 먹지 못하여 죽을 것이 뻔하고, 그렇다고 여기에 그대로 앉아 있어 봐도 죽을 것이 뻔하다. 그러니 차라리 시리아 사람의 진으로 들어가서 항복하자. 그래서 그들이 우리를 살려주면 사는 것이고, 우리를 죽이면 죽는 것이다."

5 ○ 그리하여 그들은 황혼 무렵에 일어나서 시리아 진으로 들어갔는데, 시리아 진의 끝까지 가보았지만, 어찌된 일인지, 그곳에는 한 사람도 보이지 않았다. 6 주님께서 시리아 진의 군인들에게, 병거 소리와 군마 소리와 큰 군대가 쳐들어오는 소리를 듣게 하셨기 때문에, 시리아 군인들은, 이스라엘 왕이 그들과 싸우려고, 헷 족속의 왕들과 이집트의 왕들을 고용하여 자기들에게 쳐들어온다고 생각하고는, 7 황혼 녘에 일어나서, 장막과 군마와 나귀들을 모두 진에 그대로 남겨놓은 채, 목숨을 건지려고 도망하였던 것이다. 8 이들 나병 환자들이 적진의 끝까지 갔다가, 한 장막 안으로 들어가서 먹고 마신 뒤에,

시리아 군인들이 들은 요란한 소리의(6절) 정체는 무엇이었습니까? 시리아 군대는 병거 소리, 군마 소리, 큰 군대가 진격하는 소리를 들었습니다. 주님께서 시리아 군대에게 듣게 하셨다는 이 소리가 실제로 난 소리인지, 아니면 환청으로 들린 것인지 본문이 더 말하지 않으니 오늘 우리는 알 길이 없습니다. 본문의 초점은 시리아 군대에게 들린 소리라는 놀라운 기적이 결코 아닙니다. 예언자가 예고했음에도 왕의 시종무관은 전혀 믿지 않았지만, 하나님께서 모든 상황을 바꿔 회복하는 날이 임했습니다. 그리고 이 회복과 구원의 날을 발견해 알린 것은 죽음까지 각오하고 시리아 진영으로 들어갔던 나병 환자들입니다. 결국 이스라엘은 자신들 바로 곁에 있던 적군이 물러가고 많은 식량이 남겨져 있는데도 그것을 알지 못한 채 굶주려 죽을 뻔했던 것입니다. 마치 밭에 감춰진 보화를 전혀 알아보지 못하는 것과 같습니다. 이스라엘을 살게 한 이들은 왕이나 장군이 아니라, 높은 지위의 그들이 전혀 돌아보지 않고 지키지 않았던 나병 환자들이었습니다.

은과 금과 옷을 가지고 나와서 숨겨두고는, 또 다른 장막으로 들어가서 거기에서도 물건을 가지고 나와, 그것도 역시 숨겨두었다. 9 그런 다음에 그들은 서로 말하였다. "우리들이 이렇게 하는 것은 올바른 일이 아니다. 오늘은 좋은 소식을 전하는 날이다. 이것을 전하지 않고 내일 아침 해 뜰 때까지 기다린다면, 벌이 오히려 우리에게 내릴 것이다. 그러니 이제 왕궁으로 가서, 이것을 알리도록 하자." 10 그리하여 그들은 성으로 돌아와, 문지기들을 불러서 알려주었다. "우리들은 지금 시리아 진에서 오는 길인데, 그곳엔 사람은커녕 인기척도 없으며, 다만 말과 나귀만 묶여 있을 뿐, 장막도 버려진 채 그대로 있습니다." 11 이 말을 들은 성문지기들은 기뻐 소리치며, 왕궁에 이 사실을 보고하였다.

12 ○ 왕은 밤중에 일어나서 신하들과 의논하였다. "시리아 사람들이 우리에게 이렇게 한 것이 무슨 뜻이겠소. 내 생각에는, 그들이 분명 우리가 못 먹어 허덕이는 줄 알고 진영을 비우고 들에 숨어 있다가, 우리가 성 밖으로 나오면 우리를 생포하고,

시종무관의 죽음은(17절) 우발적인 사고였을까요, 아니면 의도적인 살해인가요?
시종무관이 '성문 어귀'에서 백성에게 짓밟혀 죽었다는(20절) 것을 보면, 시리아 진영 안에 식량이 많다는 소식을 듣고 너무나도 굶주렸던 백성들이 몰려가는 것을 통제하려고 하다가 밟혀 죽었을 것으로 추측됩니다. 왕과 시종무관으로 대표되는 나라의 권력자들은 정작 나라를 제대로 다스리지 않아서 시리아 군대로 인해 극심한 어려움을 겪게 했고, 백성들이 자식까지 잡아먹는 지경이 되었어도 아무것도 하지 않았습니다. 가난한 여성들에게, 나병 환자들에게, 백성들에게 나라는 없었습니다. 그런데 식량이 풍성해지자, 백성을 전혀 돌아보지 않았던 권력이 이제 백성들을 통제하려 듭니다. 왕과 권력은 백성의 위에 있지 않고 백성 아래에 있다는 사실이 백성에게 밟혀 죽은 관리의 모습에서 단적으로 드러난다고 볼 수도 있습니다. 백성들은 그런 나라를 거부합니다.

이 성 안으로 쳐들어오려고 생각한 것 같소." 13 그러자 신하 가운데 하나가 의견을 내놓았다. "이 성 안에 아직 남아 있는 다섯 필의 말은, 이 성 안에 남아 있는 이스라엘 모든 사람의 운명과 마찬가지로 어차피 굶어 죽고야 말 것이니, 이 말에 사람을 태워 보내어서, 정찰이나 한번 해보시는 것이 어떻겠습니까?" 14 그래서 그들이 말 두 필이 끄는 병거를 끌어내니, 왕은 그들을 시리아 군의 뒤를 쫓아가도록 내보내면서, 가서 알아보라고 하였다. 15 그들이 시리아 군대를 뒤따라 요단강까지 가보았지만, 길에는 시리아 사람들이 급히 도망치느라 던져버린 의복과 군 장비만 가득하였다. 군인들은 돌아와서 이 사실을 왕에게 보고하였다.

16 ○ 그러자 백성들은 밖으로 나가서 시리아 진영을 약탈하였다. 그리하여 주님의 말씀대로 고운 밀가루 한 스아를 한 세겔에, 보리 두 스아를 한 세겔에 거래할 수 있게 되었다. 17 그래서 왕은 자신을 부축한 그 시종무관을, 성문 관리로 임명하였다. 그러나 백성이 성문에서 그를 밟아 죽였는데, 왕

시종무관에게 내린 벌이 너무 가혹합니다. 예언자의 말을 비웃은(2절) 허물이 있다 해도, 그것이 정말 죽어 마땅한 죄일까요? '시종무관'으로 번역된 히브리말은 '세 번째'를 의미하기도 합니다. 이스라엘에서 세 번째로 손꼽히는 권력자가 시종무관이었을 것이며, 왕이 의지하는 최측근 권력이었습니다. 그러나 그는 이토록 곤경에 처한 백성들의 형편에는 아무런 관심이 없고, 엘리사를 죽이려는 왕을 보좌했습니다(17절). 엘리사가 전한 예언을 비웃었던 것을 볼 때(2절), 이 사람 역시 왕에게 아첨하면서 마치 지금의 사태가 하나님과 엘리사의 잘못인 양 왕을 부추겼을 겁니다. 그러나 하나님의 말씀을 전혀 들은 적이 없는 나병 환자들은 자신들의 구원에만 머무르지 않고 기쁜 소식을 다른 사람들에게 전했습니다. 권력을 가졌으나 백성들을 전혀 돌보지 않은 왕과 시종무관, 반면 아무것도 없으나 자신에게 임한 구원을 다른 사람에게 나눈 나병 환자들, 본문은 바로 이 둘을 확연하게 대조합니다.

이 그의 부축을 받으며 하나님의 사람을 죽이려고 왔을 때에, 하나님의 사람이 예언한 그대로 그가 죽은 것이다. 18 그때에 하나님의 사람이 왕에게 말하였다. "내가, 내일 이맘때쯤이면 사마리아 성 어귀에서는, 보리 두 스아를 한 세겔에, 고운 밀가루 한 스아를 한 세겔에 거래할 것이라고 말하였을 때에, 19 그 시종무관은 하나님의 사람에게 '비록 주님께서 하늘에 있는 창고 문을 여신다고 할지라도, 어찌 이런 일이 일어날 수 있겠느냐?' 하고 큰소리를 쳤습니다. 그래서 내가 말하기를 '당신은 분명히 그런 일이 생기는 것을 눈으로 직접 볼 것이오. 그렇지만 당신이 그것을 먹지는 못할 것이오' 하고 말하였습니다. 20 그래서 그에게 이런 일이 일어나게 된 것이며, 그가 성문 어귀에서 백성에게 짓밟혀 죽은 것입니다."

{ 제8장 }

수넴 여인이 돌아오다

1 엘리사가 이전에 한 여인의 죽은 아들을 살려준 일이 있었는
데, 그 아이의 어머니에게 이렇게 말했었다. "부인은 가족을 데
리고 이곳을 떠나서, 가족이 몸 붙여 살 만한 곳으로 가서 지
내시오. 주님께서 기근을 명하셨기 때문에, 이 땅에 일곱 해 동
안 기근이 들 것이오." 2 그 여인은 하나님의 사람이 한 그 말
을 따라서, 온 가족과 함께 일곱 해 동안 블레셋 땅에 가서 몸
붙여 살았다. 3 일곱 해가 다 지나자, 그 여인은 블레셋 땅에서
돌아와서, 자기의 옛 집과 밭을 돌려달라고 호소하려고 왕에게
로 갔다. 4 마침 그때에 왕은 하나님의 사람의 시종인 게하시
와 이야기를 나누고 있었다. 왕이 게하시에게 엘리사가 한 큰
일들을 말해달라고 하였다. 5 그래서 게하시는 왕에게, 엘리사

아무리 흉년이기로서니 부자였던 수넴 여인까지(4:8) 재산을 다 버려두고 기근을 피해 도망친다는 게(1절) 납득되지 않습니다. 구약성경에서 숫자 7은 언제나 상징적입니다. 요셉 시대에 이집트에 임했던 7년 흉년처럼, 제아무리 넉넉해도 견딜 수 없는 수준의 기근을 상징하는 것이 7년 흉년입니다. 문제는 그다음입니다. 7년 후에 돌아온 여인이 자신의 집과 밭을 돌려달라고 호소하러 왕에게 간다는 것은 왕실이 여인의 모든 것을 차지했음을 보여줍니다. 여기에 쓰인 '호소하다'는 다른 곳에서 대개 '부르짖다'로 옮겨지는 단어이며, 가난하거나 억울한 이들의 부르짖음을 가리키곤 합니다. 엘리사가 행한 큰 일을 들은 왕은 왕권을 제멋대로 휘두르지 않고 여인에게 땅과 집을 돌려주라고 명령합니다. 오므리 왕가의 아합은 왕이랍시고 농부의 삶을 짓밟고 땅을 빼앗았지만(왕상 21:1–16), 아합의 아들인 지금의 왕은 엘리사를 통해 일어난 하나님의 행하심을 듣고는 땅에 대한 여인의 권리를 인정하고 돌려줍니다. 제아무리 왕이라도 모든 이가 고루 지닌 땅에 대한 권리를 결코 침범할 수 없습니다.

가 죽은 사람을 살려준 일을 설명하고 있었다. 바로 그때에 엘리사가 아들을 살려준 그 여인이 왕에게 와서, 자기의 집과 밭을 돌려달라고 호소한 것이다. 게하시는 "높으신 임금님, 이 여인이 바로 그 여인입니다. 그리고 이 아이가, 엘리사가 살려준 바로 그 아들입니다" 하고 말하였다. **6** 왕이 그 여인에게 그것이 사실인지를 묻자, 그 여인은 사실대로 왕에게 말하였다. 왕은 신하 한 사람을 불러서, 이 여인의 일을 맡기며 명령을 내렸다. "이 여인의 재산을 모두 돌려주고, 이 여인이 땅을 떠난 그 날부터 지금까지 그 밭에서 난 소출을 모두 돌려주어라."

엘리사와 시리아 왕 벤하닷

7 ○ 엘리사가 다마스쿠스에 갔을 때에 시리아 왕 벤하닷은 병이 들어 있었는데, 어떤 사람이 왕에게 하나님의 사람이 이곳에 와 있다는 소식을 전하였다. **8** 왕이 하사엘에게 말하였다. "예물을 가지고 가서, 하나님의 사람을 만나시오. 그리고 그에

시리아의 입장에서 제거 대상 1순위인 엘리사가(6:13) 어떻게 다마스쿠스를 유유자적 돌아다닐 수 있습니까?(7절) 시리아와 이스라엘의 전쟁은 이전에도 이후에도 계속 이어지지만, 그 와중에 자유로운 왕래도 있었던 것으로 추측됩니다. 이러한 사정은 북이스라엘과 남유다 사이에도 해당됩니다. 계속해서 전쟁이 있지만, 계속해서 왕래도 하고 동맹도 맺습니다. 벤하닷은 나아만이 엘리사를 찾아가서 나은 것을 알고서, 이제 자신이 중병에 걸리자 병의 경과를 알고자 했습니다. 이 장면은 열왕기하 1장에서 북왕국의 왕 아하시야가 병에 걸리자 에그론의 신 바알세붑에게 병의 경과를 묻고자 했던 장면과 겹칩니다(1:2). 8장에서는 시리아 왕 벤하닷, 남유다의 왕 여호람과 아하시야, 이렇게 3명의 왕을 소개하는데, 시리아 왕은 엘리사에게 자신의 병에 대해 묻고, 남유다의 왕은 북왕국 아합의 행실을 따라 주님 보시기에 악을 행했다고 기록되었습니다. 왕이냐가 중요한 것이 아니라 어떻게 살아가느냐가 정말 중요합니다.

게, 내가 이 병에서 회복될 수 있겠는지를, 주님께 물어보도록 부탁을 드려주시오." 9 하사엘은 다마스쿠스에서 제일 좋은 온갖 예물을 낙타 마흔 마리에 가득 싣고, 몸소 예를 갖추어 하나님의 사람을 만나러 갔다. 그리고 그의 앞에 서서 말하였다. "예언자님의 아들 같은 시리아 왕 벤하닷이 나를 예언자님에게 보냈습니다. 왕은, 자신이 이 병에서 회복되겠는가를 여쭈어보라고 하였습니다."

10 ○ 엘리사가 그에게 말하였다. "가서, 왕에게는 회복될 것이라고 말하시오. 그러나 주님께서는, 그가 반드시 죽을 것이라고 내게 계시해주셨소." 11 그런 다음에 하나님의 사람은, 하사엘이 부끄러워 민망할 정도로 얼굴을 쳐다보다가, 마침내 울음을 터뜨렸다. 12 그러자 하사엘이 "예언자님, 왜 우십니까?" 하고 물었다.

○ 엘리사는 다음과 같이 말하였다. "나는, 그대가 이스라엘 자손에게 어떤 악한 일을 할지를 알기 때문이오. 그대는 이스라엘 자손의 요새에 불을 지를 것이고, 젊은이들을 칼로 살해

사실대로 임금에게 보고한들 달라질 게 없었을 텐데, 엘리사는 왜 하사엘에게 거짓말을 주문합니까?(10절) 10절은 다소 모호한 부분이 있지만, 엘리사가 거짓말을 주문했다고 보지 않을 수도 있습니다. 10절에는 히브리말 특유의 강조법을 활용해 "반드시 산다"와 "반드시 죽는다"는 표현이 쓰였습니다. 벤하닷은 자신의 병에서 반드시 회복되어 살 것입니다. 그의 병은 죽을병이 결코 아닙니다. 그런데 그는 반드시 죽을 것입니다. 그의 신하 하사엘이 반란을 일으켜 그를 제거할 것이기 때문입니다. 벤하닷은 자신의 병 때문에 엘리사를 찾지만, 정작 그의 삶을 끝내게 만드는 것은 병이 아닌 그가 신임한 신하였습니다. 엘리사는 하사엘의 얼굴을 한참 동안 쳐다보다가 웁니다. 훗날 하사엘이 시리아의 왕이 되어 이스라엘에 가져올 재앙을 미리 봤기 때문입니다. 일찍이 하나님께서는 엘리야더러 하사엘에게 기름을 부으라 하셨는데(왕상 19:15), 마침내 그 일이 엘리사 시대에 이르러 구체적으로 완결되었습니다.

하며, 어린아이들을 메어쳐 죽일 것이고, 임신한 여인의 배를 가를 것이오."

13 ○ 하사엘이 물었다. "그러나 개보다 나을 것이 없는 나 같은 사람이, 어떻게 그런 엄청난 일을 저지를 수 있겠습니까?" 그러자 엘리사가 말하였다. "주님께서, 그대가 시리아 왕이 될 것을 나에게 계시하여주셨소."

14 ○ 그는 엘리사를 떠나서 왕에게로 돌아갔다. 벤하닷 왕이 그에게 물었다. "엘리사가 그대에게 무엇이라고 말하였소?" 그가 대답하였다. "엘리사는, 왕께서 틀림없이 회복될 것이라고 말하였습니다." 15 그다음 날, 하사엘은 담요를 물에 적셔서 벤하닷의 얼굴을 덮어, 그를 죽였다.

○ 하사엘이 벤하닷의 뒤를 이어 시리아의 왕이 되었다.

유다 왕 여호람(대하 21:1-20)

16 ○ 이스라엘 왕 아합의 아들 요람 제오 년에 여호사밧이 아직도 유다의 왕일 때에, 여호사밧의 아들 여호람이 다스리기

죄에는 벌이 따라야 정의가 설 텐데, 어째서 하나님은 다윗과의 사사로운 정에 매여 한사코 악한 길로 가는 유다를 남겨둡니까?(19절) 하나님께서 사람들의 행위에 따라 제대로 벌하신다면 아마 누구라도 그분 앞에서 살기 어려울 것입니다. 구약성경과 신약성경이 일관되게 증언하는 것은 인간을 향한 하나님의 끝없는 사랑과 자비, 불쌍히 여기심입니다. 사람의 선한 행실 때문에 하나님께서 사람을 살려주는 것이 결코 아닙니다. 사람을 향한 하나님의 사랑이 참으로 크고, 그 큰 사랑을 받은 이들이 기쁨으로 하나님께서 명하시는 선한 삶을 사는 것입니다. 하나님께서는 다윗과 영원한 언약을 맺으셨고(삼하 7:8-16), 그 자손들의 죄악에도 불구하고 오래 참고 그들의 변화와 순종을 기다리십니다. 우리가 비판해야 할 것은 하나님의 오래 참으심이 아니라, 그 사랑과 은혜에도 돌이키지 않는 사람들의 고집스러움입니다.

시작하였다. 17 그는 서른두 살에 왕이 되어, 여덟 해 동안 예루살렘에서 다스렸다. 18 그는 아합의 딸을 아내로 맞아들였기 때문에, 아합 가문이 한 대로, 이스라엘 왕들이 간 길을 갔다. 이와 같이 하여, 그는 주님 보시기에 악한 일을 하였다. 19 그러나 주님께서는 자기의 종 다윗을 생각하셔서 유다를 멸망시키려고는 하지 않으셨다. 주님께서는 이미 다윗과 그의 자손에게서 왕조의 등불이 영원히 꺼지지 않게 하시겠다고 약속하셨기 때문이다.

20 ○ 여호람이 다스린 시대에, 에돔이 유다의 통치에 반기를 들고 자기들의 왕을 따로 세웠다. 21 그래서 여호람은 모든 병거를 출동시켜 사일로 건너갔다가, 그만 에돔 군대에게 포위를 당하고 말았다. 그러나 여호람은 병거대장들과 함께, 밤에 에돔 군대의 포위망을 뚫고 빠져나왔다. 군인들은 모두 흩어져 각자의 집으로 갔다. 22 이와 같이 에돔은 유다에 반역하여 그 지배를 벗어나 오늘날까지 이르렀고, 그때에 립나 역시 반역을 일으켰다.

23 ○ 여호람의 나머지 행적과 그가 한 모든 일은 '유다 왕 역대지략'에 기록되어 있다. 24 여호람이 죽어, 그의 조상과 함

전쟁에 패하면 병역의무가 끝나는 건가요? 유다 병사들이 흩어져 집으로 가버린 까닭을 모르겠습니다(21절). 기세 좋게 여호람이 군대를 이끌고 에돔을 공격했지만, 완벽히 실패했습니다. 겨우 몸만 빠져나올 수 있었고, 에돔 정벌 전쟁은 그대로 끝나고 말았습니다. 늘 군대로 존재하는 상비군과는 별도로 이 전쟁을 위해 일반 백성들까지 징병했고, 이제 전쟁의 실패와 함께 그렇게 모인 백성들이 일상으로 돌아갔습니다. 본문은 여호람의 실패를 그대로 보여줍니다. 여호람은 아합의 딸인 아달랴를 아내로 맞았고, 두 사람 사이에서 태어난 아들 아하시야가 다음 왕이 됩니다. 그런데 이와 비슷한 시기에 북왕국의 왕들 역시 아합의 아들 아하시야(왕상

께 '다윗 성'에 장사되었다. 그의 아들 아하시야가 그의 뒤를 이어 왕이 되었다.

유다 왕 아하시야(대하 22:1-6)

25 ○ 이스라엘의 아합 왕의 아들 요람 제십이 년에 여호람의 아들 아하시야가 유다 왕이 되었다. **26** 아하시야가 왕이 될 때의 나이는 스물두 살이었고, 그는 한 해 동안 예루살렘에서 다스렸다. 그의 어머니 아달랴는 이스라엘 오므리 왕의 딸이었다. **27** 그는 아합 가문의 사위였으므로, 아합 가문의 길을 걸었으며, 아합 가문처럼 주님 보시기에 악한 일을 하였다.

28 ○ 그는 아합의 아들 요람과 함께, 시리아 왕 하사엘과 싸우려고 길르앗의 라못으로 갔다. 그 싸움에서 시리아 군대가 요람을 쳐서, 부상을 입혔다. **29** 요람 왕이 시리아 왕 하사엘과 싸우다가, 라마에서 시리아 사람들에게 입은 상처를 치료하려고 이스르엘로 돌아갔다. 그때에 아합의 아들 요람이 병이 들었으므로, 여호람의 아들인 유다의 아하시야 왕이, 문병을 하려고 이스르엘로 내려갔다.

22:51), 그리고 아합의 또 다른 아들 여호람(혹은 요람)이었습니다(왕하 3:1). 이름이 같아서 이들이 동명이인인지 아니면 같은 인물이었을지 논란이 있지만, 분명한 것은 이 시기 북왕국이든 남왕국이든 실제로 나라의 중심을 차지한 것은 하나님 보시기에 심히 악을 행했던 아합이었다는 점입니다. 상황을 담담히 진술하지만, 열왕기하는 왕들을 강력하게 비판하고 규탄합니다.

{ 제9장 }

예후가 이스라엘의 왕이 되다

1 예언자 엘리사가 예언자 수련생들 가운데서 한 사람을 불러 말하였다. "너는 허리를 단단히 묶고, 손에 이 기름병을 들고, 길르앗의 라못으로 가거라. 2 거기에 가면, 그곳에서 님시의 손자이며 여호사밧의 아들인 예후를 만나게 될 것이다. 그러면 안에 들어가, 그의 동료들 사이에서 그를 불러내어 밀실로 데리고 들어가거라. 3 그리고 기름병을 기울여 그의 머리에 부으며 '나 주가 말한다. 내가 너를 이스라엘의 왕으로 세웠다' 하고 말하여라. 그렇게 말한 다음에 너는 문을 열고 속히 도망하여라. 지체해서는 안 된다."

4 ○ 그리하여 예언자의 시종인 그 젊은이가 길르앗의 라못으로 갔다. 5 그가 도착하였을 때에, 그곳에는 군대의 장군들이 둘러앉아 회의를 하고 있었다. 그가 그들에게 말하였다. "장군님! 드릴 말씀이 있습니다." 그러자 예후가 말하였다. "우리

예전에도 하나님이 엘리야에게 예후를 찾아 기름을 부으라고 명령한 적이 있었습니다(왕상 19:16). 이렇게 여러 번 기름을 붓기도 합니까? 엘리야가 예후에게 기름 붓는 일을 실제로 행하지는 않은 것으로 여겨집니다. 엘리야 때는 아직 아합이 다스리던 시기이고, 그로부터 거의 15년의 세월이 지난 시점이 9장 본문에 해당합니다. 그 사이 임금은 아합에서 아하시야, 요람으로 바뀌었습니다. 그리고 요람의 시대에 이르러서야 예후가 유력하고도 중요한 장군이 되었습니다. 엘리야의 뒤를 이어 엘리사가 예언자 직무를 수행했고, 엘리사는 예후에게 기름 붓는 일을 자신의 제자였던 이에게 맡깁니다. 이처럼 이전 예언자의 직무와 역할을 잇는다면, 이전 예언자에게 주어졌던 일이 다음 예언자에게 이어질 수 있었습니다. 그리고 엘리사가 지시한다면 그가 해야 할 일을 그의 제자인 예언자가 수행하는 것도 가능했습니다.

들 가운데 누구에게 말하고 있는 겁니까?" 그 시종이 말하였다. "바로 장군님께 말씀을 드리고 있습니다." 6 예후가 일어나서 집 안으로 들어가자, 예언자의 시종인 그 젊은이는 그의 머리에 기름을 부으며 말하였다. "나 주 이스라엘의 하나님이 말한다. 내가 너에게 기름을 부어, 주님의 백성 이스라엘의 왕으로 세웠다. 7 너는 네가 섬기는 상전 아합의 가문을 쳐라. 나는 내 종들인 예언자들의 피와 또 주님의 다른 종들의 모든 피를 이세벨에게 갚으려고 한다. 8 나는 아합의 가문을 모두 다 멸망시킬 것이다. 그렇다. 아합에게 속한 사람은 매인 사람이건 놓인 사람이건 가릴 것 없이, 남자는 누구나 이스라엘 안에서 끊어버릴 것이다. 9 나는 아합의 가문을 느밧의 아들 여로보암의 가문과 같이 만들고, 아히야의 아들 바아사의 가문과 같이 만들 것이다. 10 그리고 개들이 이스르엘 땅 안에서 이세벨을 뜯어 먹을 것이다. 그를 매장할 사람조차 없을 것이다." 그리고 난 뒤에 예언자의 시종인 그 젊은이는 문을 열고 도망하였다.

11 ○ 예후가 왕의 신하들이 있는 데로 나오자, 한 사람이 그

기름을 부은 젊은이더러 지체 없이 도망치라고 한 까닭이 궁금합니다(3, 10절). 본문에서 벌어지는 일을 오늘날의 용어로 표현하면 예후의 쿠데타입니다. 예나 지금이나 현재 존재하는 정권을 무너뜨리는 일은 결코 간단하거나 손쉽게 이루어지는 일이 아닙니다. 언제나 통치 세력은 자신에게 반대하는 이들을 세심히 관찰하고 거역의 싹을 자르는 데 혈안이 됩니다. 그렇기에 엘리사는 자신의 수련생 예언자를 보낼 때, 예후를 데리고 밀실로 들어가 기름을 붓고 일을 마친 후에는 즉각 그 자리에서 도망치라고 지시했을 것입니다. 예후에게 보내진 수련생은 그 이름도 전해지지 않지만, 이처럼 북왕국의 가장 근본적인 질서를 뒤바꾸는 일을 수행합니다. 왕과 장군이 전면에 두드러지지만, 하나님과 하나님께서 보내시는 예언자는 역사의 한가운데 존재합니다.

에게 물었다. "좋은 소식이었소? 그 미친 녀석이 장군께는 무슨 일로 왔었소?" 예후가 그들에게 말하였다. "장군들께서도 그 사람이 누구고, 그가 쓸데없이 떠들고 간 말이 무엇인지 짐작하고 있을 것이라 믿소." 12 그러나 그들이 말하였다. "슬쩍 넘어가지 마시오. 우리에게 사실을 말해주시오." 예후가 대답하였다. "그의 말이, 주님께서 나를 이스라엘의 왕으로 기름 부어 세웠다고 말씀하시었다고 하였소." 13 그러자 그들은 황급히 일어나, 각자 자기의 옷을 벗어서, 섬돌 위 예후의 발 아래에 깔고, 나팔을 불며 "예후께서 임금님이 되셨다" 하고 외쳤다.

이스라엘 왕 요람이 살해되다

14 ○ 그리하여 님시의 손자이며 여호사밧의 아들인 예후는, 요람을 칠 모의를 하게 되었다. 그때에 요람은 이스라엘 전군

하나님은 예후를 비롯해 수많은 이들을 동원해 아합의 가문에 벌을 내립니다. 직접 하면 더 쉬울 일을 왜 복잡하게 인간을 사이에 두고 일합니까?(7-10절) 만일 모든 일을 하나님께서 늘 개입해 진행하신다면, 우리는 인간을 인간이 아니라 꼭두각시나 로봇이라 불러야 할 것입니다. 사람이 하나님의 형상대로 지음받은 존재인 한, 사람은 심지어 하나님을 거역할 자유까지 주어진 존재입니다. 그래서 역사와 현실에 대한 하나님의 뜻은 반드시 그분이 지으신 사람을 통해 이루어지고 진전됩니다. 열왕기하 같은 책은 사건이 마무리되고 한참의 세월이 지난 후에 되돌아보면서, 그때 그 예후의 쿠데타를 이렇게 하나님께서 아합의 아버지 오므리로부터 시작된 왕조를 심판하기 위해 이루신 것이라고 해석하고 증언합니다. 열왕기는 그 순간의 사건에 대한 보고가 아니라, 한참의 시간 후에 이전 시기 역사를 신앙의 눈으로 풀이하고 해석합니다. 역사 속에서 하나님의 행하심을 깨닫고 이를 전함으로써 현재 세대가 하나님을 경외하며 살아가도록 격려하는 데 책의 목적이 있습니다.

을 이끌고, 시리아 왕 하사엘과 맞서서 길르앗의 라못을 지키고 있었다. 15 요람 왕이 시리아 왕 하사엘과 싸울 때, 시리아 사람에게 다친 상처를 치료하려고 이스르엘로 돌아와 있을 때였다. 마침내 예후가 말하였다. "장군들이 나와 뜻을 같이 한다면, 아무도 이 성읍을 빠져나가서, 이스르엘에 이 사실을 알리는 일이 없도록 해주시오." 16 그런 다음에 예후는, 병거를 타고 이스르엘로 갔다. 요람이 그곳에서 병으로 누워 있었다. 유다의 아하시야 왕은 요람을 문병하려고 벌써 거기에 와 있었다.

17 ○ 이스르엘의 망대 위에 서 있는 파수병이, 예후의 군대가 오는 것을 보고 "웬 군대가 오고 있습니다" 하고 외쳤다. 그러자 요람이 말하였다. "기마병을 보내어 그들을 만나, 평화의 소식이냐고 물어보아라."

18 ○ 그리하여 기마병은 그들을 만나러 가서 말하였다. "임금님께서 평화의 소식이냐고 물어보라 하셨소." 그러자 예후가

예언자의 시종이 전한 메시지에 장군들은 일제히 복종의 뜻을 드러냅니다(13절). '미친 녀석'(11절)이라더니 어쩌면 이렇게 태도가 달라질 수 있습니까? 이스라엘을 비롯한 고대 중동 세계에서 예언자들은 종종 특별한 영적 체험 속에서 신에게 받은 계시를 전하곤 했습니다(예. 삼상 10:5-6). 정상적인 사람과는 다른 행동을 하며 예언했기에, 종종 '미친 사람'이라 불렸습니다(렘 29:26; 호 9:7). 예언자들을 '미친 사람'이라 부르는 것은 정상적이지 않아 보이는 그들의 모습을 조롱하는 의미도 있지만, 다른 한편으로는 그들을 통해 선포되는 하나님의 말씀에 대한 두려움도 있습니다. 특히 예후에게 기름을 붓는 이 상황은 현재 왕가를 전면 부정하고 새로운 왕의 존재를 선언한 것이기에, 그 자리에 있던 장군들에게 매우 충격적이며 특별하게 여겨졌을 것입니다. 애초에 북왕국의 시작 자체가 예언자를 통해 정통성이 부여되었다는 점에서(왕상 11:29-40), 왕권을 교체하겠다는 예언자의 선포에 북왕국 사람들이 좀 더 예민했다고 볼 수 있습니다.

말하였다. "평화의 소식인지 아닌지가 너와 무슨 상관이 있느냐? 너는 내 뒤를 따르라." 파수병이 왕에게 보고하였다. "그들에게 간 전령이 돌아오지 않습니다." 19 그리하여 왕이 두 번째 기마병을 보내자, 그가 그들에게 가서 말하였다. "임금님께서 평화의 소식이냐고 물어보라 하셨소." 그러자 예후가 말하였다. "평화의 소식인지 아닌지가 너와 무슨 상관이 있느냐? 너는 내 뒤를 따르라."

20 ○ 파수병이 왕에게 또 보고하였다. "그들에게 간 전령이 또 돌아오지 않습니다. 그런데 미친 듯이 말을 모는 모습이, 님시의 아들 예후와 비슷합니다."

21 ○ 이 말을 듣자, 요람은 "병거를 준비하라!" 하고 명령하였다. 병거를 준비하니, 이스라엘 왕 요람과 유다 왕 아하시야가 각각 자기의 병거를 타고 예후를 만나러 나가서, 이스르엘 사람 나봇의 땅에서 그를 만났다. 22 요람이 예후를 보고 "예후 장군, 평화의 소식이오?" 하고 물었다. 예후는 "당신의 어머니 이세벨이 저지른 음행과 마술 행위가 극에 달하였는데, 무슨 평화가 있겠소?" 하고 대답하였다.

23 ○ 요람이 그의 손에 쥔 말고삐를 급히 돌려 도망하면서,

요람이 예후에게 거푸 기마병을 보낸(18-19절) 의도를 모르겠습니다. 환영입니까, 정탐입니까? 요람은 당연히 오므리 왕가의 신하인 예후가(25절) 충성스러운 신하로서 왕에게 찾아온다 여겼을 것입니다. 그러나 그와 동시에 예상하지 못한 상황이 언제든 벌어질 수 있기에 사정을 알아보도록 먼저 신하를 보냈을 겁니다. 이것은 언제건 기회만 되면 쿠데타가 일어날 수 있는 북왕국의 사정을 반영합니다. 그렇게 보내진 파수병이 예후의 뒤를 따랐다는 것은 그 파수병 역시 예후의 쿠데타에 합류했음을 의미합니다. 두 번이나 이런 일이 벌어졌다는 것은 요람 시대에 문제가 많았음을, 그리고 예후의 세력과 움직임이 나름의 설득력이 있었음을 보여줍니다.

아하시야에게 소리쳤다. "아하시야 임금님, 반역이오." 24 예후가 힘껏 활을 당겨 요람의 등을 겨누어 쏘자, 화살이 그의 가슴을 꿰뚫고 나갔다. 그는 병거 바닥에 엎드러졌다. 25 예후가 요람의 빗갈 시종무관에게 말하였다. "그 주검을 들고 가서, 이스르엘 사람 나봇의 밭에 던지시오. 당신은, 나와 당신이 그의 아버지 아합의 뒤에서 나란히 병거를 타고 다닐 때에, 주님께서 그를 두고 선포하신 말씀을 그대로 기억할 것이오. 26 주님께서 아합에게 '내가 어제, 나봇과 그의 아들들이 함께 흘린 피를 분명히 보았다. 바로 이 밭에서 내가 너에게 그대로 갚겠다. 이것은 나 주의 말이다' 하고 말씀하셨소. 이제 당신은 그 주검을 들고 가서, 주님의 말씀대로 그 밭에 던지시오."

유다 왕 아하시야가 살해되다

27 ○ 유다의 아하시야 왕은 이것을 보고 벳하간으로 가는 길

예후는 무슨 근거로 이세벨이 음행과 마술 행위를 했다고(22절) 지적합니까? 어쩌다 이세벨에게는 늘 '음행'이란 꼬리표가 따라다니게 된 걸까요? 예후 군대와 요람이 이끄는 군대가 마주친 곳은 '나봇의 땅'(21절)입니다. 나봇과 이세벨이 함께 얽히는 내용은 열왕기상 21장에 나옵니다. 아합 왕이 나봇의 포도원을 탐내자 아합의 왕비 이세벨이 못된 음모를 꾸며 죄 없는 나봇과 그의 집안을 모두 죽였고, 이후 아합이 나봇의 포도원을 차지했습니다. 엘리야는 아합을 찾아가 그가 저지른 죄가 살인과 도둑질임을 규탄하면서, 그의 왕가가 멸망할 것이며 이세벨의 시체를 개들이 먹을 것이라 선포합니다(왕상 21:19~26). '음행과 마술 행위'는 난잡한 성적 행위가 아닙니다. 하나님이 아닌 다른 신에게 이끌려 무고한 사람을 짓밟고 자신의 욕망을 채우는 행태를 신앙적으로 표현한 말입니다. 결국 농부의 포도원을 짓밟은 죄악이 오므리 왕조, 아합, 이세벨이 비참한 최후를 맞는 근본적인 이유입니다.

로 도망하였으나, 예후가 그의 뒤를 추적하며 "저 자도 죽여라" 하고 외치니, 이블르암 부근 구르 오르막길에서 예후의 부하들이, 병거에 타고 있는 아하시야를 찔러 상처를 입혔다. 그는 므깃도까지 도망하여, 그곳에서 죽었다. **28** 그의 부하들이 그를 병거에 실어 예루살렘으로 운반하고, 그를 '다윗 성'에 있는 그의 조상들의 묘지에 함께 장사 지냈다.

29 ○ 아합의 아들 요람 왕 제십일 년에 아하시야가 유다를 다스리는 왕이 되었다.

이세벨 왕후가 살해되다

30 ○ 예후가 이스르엘에 이르렀을 때에, 이세벨이 이 소식을 듣고, 눈 화장을 하고 머리를 아름답게 꾸미고는, 창문으로 내려다보았다. **31** 예후가 문 안으로 들어오자, 이세벨이 소리쳤다. "제 주인을 살해한 시므리 같은 자야, 그게 평화냐?"

32 ○ 예후가 얼굴을 들어 창문을 쳐다보며 소리쳤다. "내 편이 될 사람이 누구냐? 누가 내 편이냐?" 그러자 두세 명의 내관이 그를 내려다보았다. **33** 예후가 그들에게 명령하였다. "그

남편이 전사했다는 것을 알고 있었을 이세벨이 아름답게 치장을 하고 나선(30절) 속내는 무엇입니까? 이세벨은 이미 상황을 다 파악하고 그의 시대가 끝났음을 알아차렸을 것입니다. 그러나 놀랍게도 이세벨은 목숨을 구걸하거나 비굴하게 행동하지 않습니다. 마지막까지 왕비로서 자신을 치장한 채 예후를 기다렸습니다. 그리고 예후를 향해 "제 주인을 살해한 시므리"라고 부릅니다. 시므리는 자신의 임금인 엘라에 맞서 모반을 일으켜 죽이고 스스로 임금이 된 사람입니다(왕상 16:9-10). 이세벨은 예후를 그렇게 자기 주인을 몰아낸 시므리 같은 자라고 비웃은 것입니다. 매우 인상적인 모습이지만, 이세벨은 그런 배짱과 기개로 나봇 같은 이의 삶을 짓

여자를 아래로 내던져라." 그들이 그 여자를 아래로 내던지니, 피가 벽과 말에게까지 튀었다. 예후가 탄 말이 그 여자의 주검을 밟고 지나갔다. 34 예후가 궁으로 들어가서, 먹고 마시다가 말하였다. "이제 저 저주받은 여자를 찾아다가 장사를 지내주어라. 그래도 그 여자는 왕의 딸이었다." 35 그들이 그 여자를 장사 지내주려고 찾아나섰으나, 그 여자의 해골과 손발밖에는 아무것도 발견할 수가 없었다. 36 그들이 돌아와서 그에게 그렇게 보고하니, 그가 말하였다. "주님께서, 주님의 종 디셉 사람 엘리야를 시켜서 말씀하신 대로, 이루어졌다. 주님께서 말씀하시기를 '이스르엘의 밭에서 개들이 이세벨의 주검을 뜯어먹을 것이며, 37 이세벨의 주검은 이스르엘에 있는 밭의 거름처럼 될 것이므로, 이것을 보고 이세벨이라고 부를 사람은 아무도 없을 것이다' 하셨는데, 그대로 되었다."

밟았으며, 이스라엘의 많은 예언자들을 죽였습니다. 엘리야가 선포한 대로, 창문에서 다른 사람에게 떠밀려 떨어진 이세벨은 개들이 시체를 먹어버려 식별하기조차 어려운 최후를 맞게 됩니다.

{ 제10장 }

아합의 자손이 살해되다

1 아합의 아들 일흔 명이 사마리아에 살고 있었다. 예후가 편지를 써서 사본을 만들어, 사마리아에 있는 이스르엘의 관리들과 원로들과 아합의 아들들을 보호하고 있는 사람들에게 보냈다. 2 "너희는 너희가 섬기는 상전의 아들들을 데리고 있다. 병거와 말과 요새화된 성읍과 무기도 가지고 있다. 이제 이 편지가 너희에게 가거든, 3 너희는 너희 상전의 아들들 가운데서 가장 훌륭하고 적합한 인물을 찾아서 그의 아버지의 왕좌에 앉히고, 너희는 너희가 섬기는 상전의 가문을 편들어서 싸우도록 하여라."

4 ○ 이에 사마리아의 지도급 인사들은 두려워하며 말하였다. "저 두 왕도 그를 당하지 못하였는데, 우리가 무슨 수로 그와 맞설 수 있겠소?" 5 그리하여 왕가를 지키는 사람들과 성읍을 다스리는 사람들과 장로들과 왕자들을 보호하는 사람들이,

아합의 아들들의 숫자가 비현실적입니다. 어떻게 딸을 제외하고도 70명이나 되는 (1절) 자식을 둘 수 있습니까? 오므리가 모반을 일으켜 북왕국의 왕이 된 이래, 오므리-아합-아하시야-요람 등 4명의 왕이 다스렸습니다. 아하시야와 요람은 아합의 아들이라 표기되었습니다. 아합의 아들이 70명이라는 언급이 글자 그대로 정확하게 아합의 아들의 숫자라면, 이미 죽은 아하시야와 요람은 여기에 포함되지 않은 것일까요? 구약성경에서 숫자 7은 거의 대부분 상징적인 숫자입니다. 그래서 아합의 아들이 70명이라는 본문은 아합의 '많은 아들'을 의미한다고 보는 게 나을 것 같습니다. 아마도 여기에는 아합의 아들만이 아니라, 오므리를 통한 다른 자손들, 그리고 아하시야나 요람의 자손까지 포함되었다고 봐야 할 겁니다.

예후에게 다음과 같은 전갈을 보냈다. "우리는 장군의 신하입니다. 장군께서 우리에게 말하는 것은, 무엇이든지 모두 그대로 하겠습니다. 우리는 어떠한 왕도 세우지 않겠습니다. 장군께서 보시기에 좋은 대로 하십시오."

6 ○ 예후가 그들에게 다음과 같이 두 번째 편지를 써서 보냈다. "너희가 내 편이 되어 내 명령을 따르겠다면, 너희 군주의 아들들의 목을 베어서, 내일 이맘때까지, 이스르엘에 있는 나에게로 가져오너라."

○ 그때에 왕자들 일흔 명은 그들을 키워준 그 성읍의 지도자들과 함께 있었다. 7 편지가 성읍의 지도자들에게 전달되자, 그들은 그 왕자들을 잡아서 일흔 명을 모두 죽인 다음에, 그들의 머리를 광주리에 담아서, 이스르엘에 있는 예후에게 보냈다.

8 ○ 전령이 와서 예후에게, 그들이 왕자들의 머리를 가져왔다고 알리니, 예후가 말하였다. "그 머리들을 두 무더기로 나누어, 아침까지 성읍 어귀에 두어라." 9 아침이 되었을 때에,

---

예후의 처분은(7–8, 14절) 가혹하기 그지없습니다. 하나님은 이렇게 잔인한 신입니까? 아니면 예후의 성격이 한없이 모질었던 건가요? 예후의 숙청이 엄청나지만, 먼저 유념해야 할 것은 오므리 왕가, 특히 아합이 저지른 처참한 학살입니다. 아합과 이세벨은 우상숭배를 확산시키면서(왕상 16:31–33), 하나님을 경외하는 예언자들을 박해하고(왕상 18:4, 13) 학살했을 뿐 아니라(왕상 19:10, 14), 농부 나봇의 집안을 몰살시키고 그의 포도원을 빼앗았습니다(왕상 21:1–16). 그래서 하나님께서는 아합 집안의 완전한 몰락을 선언하셨습니다(왕상 21:21–22). 무엇보다 농부를 짓밟았다는 이유로 왕가의 완전한 몰락이 선포되었다는 점에서, 왕가나 농부의 집안이나 하나님 보시기에 같은 무게임이 잘 드러납니다. 아합 집안의 몰락은 정의의 실현입니다. 이런 집안이 망하지 않고 평안하게 살고 자손들도 오래도록 부귀를 누린다면, 사람들은 이 세상에 더 이상 정의가 없고 하나님이 없다고 여기지 않겠습니까?

예후는 나가서 모든 백성에게 말하였다. "나는 내 옛 주인에게 역모를 꾀하여, 그를 죽였습니다. 백성에게는 아무 잘못이 없습니다. 그러나 여기에 있는 이 모든 사람은 누가 죽였습니까? 10 백성 여러분은 아합의 가문을 두고 말씀하신 주님의 말씀이, 그 어느 것 하나도 땅에 떨어지지 않았다는 사실만은 알아야 합니다. 주님께서는 그의 종 엘리야를 시켜 하신 말씀을 모두 이루셨습니다." 11 그런 다음에 예후는, 이스르엘에 남아 있는 아합 가문에 속한 사람을 모두 쳐 죽였다. 또 아합 가문의 관리들과 친지들과 제사장들을 하나도 남기지 않고 모두 죽였다.

아하시야 왕의 친족이 살해되다

12 ○ 그다음에 예후가 이스르엘을 떠나 사마리아로 가는 길에 벳에켓하로임에 이르렀다. 13 예후는 거기에서 이미 살해된 유다의 아하시야 왕의 친족들을 만나, 그들이 누구인지를

여호나답은 어떤 인물이기에 예후가 하나님을 향한 열심을 그이에게 증명해 보이려 합니까?(15-16절) 레갑의 아들 여호나답은 이곳을 제외하고 오직 예레미야서 35장에서만 언급됩니다. 예레미야서 본문에 따르면, 레갑의 아들 여호나답(혹은 요나답)은 자손들에게 포도주를 영원히 마시지 말고, 집도 짓지 말며, 농사나 포도원 경작도 하지 말고, 평생 장막에 살라고 명했습니다(렘 35:6-7). 농사짓지 않고 정착하지 않으며 장막에 산다는 것은 이집트를 떠난 이후 광야 생활하는 이스라엘의 존재 방식입니다. 이로 보건대 레갑 자손은 광야 시절을 이상으로 여기며 이 땅에서의 부귀영화를 모두 거부하고 살아가는 열렬한 신앙인 집단이라 할 수 있습니다. 아마도 이들의 특별한 열심은 당시에 잘 알려져 있었고, 많은 이들에게 존경받았을 겁니다. 쿠데타를 일으킨 예후로서는 자신의 혁명의 정당성을 보이기 위해 레갑 자손의 지지를 받는 일이 매우 중요했을 것입니다.

물었다. 그들이 대답하였다. "우리는 아하시야의 형제들로서, 이세벨 왕후와 왕자들과 왕의 친족들에게 문안을 드리러 내려왔습니다." **14** 그러자 예후는 그들을 생포하라고 명령하였다. 부하들은 그들을 생포하여, 벳에켓의 한 구덩이에 넣어 죽였는데, 무려 마흔두 명이나 되는 사람을 한 사람도 살려두지 않았다.

아합의 나머지 친족이 살해되다

15 ○ 예후가 그곳을 떠나서 가다가, 그를 만나러 오는 레갑의 아들 여호나답을 만났다. 예후가 그에게 안부를 물으며 말하였다. "내가 그대를 진심으로 믿듯이, 그대도 그러하오?" 그러자 여호나답이, 그렇다고 대답하였다. 예후는, 그렇다면 손을 내밀라고 하였다. 그가 손을 내미니, 그를 수레에 올라오게 하였다. **16** 그런 다음에 예후가 말하였다. "나와 함께 가서, 주님

예후는 속임수로(18-19절) 바알 선지자들을 몰살시킵니다. 하나님을 위해서라면 거짓말을 포함해 부당하거나 부정한 방법을 동원해도 괜찮습니까? 사실과 다르게 말했다고 모두 '거짓말' 혹은 '부당한 일', '부정한 방법'으로 묶는 것은 문제가 있을 것 같습니다. 가령 일제강점기 시절, 독립군이 숨은 장소를 묻는 일본 고등계 형사의 말에 사실대로 대답하는 것은 바람직하지 않을 것입니다. 불의한 권력에 항의하는 모임 장소를 눈치채지 못하도록 다른 행사가 열리는 것처럼 꾸몄다고 해서 거짓말이나 부정한 방법이라 말할 수도 없을 겁니다. 이런 경우 사실대로 말하고 대응하는 '정직'은 무수히 많은 이들의 피해를 초래합니다. 그래서 가능하면 정직한 것이 낫겠지만, 상황에 따라 신중하게 검토하는 일은 필요합니다. 무엇보다도 하나님을 위한다면서 자신의 일이 상대방에게 큰 피해를 주는 것까지 정당화하는 건 아닌지 매우 신중하게 돌아봐야 합니다. 성경에서 예후의 행동을 무조건 틀렸다 말하기는 어렵지만, 오늘날에는 예후와 같은 행동은 더 이상 용납되지 않습니다.

을 향한 나의 열심이 어느 정도인지를 보도록 하시오." 예후는 여호나답을 자기의 병거에 태워 나란히 앉았다. 17 그리고 그는 사마리아에 이르러서, 거기에 남아 있는 아합의 지지자를 모두 죽였다. 이 모든 것은 주님께서 엘리야에게 말씀하신 대로 이루어진 것이다.

바알 숭배자들이 살해되다

18 ○ 예후는 백성을 다 모아놓고 말하였다. "아합은 바알을 조금밖에 섬기지 않았지만, 이 예후는 그보다 더 열심으로 섬기겠습니다. 19 그러니 이제 바알의 예언자들과 종들과 제사장들을 모두 나에게 불러다 주십시오. 바알에게 성대하게 제사를 드리려고 합니다. 그러므로 한 사람도 빠져서는 안 됩니다. 빠지는 사람은 어느 누구든지 살아남지 못할 것입니다." 예후는 바알의 종들을 진멸하려고 이러한 계책을 꾸민 것이다. 20 예후가 계속하여 말하였다. "바알을 섬길 거룩한 집회를 열도록 하시오." 그러자 집회가 공포되었다. 21 예후가 이

바알 신전을 허물어버리기까지 했던 예후가 금송아지만은 손을 대지 않았던(29절) 이유를 모르겠습니다. 여로보암이 북왕국을 개창한 이래, 북왕국으로서는 북쪽 국민이 남왕국의 영토인 예루살렘 성전으로 찾아가는 것을 그냥 두기는 어려웠을 겁니다. 그래서 베델과 단에 독자적인 성소를 세웠고, 이후 북왕국은 사실상 남왕국과 확연하게 구분된 독자적인 나라가 되었습니다. 그런데 열왕기상과 열왕기하는 예루살렘 성전이야말로 주 하나님을 예배하는 유일한 장소라는 확고한 판단을 내립니다. 그렇기에 열왕기 역사서를 기록한 입장에서는 베델과 단 성소에서 독자적으로 예배하는 북왕국의 왕들 모두가 여로보암의 죄를 떠나지 않았다고 여겼습니다. 예후 시대에 베델과 단의 성소는 우상숭배의 장소라기보다는 하나님을 예배하는 장소로 생각되었기에, 예후로서는 저 평가가 다소 억울할 것 같기도 합니다.

스라엘 모든 곳에 사람을 보냈으므로, 바알의 종들이 하나도 빠지지 않고 모두 왔다. 그들이 바알의 신전으로 들어가자, 바알의 신전은 이 끝에서부터 저 끝까지 가득 찼다. 22 예후가 예복을 관리하는 사람에게 거기 모인 바알의 종들이 입을 예복을 모두 가져오라고 명령하였다. 그들에게 입힐 예복을 가져오니, 23 예후와 레갑의 아들 여호나답은 바알의 신전으로 들어가서, 바알의 종들에게 말하였다. "여기 여러분 가운데 주 하나님을 섬기는 종들이 있나 않은지 살펴보십시오. 여기에는 다만 바알의 종들만 있어야 합니다." 24 이렇게 하여 그들이 제사와 번제를 드리려고 신전 안으로 들어갔을 때에, 예후는 밖에서 여든 명의 군인을 포진시켜놓고, 말하였다. "내가 너희 손에 넘겨준 사람을 하나라도 놓치는 사람은, 그가 대신 목숨을 잃을 것이다."

25 ○ 번제를 드리는 일이 끝나자, 예후는 호위병들과 시종무관들에게 말하였다. "들어가서 그들을 쳐라. 하나도 살아 나가지 못하게 하여라." 그러자 호위병들과 시종무관들은 그들을 칼로 쳐서 바깥으로 내던졌다. 그리고는 바알 신전의 지성소에까지 들어가서, 26 바알 신전의 우상들을 끌어내어 불태웠

하나님은 어째서 우상과 죄를 완전하게 몰아내지 못한 예후를 꾸짖거나 벌하는 대신 칭찬하고 복을 줍니까?(29-30절) 예후는 오므리 왕조 이래 북왕국에 널리 퍼져 있던 바알 종교를 매우 철저하게 몰아냈습니다. 물론 예후가 여로보암의 죄를 떠나지 않았다고는 하지만, 바알 종교에 대한 예후의 과격한 조치를 고려해보면 그는 베델 성소에서의 예배를 우상숭배라고는 생각하지 않은 것 같습니다. 예루살렘 성전만이 유일한 성소라고 여기는 열왕기 역사가의 시각으로는 예후에게 문제가 있지만, 예후의 바알 종교 몰아내기는 북왕국에서 거의 유일한 조치였던지라 높이 평가할 일이었습니다. 사실 북왕국에서 칭찬받은 왕은 예후가 유일하다고 할 수 있습니다.

다. **27** 바알의 우상들을 깨뜨렸을 뿐만 아니라, 바알의 신전을 헐어서 변소로 만들기까지 하였는데, 이것이 오늘까지도 그대로 있다.

28 ○ 이렇게 하여 예후는 바알 종교를 이스라엘로부터 쓸어내었다. **29** 그러나 예후는, 베델과 단에 세운 금송아지를 섬겨 이스라엘로 하여금 죄를 짓게 한 느밧의 아들 여로보암의 죄로부터, 완전히 돌아서지는 못하였다. **30** 주님께서 예후에게 말씀하셨다. "너는, 내가 보기에 일을 바르게 잘하여, 내 마음에 들도록 아합의 가문을 잘 처리하였으니, 네 사 대 자손까지는 이스라엘의 왕위를 지키게 될 것이다." **31** 그러나 예후는, 주 이스라엘의 하나님의 율법을 지키는 일에 마음을 다 기울이지는 못하였고, 이스라엘로 죄를 짓게 한 여로보암의 죄로부터 돌아서지는 못하였다.

예후가 죽다

32 ○ 이때부터 주님께서는 이스라엘을 조금씩 찢어내기 시작

'요단강 동쪽'은 표현에서부터 변두리 느낌이 납니다. 이곳은 이스라엘 백성들에게 얼마나 의미 있는 지역이었습니까? 아무래도 이스라엘의 중심은 요단강 서편 지역입니다. 처음에 여호수아가 이끄는 이스라엘이 하나님의 약속을 붙잡고 가나안 땅에 들어올 때 대부분의 지파는 요단강 서편에서 땅을 받았지만, 르우벤 지파와 갓 지파, 그리고 므낫세 지파 가운데 절반이 요단강 동쪽에서 땅을 받았습니다. 갈릴리 호수 동편 지역에 므낫세 지파의 절반이, 그리고 그 아래로 가면서 차례대로 갓 지파와 르우벤 지파가 땅을 받았습니다. 므낫세의 북쪽으로 아람, 갓 지파의 동쪽으로 암몬, 르우벤 지파의 남쪽으로 모압과 에돔이 각각 자리하고 있어서 요단강 동쪽 지역은 예로부터 이스라엘에서 외적의 침략이 빈번했던 곳이기도 합니다.

하셨다. 그래서 하사엘이 이스라엘의 국경 사방에서 공격해왔다. 33 그는 요단강 동쪽 지역인, 갓 사람과 르우벤 사람과 므낫세 사람이 있는 길르앗의 모든 땅 곧 아르논강에 맞붙어 있는 아로엘에서부터 길르앗과 바산까지 공격하였다.

34 ○ 예후의 나머지 행적과 *그가* 한 모든 일과, 그가 권세를 누린 일들은 '이스라엘 왕 역대지략'에 모두 기록되었다. 35 예후가 죽으니, 사마리아에 안장하였고, 그의 아들 여호아하스가 그의 뒤를 이어 왕이 되었다. 36 예후는 사마리아에서 스물여덟 해 동안 이스라엘을 다스렸다.

{ 제11장 }

유다의 아달랴 여왕(대하 22:10-23:15)

1 아하시야의 어머니 아달랴는 아들이 죽는 것을 보자, 왕족을 다 죽이기 시작하였다. 2 그러나 왕자들이 살해되는 가운데서도, 여호람 왕의 딸이요 아하시야의 누이인 여호세바가, 아하시야의 아들 요아스를 몰래 빼내어, 유모와 함께 침실에 숨겼다. 이때에 사람들이, 아달랴가 모르도록 그를 숨겼으므로, 그는 죽음을 면할 수 있었다. 3 요아스는 그의 고모 여호세바와 함께 여섯 해 동안을 주님의 성전에 숨어 지냈으며, 그동안 나라는 아달랴가 다스렸다.

4 ○ 일곱째 해가 되자, 여호야다 제사장이 사람을 보내어 가리 사람의 백부장들과 호위병의 백부장들을 불러왔다. 그리고 그들을 주님의 성전에 있는 왕자에게로 데리고 가서, 그들과 더불어 언약을 맺고, 또 주님의 성전에서 맹세를 하게 한 뒤

아들이 죽었다는 소식을 듣자마자 자신의 손자들을 비롯해 모든 왕족을 죽이라고 지시한(1절) 아달랴의 속셈은 무엇입니까? 아하시야 왕의 어머니 아달랴는 북왕국 오므리 왕의 딸입니다(8:26). 아하시야가 죽고 나자 아달랴는 갑작스레 유다 왕국의 중심에 등장해 남아 있는 모든 왕족을 죽입니다. 권력을 획득하려는 것이 그의 명백한 의도였고, 그는 남북 이스라엘을 통틀어 유일한 여성 통치자가 되어 남왕국을 6년간 다스렸습니다. 열왕기하 본문은 그의 동기에 대해 아무런 설명을 하지 않아서 다만 추측해볼 수 있을 따름입니다. 오므리 왕가의 사람으로 아달랴 역시 바알 종교에 심취했을 수 있는데, 남왕국 유다에 바알 신전과 바알의 제사장 맛단이 있다는 언급은(18절) 아달랴 시대에 바알 종교가 득세했음을 보여줍니다. 그렇다면 아달랴의 권력 획득은 예후가 북왕국에서 바알 종교를 몰아낸 것과 자기 아들 아하시야를 제거한 일에 대한 복수에서 비롯된 것일 수 있습니다.

에, 그들에게 왕자를 보여주었다. 5 그러고는 그들에게 이렇게 명령을 내렸다. "이제 여러분이 해야 할 일을 말하겠습니다. 여러분 가운데서 안식일 당번을 세 반으로 나누어, 삼분의 일은 왕궁을 지키고, 6 다른 삼분의 일은 수르 성문을 지키고, 나머지 삼분의 일은 호위병들의 뒤에 있는 문을 지키십시오. 이와 같이 하여 왕궁을 철저히 지키게 하도록 하십시오. 7 그리고 안식일 비번은 모두 두 반으로 나누어서, 임금님께서 계신 주님의 성전을 지키도록 하십시오. 8 각자 무기를 들고 임금님을 호위할 것이며, 누구든지 대열 안으로 들어오려는 사람은 반드시 죽이고, 임금님께서 나가고 드실 때에는 반드시 경호하도록 하십시오."

9 ○ 백부장들은 여호야다 제사장이 명령한 것을 그대로 다 하였다. 그리고 그들은 안식일 당번인 사람들과 안식일 비번인 사람들을 데리고 여호야다 제사장에게로 왔다. 10 제사장이 백부장들에게 창과 방패를 나누어주었다. 그것은 다윗 왕의 것으로서, 주님의 성전 안에 간직되어 있던 것들이다. 11 그리하여 호위병들은 각각 손에 무기를 들고, 성전 오른쪽에서부

'가리'는 어떤 부족입니까? 여호야다는 왜 이들을 선택해 아달랴 몰아내는 일을 (4-8절) 맡겼습니까? '가리'에 대해서는 구약성경 전체에서 오직 이 본문의 4절과 19절에만 언급되기 때문에 더 이상 알기 어렵습니다. 적어도 분명한 것은 4절에 나란히 등장하는 '가리'와 '호위병'이 여호야다가 동원하는 세력의 핵심이라는 점입니다. 그리고 이들은 모두 성전을 경비하는 군사력이었던 것으로 여겨집니다. 여호야다는 요아스를 임금으로 세우기 위해 치밀한 계획을 세우면서 무엇보다도 가리 사람들로 이루어진 병력과 호위병으로 이루어진 병력을 포섭해 확실하게 요아스의 지지 세력으로 만듭니다. 다윗 가문의 후손으로 이루어지는 남왕국의 역사를 고려할 때, 아달랴의 권력은 정통성이 취약할 수밖에 없었고 왕자 요아스가 살아 있었으므로 가리 사람과 호위병 세력은 여호야다의 쿠데타에 합류했을 것입니다.

터 왼쪽까지 제단과 성전 주위를 감시하며, 왕을 호위하였다.

12 그런 다음에 여호야다 제사장이 왕세자를 데리고 나와서, 그에게 왕관을 씌우고, 왕의 직무를 규정한 규례서를 주고, 기름을 부어 왕으로 삼으니, 백성이 손뼉을 치며 "임금님, 만세!" 하고 외쳤다.

13 ○ 아달랴가 호위병들과 백성의 소리를 듣고, 주님의 성전에 모여 있는 백성에게 가서 14 보니, 왕이 대관식 규례에 따라 기둥 곁에 서 있고, 관리들과 나팔수들도 왕을 모시고 서 있고, 나라의 모든 백성이 기뻐하며 나팔을 불고 있었다. 아달랴가 분을 참지 못하고 옷을 찢으며 "반역이다! 반역이다!" 하고 외쳤다.

15 ○ 그때에 여호야다 제사장이 군대를 거느린 백부장들에게 명령을 내렸다. "저 여자를 대열 밖으로 끌어내시오. 그리고 저 여자를 따르는 사람은 누구든지 칼로 쳐 죽이시오." 여호야다가, 주님의 성전에서는 그 여자를 죽이지 말라고 하였으므로, 16 그들은 그 여자를 끌어내어, 군마가 드나드는 길을 통해 왕궁으로 들어가, 거기에서 그 여자를 처형하였다.

제사장이 안식일에 이런 일을 도모해도 괜찮은 걸까요? 안식일에는 집에서 요리도 하지 않는다고 들었습니다. 여호야다의 쿠데타가 안식일에 이루어지지는 않았을 것입니다. 본문의 안식일 관련 언급은 당대에 주님의 성전을 지키는 군대의 교체가 안식일을 기준으로 이루어졌음을 보여줍니다. 어떤 병력은 안식일에 근무를 끝내고 나가는 병력이고, 어떤 병력은 안식일에 근무를 들어오는 병력이었을 것입니다. 여호야다는 안식일에 근무를 시작한 병력을 셋으로 나눠 성문과 왕궁을 지키게 했고, 안식일에 근무를 끝낸 병력은 요아스 왕자가 숨어 있는 성전을 지키게 했습니다. 이를 통해 아달랴가 있는 왕궁과 요아스가 있는 성전 모두를 여호야다 세력이 확보한 것입니다. 이 같은 치밀한 준비는 여호야다가 하려는 쿠데타가 정말 위험하고 쉽지 않은 계획이었음을 보여줍니다.

여호야다의 개혁(대하 23:16–21)

17 ○ 여호야다는, 이스라엘 백성이 주님의 백성이 되는 언약을, 주님과 왕과 백성 사이에 맺게 하고, 동시에 왕과 백성 사이에도 언약을 맺게 하였다. 18 그렇게 하고 난 다음에, 그 땅의 온 백성이 바알의 신전으로 몰려가서, 그 신전을 허물고, 제단을 뒤엎고, 신상들을 완전히 부수어버렸다. 또 그들은 제단 앞에서 바알의 제사장 맛단을 죽였다.

○ 그리고 여호야다 제사장은 주님의 성전에 경비병들을 세웠다. 19 그리고 그는 백부장들과 가리 사람들과 호위병들과 그 땅의 모든 백성을 거느리고, 왕을 인도하여 주님의 성전에서 데리고 나와서, 호위병들이 지키는 문을 지나, 왕궁으로 행진하여 들어갔다. 왕이 왕좌에 오르자, 20 그 땅의 모든 백성이 기뻐하였다. 아달랴가 왕궁에서 칼에 맞아 살해된 뒤로, 도성은 평온을 되찾았다.

21 ○ 요아스가 왕위에 올랐을 때에 그는 일곱 살이었다.

모세와 다윗도 하나님의 백성이 되는 언약을 세우지 않았나요? 이번 언약은(17절) 그 둘과는 다른 완전히 새로운 언약입니까? 아달랴의 6년 지배는 남왕국을 온통 바알 종교로 물들게 했을 테고, 그렇기에 새로운 왕이 즉위하면서 주 하나님을 향한 믿음과 순종을 새롭게 하는 언약 체결이 필요했을 것입니다. 임금의 즉위와 함께 이루어지는 하나님과의 언약 체결은 임금이라 할지라도 하나님께서 명하신 율법과 규정 아래 있음을 명확하게 증언하는 의식입니다. 신명기 17장 14–20절은 이스라엘의 임금이라면 군마를 많이 얻으려고 이집트의 도움을 받아서는 안 되고, 아내를 많이 얻거나 은과 금을 많이 모아서도 안 되며, 하나님의 율법책을 가까이 두고 늘 지켜야 한다고 규정합니다. 아울러 여호야다는 왕과 백성 사이에도 언약을 맺게 해 왕과 백성 모두 하나님의 백성임을 분명히 했습니다. 이러한 언약은 왕권을 무제한으로 휘두르는 것을 막을 것입니다.

{ 제12장 }

유다 왕 요아스(대하 24:1-16)

1 예후 제칠 년에 요아스가 왕이 되어, 마흔 해 동안을 예루살렘에서 다스렸다. 그의 어머니 시비아는 브엘세바 사람이었다.
2 요아스는 여호야다 제사장이 가르쳐준 대로 하였으므로, 일생 동안 주님께서 보시기에 올바른 일을 하였다. 3 다만 산당을 제거하지 않아서, 백성이 여전히 산당에서 제사를 지내고 향을 피웠다.
4 ㅇ 요아스가 제사장들에게 말하였다. "주님의 성전에 들어오는 모든 헌금, 곧 일반 헌금과 의무적으로 부과된 헌금과 자원하여 주님의 성전에 가져오는 헌금을 모두, 5 제사장들이 각 담당 회계로부터 받아서, 성전에 수리할 곳이 발견되는 대로 그 수리할 곳을 모두 고치도록 하십시오."
6 ㅇ 그러나 요아스가 왕이 된 지 스물세 해가 지나도록, 제사장들은 그 성전의 수리할 곳을 고치지 않았다. 7 요아스 왕이

요아스의 어머니는 아달랴가 아닌가요?(1절) 11장 1절은 아달랴를 아하시야의 어머니로 알려줍니다. 그래서 아하시야의 아들인 요람은 아달랴의 손자입니다. 12장 1절에 따르면 요아스의 어머니는 시비아입니다. 열왕기는 왕들을 소개할 때 거의 항상 어머니의 이름도 함께 이야기합니다. 아달랴의 예에서 봤듯이, 왕의 어머니가 유다 왕궁에서 행하는 역할이 적지 않음을 보여주는 것으로 추측됩니다. 목숨이 위태로웠던 요아스를 살린 것도 아하시야 왕의 누이인 여호세바였습니다(11:2). 열왕기하에서는 언급이 없지만, 역대지하 22장 11절에 따르면 요아스를 살린 여호세바는 제사장 여호야다의 아내였습니다. 요아스는 자신의 할머니 때문에 죽을 뻔했고, 고모 덕분에 살 수 있었습니다.

여호야다 제사장과 다른 제사장들을 모두 불러서, 그들에게 말하였다. "어찌하여 아직 성전의 수리할 곳을 고치지 않고 있습니까? 이제는 더 이상 담당 회계로부터 돈을 받아두지 말고, 성전을 수리하는 데 쓰도록 직접 넘기게 하십시오." 8 제사장들은 이 일에 동의하여, 제사장들이 백성으로부터 돈을 받거나 성전을 직접 수리하거나 하는 일을 하지 않기로 하였다.

9 ○ 제사장 여호야다는 궤를 하나 가져다가, 그 뚜껑에 구멍을 뚫어 주님의 성전으로 들여와서, 오른쪽 곧 제단 곁에 그것을 놓았다. 그래서 문을 지키는 제사장들이, 주님의 성전으로 가져오는 모든 헌금을 그 궤에 넣게 하였다. 10 그 궤가 헌금으로 가득 찰 때마다, 왕실 서기관과 대제사장이 와서 주님의 성전에 헌납된 헌금을 쏟아내어 계산하였다. 11 계산이 끝나면, 그 헌금은 주님의 성전 공사를 맡은 감독관들에게 전달되었고, 그것은 다시 주님의 성전을 수리하는 목수들과 건축자들에게 지불되었고, 12 또 미장이와 석수에게도 지불되었으며, 주님의 성전을 수리하는 데 드는 나무와 돌을 사는 데와, 그 밖에 성전을 수리하는 데 필요한 경비로 쓰였다. 13 주님의

의무적으로 부과된 헌금이란(5절) 무슨 뜻입니까? 이쯤이면 세금이라고 해야 정확하지 않을까요? 여기에서 '의무적으로 부과된 헌금'으로 옮겨진 히브리말을 직역하면 '사람들 각각에 대해 평가한 은'입니다. 그 의미를 명확히 알기는 어렵지만, 아마도 레위기 27장 1절 이하에 나오는 서원과 연관된 내용일 것입니다. 이스라엘 사람이 자신을 하나님의 전에 드리기로 했다면, 자신의 목숨을 바칠 수는 없을 테니 "그 사람에 해당되는 값을 돈으로 환산하여"(레 27:2) 성전에 바칩니다. 그런 점에서 이를 '의무적으로 부과된 헌금'이라 보기는 어렵다고 생각됩니다. 어디까지나 서원은 자발적인 것이니까요. 다만 '일반 헌금'이라 번역된 헌금은 이스라엘 각 사람이 내야 하는 몫이었다는 점에서 의무적인 것이었다고 여겨집니다. 사실 고대 이스라엘에서 십일조와 같은 헌금은 오늘날로 치면 세금에 해당한다고 볼 수 있습니다.

성전에 헌납된 그 헌금은 주님의 성전에서 쓸 은대접들과 부집게와 대접들과 나팔 등의 금그릇이나 은그릇을 만드는 데 쓰이지는 않았다. 14 그 헌금은 오직 일꾼들에게 주어, 그것으로 주님의 성전을 수리하는 데만 사용하였다. 15 또 돈을 받아 일꾼들에게 주는 감독관들에 대한 회계감사를 하지 않았는데, 그것은 그들이 성실하게 일하고 있었기 때문이다. 16 그리고 속건제와 속죄제에 바친 돈은, 주님의 성전의 수입으로 계산하지 않았다. 그것은 제사장들의 몫이었기 때문이다.

17 ○ 그 무렵에 시리아 왕 하사엘이 가드를 공격하여 함락시켰다. 그런 다음에 하사엘은 또 예루살렘도 치려고 하였기 때문에, 18 유다 왕 요아스는, 앞서 유다를 다스린 여호사밧과 여호람과 아하시야가 주님께 바친 모든 물건과, 또 자신이 주님께 바친 것들을 비롯하여, 주님의 성전과 왕실 창고에 있는 모든 금을, 시리아 왕 하사엘에게 보냈다. 그러자 하사엘은 예루살렘을 치지 않고 물러갔다.

19 ○ 요아스의 나머지 행적과 그가 한 모든 일은 '유다 왕 역

성전 수리는 중요한 일인가요? 그런데 왜 제사장들은 그 일을 서두르지 않습니까?
성전 건설이나 증개축은 언제나 왕들의 중요한 업적 가운데 하나였습니다. 성전 증개축은 왕이 얼마나 하나님을 경외하는지 보여주는 척도였고, 그와 더불어 성전을 증개축한 왕을 하나님께서 함께하고 지키신다는 메시지를 통해 사실상 왕권을 강화하는 수단이 되기도 합니다. 특히 이전 시기 바알 종교의 득세까지 고려하면, 새로 왕위에 오른 요아스가 성전 수리를 서두르는 것을 충분히 이해할 수 있습니다. 같은 내용을 다룬 역대지하 24장 7절에서는 아달랴가 성전을 파괴하고 성전 물건을 바알을 섬기는 데 썼다고 전합니다. 이런 상황에서 제사장들이 왜 이 일을 신속히 진행하지 않았는지 본문에 언급이 많지 않아서 자세히 알기는 어렵습니다. 분명한 것은 제사장들이 재정을 정리해 성전 수리 기술자들에게 전달하는 과정이 생략되고 기술자들에게 바로 연결되자 성전 수리가 급속도로 진행되었다는 점입니다.

대지략에 기록되어 있다.

20 ○ 요아스의 신하들이 역모를 꾸며, 실라로 내려가는 길에 있는 밀로의 궁에서 요아스를 살해하였다. **21** 그를 살해한 신하는 시므앗의 아들 요사갈과 소멜의 아들 여호사바드였다. 그가 죽으니, 그의 조상들과 함께 '다윗 성'에 장사하였다. 그의 아들 아마샤가 그의 뒤를 이어 왕이 되었다.

정직하게 행했다면서 왜 산당을 허물지 않습니까? 산당은 어떤 폐해를 가지고 있기에 거듭 산당을 허무는 문제를 지적합니까? 산당은 곧잘 우상숭배의 장소가 되었습니다. 그래서 사무엘기–열왕기를 기록한 이들은 오직 예루살렘 성전에서만 하나님께 예배해야 하는데 산당 때문에 이스라엘이 우상숭배의 유혹에 빠졌다고 판단합니다. 예루살렘 멸망 이후 사무엘기–열왕기를 기록한 이들은 왕들에 대해 평가하면서 이 항목을 계속 언급합니다. 그러나 산당의 문제점을 충분히 인식하고 산당을 파괴되는 것은 히스기야와 요시야 왕 시대에 이르러서입니다. 사실 산당을 부수지 않았다고 하지만, 이 왕이 우상을 숭배했거나 백성들이 우상을 숭배했다는 내용은 전혀 나오지 않습니다. 요아스 왕을 비롯해 이전 대의 왕들은 산당의 문제점에 대해 알지 못했을 것이므로 열왕기 역사의 저러한 평가는 그들로서는 억울하기도 할 것입니다.

{ 제13장 }

이스라엘 왕 여호아하스

1 유다 왕 아하시야의 아들 요아스 왕 제이십삼 년에 예후의 아들 여호아하스가 이스라엘을 다스리는 왕이 되어, 사마리아에서 열일곱 해 동안 다스렸다. 2 그러나 그는 주님 보시기에 악한 행동을 하였고, 이스라엘로 죄를 짓게 한 느밧의 아들 여로보암의 죄를 따라가, 그 길에서 돌아서지 않았다. 3 그리하여 주님께서는 이스라엘에게 진노하셔서, 시리아의 하사엘 왕의 손에 그들을 넘기시고, 계속해서 하사엘의 아들 벤하닷의 손에 넘기셨다. 4 그러나 여호아하스가 주님께 간절히 용서를 구하니, 주님께서 그의 간구를 들어주셨다. 이스라엘이 시리아 왕의 억압으로 고난을 받고 있음을 보셨기 때문이다. 5 그래서 주님께서는 이스라엘에 구원자를 보내어, 시리아의 손에서부터 벗어나게 하셨고, 이스라엘 자손은 예전처럼 그들의 장막에서 편안하게 살았다. 6 그럼에도 이스라엘

여호아하스의 회개는(4절) 위기 탈출용일 뿐 진정성이 없었는데도(6절) 용서받았습니다. 하나님은 왕의 속마음을 몰랐던 건가요? 하나님께 간절하게 용서를 구하는 이도 여호아하스고, 그러면서도 여로보암의 죄, 나아가 아세라 목상까지 그대로 둔 이도 여호아하스와 이스라엘 자손입니다. 만약 하나님께서 사람의 속마음을 아는 대로 행하신다면, 어쩌면 우리는 더 이상 살기 어려울지도 모릅니다. 하나님께서 사람의 속마음을 몰랐다기보다는, 그 순간 용서를 구하는 사람의 마음을 보며 긍휼을 베푸셨다고 이해하는 게 맞습니다. 그로 인해 당장의 어려움은 피했지만, 아직 남겨둔 아세라 목상처럼 이스라엘의 힘겨운 삶도 여전히 남아 있습니다. 평안과 복을 위해 우상을 늘 의지하지만, 우상 때문에 그들의 삶은 온전한 평안과 거리가 더 멀어집니다.

자손은, 이스라엘로 죄를 짓게 한 여로보암 가문의 죄로부터 돌아서지 않고, 여전히 그 길을 그대로 걸으며, 사마리아에는 아세라 목상까지도 그냥 세워두었다.

7 ○ 시리아 왕이 여호아하스의 군대를 공격하여 타작마당의 먼지같이 만들었기 때문에, 여호아하스에게는 겨우 기마병 오십 명과 병거 열 대와 보병 만 명만이 남았다.

8 ○ 여호아하스의 나머지 행적과 그가 한 모든 일과, 그가 누린 권세는 '이스라엘 왕 역대지략'에 기록되어 있다. 9 여호아하스가 죽으니, 사마리아에 안장하였고, 그의 아들 여호아스가 그의 뒤를 이어 왕이 되었다.

이스라엘 왕 여호아스

10 ○ 유다의 요아스 왕 제삼십칠 년에 여호아하스의 아들 여호아스가 이스라엘의 왕이 되어, 사마리아에서 열여섯 해 동

5절에서 말하는 '구원자'란 구체적으로 누굴 가리킵니까? 이 '구원자'는 여호아하스일 수도 있고, 여기에 언급되지 않은 또 다른 누구일 수도 있습니다. 그에 대해 더 다루지 않는 본문은 구원자보다 더 중요한 것은 억압으로 고난받는 여호아하스의 기도를 하나님께서 들으시고 그들을 구원하셨다는 점이라고 증언하는 듯합니다. 이스라엘이 하나님 앞에서 범죄하고, 그로 인해 하나님께서 주로 이방 백성을 동원해 이스라엘을 심판하시고, 하나님의 심판으로 괴로움을 겪는 백성들이 하나님의 도우심을 구하며 간절히 기도하고, 그때 하나님께서 그들을 이방의 압제로부터 건지신다는 내용, 즉 범죄–심판–간구–구원의 형식으로 진행되는 사건이 구약성경에 계속 반복됩니다. 특히 사사기 2장 11–23절에서 그러한 형태를 길게, 사사기 3장 7–9절에서는 그 형태가 적용된 예를 짧고 간결하게 표현합니다. 시편 107편은 이 방식을 여러 번 반복하면서 하나님의 구원을 노래합니다. 신앙적인 불순종과 순종이 정치적 변화를 가져온다는 점을 이 본문은 명확히 증언합니다.

안 다스렸다. 11 그는, 주님께서 보시기에 악을 행하였고, 이스라엘로 죄를 짓게 한 느밧의 아들 여로보암의 모든 죄로부터 돌아서지 않고, 그 길을 그대로 걸었다. 12 여호아스의 나머지 행적과 그가 한 모든 일, 또 그가 유다 왕 아마샤와 싸운 용맹은, '이스라엘 왕 역대지략'에 기록되어 있다. 13 여호아스가 죽으니, 이스라엘의 역대 왕들과 함께 사마리아에 안장하였고, 여로보암이 그의 뒤를 이어 왕좌에 올랐다.

엘리사가 죽다

14 ○ 엘리사가 죽을병이 들자, 이스라엘 왕 여호아스가 그에게로 내려왔다. 그리고 그 앞에서 눈물을 흘리며 말하였다. "나의 아버지, 나의 아버지, 이스라엘의 병거와 마병이시여!" 15 ○ 엘리사가 그에게 말하였다. "활과 화살을 가져오십시오." 그가 활과 화살을 가져오자, 16 엘리사가 이스라엘 왕에게 말하였다. "활을 잡으십시오." 그가 활을 잡으니, 엘리사가 그의 손 위에 자기의 손을 얹었다. 17 엘리사가 말하였다. "동쪽 창문을 여십시오." 왕이 창문을 열자, 엘리사가 말하였

15-19절은 동화책의 한 대목처럼 보입니다. 굳이 화살과 활을 끌어다 써가며 메시지를 전하는 이유는 무엇입니까? 활과 화살은 확실히 전쟁과 연관된 도구이므로 현재 이스라엘이 당면한 시리아와의 전쟁을 상징한다고 할 수 있습니다. 활을 쏜 후 그 의미를 들었기에, 화살로 땅을 치라 했을 때 왕은 그 의미를 좀 더 생각해볼 필요가 있었을 것 같습니다. 아마도 그는 세 번이라는 상징적인 횟수면 충분하다 여겼을 수 있습니다. 알고 보니 그것은 이스라엘이 아람을 공격하는 횟수였습니다. 앞서 4장에는 가난해서 빚진 이들에게 그릇을 빌려서라도 최대한 많이 가져오라고 엘리야가 일렀고, 가져온 그릇에 기름이 다 찼을 때 기름이 그쳤다는 일화가 있습

다. "쏘십시오." 그가 활을 쏘자, 엘리사가 말하였다. "주님의 승리의 화살입니다. 시리아를 이길 승리의 화살입니다. 임금님께서는 아벡에서 시리아를 쳐서, 완전히 진멸하실 것입니다."

18 ○ 엘리사가 또 말하였다. "화살을 집으십시오." 왕이 화살을 집자, 엘리사가 이스라엘 왕에게 말하였다. "땅을 치십시오." 왕이 세 번을 치고는 그만두었다. 19 하나님의 사람이 그에게 화를 내며 말하였다. "임금님께서 대여섯 번 치셨으면 시리아 군을 진멸할 때까지 쳐부술 수 있었을 터인데, 고작 세 번입니까? 이제 임금님께서는 겨우 세 번만 시리아를 칠 수 있을 것입니다."

20 ○ 그런 다음에 엘리사가 죽으니, 거기에 장사하였다.

○ 그 뒤에 모압의 도적 떼가 해마다 이스라엘 땅을 침범하였다. 21 한번은 장사 지내는 사람들이 어떤 사람의 주검을 묻고 있다가, 이 도적 떼를 보게 되었다. 그러자 그들은 놀라서 그 주검을 엘리사의 무덤에 내던지고 달아났는데, 그때에 그 사람의 뼈가 엘리사의 뼈에 닿자, 그 사람이 살아나서 제 발로 일어섰다.

니다(4:1–7). 이를 생각하면 언제든 하나님께서는 우리가 준비한 대로 채우시는 분임을 깨닫게 됩니다. 그릇을 세 개 가져오면 그 그릇을 채운 뒤 기름은 끝나고, 화살로 세 번 치면 그것으로 승리의 횟수는 끝납니다. 스스로 이 정도면 됐다고 한계를 지으면 그것이 하나님께서 행하시는 전부가 됩니다.

이스라엘과 시리아의 전쟁

22 ○ 시리아의 하사엘 왕은 여호아하스가 다스리는 동안에 줄곧 이스라엘을 억압하였다. 23 그러나 주님께서 이스라엘에게 은혜를 베푸셔서, 그들을 불쌍히 여기시고, 그들을 굽어살피셨다. 이는 아브라함과 이삭과 야곱과 맺으신 언약 때문이었다. 그래서 그들을 멸망시키지 않으시고, 이제까지 주님 앞에서 쫓아내지 않으셨다.

24 ○ 시리아의 하사엘 왕이 죽고, 그의 아들 벤하닷이 그의 뒤를 이어 왕이 되었다. 25 이때에 여호아하스의 아들 여호아스가 하사엘의 아들 벤하닷의 손에서 성읍들을 도로 되찾았다. 이 성읍들은 부왕 여호아하스가 전쟁으로 **빼앗겼던** 것이다. 여호아스는 세 번이나 벤하닷을 쳐서, 이스라엘의 성읍들을 도로 되찾았다.

주검이 되살아나는 기적이(20-21절) 여기에 기록된 영문을 모르겠습니다. 엘리사가 그만큼 대단한 인물이었다는 얘길 하고 싶었던 걸까요? '엘리사'라는 이름은 "나의 하나님은 구원"이라는 의미입니다. 그 말 그대로 엘리사의 존재는 이스라엘에게 구원이며 생명이었습니다. 이미 엘리사는 수넴 여인의 죽은 아들을 살리기도 했습니다. 시체가 아직 매장되지 않은 엘리사의 뼈에 닿자 그 시체가 다시 살아났다는 놀라운 이 이야기는 그동안 엘리사가 이스라엘 가운데 생명을 가져오는 존재로 사역했음을 보여줍니다. 여호아스 왕이 죽음을 눈앞에 둔 엘리사를 두고 '아버지'라 부르고 '이스라엘의 병거와 마병'이라 말하며 눈물을 흘렸습니다. 특히 시리아로 인해 병거와 마병의 숫자가 현격하게 줄어든 이스라엘로서는(7절) 엘리사의 죽음은 그야말로 이스라엘의 끝을 상징하는 것으로 보입니다.

{ 제14장 }

유다 왕 아마샤(대하 25:1~24)

1 이스라엘 왕 여호아하스의 아들 여호아스 제이 년에 유다 왕 요아스의 아들 아마샤가 유다 왕이 되었다. 2 그는 스물다섯 살에 왕위에 올라, 예루살렘에서 스물아홉 해 동안 다스렸다. 그의 어머니 여호앗단은 예루살렘 태생이다. 3 아마샤는 주님께서 보시기에 올바른 일을 하기는 하였으나, 그의 조상 다윗만큼은 하지 못하였고, 아버지 요아스가 한 것만큼 하였다. 4 그리하여 산당은 제거되지 않은 채로, 백성은 여전히 산당에서 제사를 드리며 분향을 하고 있었다. 5 왕권을 확고하게 장악한 다음에, 아마샤는 부왕을 살해한 신하들을 처형하였다. 6 그러나 그는 처형한 신하의 자녀는 죽이지 않았다. 그것은 모세의 율법서에 기록된 말씀을 따른 것이다. 거기에는 "아버지가 자녀 대신에 처형되어서도 안 되고, 또 자녀가

"주님께서 보시기에 올바른 일"(3절)을 했던 아마샤는 "악한 행동을 했던"(13:11) 여호아스에게 크게 패했습니다(12절). 그럼 주님 뜻을 따르려 애쓰는 게 무슨 보람이 있습니까? 아마샤는 자기 아버지의 원수를 갚은 일, 그리고 에돔에 대한 대대적인 승리에 도취되었습니다. 그 여세를 몰아 오므리 왕가 이래 남왕국보다 훨씬 강했던 북왕국에 시비를 겁니다. 북왕국의 여호아스는 가시나무와 백향목 비유를 들어 그렇게 싸우다가는 엉뚱하게 들짐승에게 먹힐 수 있다고 말하면서 싸우기를 거부합니다. 여호아스는 어떤 식으로든 갈등을 피하려 했다고 볼 수 있습니다. 주님 보시기에 올바른 일을 했다는 것이 아마샤의 모든 행동이 다 옳았다는 의미는 아닐 것이고, 그가 행하는 모든 일이 잘되어야 한다는 의미도 아닐 겁니다. 이 전쟁을 둘러싼 이야기는 우리가 하나님께서 주시는 은혜를 당연한 것으로 여겨서는 안 된다는 점을 잘 보여줍니다.

아버지 대신에 처형되어서도 안 된다. 오직 각 사람은 자신이 지은 죄에 따라 처형되어야 한다" 하고 말씀하신 주님의 명령이 있다.

7 ○ 아마샤는 '소금 계곡'에서 에돔 사람 만 명을 쳐 죽이고, 또 셀라를 쳐서 점령한 다음에, 그 이름을 욕드엘이라고 하였는데, 오늘까지 그렇게 불리고 있다.

8 ○ 그때에 아마샤가, 예후의 손자요 여호아하스의 아들인 이스라엘의 여호아스 왕에게 전령을 보내어, 서로 직접 만나 힘을 겨루어보자고 제안하였다. 9 이스라엘의 여호아스 왕은, 유다의 아마샤 왕에게 사람을 보내어, 이렇게 회답하였다. "레바논의 가시나무가 레바논의 백향목에게 전갈을 보내어 백향목의 딸을 며느리로 달라고 청혼하는 것을 보고, 레바논의 들짐승이 지나가다 그 가시나무를 짓밟은 일이 있다. 10 네가 에돔을 쳐서 이기더니, 너무 오만해진 것 같다. 차라리 왕궁에나 머물면서, 네가 누리는 영화를 만족하게 여겨라. 어찌하여 너는, 너 자신과 유다를 함께 멸망시킬 화근을, 스스로 불러 들이느냐?"

11절의 '올라와서'라는 표현이 어색합니다. 북쪽 이스라엘이 남왕국 유다를 공격했다면 '내려와서'라고 적는 게 더 자연스럽지 않을까요? 벳세메스는 갈릴리 호수 바로 아래에 있는 도시로 추측됩니다. 대체로 이 지역은 모두 북왕국의 영토인데, 아마도 당시 남왕국의 영토가 요단강을 따라 갈릴리 호수 아래 벳세메스까지 미쳤던 것으로 보입니다. 북왕국의 수도 사마리아는 그보다 훨씬 아래쪽이었기에 북왕국 왕이 벳세메스로 올라갔다고 표현하는 게 맞을 겁니다. 이렇게 북쪽까지 아마샤가 치고 올라갔다는 점은 아마샤의 자신감이 얼마나 컸는지를 보여주기도 합니다. 자신의 든든한 지역을 기반으로 상대를 공격하는 것이 아니라 북왕국의 땅으로 둘러싸인 곳까지 올라갔다는 점에서, 참으로 아마샤는 전쟁의 승리에 완전히 도취되었다고 할 수 있습니다.

11 ○ 그러나 아마샤가 끝내 듣지 않자, 이스라엘의 여호아스 왕이 올라와서, 유다 왕 아마샤를 맞아, 유다의 영토인 벳세메스에서 대치하였다. 12 그러나 유다 군대는 이스라엘 군대에게 패하여, 뿔뿔이 흩어져 각자 자기의 집으로 도망하였다. 13 이스라엘의 여호아스 왕은 벳세메스에서 아하시야의 손자요 요아스의 아들인 유다의 아마샤 왕을 사로잡아서, 예루살렘으로 들어왔다. 그는 예루살렘 성벽을 에브라임 문에서부터 성 모퉁이 문에 이르기까지, 사백 자를 허물어버렸다. 14 그는 또 주님의 성전과 왕궁의 보물 창고에 있는 금과 은과 모든 그릇을 약탈하고, 사람까지 볼모로 잡아서, 사마리아로 돌아갔다.

15 ○ 여호아스의 나머지 행적과 그가 누린 권세와, 그가 유다의 아마샤 왕과 싸운 일에 관한 것은 '이스라엘 왕 역대지략'에 기록되어 있다. 16 여호아스가 죽으니, 사마리아에 있는 이스라엘 왕들의 묘실에 안장하였고, 그의 아들 여로보암이 그의 뒤를 이어 왕이 되었다.

여호아스는 예루살렘을 약탈하고 사마리아로 돌아가버립니다(14절). 내친김에 유다를 차지하는 대신 철수를 결정한 이유는 무엇입니까? 한 나라를 완전히 멸망시키고 차지하는 것은 결코 쉬운 일이 아닙니다. 가령 앗시리아나 바빌론, 이집트 같은 고대 제국은 팔레스타인의 나라들을 점령할 때 대부분 단번에 멸망시키기보다는 저항하던 왕과 왕족을 제거하고 다른 왕을 대신 세웠습니다. 제국의 목적은 정복한 지역을 자신들의 영향권 아래 두고 경제적, 군사적 이익을 얻는 것이기에, 상대의 격렬한 저항이 뻔히 예상되는 상황에서 굳이 상대방을 완전히 멸할 이유가 없었던 것입니다. 만일 여호아스가 남왕국 자체를 완전히 멸망시키려 했다면, 남왕국의 모든 주민들이 거세게 저항했을 것이고, 예언자들의 격렬한 반대에도 부딪쳤을 것입니다. 여호아스는 최대한의 성과와 이익을 거두고 재빨리 물러갑니다. 새로이 왕실을 정비해야 했던 남왕국으로서는 북왕국에 저항할 여유가 전혀 없었을 겁니다.

유다 왕 아마샤가 죽다(대하 25:25-28)

17 ○ 유다의 요아스 왕의 아들 아마샤는, 이스라엘의 여호아하스 왕의 아들 여호아스가 죽은 뒤에도 열다섯 해를 더 살았다. 18 아마샤의 나머지 행적은 '유다 왕 역대지략'에 기록되어 있다.

19 ○ 예루살렘에서 반란이 일어나자, 아마샤는 라기스로 도망하였다. 그러나 반란을 일으킨 사람들은 라기스에까지 사람을 보내어, 거기에서 그를 죽였고, 20 그의 주검을 말에 싣고 와서, 예루살렘 안의 '다윗 성'에 그의 조상과 함께 장사 지냈다. 21 유다의 온 백성은 아사랴를 왕으로 삼아 그의 아버지 아마샤의 뒤를 잇게 하였다. 그가 왕이 되었을 때에, 그의 나이는 열여섯이었다. 22 아마샤 왕이 죽은 뒤에, 아사랴는 엘랏을 재건하여 유다에 귀속시켰다.

이스라엘 왕 여로보암 이세

23 ○ 유다의 요아스 왕의 아들 아마샤 제십오 년에, 이스라엘

'죄에서 떠나지 않았음에도 불구하고'(24절) 하나님은 여로보암과 이스라엘 백성을 안타까워하며 돕습니다. 죄를 뉘우치는지 확인하고 나서 돕는 게 올바른 순서가 아닐까요? 여기 언급되는 여로보암은 북왕국을 개창한 여로보암과 구별해 흔히 여로보암 2세로 불립니다. 41년이라는 매우 긴 세월 동안 통치했고 북왕국의 영토를 최대한 확장시켜 북왕국의 전성기를 열었던 왕이지만, 열왕기는 그의 시대를 단호하게 정죄합니다. 이전에도 이후에도 여로보암은 죄를 뉘우치거나 돌이키지 않았습니다. 그의 시대에 이룬 번영은 오직 이스라엘을 향한 주 하나님의 불쌍히 여기심이라는 것이 열왕기하 저자의 시각입니다. 왕의 공적이 아니라, 시리아에 패배

의 여호아스 왕의 아들 여로보암이 왕이 되어, 사마리아에서 마흔한 해 동안 다스렸다. 24 그는 주님께서 보시기에 악을 행하고, 이스라엘로 죄를 짓게 한 느밧의 아들 여로보암의 죄에서 떠나지 아니하고, 그것을 그대로 본받았다. 25 그러나 그는 이스라엘의 국경을 하맛 어귀로부터 아라바 바다까지 회복하였다. 이것은 주 이스라엘의 하나님께서 그의 종인 가드헤벨 사람 아밋대의 아들 요나 예언자에게 말씀하신 그대로였다.

26 ○ 주님께서는 이스라엘의 고난이 너무 심하여, 매인 사람이나 자유로운 사람이나 할 것 없이 한 사람도 남아 있지 않아, 이스라엘을 돕는 사람이라고는 아무도 없는 것을 보셨다. 27 주님께서는 이스라엘의 이름을 하늘 아래에서 지워 없애겠다고 말씀하시지 않았기 때문에, 여호아스의 아들 여로보암을 시켜서 그들을 구원하신 것이다.

28 ○ 여로보암의 나머지 행적과, 그가 한 모든 일과, 그가 전쟁에서 보인 능력과, 유다에 속하였던 다마스쿠스와 하맛을 이스라엘에게 되돌려준 일들은 '이스라엘 왕 역대지략'에 기록되어 있다. 29 여로보암이 그의 조상인 이스라엘의 왕들과 함께 누워 잠드니, 그의 아들 스가랴가 그의 뒤를 이어 왕이 되었다.

하고 시달리며 심하게 고난받는 백성을 안타까이 여기셔서 하나님께서 여로보암의 손으로 이스라엘을 구원하신 겁니다. 역사에서든 현실에서든 지금의 번영이 올바른 행동 때문이라고 쉽게 말할 수는 없습니다. 실제로 대부분의 경우, 우리 삶의 존속은 하나님의 불쌍히 여기심 때문일 것입니다.

{ 제15장 }

유다 왕 아사랴(대하 26:1-23)

1 이스라엘의 여로보암 왕 제이십칠 년에 유다의 아마샤 왕의 아들 아사랴가 왕이 되었다. 2 그가 왕이 되었을 때에, 그의 나이는 열여섯이었다. 그는 예루살렘에서 쉰두 해 동안 다스렸다. 그의 어머니 여골리야는 예루살렘 태생이다. 3 그는 자기의 아버지 아마샤가 한 모든 일을 본받아, 주님께서 보시기에 올바른 일을 하였으나, 4 산당만은 제거하지 않아서, 그때까지 백성은 여전히 산당에서 제사를 드리고 분향을 하였다. 5 그리하여 주님께서 왕을 치셨으므로, 왕은 죽을 때까지 나병 환자가 되었고, 격리된 궁에서 살았다. 왕자 요담이 왕실을 관리하며 나라의 백성을 다스렸다.

6 ○ 아사랴의 나머지 행적과 그가 한 모든 일은, '유다 왕 역대지략'에 기록되어 있다. 7 아사랴가 죽어 그의 조상과 함께 잠드니, '다윗 성'에 조상과 함께 장사 지냈다. 왕자 요담이 그의 뒤를 이어 왕이 되었다.

산당을 제거하지 않은 왕이 한둘이 아닌데 아사랴만 큰 벌을 받았습니다(5절). 하나님의 처분은 일관성이 없고 공평하지도 않습니다. 아사랴 왕을 다루는 또 다른 본문인 역대지하 26장은 주변 나라에도 명성이 퍼질 만큼 대단했던 이 왕이 제사장만 집전할 수 있는 분향을 스스로 하겠다고 나섰고, 그로 인해 하나님의 심판을 받아 나병에 걸렸다고 전합니다. 그와 비교하면 열왕기는 아사랴에 대해 극히 절제하며 진술한 것으로 보입니다. 새번역 성경은 '그리하여'라는 말로 4절과 5절을 연결했지만, 산당 제사와 분향은 아사랴만의 일이 아니기 때문에 왕이 왜 나병에 걸렸는지 인과관계가 전혀 명료하지 않습니다. 여로보암 2세의 불순종에도 불구하고

이스라엘 왕 스가랴

8 ○ 유다의 아사랴 왕 제삼십팔 년에 여로보암의 아들 스가랴
가 이스라엘의 왕이 되어서, 사마리아에서 여섯 달 동안 다스
렸다. 9 그도 또한 조상이 한 것처럼 주님께서 보시기에 악을
행하고, 이스라엘로 죄를 짓게 한 느밧의 아들 여로보암의 죄
에서 떠나지 아니하고, 그것을 그대로 본받았다. 10 야베스의
아들 살룸이 역모를 꾀하여 백성 앞에서 그를 죽이고, 그의 뒤
를 이어 왕이 되었다.

11 ○ 스가랴의 나머지 행적은 '이스라엘 왕 역대지략'에 기록
되어 있다.

12 ○ 주님께서 예후에게, 그에게서 난 자손이 사 대까지 이스
라엘의 왕좌에 앉을 것이라고 말씀하신 그대로 된 것이다.

이스라엘 왕 살룸

13 ○ 야베스의 아들 살룸이 유다의 웃시야 왕 제삼십구 년에
이스라엘 왕이 되어, 사마리아에서 한 달 동안 다스렸다.

하나님께서 북왕국에 구원을 베푸셨고, 아사랴 왕이 별달리 죄악을 저지르지 않았
음에도 하나님께서 왕을 나병으로 치셨다는 열왕기의 진술은 나라를 살게 하거나
왕을 세우고 폐하는 일이 모두 하나님께 속한다고 증언하는 것 같습니다. 그 점에
서 열왕기는 왕권 자체에 문제를 제기하는 것으로 보입니다.

14 ○ 그때에 가디의 아들 므나헴이 디르사에서부터 사마리아로 올라와서, 거기에서 야베스의 아들 살룸을 쳐 죽이고, 그를 대신하여 왕이 되었다. 15 살룸의 나머지 행적과 그가 역모를 꾀한 일은 '이스라엘 왕 역대지략'에 기록되어 있다. 16 그때에 므나헴은 디르사에서부터 진격하여 와서, 딥사와 그 안에 있는 모든 사람을 쳐 죽이고, 사방 모든 곳을 공격하였다. 그들이 그에게 성문을 열어주지 않았다고 하여, 그는 그곳을 치고, 임신한 여자들의 배를 갈라 죽이기까지 하였다.

이스라엘 왕 므나헴

17 ○ 유다의 아사랴 왕 제삼십구 년에 가디의 아들 므나헴이 이스라엘의 왕이 되어, 사마리아에서 열 해 동안 다스렸다. 18 그는 주님께서 보시기에 악을 행하였다. 그는 이스라엘로 죄를 짓게 한 느밧의 아들 여로보암의 죄에서 일생 동안 떠나지 아니하고, 그것을 그대로 본받았다. 19 앗시리아의 불 왕

1천 달란트(19절)와 50세겔(20절)의 값어치가 궁금합니다. 얼마나 큰 공물이었기에 앗시리아 왕이 군대를 물리고 돌아갈 정도였습니까? 고대의 화폐 단위를 오늘날에 정확하게 이해하는 것은 거의 불가능합니다. 3천 세겔 혹은 3천 6백 세겔이 한 달란트인 것으로 추측됩니다. 므나헴이 지불한 비용을 정확히 계산할 수는 없지만, 적어도 침략해온 앗시리아 왕이 그냥 돌아가기에 충분한 금액이었다는 점은 분명합니다. 19절에서 불이라고 불린 앗시리아 왕은 29절의 디글랏빌레셀 왕과 같은 존재입니다. 앗시리아에서 매우 출중했고 고대 중동 지역 전체에 영향을 미친 대단한 임금이었던 디글랏빌레셀은 주전 745~727년 동안 통치했으며, 이집트까지 미치는 대제국을 건설했습니다. 이때부터 북왕국을 비롯한 팔레스타인은 앗시리아라는 사상 초유의 강대국 영향권에 들어가게 되었고, 므나헴은 일종의 보호비 명목으로 조공을 바치면서 자신의 나라를 존속시킬 수 있었습니다.

이 그 땅을 치려고 올라오니, 므나헴은 불에게 은 천 달란트를 주었다. 이렇게 한 것은, 그의 도움을 받아서 자기 왕국의 통치권을 굳게 하려 함이었다. 20 므나헴은, 앗시리아 왕에게 바치려고, 이스라엘의 모든 부자에게 한 사람당 은 쉰 세겔씩을 바치게 하였다. 그러자 앗시리아 왕은 더 이상 그 땅에 머물지 않고 되돌아갔다.

21 ○ 므나헴의 나머지 행적과 그가 한 모든 일은 '이스라엘 왕 역대지략'에 기록되어 있다. 22 므나헴이 그의 조상과 함께 누워 잠드니, 그의 아들 브가히야가 뒤를 이어 왕이 되었다.

이스라엘 왕 브가히야

23 ○ 유다 왕 아사랴 제오십 년에 므나헴의 아들 브가히야가 이스라엘의 왕이 되어, 사마리아에서 두 해 동안 다스렸다. 24 그는 주님께서 보시기에 악을 행하였다. 그는 이스라엘로 죄를 짓게 한 느밧의 아들 여로보암의 죄에서 떠나지 아니

이스라엘에는 유난히 정변이 잦고 임금의 재위 기간이 짧아 보입니다(8, 13, 17, 23절). 이스라엘의 형편이 이렇게 불안정했던 까닭은 무엇입니까? 하나님의 뜻을 따라 쿠데타를 일으켰던 예후 왕가는 4대로 끝나고, 이후 북왕국은 잦은 정변으로 계속해서 왕이 교체됩니다. 므나헴은 10년, 베가는 20년이나 다스려서 스가랴의 여섯 달, 살룸의 한 달에 비하면 긴 시간 왕으로 군림했지만, 열왕기는 이 시기 전체를 아무런 정통성이 없고 하나님 보시기에 악을 행한 시기로 단언합니다. 그들은 정변을 일으켜 스스로 왕이 되었을 뿐, 하나님의 뜻과는 전혀 무관했습니다. 남왕국 유다역시 불안한 시기가 많았으나 기본적으로 다윗 가문의 세습이 관철된 반면, 북왕국은 죄악을 행하면 어떤 정권이라도 무너질 수 있었습니다. 열왕기는 왕들을 '하나님께서 세우신 권세'로 무조건 떠받드는 것이 아니라, 하나님 보시기에 어떠했는가를 기준으로 단호하게 비판하고 평가합니다.

하고, 그대로 본받았다. **25** 그의 부관인 르말리야의 아들 베가
가, 아르곱과 아리에와 길르앗 사람 쉰 명과 더불어 반란을 일
으켜서, 사마리아에 있는 왕궁의 요새에서 왕을 죽이고, 그를
대신하여 왕이 되었다.

26 ○ 브가히야의 나머지 행적과 그가 한 모든 일은 '이스라엘
왕 역대지략'에 기록되어 있다.

이스라엘 왕 베가

27 ○ 유다의 아사랴 왕 제오십이 년에 르말리야의 아들 베가
가 이스라엘의 왕이 되어, 사마리아에서 스무 해 동안 다스렸
다. **28** 그는 주님께서 보시기에 악을 행하였으며, 이스라엘로
죄를 짓게 한 느밧의 아들 여로보암의 죄에서 떠나지 아니하
고, 그것을 그대로 본받았다.

**요담은 16년 동안 유다를 통치했습니다(33절). 그렇다면 어떻게 '요담 제20년'(30절)
이 존재할 수 있습니까? 이런 식이라면 성경의 연대를 어떻게 신뢰할 수 있겠습니
까?** 요담의 아버지 아사랴가 나병에 걸리면서 요담이 섭정을 시작했기에, 요담의
긴 재위 연대는 그 섭정 기간을 포함한 것일 수 있습니다. 그러나 전반적으로 이 시
기 북왕국과 남왕국의 연대를 정확하게 재구성하는 것이 아예 불가능합니다. 열왕
기와 역대지 사이에 안 맞는 것은 물론이고, 열왕기 안에서도 서로 충돌되는 자료
들이 많습니다. 열왕기나 역대지 같은 책은 하늘에서 뚝 떨어진 책이 아니라 사람
들이 이런저런 기록에 근거해 믿음의 시각으로 역사를 평가한 책이기에, 고대인들
이 구할 수 있는 자료의 한계로 연대가 서로 맞지 않을 수 있습니다. 그러나 성경의
권위는 숫자나 통계의 정확성에 있지 않습니다. 정확한 숫자나 통계 자료가 보존된
책을 읽고 삶이 변화되거나 인생을 바꾸는 이는 없을 것입니다. 열왕기는 역사 기
록을 보존하기 위한 책이 아니라, 역사 기록을 사용해 하나님과 그분의 백성 이스
라엘에 대해 증언하는 신학적인 저술입니다.

29 ○ 이스라엘의 베가 왕 시대에 앗시리아의 디글랏빌레셀 왕이 쳐들어와서, 이욘과 아벨벳마아가와 야노아와 게데스와, 하솔과 길르앗과 갈릴리와 납달리의 온 지역을 점령하고, 주민들을 앗시리아로 사로잡아 갔다.

30 ○ 엘라의 아들 호세아가 르말리야의 아들 베가에게 반역하여 그를 살해하고, 웃시야의 아들 요담 제이십 년에 그의 뒤를 이어 왕이 되었다. **31** 베가의 나머지 행적과 그가 한 모든 일은 '이스라엘 왕 역대지략'에 기록되어 있다.

유다 왕 요담(대하 27:1-9)

32 ○ 이스라엘의 르말리야 왕의 아들 베가 제이 년에 웃시야의 아들 요담이 유다의 왕이 되었다. **33** 그가 왕이 되었을 때에, 그의 나이는 스물다섯 살이었다. 그는 예루살렘에서 열여섯 해 동안 다스렸다. 그의 어머니 여루사는 사독의 딸이다. **34** 그는, 아버지 웃시야가 한 것을 그대로 본받아, 주님께서 보시기에 올바른 일을 하였다. **35** 그러나 산당만은 제거하지

'성전의 윗대문'(35절)이란 무얼 말합니까? 성전 대문의 구조가 2층이었습니까?
솔로몬이 지은 예루살렘 성전은 본래의 성전 건물과 그 건물을 둘러싼 뜰, 그 뜰을 둘러싼 담으로 이루어집니다. 요담이 개축한 '성전의 윗대문'은 성전으로 출입하는 북쪽 문을 가리키는 것으로 보입니다. 열왕기에서는 요담이 행한 이 업적만을 다루지만, 같은 시기를 다루는 역대지하 27장 3~4절에서는 요담이 더 많은 건축 사업을 전개한 것을 보여줍니다. 역대가 요담의 시기를 두고 "그의 하나님 앞에서 바른 길을 걸으며 살았으므로 점점 강해졌다"(대하 27:6)라고 평가한 것을 고려하면, 열왕기의 간략한 평가는 무척 인상적입니다. 거기에 시리아와 북왕국이 연합해 유다를 치기 시작했다는 언급까지(37절) 이어지면서, 열왕기는 남왕국 유다 역시 불안정한 상황임을 보여주는 것 같습니다.

않아서, 백성들이 여전히 산당에서 제사를 지내고 분향을 하였다. 그는 주님의 성전의 윗대문을 세웠다.

36 ○ 요담의 나머지 행적과 그가 한 모든 일은 '유다 왕 역대지략'에 기록되어 있다. 37 이때부터 주님께서는, 시리아의 르신 왕과 르말리야의 아들 베가를 보내어, 유다를 치기 시작하셨다. 38 요담은 죽어 그의 조상 다윗의 성에 조상들과 함께 안장되었고, 그의 아들 아하스가 그의 뒤를 이어 왕이 되었다.

{ 제16장 }

유다 왕 아하스(대하 28:1-27)

1 르말리야의 아들 베가 제십칠 년에 유다의 요담 왕의 아들 아하스가 왕이 되었다. 2 아하스가 왕이 되었을 때에, 그의 나이는 스무 살이었다. 그는 예루살렘에서 열여섯 해 동안 다스렸다. 그러나 그는 주 하나님께서 보시기에 올바른 일을 하지 않았다. 그는 그의 조상 다윗이 한 대로 하지 않았다. 3 오히려

새로 제단을 만든(10-11절) 아하스의 속셈은 무엇입니까? 솔로몬이 세운 성전은 어디로 갔습니까? 앗시리아 왕이 시리아를 멸망시킨 후 주둔하고 있던 다마스쿠스에 찾아간 아하스가 본 단은 앗시리아 방식의 제단이었을 것입니다. 하나님에 대한 예배를 저버린 것은 아니지만, 아하스는 솔로몬 이래 성전에 존재하던 제단이 아닌, 앗시리아 방식의 제단을 본떠 만든 제단에서 모든 제사를 드리도록 했습니다. 제단만이 아니라 그 외에도 성전의 여러 부분을 새로 제단을 만든 취지에 맞게 조정합니다(17-18절). 바야흐로 강력하고 번성하는 제국의 종교 방식이 그 휘하에 있는 약소국들의 가장 깊은 곳까지 퍼져갑니다. 이른바 강대국의 예배 관습을 흉내

그는 이스라엘의 왕들이 걸어간 길을 걸어갔고, 자기의 아들을 불에 태워 제물로 바쳤다. 이것은, 주님께서 이스라엘 자손이 보는 앞에서 쫓아내신 이방 민족의 역겨운 풍속을 본받은 행위였다. 4 그는 직접 산당과 언덕과 모든 푸른 나무 아래에서 제사를 지내고 분향하였다.

5 ○ 그때에 시리아의 르신 왕과 이스라엘의 르말리야의 아들 베가 왕이 예루살렘을 치려고 올라와서, 아하스를 포위하기는 하였으나, 정복하지는 못하였다. 6 그때에 시리아의 르신 왕이, 시리아에게 엘랏을 되찾아주었고, 엘랏에서 유다 사람들을 몰아내었으므로, 시리아 사람들이 이날까지 엘랏에 와서 살고 있다. 7 아하스는 앗시리아의 디글랏빌레셀 왕에게 전령을 보내어, 이렇게 말하였다. "나는 임금님의 신하이며 아들입니다. 올라오셔서, 나를 공격하고 있는 시리아 왕과 이스라엘 왕의 손에서, 나를 구원하여주십시오." 8 그런 다음에 아하스는 주님의 성전과 왕궁의 보물 창고에 있는 금과 은을 모두 꺼내어, 앗시리아의 왕에게 선물로 보냈다. 9 앗시리아의 왕이 그의 요청을 듣고, 다마스쿠스로 진군하여 올라와서는 그 성을 함락시켰다. 그리고 그 주민을 길로 사로잡아 가고, 르신은

내는 일은 오늘날에도 우리네 교회에서 무척 흔하게 볼 수 있는 일이기도 합니다. 더욱이 이렇게 해서 그가 만든 제단이 '큰 제단'(15절)이었다는 점은 강대국 흉내 내기의 본질이 '더 크게'에 있음을 잘 보여줍니다. 큰 제단 만들기는 오늘날 교회들의 큰 건물 예배당 만들기와 본질적으로 차이가 없어 보입니다.

살해하였다.

10 ○ 아하스 왕은 앗시리아의 디글랏빌레셀 왕을 만나려고 다마스쿠스로 갔다. 그는 그곳 다마스쿠스에 있는 제단을 보고, 그 제단의 모형과 도본을 세밀하게 그려서, 우리야 제사장에게 보냈다. **11** 그래서 우리야 제사장은, 아하스 왕이 다마스쿠스로부터 보내온 것을 따라서, 제단을 만들었다. 우리야 제사장은 아하스 왕이 다마스쿠스로부터 돌아오기 전에 제단 건축을 모두 완성하였다. **12** 왕은 다마스쿠스로부터 돌아와서, 그 제단을 보고 제단으로 나아가 그 위로 올라갔다. **13** 그리고 거기에서 그가 직접 번제물과 곡식제물을 드렸고, '부어 드리는 제물'을 따르기도 하였다. 또 제단 위에 화목제물의 피도 뿌렸다. **14** 그리고 그는 주님 앞에 놓여 있는 놋제단을 성전 앞에서 옮겼는데, 새 제단과 주님의 성전 사이에 있는 놋제단을 새 제단 북쪽에 갖다 놓았다. **15** 아하스 왕은 우리야 제사장에게 명령하였다. "아침 번제물과 저녁 곡식예물, 왕의 번제물과 곡식예물, 또 이 땅의 모든 백성의 번제물과 곡식예물과 부어

아하스는 직접 제사장 노릇까지 합니다(13절). 하나님을 향한 열심인가요, 아니면 직권남용인가요? 제사장 우리야가 반복해서 언급된다는 점에서, 아하스가 직접 제사를 진행했다는 의미보다는 그의 주관 아래 우리야를 비롯한 제사장들이 실제 제사를 진행했을 것이라고 볼 수 있습니다. 가령 솔로몬이 기브온 산당에서 1천 마리가 넘는 번제물을 바쳤다는 언급(왕상 3:4) 역시 왕이 직접 제사를 진행했다는 의미는 아닐 겁니다. 고대 이스라엘에서 왕은 제사를 주관하는 주체이며, 책임자였습니다. 앗시리아 제단을 흉내 내 만든 제단에서 제사를 주관하는 아하스는 무척이나 열심 있고 열정적인 예배자처럼 보입니다. 그러나 이 모든 행동의 이면에는 앗시리아에 대한 그의 의뢰와 결탁이 있습니다. 아하스의 행동은 우상숭배여서 문제가 아니라, 여전히 하나님을 예배한다 하면서 실제로는 강대국을 떠받드는 정치적 행동이 문제이며, 그 점에서 형식이 아닌 내용상 우상숭배라고 할 수 있습니다.

드리는 예물을, 모두 이 큰 제단 위에서 드리도록 하고, 번제물과 희생제물의 모든 피를, 그 위에 뿌리시오. 그러나 그 놋제단은, 내가 주님께 여쭈어볼 때에만 쓰겠소." **16** 우리야 제사장은 아하스 왕이 명령한 대로 이행하였다.

17 ○ 아하스 왕은 대야의 놋쇠 테두리를 떼어버리고, 놋대야를 그 자리에서 옮기고, 또 놋쇠 소가 받치고 있는 놋쇠 바다를 뜯어내어 돌받침 위에 놓았다. **18** 또 그는 앗시리아 왕에게 경의를 표하려고, 주님의 성전 안에 만들어둔 왕의 안식일 전용 통로와 주님의 성전 바깥에 만든 전용 출입구를 모두 없애버렸다.

19 ○ 아하스가 행한 나머지 모든 일은 '유다 왕 역대지략'에 기록되어 있다. **20** 아하스가 죽어 잠드니, 그를 그의 조상과 함께 '다윗 성'에 장사하였고, 그의 아들 히스기야가 그의 뒤를 이어 왕이 되었다.

왕이 오가던 안식일 전용 통로를 없애는 게 어떻게 앗시리아 왕에게 경의를 표하는 행동이 될 수 있습니까?(18절) '앗시리아 왕에게 경의'(18절)라는 표현으로 추측해보면 아마도 왕의 전용 통로를 없애는 건 성전에 대한 유다 왕의 영향력 약화를 표현하는 조치였을 것입니다. 다윗 왕조의 왕은 하나님의 아들이요, 종이었지만(시 2:7; 89:20, 26; 삼하 7:14), 아하스는 스스로 자신을 앗시리아 왕의 신하이며 아들이라 표현했습니다(왕하 16:7). 하나님께서 모세에게 보여주신 모양대로(출 25:9) 모세가 성막을 만들었고, 솔로몬은 다윗이 일러준 설계도대로(대상 28:11) 성전을 만들었으며, 이제 우리야 제사장은 아하스가 알려준 모형과 도본대로(왕하 16:10) 제단을 만들었습니다. 제사에 대한 아하스의 대단한 열심에도 불구하고 그의 하나님 신앙은 명실상부하게 앗시리아에 대한 충성과 순종의 표현으로 변질되었습니다.

{ 제17장 }

이스라엘 왕 호세아

1 유다의 아하스 왕 제십이 년에 엘라의 아들 호세아가 사마리아에서 왕이 되어, 이스라엘을 아홉 해 동안 다스렸다. 2 그는 주님께서 보시기에 악을 행하였으나, 그 이전의 이스라엘 왕들만큼 악하지는 않았다. 3 앗시리아의 살만에셀 왕이 그를 치러 올라오니, 호세아 왕은 그에게 항복하고 조공을 바쳤다. 4 그러나 앗시리아 왕은, 호세아가 이집트의 소 왕에게 사절들을 보내어 반역을 기도하고, 해마다 하던 것과는 달리, 앗시리아 왕에게 조공을 내지 않는 것을 알고 나서는, 호세아를 잡아 감옥에 가두었다.

앗시리아 왕이 사마리아를 점령하다

5 ○ 그리고 난 뒤에 앗시리아의 왕이 이스라엘 전역으로 밀

하나님은 이스라엘 백성들을 자녀로 삼았다고요. 그렇다면 하나님은 자식 농사에 실패한 건가요? 하나님께서는 이스라엘 백성을 이집트 종살이에서 건지셨고, 자유가 된 백성들과 계약을 맺으셨습니다. 이 백성은 주 하나님 한 분만을 따르고 그분의 규례를 지키기로 언약했지만, 하나님께서 약속하신 가나안 땅에 들어간 이래 줄기차게 하나님을 거역했습니다. 이스라엘은 하나님의 종이나 기계가 아닙니다. 그래서 놀랍게도 그들에게는 하나님을 거역할 자유까지 있습니다. 자발적인 선택으로 하나님의 규례를 지킬 때, 그것이야말로 존엄하고 존귀한 순종일 것입니다. 그래서 온 세상의 하나님께서는 자신의 뜻대로 사람을 조종하거나 통제하시지 않습니다. 하나님께서 그들을 일방적으로 건지시고, 규례를 따르는 계약의 삶으로 초대하셨습니다. 이제 그 길을 따라 걸어가는 것은 자녀 된 이스라엘의 선택이며 책임입니다.

고 들어와서, 사마리아로 올라와 세 해 동안이나 도성을 포위하였다. 6 드디어 호세아 제구 년에 앗시리아 왕은 사마리아를 점령하고, 이스라엘 사람들을 앗시리아로 끌고 가서, 할라와 고산강 가에 있는 하볼과 메대의 여러 성읍에 이주시켰다.

7 ○ 이렇게 된 것은, 이스라엘 자손이 자기들을 이집트 땅에서 이끌어내어 이집트 왕 바로의 손아귀로부터 구원하여주신 주 하나님을 거역하여, 죄를 짓고 다른 신들을 섬겼기 때문이며, 8 또 주님께서 이스라엘 자손의 면전에서 내쫓으신 이방 나라들의 관습과, 이스라엘의 역대 왕들이 잘못한 것을, 그들이 그대로 따랐기 때문이다. 9 이스라엘 자손은 또한 주님이신 그들의 하나님을 거역하여 옳지 못한 일을 저질렀다. 곧, 망대로부터 요새화된 성읍에 이르기까지, 온 성읍 안에 그들 스스로 산당을 세웠으며, 10 또 높은 언덕과 푸른 나무 아래에는 어느 곳에나 돌기둥들과 아세라 목상들을 세웠으며, 11 주님께서 그들의 면전에서 내쫓으신 이방 나라들처럼, 모든 산

이스라엘이 망한 이유를 장황하게 설명합니다. 멸망한 과정보다 그 의미를 이토록 장황하게 설명하는 이유는 무엇인가요? 7절부터 23절까지 북왕국의 멸망 이유가 서술됩니다. 이 내용은 크게 이스라엘의 우상숭배 죄악에 대한 고발, 그리고 그에 따른 하나님의 심판이라는 두 가지 주제에 따라 전개됩니다. 여호수아기, 사사기, 사무엘기, 열왕기는 이미 북왕국과 남왕국이 모두 멸망한 이후에 지금까지의 역사를 되돌아보면서, 하나님의 구원을 따라 가나안 땅으로 들어온 그분의 백성이 어찌하여 지금처럼 멸망해서 약속의 땅에서 다 쫓겨났는지 설명합니다. 이때 경제적인 잘못이나 정치적인 잘못, 국력 같은 요소가 아닌, 이스라엘과 언약을 맺으신 하나님의 규례에 대한 순종이라는 관점에서 지난 역사를 평가합니다. 과거에 대한 비판적 평가는 현재를 어떻게 살아야 하는지 알기 위한 것입니다. 그래서 열왕기하는 우울한 내용이지만, 이 비판에 근거해 현재와 미래를 변화시키고자 한다는 점에서 근본적으로는 희망을 이야기하는 책입니다.

당에서 분향을 하여 주님의 진노를 일으키는 악한 일을 하였으며, 12 또한 주님께서 그들에게 하지 말라고 하신 우상숭배를 하였다.

13 ○ 그런데도 주님께서는 이스라엘과 유다에 여러 예언자와 선견자를 보내어서 충고하셨다. "너희는 너희의 그 악한 길에서부터 돌아서서, 내가 너희 조상에게 명하고, 또 나의 종 예언자들을 시켜 내가 너희에게 준 그 모든 율법에 따라, 나의 명령과 나의 율례를 지켜라." 14 그러나 그들은 끝내 듣지 아니하였고, 주님이신 그들의 하나님께 신실하지 못하였던 그들의 조상들처럼, 완고하였다. 15 그리고 주님의 율례와, 주님께서 그들의 조상과 세우신 언약과, 그들에게 주신 경고의 말씀을 거절하고, 헛된 것을 따라가며 그 헛된 것에 미혹되었으며, 주님께서 본받지 말라고 명하신 이웃 나라들을 본받았다. 16 또 그들은 주님이신 그들의 하나님께서 주신 그 모든 명을 내버리고, 쇠를 녹여 부어 두 송아지 형상을 만들었으며, 아세라 목상을 만들어 세우고, 하늘의 별들에게 절하며, 바알을 섬겼다. 17 그들은 또한 자기들의 자녀들을 불살라 제물로 바치는 일도 하였다. 그리고 복술도 하고, 주문도

이전 왕들보다 상대적으로 선했음에도 불구하고 호세아가 모든 재앙을 뒤집어쓰는 느낌입니다. 왜 그런 거죠? 호세아가 뒤집어쓴다기보다는 더 이상 북왕국이 존재하기 어려운 지경에 이르렀고, 그때가 마침 호세아 왕의 시대였다고 봐야 할 것 같습니다. 예후의 혁명 이전이나 이후나 이스라엘의 모든 왕들은 한결같이 주 하나님보다는 다른 우상을 떠받들고 의지했으며, 하나님의 규례보다는 자신들의 왕권과 번영을 위한 종교적인 행위에만 몰두했습니다. 그런 세월이 쌓이고 쌓여 드디어 더 이상은 이 나라의 존재 자체가 불가능한 시점이 되었습니다. 그리고 그때 앗시리아는 디글랏빌레셀 이래 살만에셀, 사르곤에 이르기까지 강력한 팽창 정책을 펴고 있

외우며, 주님께서 보시기에 악한 일을 함으로써 주님께서 진노하시게 하였다. 18 그러므로 주님께서는 이스라엘에게 크게 진노하셨고, 그들을 그 면전에서 내쫓으시니 남은 것은 유다 지파뿐이었다.

19 ○ 그러나 유다도 또한 그들의 주님이신 하나님의 명령을 잘 지키지 아니하고, 이스라엘 사람들이 만든 규례를 그대로 따랐다. 20 그리하여 주님께서는 이스라엘의 모든 자손을 내쫓으시고, 그들을 징계하여 침략자들의 손에 넘겨주셔서, 마침내는 주님의 면전에서 내쫓기까지 하셨다.

21 ○ 그래서 이스라엘은 다윗의 집으로부터 갈라졌으며, 이스라엘은 느밧의 아들 여로보암을 왕으로 삼았고, 여로보암은 또한 이스라엘이 주님을 버리고 떠나서 큰 죄를 짓도록 만들었다. 22 이렇게 하여 이스라엘 자손은, 여로보암이 지은 그 모든 죄를 본받아 그대로 따라갔고, 그 죄로부터 돌이키려고 하지 않았다. 23 마침내 주님께서는, 그 종 예언자들을 보내어 경고하신 대로, 이스라엘을 그 면전에서 내쫓으셨다. 그래서 이날까지 이스라엘은 자기들의 땅에서 앗시리아로 사로잡혀 가 있게 된 것이다.

었습니다. 이집트로 가는 통로를 안정적으로 확보하는 것이 중요했던 앗시리아는 북왕국을 제대로 장악할 필요가 있었습니다. 결국 살만에셀 시절 북왕국 이스라엘은 거의 멸망에 이르렀고, 본문에서는 언급하지 않지만 사르곤 임금(6절의 앗시리아 왕) 대에 이르러 마침내 멸망했습니다.

앗시리아 사람들이 이스라엘에 정착하다

24 ○ 이스라엘 자손을 사마리아에서 쫓아낸 앗시리아 왕은 바빌론과 구다와 아와와 하맛과 스발와임으로부터 사람들을 데려와서, 이스라엘 자손을 대신하여 사마리아 성읍에 살게 하였다. 그러자 그들은 사마리아를 자기들의 소유로 삼았으며, 이스라엘 성읍들 안에 정착하여 살았다. **25** 그들은 그곳에 정착하면서, 처음에는 주님을 경외하지 않았다. 그래서 주님께서는 사나운 사자들을 그들 가운데 풀어놓으셔서, 그들을 물어 죽이게 하셨다. **26** 그러므로 그들이 앗시리아 왕에게 이 사실을 알리면서 이렇게 말하였다. "임금님께서 우리를 사마리아로 이주시키셔서, 이 성읍에서 살게 하셨습니다. 그렇지만 이리로 이주한 민족들은 이 지역의 신에 관한 관습을 모릅니다. 그래서 그 신이 우리들 가운데 사자를 보내어, 우리들을 계속 물어 죽이게 하였습니다. 이것은 이 땅의 신에 대한 관습을 모르기 때문에 일어난 일인 줄 압니다." **27** 그래서 앗시리

패역하기로 따지자면 유다도 이스라엘 못지않았는데, 하나님이 이스라엘만 치우치게 꾸짖는 느낌입니다. 차별의 이유가 있나요? 북왕국은 앗시리아에 저항했지만, 16장에서 본 대로 남왕국의 아하스 왕은 일찌감치 판세를 읽고 앗시리아에 항복해 조공을 바쳤습니다. 그래서 유다는 좀 더 오래 존속할 수 있었습니다. 이것이 정치적인 설명이라면, 열왕기는 신앙을 기준으로 이 현실을 판단하고 평가합니다. 열왕기의 저자는 예루살렘 성전이야말로 합법적으로 하나님을 예배하는 장소라 여깁니다. 그래서 베델과 단에 금송아지를 세웠던 북왕국의 잘못이 남왕국 유다보다 훨씬 무겁다고 판단했습니다. 유다 역시 무수한 잘못을 저질렀지만, 곳곳에서 하나님의 규례를 따라 올바르게 행하려는 왕들이 존재했습니다. 열왕기 저자가 보기에 나라의 안정과 평화는 오직 하나님의 규례와 법을 따르는가의 여부에 달렸습니다.

아 왕은 부하들에게 다음과 같은 지시를 하였다. "그곳에서 사로잡아 온 제사장 한 명을 그곳으로 돌려보내어라. 그가 그곳에 살면서, 그 지역의 신에 대한 관습을 새 이주민에게 가르치게 하여라." 28 그리하여 사마리아로부터 사로잡혀 온 제사장 가운데 한 사람이, 그리로 돌아가 베델에 살면서, 주님을 경외하는 방법을 그들에게 가르쳤다.

29 ○ 그러나 각 민족은 제각기 자기들의 신들을 만들어 섬겼다. 그래서 각 민족은 그들이 살고 있는 성읍 안에서 만든 신들을 사마리아 사람들이 만든 산당 안에 가져다 놓았다. 30 바빌론 사람들은 숙곳브놋을 만들고, 구다 사람들은 네르갈을 만들고, 하맛 사람들은 아시마를 만들었다. 31 아와 사람들은 닙하스와 다르닥을 만들었으며, 스발와임 사람들은 자기들의 신인 아드람멜렉과 아남멜렉에게 그들의 자녀를 불살라 바치기도 하였다. 32 그러면서도 그들은 주님을 공경하기도 하였다. 그리하여 그들은 그들 가운데서 산당 제사장을 뽑아 세워, 산당에서 제사를 드리게 하였다. 33 이렇게 그들은 주님

사마리아에 앗시리아인이 들어와 살게 되었다면, 자연스럽게 혼혈이 이뤄지기 마련입니다. 그렇다면 단일민족을 주장할 근거가 없지 않은가요? 이미 앗시리아 제국은 디글랏빌레셀 시대에 북왕국을 유린하면서 북왕국 주민 다수를 앗시리아 제국에 흩어버렸고(15:29), 북왕국 멸망 시기에 본격적으로 이 작업을 다시 진행했습니다. 북왕국 주민이 이주해간 자리에는 앗시리아가 정복한 다른 나라 주민을 이주시켰습니다. 앗시리아가 지배하는 여러 나라와 민족 주민을 이처럼 흩고 섞어버려서, 피지배 민족의 세력 결집이나 반란을 미연에 차단한 것입니다. 긴 세월이 지나면서 당연히 주민들 사이에 혼혈이 이루어지고, 북왕국 지역인 사마리아에 사는 이들은 순혈의 유대인이라 하기는 어려워집니다. 그로 인해 꽤 시간이 흐른 후에 남왕국 출신 사람들은 사마리아 지역에 사는 이들을 동족 이스라엘로 여기지 않고 멸시해서 또 다른 갈등의 원인이 되기도 합니다.

도 경외하면서, 다른 한편으로는 그들이 잡혀오기 전에 살던 그 지역의 관습을 따라, 그들 자신들이 섬기던 신도 섬겼다. **34** ○ 그들은 오늘날까지도 그들의 옛 관습을 따르고 있어서, 주님을 바르게 경외하는 사람이 없다. 그들은 주님께서 이스라엘이라고 이름을 지어주신 야곱의 자손에게 명하신, 그 율례와 법도와 율법과 계명을 지키지 않는다. **35** 옛날에 주님께서 야곱의 자손과 언약을 세우시고 명하셨다. "너희는 다른 신들을 경외하지 못한다. 그들에게 절하지 못하며, 그들을 섬기지 못하며, 그들에게 제사드리지 못한다. **36** 오직 큰 능력으로 팔을 펴시어 너희를 이집트 땅에서 이끌어내신 그분 주님만을 경외하고, 그분에게만 절하고 제사를 드려야 한다. **37** 주님께서 몸소 기록하셔서 너희에게 주신 율례와 법도와 율법과 계명을 항상 지키고, 다른 신을 경외하지 않아야 한다. **38** 내가

구원의 길은 여럿이 있다고 주장합니다. 틀린 말을 하는 종교도 없습니다. 하나님이 이토록 자기만 섬기라고 하는 건 독선 아닌가요? 여호와도 경외하고 자기들의 신도 섬기는 걸 그렇게까지 배격하는 이유가 무엇인가요? 심지어 하나님께서는 스스로 그 이름을 '질투하는 하나님'(출 20:5; 신 5:9)으로 소개하기도 하셨습니다. 사람의 질투는 상대방을 독점해 자기만 바라보게 하는 데 목적이 있다면, 하나님의 질투는 하나님이 아닌 헛된 것들, 동물이나 그 어떤 것의 형상으로 만든 헛된 것들에 굴복하거나 절하면서 복을 비는 행태를 막으려는 데 목적이 있습니다. 하나님 한 분만을 섬길 때, 세상의 그 어떤 강하고 대단한 제국이나 사람을 떠받들거나 경배하는 일이 없을 것입니다. 특히 열왕기의 배경이 되는 신명기 같은 책은 하나님의 규례를 통해 고아와 과부로 대표되는 가난한 사람, 약자와 함께 살아가는 세상을 지향합니다. 미신적인 규칙에 따르면서 우상에게 절하고 복을 비는 것이 아니라, 하나님을 경외하고 사람을 사랑하며 함께 살도록 초대하는 것이 이스라엘 하나님의 규례입니다. 그래서 하나님 한 분만을 섬기는 것은 다른 종교를 전부 부정하는 데 목적이 있지 않고, 다른 어떤 것에도 굴복하거나 좌우되지 말고 하나님의 진리를 따라 올바른 삶을 살아가게 하는 데 목적이 있습니다.

너희와 세운 언약을 잊어서는 안 된다. 다른 신들을 경외하지 못한다. **39** 오직 너희는 주 너희의 하나님만을 경외하여야 한다. 그분만이 너희를 모든 원수의 손에서 구원하여주실 것이다." **40** 그러나 그들은 이 명령을 들으려 하지 않고, 그들의 옛 관습만을 그대로 지키려고 하였다.

41 ○ 그리하여 이주해온 민족들은 한편으로는 주님을 경외하면서도, 다른 한편으로는 그들이 부어 만든 우상들을 또한 섬겼다. 그들의 자녀와 자손도 그들의 조상이 한 것을 오늘날까지도 그대로 따라 하고 있다.

{ 제18장 }

유다 왕 히스기야(대하 29:1-2; 31:1)

1 이스라엘의 엘라 왕의 아들 호세아 제삼 년에, 아하스의 아들 히스기야가 유다 왕이 되었다. 2 그가 왕이 되었을 때에, 그는 스물다섯 살이었다. 그는 예루살렘에서 스물아홉 해 동안 다스렸다. 그의 어머니 아비는 스가랴의 딸이다. 3 그는 조상 다윗이 한 모든 것을 그대로 본받아, 주님께서 보시기에 올바른 일을 하였다. 4 그는 산당을 헐어버렸고, 돌기둥들을 부수었으며, 아세라 목상을 찍어버렸다. 그는 또한 모세가 만든 구리 뱀도 산산조각으로 깨뜨려버렸다. 이스라엘 자손이 그때까지도 느후스단이라고 부르는 그 구리 뱀에게 분향하고 있었기 때문이다. 5 그는 주님이신 이스라엘의 하나님만을 신뢰하였는데, 유다 왕 가운데는 전에도 후에도 그만한 왕이 없었다. 6 그는 주님에게만 매달려, 주님을 배반하는 일이 없이,

돌기둥과 놋뱀의(4절) 정체는 무엇입니까? 신이라고 하기에는 너무 하찮거나 기괴해 보입니다. 돌기둥은 고대에 어떤 약속이나 기념을 위해 세워지기도 하지만(창 28:18; 31:51; 출 24:4), 여기서 문제가 되는 것은 하나님이 아닌 다른 신을 숭배하기 위해 그 신에게 바치거나 기념물로 세운 돌기둥입니다. '돌기둥과 아세라 목상'은 신명기가 줄기차게 규탄하는 조합입니다(신 7:5; 12:3). 한편, 광야에서 하나님을 원망하며 불평하던 백성들이 불뱀에 물려 죽게 되었을 때 모세는 구리로 놋뱀을 만들어 높이 세웠고 그것을 보는 이들은 살아났습니다(민 21:4-9). 그런데 이 '구리 뱀'이 히스기야 시대까지도 보존되었는지 백성들은 그 앞에서 분향했습니다. 구리 뱀은 그때 그 시기에 하나님의 능력을 상징하는 물건일 따름인데, 그 물건 자체를 의지하며 숭배하는 것은 명백히 우상숭배입니다. 심지어 그것이 오늘날에는 십자가라고 할지라도 말입니다.

주님께서 모세에게 명하신 계명들을 준수하였다. 7 어디를 가든지, 주님께서 그와 같이 계시므로, 그는 늘 성공하였다. 그는 앗시리아 왕에게 반기를 들고, 그를 섬기지 않았다. 8 그는 가사와 그 전 경계선까지, 또 망대로부터 요새화된 성읍에 이르기까지, 블레셋을 모두 쳐부수었다.

9 ○ 히스기야 왕 제사 년 곧 이스라엘의 엘라의 아들 호세아 왕 제칠 년에, 앗시리아의 살만에셀 왕이 사마리아를 포위하여, 10 세 해 만에 그 도성을 함락시켰다. 곧 히스기야 제육 년과, 이스라엘의 호세아 왕 제구 년에 그들이 사마리아를 함락시킨 것이다. 11 앗시리아 왕은 이스라엘 사람들을 앗시리아로 사로잡아 가서, 그들을 할라와 고산강 가의 하볼과 메대의 여러 성읍에 이주시켰다.

12 ○ 이렇게 된 것은, 그들이 자기들의 하나님이신 주님의 말씀을 듣지 않고, 그의 언약을 깨뜨렸으며, 주님의 종 모세가 명령한 모든 것을, 순종하지도 않고 실천하지도 않았기 때문이다.

초강대국 앗시리아에 반기를 들다니(7절), 히스기야의 정치 감각은 빵점이었던 모양입니다. 성경이 이런 왕을 높이 평가하는(5절) 이유를 모르겠습니다. 본문은 히스기야가 유례없이 과감하게 단행했던 조치들과 더불어 그가 "주님에게만 매달렸고" 주님이 명하신 계명을 준수했다고 서술합니다(3-6절). 어디를 가든지 주님이 그와 함께 계셨다는 언급 이후 히스기야가 앗시리아 왕에게 반기를 들었다는 진술이 나온다는 점에서, 본문 자체는 히스기야의 행동을 높이 평가한다고 여겨집니다. 히스기야는 유다를 지키는 존재는 앗시리아가 아닌 하나님이심을 믿었습니다. 앗시리아에 조공을 바쳐서 평화가 오는 것이 아니라 하나님만이 평화와 번영을 가져오시는 분임을 믿었습니다. 조공 거부로 인해 히스기야의 유다에는 위협이 닥쳐옵니다. 그것이 현실이니까요. 히스기야와 유다가 그 위기를 어떻게 극복하는지, 열왕기하는 이어지는 상황을 보여주며 독자와 청중에게 교훈을 전합니다.

앗시리아 사람들이 예루살렘을 위협하다(대하 32:1–19; 사 36:1–22)

13 ○ 히스기야 왕 제십사 년에 앗시리아의 산헤립 왕이 올라와서, 요새화된 유다의 모든 성읍을 공격하여 점령하였다. **14** 그래서 유다의 히스기야 왕은 라기스에 와 있는 앗시리아 왕에게 전령을 보내어 말하였다. "우리가 잘못하였습니다. 철수만 해주시면, 요구하시는 것은 무엇이나 드리겠습니다." 그러자 앗시리아 왕은 유다의 히스기야 왕에게 은 삼백 달란트와 금 삼십 달란트를 요구하였다. **15** 그리하여 히스기야는 주님의 성전과 왕궁의 보물 창고에 있는 은을 있는 대로 다 내주었다. **16** 그때에 유다의 히스기야 왕은, 주님의 성전 문과 기둥에 자신이 직접 입힌 금을 모두 벗겨서, 앗시리아 왕에게 주었다. **17** 그런데도 앗시리아 왕은 다르단과 랍사리스와 랍사게에게 많은 병력을 주어서, 라기스에서부터 예루살렘으로 올려 보내어 히스기야 왕을 치게 하였다. 그들은 예루살렘으로 올

숙적 블레셋을 격파하고 승승장구하던(8절) 히스기야와 유다가 앗시리아 앞에서는 갑자기 무기력한 반응을 보입니다(13–36절). 이처럼 순식간에 주저앉은 까닭은 무엇입니까? 대대적인 신앙 개혁을 통해 히스기야의 믿음은 무척 견고해졌을 것입니다. 블레셋에 진격한 일 역시 오직 하나님만이 그들의 힘이심을 믿은 데서 비롯된 과감하며 담대한 판단이었을 겁니다. 여기에서 열왕기하는 앞 장에서 다룬 북왕국 멸망 내용을 반복하면서 앗시리아의 위세를 환기시킵니다. 그러면서 북왕국의 멸망이 단순히 앗시리아와 북왕국의 국력 차이가 아니라, 북왕국이 하나님의 말씀을 듣고 순종하지 않았기 때문임을 분명히 합니다(12절). 이것은 히스기야가 하나님께 순종했던 것과 매우 대비되면서 북왕국과는 다른 상황이 전개될 것을 암시합니다. 히스기야가 앗시리아 산헤립의 진격 앞에 곧바로 굴복할 정도로 앗시리아의 기세는 참으로 대단했습니다. 그렇지만 그것이 끝은 아닙니다. 앗시리아의 대단한 위세는 도리어 하나님의 능력을 더욱 드러낼 따름입니다.

라가서, 위 저수지의 수로 곁에 있는 빨래터로 가는 큰길가에 포진하였다. 18 그들이 왕을 부르자, 힐기야의 아들 엘리야김 궁내대신과 셉나 서기관과 아삽의 아들 요아 역사 기록관이 그들을 맞으러 나갔다. 19 랍사게가 그들에게 말하였다. "히스기야에게 전하여라. 위대한 왕이신 앗시리아의 임금님께서 이렇게 말씀하신다. '네가 무엇을 믿고 이렇게 자신만만하냐? 20 전쟁을 할 전술도 없고, 군사력도 없으면서 입으로만 전쟁을 할 수 있다고 생각하느냐? 네가 지금 누구를 믿고 나에게 반역하느냐? 21 그러니 너는 부러진 갈대 지팡이 같은 이집트를 의지한다고 하지만, 그것을 믿고 붙드는 자는 손만 찔리게 될 것이다. 이집트의 바로 왕을 신뢰하는 자는 누구나 이와 같이 될 것이다. 22 너희는 또 나에게, 주 너희의 하나님을 의지한다고 말하겠지마는, 유다와 예루살렘에 사는 백성에게, 예루살렘에 있는 이 제단 앞에서만 경배하여야 한다고 하면서, 산당과 제단들을 모두 헐어버린 것이, 바로 너 히스기야가 아

아무리 무법천지여도 약속을 이렇게 쉽게 뒤집는 꼴은 처음 봅니다. 유다가 요구를 다 들어주었는데도(14–15절) 어째서 앗시리아는 공격을 멈추지 않습니까?(17절) 무법천지, 그것이 힘을 가진 이들의 본질적인 특징입니다. 그것이 고대 앗시리아든, 오늘날의 정통성 없는 권력이나 재벌 기업이든 말입니다. 앗시리아의 기세가 어찌나 대단하고 위협적이었던지 하나님만을 의지했던 히스기야는 너무 두려워서 곧바로 막대한 조공을 바칩니다. 그는 "주님께서 보시기에 올바른 일"(3절)을 했지만, 앗시리아 앞에 "우리가 잘못하였습니다"(14절)라고 고백합니다. 하나님의 집인 성전에 입힌 금을 모두 벗겨 앗시리아 왕에게 보내기까지 합니다(15–16절). 앗시리아로서는 한 번 거역한 히스기야와 유다를 완전히 장악하고 제국의 힘을 확실하게 각인시킬 필요를 느꼈을 것입니다. 다른 나라들에게 사례를 보이기 위해서라도 제대로 밟아야겠다고 생각한 것 같습니다. 제국의 오만하면서도 강력한 위력과 유다의 참상이 대조되면서 현실을 적나라하게 드러냅니다.

니냐!' 23 이제 나의 상전이신 앗시리아의 임금님과 겨루어보아라. 내가 너에게 말 이천 필을 준다고 한들, 네가 그 위에 탈 사람을 내놓을 수 있겠느냐? 24 그러니 네가 어찌 내 상전의 부하들 가운데서 하찮은 병사 하나라도 물리칠 수 있겠느냐? 그러면서도 병거와 기병의 지원을 받으려고 이집트를 의존하느냐? 25 이제 생각하여보아라. 내가 이곳을 쳐서 멸망시키려고 오면서, 어찌 너희가 섬기는 주님의 허락도 받지 않고 왔겠느냐? 너희의 주님께서 내게 말씀하시기를, 그 땅을 치러 올라가서, 그곳을 멸망시키라고, 나에게 친히 이르셨다."

26 ○ 힐기야의 아들 엘리야김과 셉나와 요아가 랍사게에게 말하였다. "성벽 위에서 백성들이 듣고 있으니, 우리에게 유다 말로 말씀하지 말아 주십시오. 이 종들에게 시리아 말로 말씀하여주십시오. 우리가 시리아 말을 알아듣습니다."

27 ○ 그러나 랍사게가 그들에게 대답하였다. "나의 상전께서, 나를 보내셔서, 이 말을 하게 하신 것은, 다만 너희의 상전과 너희만 들으라고 하신 것이 아니다. 너희와 함께, 자기가 눈 대변을 먹고 자기가 본 소변을 마실, 성벽 위에 앉아 있는 저 백성에게도 이 말을 전하라고 나를 보내셨다."

13-36절에 비춰보면 7절의 설명은 순 공갈이나 허세처럼 보입니다. 주님을 열심히 섬겨도 곤욕을 면할 수 없다면 무슨 덕을 보려고 하나님을 따른다는 말입니까?
주님을 섬긴다고 모든 일이 즉각 다 잘 풀리지는 않습니다. 믿음으로 모든 불행이나 가난, 아픔이 없어진다는 생각에는 가난이나 질병, 아픔은 그저 부정적이고 나쁜 것이라는 전제가 깔려 있습니다. 그러나 무엇인가의 부족함은 우리로 하여금 삶의 더 깊고 넓은 의미를 깨닫게 하지 않습니까? 히스기야처럼 하나님만을 의지하는 신앙인도 살면서 어려움을 겪습니다. 두려움에 빠져 성전의 모든 것을 적에게 바치기도 합니다. 그러나 이런 과정을 거치면서 진정한 평화는 제아무리 돈을 갖다

28 ○ 랍사게가 일어나서 유다 말로 크게 외쳤다. "너희는 위대한 왕이신 앗시리아의 임금님께서 하시는 말씀을 들어라! 29 임금님께서 이렇게 말씀하신다. '히스기야에게 속지 말아라. 그는 너희를 내 손에서 구원해낼 수 없다. 30 히스기야가 너희를 속여서, 너희의 주가 너희를 구원할 것이며, 이 도성을 앗시리아 왕의 손에 절대로 넘겨주지 않으실 것이라고 말하면서, 너희로 주님을 의지하게 하려 하여도, 너희는 그 말을 믿지 말아라. 31 히스기야의 말을 듣지 말아라.' 앗시리아의 임금님께서 이렇게 말씀하신다. '나와 평화조약을 맺고, 나에게로 나아오너라. 그리하면 너희는 각각 자기의 포도나무와 자기의 무화과나무에서 난 열매를 따 먹게 될 것이며, 각기 자기가 판 샘에서 물을 마시게 될 것이다. 32 내가 다시 와서 너희의 땅과 같은 땅, 곧 곡식과 새 포도주가 나는 땅, 빵과 포도원이 있는 땅, 올리브기름과 꿀이 흐르는 땅으로 너희를 데려가서, 거기에서 살게 하고, 죽이지 않겠다. 그러므로 히스기야의 말을 듣지 말아라. 너희의 주가 너희를 구원할 것이라고 너희를 설득하여도, 히스기야의 말을 듣지 말아라. 33 뭇 민족의 신들 가운데서 어느 신이 앗시리아 왕의 손에서 자기 땅을 구원한

바쳐도 주어지지 않으며, 하나님만이 참된 평화의 근원임을 경험하고 알게 됩니다. 그리고 무엇보다 어려움 가운데서도 하나님 신뢰하기를 깨닫게 됩니다. 모든 일이 잘 풀리는 것보다 더 가치 있는 건 '어려움 가운데서도 하나님 신뢰하기'를 깨달은 우리 인격과 마음의 변화일 것입니다.

일이 있느냐? **34** 하맛과 아르밧의 신들은 어디에 있으며, 스발와임과 헤나와 아와의 신들은 또 어디에 있느냐? 그들이 사마리아를 내 손에서 건져내었느냐? **35** 여러 민족의 신들 가운데서, 그 어느 신이 내 손에서 자기 땅을 구원한 일이 있기에, 주 너희의 하나님이 내 손에서 예루살렘을 구원해낸다는 말이냐?"

36 ○ 백성은 한마디도 대답하지 않고 조용히 있었다. 그에게 아무런 대답도 하지 말라는 왕의 명령이 있었기 때문이다. **37** 힐기야의 아들 엘리야김 궁내대신과 셉나 서기관과 아삽의 아들 요아 역사 기록관이, 울분을 참지 못하여 옷을 찢으며 히스기야에게 돌아와서, 랍사게의 말을 그대로 전하였다.

{ 제19장 }

왕이 이사야의 충고를 듣고자 하다(사 37:1-7)

1 히스기야 왕도 이 말을 듣고, 울분을 참지 못하여 자기의 옷을 찢고, 베옷을 두르고, 주님의 성전으로 들어갔다. 2 그는 엘리야김 궁내대신과 셉나 서기관과 원로 제사장들에게 베옷을 두르게 한 뒤에, 이 사람들을 아모스의 아들 이사야 예언자에게 보냈다. 3 그들이 이사야에게 가서 히스기야 왕의 말씀이라고 하면서, 이렇게 말하였다. "오늘은 환난과 징계와 굴욕의 날입니다. 아이를 낳으려 하나, 낳을 힘이 없는 산모와도 같습니다. 4 주 예언자님의 하나님께서는, 랍사게가 한 말을 다 들으셨을 것입니다. 랍사게는, 살아계신 하나님을 모욕하려고, 그의 상전인 앗시리아 왕이 보낸 자입니다. 주 예언자님의 하나님께서 그가 하는 말을 들으셨으니, 그를 심판하실 것입니다. 예언자님께서는 여기에 남아 있는 우리들이 구원받도록

히스기야는 가까이 있는 원로 제사장들 제쳐두고 이사야에게 기도를 부탁합니다 (4절). 제사장과 예언자는 어떤 차이가 있습니까? 제사장과 예언자는 모두 하나님과 백성 사이의 중재자입니다. 제사장은 하나님께 제사하러 나오는 백성들을 대신해 피를 뿌리고 제물을 태워 제사를 집전하는 역할을 맡았습니다. 또 하나님의 백성이 하나님 앞에 합당하게 나오도록 제사 규례를 가르치고 이스라엘 백성의 상태를 점검합니다. 반면 예언자는 하나님과 백성 사이에서 상대의 말을 전달하는 '대변인' 혹은 '대언자' 역할을 수행합니다. 하나님을 대신해 하나님의 말씀을 백성들에게 선포하는 예언자의 역할을 열왕기를 비롯한 성경에서 많이 발견할 수 있습니다. 그와 동시에 백성들의 상황과 처지, 어려움을 백성 대신 하나님께 아뢰는 것 역시 예언자가 수행하는 중요한 역할입니다. 히스기야가 이사야에게 하나님께 기도해달라 부탁하는 것은 이러한 예언자의 직무에서 비롯된 행동입니다.

기도하여주십시오."

5 ○ 히스기야 왕의 신하들이 이사야에게 가서 이렇게 말하니,
6 이사야가 그들에게 대답하였다. "당신들의 왕에게 이렇게
전하십시오. 주님께서 이렇게 말씀하십니다. '앗시리아 왕의
부하들이 나를 모욕하는 말을 네가 들었다고 하여, 그렇게 두
려워하지 말아라. 7 내가 그에게 한 영을 내려보내어, 그가 뜬
소문을 듣고 자기의 나라로 돌아가게 할 것이며, 거기에서 칼
에 맞아 죽게 할 것이다.'"

앗시리아가 또 다른 협박을 해오다(사 37:8-20)

8 ○ 랍사게는 자기의 왕이 라기스를 떠났다는 소식을 듣고 후
퇴하여, 립나를 치고 있는 앗시리아 왕과 합세하였다. 9 그때
에 앗시리아 왕은 에티오피아의 디르하가 왕이 자기와 싸우려
고 출전하였다는 말을 들었다. 그리하여 그는 히스기야에게
다시 사신들을 보내어, 이렇게 말하였다. 10 "너희는 유다의
히스기야 왕에게 이렇게 전하여라. '네가 의지하는 네 하나님
이 예루살렘을 앗시리아 왕의 손에 넘어가게 하지 않을 것이

'영'(7절)은 어떤 존재입니까? 35절에 등장하는 천사와는 달리 봐야 할까요? 영과
천사는 모두 하나님께서 부리시는 하나님의 일꾼이라고 할 수 있습니다. 주로 '영'
은 어떤 인격이나 실체를 지녔다기보다는 사람의 마음과 생각 속에서 특정한 작용
을 하는 존재인 경우가 많습니다. 물론 '영'이 마치 사람처럼 말하고 생각하기도 하
는 예가 드물지만 있습니다(예, 왕상 22:19-23). 반면 '천사'는 그야말로 사람과 같
습니다. 사람 모습으로 등장하고, 사람처럼 말하고 움직이고 행동합니다. 영이든
천사든 기본적으로 이 존재의 가장 중요한 의미는 하나님과 사람 사이에서 하나님
의 뜻을 알리고 수행하는 역할을 한다는 점입니다.

라고 해도, 너는 그 말에 속지 말아라. 11 너는 앗시리아의 왕들이 다른 모든 나라를 멸하려고 어떻게 하였는지를 잘 들었을 것이다. 그런데 너만은 구원을 받을 수 있을 것이라고 믿느냐? 12 나의 선왕들이 멸망시킨 고산과 하란과 레셉과, 그리고 들라살에 있는 에덴 족을 그 민족들의 신들이 구하여낼 수 있었느냐? 13 하맛의 왕, 아르밧의 왕, 스발와임 도성의 왕, 그리고 헤나와 이와의 왕들이 모두 어디로 갔느냐?"

14 ○ 히스기야는 사신들에게서 이 편지를 받아 읽었다. 그리고는 주님의 성전으로 올라가서, 주님 앞에 편지를 펴놓은 뒤에, 15 주님께 기도하였다. "그룹들 위에 계시는 주 이스라엘의 하나님, 주님만이 이 세상의 모든 나라를 다스리시는 오직 한 분뿐인 하나님이시며, 하늘과 땅을 만드신 분이십니다. 16 주님, 귀를 기울여 들어주십시오. 주님, 눈여겨보아 주십시오. 살아계신 하나님을 모욕하는 말을 전한 저 산헤립의 망언을 잊지 마십시오. 17 주님, 참으로 앗시리아의 왕들이 여러 나라와 그 땅을 마구 짓밟아버렸습니다. 18 여러 민족이 믿는 신

앗시리아 왕의 편지를 하나님 앞에 펼쳐놓는(14절) 히스기야의 속내는 무엇입니까? 불경스러운 물건을 성전에 들이는 건 노여움을 살 짓이 아닌가요? 이전에 이사야에게 기도를 부탁하던 히스기야는 이제 자신이 직접 하나님의 성전에 나아가서 하나님 앞에 기도합니다. 정말로 그 편지의 내용이 불경스러우며 무엇보다도 하나님을 모욕하는 것이기에, 히스기야는 그대로 하나님께 아뢰며 하나님께서 친히 이 모욕을 갚고 바로잡으시기를 기도합니다. 이렇게 하나님께 나아오는 것은 더 이상 사람으로는 할 수 있는 일이 없다는 것을 고백하는 행동입니다. 이제 히스기야가 기대하고 바랄 수 있는 모든 것은 오직 주 하나님의 행하심밖에 없습니다. 그리고 히스기야는 그의 하나님이야말로 앗시리아가 무찔렀던 이방의 신들과는 근본적으로 다른, 유일하신 하나님이심을 굳게 믿고 있습니다. 열왕기는 위기의 시간에 이렇게 하나님을 신뢰하며 기도하라고 독자와 청중을 격려합니다.

들을 모두 불에 던져 태웠습니다. 물론 그것들은 참 신이 아니라, 다만 나무와 돌로 만든 것이었기에, 앗시리아 왕들에게 멸망당할 수밖에 없었습니다마는, **19** 주 우리의 하나님, 이제 그의 손에서 우리를 구원하여주셔서, 세상의 모든 나라가, 오직 주님만이 홀로 주 하나님이심을 알게 하여주십시오."

이사야가 왕에게 전한 말(사 37:21-38)

20 ○ 아모스의 아들 이사야가 히스기야에게 사람을 보내어, 이렇게 말하였다. "주 이스라엘의 하나님께서는, 임금님께서 앗시리아의 산헤립 왕의 일 때문에 주님께 올린 그 기도를 주님께서 들으셨다고 말씀하시면서, **21** 앗시리아 왕을 두고 다음과 같이 말씀하셨습니다. '처녀 딸 시온이 오히려 너 산헤립을 경멸하고 비웃을 것이다. 딸 예루살렘이 오히려 물러나는 네 뒷모습을 보면서 머리를 흔들 것이다. **22** 네가 감히 누구를 모욕하고 멸시하였느냐? 네가 누구에게 큰소리를 쳤느냐? 나 이

25절은 인류 역사의 주역으로 하나님을 내세웁니다. 그게 사실이라면 인간의 역할은 무엇입니까? 장기판 위의 말들입니까? 구약성경과 신약성경은 주 하나님이 온 세상의 모든 것을 뜻대로 주관하시는 분임을 증언하며 선언합니다. 하나님을 믿는다는 것은 나의 삶과 우리, 대한민국, 그리고 온 세계가 하나님의 뜻 안에 있음을 신뢰하는 것입니다. 그러나 사람이 장기 말에 불과하다면, 하나님께서는 굳이 하나님이 어떤 분인지 알리실 필요조차도 없을 겁니다. 누구도 장기 말과 그런 대화를 나누지는 않을 것입니다. 이사야를 통해 선포된 하나님의 행하심에 관한 이 말씀이 히스기야가 하나님을 굳게 신뢰하며 드린 기도에 이어졌다는 점 또한 사람의 행동과 하나님의 행하심이 결합되어 있음을 보여줍니다. 온 세상의 하나님을 믿고 신뢰하기에 일상에서 하나님의 뜻을 믿으며 하나하나 내가 할 수 있는 일, 우리가 할 수 있는 일을 행하는 것이 필요합니다.

스라엘의 거룩한 자에게 감히 네 눈을 부릅떴느냐? 23 네가 전령들을 보내어 나 주를 조롱하며 말하기를, 내가 수많은 병거를 몰아 높은 산 이 꼭대기에서 저 꼭대기까지 레바논의 막다른 곳까지 깊숙이 들어가서 키 큰 백향목과 아름다운 잣나무를 베어버리고, 울창한 숲속 깊숙이 들어가서 그 끝까지 들어갔고, 24 그러고는 땅을 파서 다른 나라의 물을 마시며, 발바닥으로 밟기만 하고서도 이집트의 모든 강물을 말렸다고 하였다. 25 그러나 산헤립아, 너는 듣지 못하였느냐? 그런 일은 이미 내가 오래전에 결정한 것들이고, 이미 내가 아득한 옛날부터 계획한 것들이다. 이제 내가 그것을 이루었을 뿐이다. 그래서 네가 견고한 요새들을 돌무더기로 만들고, 26 여러 민족의 간담을 서늘하게 하고, 공포에 질리게 하고, 부끄럽게 하였다. 민족들은 초목과 같고 자라기도 전에 말라버리는 풀포기나 지붕 위의 잡초와 같았다. 27 나는 다 알고 있다. 네가 앉고 서는

"나 주의 열심"(31절)이라는 표현이 독특합니다. '주가'가 아니라 '주의 열심'이라고 한 의도는 무엇입니까? 여기에서 '열심'으로 번역된 히브리말은 다른 곳에서는 '질투'라고 번역되기도 합니다. 가령 십계명은 하나님을 일러 '질투하는 하나님'이라 부릅니다(출 20:5; 신 5:9). 앗시리아 왕은 자신이 무찔렀던 나라의 신들이 아무런 힘도 없는 존재였음을 말하면서, 히스기야의 하나님 역시 마찬가지라고 하나님을 모욕합니다. 여러 종교를 비교하면서 이스라엘의 하나님도 사람이 만들어내고 의지하는 허상이라 말한 셈입니다. 그러나 그는 이스라엘의 주 하나님이 '비교할 수 없는' 하나님임을 알지 못했습니다. 이스라엘을 향한 하나님의 열심. 그러니까 광대한 제국을 이룬 자신이야말로 하나님보다 더 대단한 존재라 내세우는 앗시리아에 대한 하나님의 질투가 이제 놀라운 일을 이룰 것입니다. 사람의 질투나 열심은 자신의 유익만을 위한 것일 때가 많지만, 하나님의 열심과 질투는 그분을 신뢰하는 이들로 하여금 하나님이 아닌 헛된 우상에서 놓여나게 하고 강력한 제국의 엄청난 힘과 세력의 영향에서 벗어나게 합니다. 그래서 하나님의 질투와 열심은 사람으로 하여금 진정한 자유를 누리게 합니다.

것, 네가 나가고 들어오는 것, 네가 내게 분노를 품고 있다는 것도, 나는 모두 다 알고 있다. 28 네가 내게 품고 있는 분노와 오만을, 이미 오래전에 내가 직접 들었기에, 내가 네 코에 쇠 갈고리를 꿰고, 네 입에 재갈을 물려, 네가 왔던 그 길로 너를 되돌아가게 하겠다. 29 히스기야야, 너에게 증거를 보이겠다. 백성이 금년에 들에서 저절로 자라난 곡식을 먹고, 내년에도 들에서 저절로 자라난 곡식을 먹을 것이다. 그러나 내후년에 는 백성이 씨를 뿌리고 곡식을 거둘 것이며, 포도밭을 가꾸어 서 그 열매를 먹게 될 것이다. 30 유다 사람들 가운데서 환난 을 피하여 살아남은 사람들이 다시 땅 아래로 깊이 뿌리를 내 리고, 위로 열매를 맺을 것이다. 31 살아남은 사람들이 예루살 렘에서부터 나오고, 환난을 피한 사람들이 시온산에서부터 나 올 것이다. 나 주의 열심이 이 일을 이룰 것이다.'

32 ○ 그러므로 앗시리아의 왕을 두고, 주님께서 이렇게 말씀 하십니다. '그는 이 도성에 들어오지 못하며, 이리로 활 한번 쏴보지도 못할 것이다. 방패를 앞세워 접근하지도 못하며, 성 을 공격할 흙 언덕을 쌓지도 못할 것이다. 33 그는 왔던 길로 되돌아간다. 이 도성 안으로는 결코 들어오지 못한다. 이것은

천사가 18만 5천 명을 몰살했다는 35절은 도무지 믿어지지 않습니다. 억지로라도 믿고 받아들여야 크리스천이 될 수 있는 걸까요? 오늘 우리는 지금으로부터 2천 년도 더 오래전, 열왕기가 만들어지던 시기의 기록 관행 같은 것을 정확히 알지 못 합니다. 전쟁의 승리 기록은 언제나 과장이 있기 마련입니다. 이곳을 비롯해 성경 의 숫자들은 꽤 구체적입니다. 그래서 지금 다루는 이야기가 그저 지어내거나 상 상 속의 일이 아닌, 실제의 사건임을 강력하게 증언합니다. 그렇다고 해서 여기에 언급된 숫자가 글자 그대로 정확하다 여기거나 믿어야 할 필요는 없습니다. 중요 한 것은 그토록 기세등등하던 제국 앗시리아가 팔레스타인의 조그마한 나라 유다

나 주의 말이다. **34** 나는 내 명성을 지키기 위해서라도 이 도성을 보호하여 구원하고, 내 종 다윗을 보아서라도 그렇게 하겠다.'"

산혜립의 최후

35 ○ 그날 밤에 주님의 천사가 나아가서, 앗시리아 군의 진영에서 십팔만 오천 명을 쳐 죽였다. 다음 날 아침이 밝았을 때에 그들은 모두 주검으로 발견되었다.

36 ○ 앗시리아의 산혜립 왕이 그곳을 떠나, 니느웨 도성으로 돌아가서 머물렀다. **37** 그러던 어느 날, 그가 자기의 신 니스록의 신전에서 예배하고 있을 때에, 그의 아들 아드람멜렉과 사레셀이 그를 칼로 쳐 죽이고, 아라랏 땅으로 도망하였다. 그의 아들 에살핫돈이 뒤를 이어 왕이 되었다.

를 위협하다가 완벽하게 실패하고 돌아갔다는 점입니다. 열왕기는 우리를 위협하는 세력이나 강대국의 횡포에 절망하거나 체념하지 말고, 굴복하지 말라고 권합니다. 18만 5천의 숫자를 믿는 것보다 더 중요한 일은 오늘 눈앞의 현실이나 보이는 게 전부라고 생각하지 않는 것, 그래서 하나님을 신뢰하며 그 강한 것들에 굴복하지 않고 한 걸음 살아가는 태도입니다.

{ 제20장 }

히스기야의 발병과 회복(대하 32:24-26; 사 38:1-8, 21-22)

1 그 무렵에 히스기야가 병이 들어 거의 죽게 되었는데, 아모스의 아들 이사야 예언자가 그에게 와서 말하였다. "주님께서 이렇게 말씀하십니다. '네가 죽게 되었으니 네 집안의 모든 일을 정리하여라. 네가 다시 회복되지 못할 것이다.'" 2 이 말을 듣고서, 히스기야는 그의 얼굴을 벽쪽으로 돌리고, 주님께 기도하여 3 아뢰었다. "주님, 주님께 빕니다. 제가 주님 앞에서 진실하게 살아온 것과, 온전한 마음으로 순종한 것과, 주님께서 보시기에 선한 일을 한 것을, 기억해주십시오." 이렇게 기도하고 나서, 히스기야는 한참 동안 흐느껴 울었다. 4 이사야가 궁전 안뜰을 막 벗어나려 할 때에, 주님께서 이사야에게 말씀하셨다. 5 "너는 되돌아가서 내 백성의 주권자인 히스기야에게 전하여라. '네 조상 다윗을 돌본 나 주 하나님이 말한다.

하나님은 히스기야의 기도를 듣고 생명을 연장해줍니다(5절). 누구나 열심히 기도하면 하나님의 계획을 바꿀 수 있습니까? 20장은 죽을병에 걸린 히스기야가 치유된 사건, 그리고 유다가 결국 바빌론에 멸망해 모두 빼앗길 것이란 예고를 서술하면서, 임금과 나라 전체의 운명이 모두 하나님의 손 안에 있음을 증언합니다. 만일 역사가 도무지 바꿀 수 없는 어떤 것이라면, 그것은 하나님께서 주관하시지 않는다는 증거가 될 겁니다. 그래서 사람의 기도와 일상의 순종은 하나님의 뜻에 따라 역사의 흐름을 바꾸기도 하고, 개인의 삶을 변화시키기도 합니다. 다만 모든 기도가 다 그렇게 되는 건 아니고, 그 역시 하나님의 깊은 뜻과 계획 가운데 종종 놀라운 변화를 만들어내기도 합니다. 그래서 결과와는 무관하게 사람이 마땅히 해야 할 일은 슬픔과 괴로움, 고통 속에서도 하나님을 신뢰하며 기도하는 것입니다. 히스기야는 그런 기도를 드렸고, 하나님의 들으심을 경험했습니다.

네가 기도하는 소리를 내가 들었고, 네가 흘리는 눈물도 내가 보았다. 내가 너를 고쳐주겠다. 사흘 뒤에는 네가 주의 성전으로 올라갈 수 있을 것이다. 6 내가 너의 목숨을 열다섯 해 더 연장시키고, 너와 이 도성을 앗시리아 왕의 손에서 구하여서, 이 도성을 보호하겠다. 내 명성을 지키기 위해서라도, 그리고 내 종 다윗을 보아서라도, 내가 이 도성을 보호하겠다.'"

7 ○ 그리고 이사야가 왕의 신하들에게, 무화과 반죽을 가져오라고 하였다. 신하들이 그것을 가져와서 왕의 상처 위에 붙이니, 왕의 병이 나았다. 8 히스기야가 이사야에게 말하였다. "주님께서 나를 고치셔서, 사흘 뒤에는 내가 주님의 성전에 올라갈 수 있게 된다고 하셨는데, 그 증거가 무엇입니까?" 9 이사야가 대답하였다. "주님께서 그 약속하신 바를 그대로 이루실 것을 보여주는 증거가 여기에 있습니다. 해 그림자를 십 도 앞으로 나아가게 할지, 십 도 뒤로 물러나게 할지, 어떻게 하는 것이 좋을지 말씀해주십시오." 10 히스기야가 대답하였다. "해 그림자를 십 도 더 나아가게 하는 것은 쉬운 일인 것 같습

태양의 진행이 달라지면(10-11절) 기후와 생태에 미치는 영향이 적지 않을 텐데, 하나님이 히스기야 한 사람을 위해 이런 일까지 하는 이유를 모르겠습니다. 하나님의 응답에는 히스기야의 생명 연장만이 아니라 예루살렘 도성의 보호도 있습니다(6절). 하나님께서는 하나님의 명성을 위해, 그리고 다윗을 위해 이 성을 보호하겠다고 말씀하십니다. 이로 보건대 이번 일의 핵심은 그저 개인의 생명 연장이 아니라 하나님께서 유다와 예루살렘을 지키시겠다는 약속, 즉 유다의 생명 연장이라 할 수 있습니다. 과거 여호수아는 이스라엘의 승리를 위해 태양이 멈출 것을 구했고(수 10:12-13), 이스라엘의 구원을 위해 기드온 역시 하나님께 표적을 구했습니다(삿 6:36-39). 과학적으로 어떻게 저러한 일이 가능한지 결코 설명할 수 없고 입증하는 것도 불가능하지만, 성경은 하나님께서 그분의 백성 이스라엘을 위해 크고 놀라운 일을 행하시는 분임을 명확하게 증언합니다.

니다. 그러므로 그림자가 십 도 뒤로 물러나게 해주십시오."
11 이사야 예언자가 주님께 기도를 드린 뒤에, 아하스의 해시계 위로 드리운 그 그림자를 뒤로 십 도 물러나게 하였다.

바빌로니아에서 온 사절단(사 39:1-8)

12 ○ 그때에 발라단의 아들 바빌로니아의 므로닥발라단 왕이, 히스기야가 병들었다는 소식을 듣고, 친서와 예물을 히스기야에게 보내왔다. 13 히스기야는 그들을 반가이 맞아들이고, 보물 창고에 있는 은과 금과 향료와 향유와 무기고와 창고 안에 있는 모든 것을 그들에게 다 보여주었다. 히스기야는 그들에게 궁궐과 나라 안에 있는 것을 하나도 빠짐없이 모두 다 보여주었다.

14 ○ 그때에 이사야 예언자가 히스기야에게 와서 물었다. "이 사람들이 무슨 말을 하였습니까? 이 사람들은 어디에서 온 사람들입니까?" 히스기야가 대답하였다. "그들은 먼 나라 바빌로니아에서 온 사람들입니다." 15 이사야가 또 물었다.

히스기야가 사신에게 창고와 무기고를 공개한(13절) 의도는 무엇입니까? 당시 바빌로니아는 신흥 강국입니다. 그래서 바빌로니아 사신들이 유다의 히스기야를 방문한 것은 병문안을 핑계로 동맹을 맺고자 한 것이라 여겨집니다. 히스기야가 그 사신들에게 '무기고'를 보여준 행위 역시 이 상황의 본질은 동맹 수립임을 짐작하게 합니다. 당시에 에티오피아의 디르하가, 바빌로니아, 그리고 유다는 앗시리아에 맞서는 동맹을 형성했습니다. 히스기야는 유다가 여전히 무시하지 못할 힘을 지니고 있음을 바빌로니아에 알리고자 했겠지만, 외국과의 이러한 동맹은 하나님께서 책망하며 심판하시는 행동입니다. 하나님만을 의지하기는 두려워서 더 강한 나라들과 동맹을 맺는 것이므로 구약성경의 예언자들은 한결같이 이러한 외교 정책을 두고 하나님을 버린 행위라고 규탄했습니다.

"그들이 임금님의 궁궐에서 무엇을 보았습니까?" 히스기야가 대답하였다. "그들은 나의 궁궐 안에 있는 모든 것을 보았고, 나의 창고 안에 있는 것도, 그들이 못 본 것은 하나도 없습니다." 16 이사야가 히스기야에게 말하였다. "주님의 말씀을 들으십시오. 17 '그날이 다가오고 있다. 그날이 오면, 네 왕궁 안에 있는 모든 것과, 오늘까지 네 조상이 저장하여놓은 모든 보물이, 남김없이 바빌론으로 옮겨갈 것이다.' 주님께서 또 말씀하십니다. 18 '너에게서 태어날 아들 가운데서 더러는 포로로 끌려가서, 바빌론 왕궁의 환관이 될 것이다.'" 19 히스기야가 이사야에게 말하였다. "예언자께서 전하여준 주님의 말씀은 지당한 말씀입니다." 히스기야는 자기가 살아 있는 동안만이라도 평화와 안정이 계속된다면, 그것만으로도 다행이라고 생각하였다.

히스기야 통치의 끝(대하 32:32-33)

20 ○ 히스기야의 나머지 행적과, 그가 누린 모든 권력과, 어

16-17절은 히스기야의 행동에 대한 처벌입니까? 아니면 그저 앞으로 일어날 일을 알려주는 예언입니까? 히스기야는 바빌로니아와 동맹을 시도했지만, 이사야는 유다의 모든 귀한 것들이 다 바빌론으로 옮겨질 것이라 선언합니다. 이것을 두고 히스기야의 행동에 대한 하나님의 심판이라 볼 수도 있지만, 그보다는 바빌로니아가 유다의 안전망이나 희망이 결코 아님을 선포한 것으로 이해하는 게 좋습니다. 그래서 유다의 모든 귀한 것을 보여준 히스기야의 행동은 유다와 예루살렘의 모든 귀한 것이 바빌론으로 옮겨질 것임을 미리 보여준 상징적이면서도 예표 같은 행동입니다. 이를 들은 히스기야는 그래도 자신이 다스리는 동안에는 하나님께서 이 나라를 멸망시키지 않으시니 다행이라 생각합니다. 이러한 히스기야의 생각 역시 지극히 이기적인 행동이라기보다는, 그나마 얼마의 시간을 나라에 허락하셨음에 대한 감사 표현이라 볼 수 있습니다.

떻게 그가 저수지를 만들고 수로를 만들어서 도성 안으로 물을 끌어들였는지는 '유다 왕 역대지략'에 기록되어 있다. 21 히스기야가 그의 조상과 함께 누워 잠드니, 그의 아들 므낫세가 그의 뒤를 이어 왕이 되었다.

{ 제21장 }

유다 왕 므낫세(대하 33:1-20)

1 므낫세는 왕이 되었을 때에 열두 살이었다. 그는 예루살렘에서 쉰다섯 해 동안 다스렸다. 그의 어머니는 헵시바이다. 2 므낫세는 주님께서 보시기에 악한 일을 하였다. 그는, 주님께서 이스라엘 자손이 보는 앞에서 쫓아내신 이방 사람들의 역겨운 풍속을 따랐다. 3 그는 아버지 히스기야가 헐어버린 산당들을 다시 세우고, 바알을 섬기는 제단을 쌓았으며, 이스라엘 왕 아합이 한 것처럼, 아세라 목상도 만들었다. 그는 또 하늘의 별을 숭배하고 섬겼다. 4 또 그는, 주님께서 일찍이

므낫세의 악행 목록에 점치는(6절) 일이 들어가 있는 걸 보고 깜짝 놀랐습니다. 크리스천 가운데도 장난삼아 점쟁이를 찾아가는 이들이 있지 않나요? 므낫세는 남 왕국 유다의 운명을 멸망으로 치닫게 만드는 데 결정적인 역할을 했다고 할 만큼 악을 잔뜩 행했습니다. 이방 사람들의 풍속을 따라 산당을 세우고 바알을 섬겼고, 아세라 목상도 만들고, 하늘의 별도 섬겼습니다. 심지어 성전 안에도 이방 신과 하늘의 별을 섬기는 제단을 만들고 자신의 아들을 불살라 바치는 종교 예식을 거행하고, 점과 마술, 악령과 귀신 불러내기를 행했습니다. 거기에 죄 없는 사람을 많이 죽이기까지 했습니다(16절). 이 무수한 종교 행위는 오직 자신의 탐욕을 충족시

"내가 예루살렘 안에 나의 이름을 두겠다" 하고 말씀하신 주님의 성전 안에도 이방신을 섬기는 제단을 만들었다. 5 주님의 성전 안팎 두 뜰에도 하늘의 별을 섬기는 제단을 만들어 세웠다. 6 그래서 그는 자기의 아들들을 불살라 바치는 일도 하고, 점쟁이를 불러 점을 치게도 하고, 마술사를 시켜 마법을 부리게도 하고, 악령과 귀신을 불러내어 물어보기도 하였다. 이렇게 하여 그는, 주님께서 보시기에 악한 일을 많이 하여, 주님께서 진노하시게 하였다. 7 그는 자신이 손수 새겨 만든 아세라 목상을 성전 안에 세웠다. 그러나 이 성전은, 일찍이 주님께서 이 성전을 두고 다윗과 그의 아들 솔로몬에게 말씀하실 때에 "내가 이스라엘의 모든 지파 가운데서 선택한 이 성전과, 이 예루살렘 안에 영원토록 내 이름을 두겠다. 8 그리고 그들이, 내가 그들에게 명한 계명과 내 종 모세가 그들에게 명령한 율법을 성실히 지키기만 하면, 이스라엘이 다시는, 내가 그들의 조상에게 준 이 땅을 떠나서 방황하지 않게 하겠다" 하고 말씀하신 그곳이다. 9 그러나 그 백성들은 이 말씀에 복종하지 않았다. 오히려 므낫세는, 주님께서 이스라엘 자손의 면전에서 멸망시키신 그 이방 민족들보다 더 악한

키는 수단이었을 것입니다. 오늘날에도 점을 치는 이들이 있지만, 무조건 잘못이라 판단하기는 어렵습니다. 재미로 하는 사람도 있을 테니까요. 점이 문제인 것은 점을 친다고 해서 이웃을 사랑하게 된다거나 정의를 행하게 되지는 않기 때문입니다. 점은 사람을 바꾸는 것이 아니라, 당장의 이익을 구하게 한다는 점에서 지극히 문제입니다.

일을 하도록 백성을 인도하였다.

10 ○ 그래서 주님께서는 주님의 종, 예언자들을 시켜서 이렇게 말씀하셨다. **11** "유다의 므낫세 왕이 이러한 역겨운 풍속을 따라, 그 옛날 아모리 사람이 한 것보다 더 악한 일을 하고, 우상을 만들어, 유다로 하여금 죄를 짓도록 잘못 인도하였으므로, **12** 주 이스라엘의 하나님이 말한다. 내가 예루살렘과 유다에 재앙을 보내겠다. 이 재앙의 소식을 듣는 사람은 누구나 가슴이 내려앉을 것이다. **13** 내가 사마리아를 잰 줄과 아합 궁을 달아본 추를 사용하여, 예루살렘을 심판하겠다. 사람이 접시를 닦아 엎어놓는 것처럼, 내가 예루살렘을 말끔히 닦아내겠다. **14** 내가 내 소유인, 내 백성 가운데서 살아남은 사람을 모두 내버리겠고, 그들을 원수의 손에 넘겨주겠다. 그러면 그들이 원수들의 먹이가 될 것이고, 그 모든 원수에게 겁탈을 당할 것이다. **15** 그들은 내가 보기에 악한 일을 하였고, 그들이 이집트에서 나온 조상 때로부터 오늘까지, 나를 분노하게 만들었다.

므낫세는 하나님의 미움을 살 일들만 골라 저지르다시피 했습니다(2–17절). 그런데도 55년이나 나라를 다스리게 한 이유를 모르겠습니다. 하나님의 뜻을 따라 행하는 것과 무병장수, 오랜 통치는 비례하기도 하지만, 언제나 그렇지는 않습니다. 가령 북왕국의 여로보암 2세는 부정적 평가 일색이지만, 그의 통치 기간에 북왕국의 영토가 가장 넓었고, 북왕국에서는 드물게 41년이나 통치했습니다(14:23–29). 어떤 이들은 참으로 의롭고 바른 삶을 살았지만, 오래 살지 못하고 요절하기도 합니다. 오늘날에도 의로운 이들의 삶은 고통스러운데, 오히려 악당들이 오래도록 부귀영화를 누리는 것을 볼 수 있습니다. 누군가는 그 짧은 삶을 올바름으로 충만하게 살았다 할 수 있고, 어떤 이들은 그 길고 긴 삶과 통치를 온통 악으로 채웠다고 할 수 있습니다. 그래서 므낫세 같은 사례는 우리로 하여금 우리의 삶은 무엇을 추구하고 바라는지 돌아보게 합니다.

16 ○ 더욱이 므낫세는, 유다로 하여금 나 주가 보기에 악한 일을 하도록 잘못 인도하는 죄를 지었으며, 죄 없는 사람을 너무 많이 죽여서, 예루살렘이 이 끝에서부터 저 끝에 이르기까지, 죽은 이들의 피로 흠뻑 젖어 있다."

17 ○ 므낫세의 나머지 행적과, 그가 저질러놓은 일과, 그가 지은 모든 죄는 '유다 왕 역대지략'에 기록되어 있다. **18** 므낫세가 죽어서 그의 조상과 함께 누워 잠드니, 그의 궁궐 안에 있는 웃사의 정원에 장사 지냈다. 그리고 그의 아들 아몬이 그의 뒤를 이어 왕이 되었다.

유다 왕 아몬(대하 33:21-25)

19 ○ 아몬은 왕이 되었을 때에 스물두 살이었다. 그는 예루살렘에서 두 해 동안 다스렸다. 그의 어머니 므술레멧은 욧바 출신 하루스의 딸이다. **20** 그는 아버지 므낫세처럼 주님께서 보시기에 악한 일을 하였고, **21** 그의 아버지가 걸어간 길을 모두

백성들이 반역 세력을 쫓아내고 아몬의 아들을 왕으로 세운(24절) 까닭은 무엇입니까? 아몬은 하나님에겐 망나니였어도 백성들에게는 신망을 얻었던 인물인가요?
23-24절은 아몬 당시 '아몬 왕의 신하들'과 '그 땅의 백성'이라는 두 세력이 대립하고 있음을 보여줍니다. '그 땅의 백성'은 아몬을 죽인 신하들을 모두 제거하고 아몬의 아들 요시야를 왕으로 삼았으므로 다윗에서 이어지는 언약에 충실한 사람들이라 할 수 있습니다. 이들은 요시야 사후에도 요시야의 아들을 왕으로 세웠습니다(23:30). 그래서 이들은 다윗을 이으면서 요시야의 개혁과 통하는 집단이라 볼 수 있습니다. 그렇다면 아몬을 암살한 '신하들'은 그러한 개혁에 반하는 무리였을 수 있습니다. 남왕국 유다 말기에 이처럼 그 땅의 백성이 왕을 세우는 데 중요한 역할을 했다는 점은 무척 인상적입니다. 왕권이 세습되었지만, 왕권만이 전부가 아니며 백성의 역할이 컸음을 보여줍니다.

본받았으며, 그의 아버지가 섬긴 우상을 받들며 경배하였다. 22 그리고 조상 때부터 섬긴 주 하나님을 잊어버리고, 주님의 길을 따르지 아니하였다. 23 결국 아몬 왕의 신하들이 그를 반역하고, 궁 안에 있는 왕을 살해하였다. 24 그러나 그 땅의 백성은 아몬 왕을 반역한 신하들을 다 죽이고, 아몬의 뒤를 이어서, 그의 아들 요시야를 왕으로 삼았다. 25 아몬이 한 나머지 모든 일은 '유다 왕 역대지략'에 기록되어 있다. 26 그는 웃사의 정원에 있는 그의 묘지에 안장되었다. 그의 아들 요시야가 그의 뒤를 이어 왕이 되었다.

{ 제22장 }

유다 왕 요시야(대하 34:1-2)

1 요시야는 왕이 되었을 때에 여덟 살이었다. 그는 예루살렘에서 서른한 해 동안 다스렸다. 그의 어머니 여디다는 보스갓 출신 아다야의 딸이다. 2 요시야는 주님께서 보시기에 올바른 일을 하였고, 그의 조상 다윗의 모든 길을 본받아, 곁길로 빠지지 않았다.

율법책을 발견하다(대하 34:8-28)

3 ○ 요시야 왕 제십팔 년에 왕은, 아살랴의 아들이요 므술람의 손자인 사반 서기관을, 주님의 성전으로 보내며 지시하였다. 4 "힐기야 대제사장에게 올라가서, 백성이 주님의 성전에 바친 헌금, 곧 성전 문지기들이 백성으로부터 모은 돈을 모두 계산하도록 하고, 5 그 돈을 주님의 성전 공사 감독관들에게

"성전 문지기들이 백성으로부터 모은 돈"(4절)은 어떤 성격의 돈입니까? 헌금입니까, 아니면 세금입니까? 이 돈은 백성들이 성전에 바친 헌금입니다. 이렇게 헌금이 모이면 문지기들이 전체 금액을 확인한 후에 성전 공사를 맡은 감독관에게 전달하고, 감독관은 그것을 성전 수리를 직접 진행하는 목수들과 미장이를 비롯한 건축자들에게 지불합니다. 백성들이 성전에 바친 헌금이 성전 수리를 비롯한 성전 공사에 쓰이는 이러한 과정은 이미 12장에서 본 적이 있습니다. 헌금 가운데 십일조는 고대 이스라엘에서는 의무적인 것이었으니 오늘날의 세금과 비슷한 성격이라고도 할 수 있습니다. 그러나 하나님의 명령에 따라 구원과 선택을 경험한 이스라엘이 하나님께 드리는 것이라는 점에서, 어디까지나 십일조를 비롯한 헌금은 근본적으로 자발적인 것입니다.

맡겨, 일하는 인부들에게 품삯으로 주어 주님의 성전에 파손된 곳을 수리하게 하시오. 6 목수와 돌 쌓는 사람과 미장이에게 품삯을 주고, 또 성전 수리에 필요한 목재와 석재도 구입하게 하시오. 7 그들은 모두 정직하게 일하는 사람들이니, 일단 돈을 넘겨준 다음에는 그 돈을 계산하지 않도록 하시오."

8 ○ 힐기야 대제사장이 사반 서기관에게, 주님의 성전에서 율법책을 발견하였다고 하면서, 그 책을 사반에게 넘겨주었으므로, 사반이 그 책을 읽어보았다. 9 사반 서기관은 그 책을 읽어본 다음에, 왕에게 가서 "임금님의 신하들이 성전에 모아둔 돈을 쏟아내어, 작업 감독관, 곧 주님의 성전 수리를 맡은 감독들에게 넘겨주었습니다" 하고 보고하였다. 10 사반 서기관은 왕에게, 힐기야 대제사장이 자기에게 책 한 권을 건네주었다고 보고한 다음에, 그 책을 왕 앞에서 큰 소리로 읽었다. 11 왕이 그 율법책의 말씀을 듣고는, 애통해하며 자기의 옷을 찢었다. 12 왕은 힐기야 대제사장과 사반의 아들 아히감과 미가야의 아들 악볼과 사반 서기관과 왕의 시종 아사야에게 명령하

율법책을 '발견'했다는(8절) 구절이 어색합니다. 성전에 율법책이 있는 건 당연한 노릇이 아닌가요? 이 책의 말씀을 들은 요시야가 자신의 옷을 찢으며 애통해했다는 것, 그리고 이 말씀에 관해 좀 더 확인하기 위해 예언자에게 사람을 보냈다는 것은 이 율법책이 요시야와 당대 백성들에게 낯선 것임을 보여줍니다. 요시야가 이 율법책의 내용을 따라 23장에서 시행하는 개혁 조치를 고려해보면, 이때 발견된 율법책은 오늘날 신명기라고 부르는 책 전체 혹은 일부였을 것으로 추측됩니다. 언제부터 이 책이 성전 안에 존재했는지는 알 수 없지만, 이 율법책의 발견과 함께 요시야는 과감한 개혁을 단행합니다. 요시야 시대에 발견된 이 책이 신명기라고 여겨진다는 점은 요시야 개혁이야말로 '신명기 역사서'의 한 부분인 열왕기의 초점이요, 핵심임을 알려줍니다. 열왕기 저자에게 모든 개혁의 초점은 하나님의 명령인 율법입니다. 왕조차도 이 율법 앞에 겸손히 순종해야 한다는 것을 강조합니다.

였다. 13 "그대들은 주님께로 나아가서, 나를 대신하여, 그리고 이 백성과 온 유다를 대신하여, 이번에 발견된 이 두루마리의 말씀에 관하여 주님의 뜻을 여쭈어보도록 하시오. 우리의 조상이 이 책의 말씀에 복종하지 아니하고, 우리들이 지키도록 규정된 이 기록대로 하지 않았으므로, 우리에게 내리신 주님의 진노가 크오."

14 ○ 그리하여 힐기야 제사장과 아히감과 악볼과 사반과 아사야가 살룸의 아내 훌다 예언자에게 갔다. 살룸은 할하스의 손자요 디과의 아들로서, 궁중 예복을 관리하는 사람이었다. 훌다는 예루살렘의 제이 구역에서 살고 있었는데, 그들이 그에게 가서 왕의 말을 전하였다. 15 그러자 훌다가 그들에게 말하였다. "주 이스라엘의 하나님께서 이렇게 말씀하시니, 그대들을 나에게 보낸 그에게 가서 전하시오. 16 '나 주가 말한다. 유다 왕이 읽은 책에 있는 모든 말대로, 내가 이곳과 여기에 사는 주민에게 재앙을 내리겠다. 17 그들이 나를 버리고 다른 신들에게 분향하고, 그들이 한 모든 일이 나의 분노를 격발

예언자 훌다는 마치 요시야를 내려다보듯 말합니다. 왕을 "그대들을 나에게 보낸 그"(15절)라고 일컬어도 괜찮은 걸까요? 율법책의 내용을 듣자 요시야는 자신의 옷, 왕복을 찢습니다. 하나님의 명령 앞에 왕 역시 특별하다 할 수 없는 존재임을 이 행동이 보여줍니다. 요시야는 자신이 들은 율법책의 말씀을 확인하고자 예언자 훌다에게 하나님의 뜻을 묻습니다. 율법책이 단순히 책이 아니라 하나님의 명령인 것처럼, 이 순간 훌다는 궁중에 속한 여성이 아니라 하나님의 뜻을 드러내고 증언하는 존재입니다. 그 어떤 존재라도, 비록 왕이라 할지라도 하나님의 뜻 앞에서는 낮추고 엎드리는 것만이 유일한 길입니다. 성경의 이 표현은 번역에서 비롯된 것이지만, 하나님께 순종하는 사람이라면 누구든 훌다 예언자의 선포 앞에 두려운 마음으로 설 수밖에 없습니다. 그래서 이 본문은 하나님의 뜻을 드러내는 방편으로 율법과 예언자를 내세우면서, 왕권 혹은 왕정이 율법 및 예언자와 어떤 관계인지를 잘 보여줍니다.

하였기 때문이다. 그러므로 나의 분노를 이곳에 쏟을 것이니, 아무도 끄지 못할 것이다.' 18 주님의 뜻을 주님께 여쭈어보라고 그대들을 나에게로 보낸 유다 왕에게 또 이 말도 전하시오. '나 주 이스라엘의 하나님이 말한다. 네가 들은 말을 설명하겠다. 19 이곳이 황폐해지고 이곳의 주민이 저주를 받을 것이라는 나의 말을 들었을 때에, 너는 깊이 뉘우치고, 나 주 앞에 겸손하게 무릎을 꿇고, 옷을 찢고, 내 앞에서 통곡하였다. 그러므로 내가 네 기도를 들어준다. 나 주가 말한다. 20 그러므로 내가 이곳에 내리기로 한 모든 재앙을, 네가 죽을 때까지는 내리지 않겠다. 내가 너를 네 조상에게로 보낼 때에는, 네가 평안히 무덤에 안장되게 하겠다.'"

ㅇ 그들이 돌아와서, 이 말을 왕에게 전하였다.

하나님은 재앙을 미룰 뿐, 완전히 풀어주지 않습니다(20절). 하나님은 사랑이 넘쳐서 진심으로 뉘우치면 용서한다고 들었는데, 뜻밖입니다. 왕이지만 요시야는 율법의 말씀을 듣고 즉각 회개로 반응했습니다. 같은 말씀을 들었던 다른 이들, 가령 사반 같은 이의 무덤덤해 보이는 모습과는 대조적입니다. 예레미야서 36장을 보면 여호야김 왕은 하나님의 말씀이 기록된 두루마리의 내용을 듣고서는 그 두루마리를 찢어버립니다(렘 36:20-23). 하나님의 말씀을 듣고 왕복을 찢는 이가 있는가 하면, 그 말씀을 찢어버리는 이도 있습니다. 하나님께서는 요시야의 이런 반응을 보고 그를 칭찬하며 그의 기도를 듣고 그의 시대에 평화를 약속하십니다. 요시야 다음 시대의 평화는 당연히 요시야 다음 시대 사람들의 몫일 것입니다. 누구라도 회개하면 하나님께서는 진노를 늦추십니다. 이후의 사람들이 계속해서 순종한다면 모든 진노를 영영토록 늦추실 것입니다.

제23장

요시야가 이방 예배를 없애다 (대하 34:3-7, 29-33)

1 왕이 사람을 보내어, 유다와 예루살렘의 모든 장로를 소집하였다. 2 왕이 주님의 성전에 올라갈 때에, 유다의 모든 백성과 예루살렘의 모든 주민과 제사장들과 예언자들과, 어른으로부터 아이에 이르기까지, 모든 백성이 그와 함께 성전으로 올라갔다. 그때에 왕은, 주님의 성전에서 발견된 언약책에 적힌 모든 말씀을, 크게 읽어서 사람들에게 들려주도록 하였다. 3 왕은 기둥 곁에 서서, 주님을 따를 것과, 온 마음과 목숨을 다 바쳐 그의 계명과 법도와 율례를 지킬 것과, 이 책에 적힌 언약의 말씀을 지킬 것을 맹세하는 언약을, 주님 앞에서 세웠다. 온 백성도 그 언약에 동참하였다.

4 ○ 왕은 힐기야 대제사장과 부제사장들과 문지기들에게, 바

요시야의 개혁 정책은(4-24절) 그야말로 파격적입니다. 율법책에 도대체 무슨 말들이 적혀 있었기에 요시야가 이토록 강력한 개혁에 나선 걸까요? 요시야는 예루살렘 성전에 침투해 들어온 모든 우상숭배의 흔적을 제거했고, 아세라 상과 석상을 깨뜨렸으며, 무엇보다도 유다와 옛 사마리아 지역 전역에서 산당을 파괴했습니다. 산당, 아세라 목상, 석상과 여러 우상숭배는 북왕국의 멸망 원인이기도 합니다(왕하 17:7-18). 무엇보다 이에 대한 강력한 경고와 규탄을 신명기에서 볼 수 있습니다. 특히 신명기는 여러 곳의 제단과 석상, 아세라 상을 깨뜨리고 하나님께서 정하신 한 곳에서 제사할 것을 명령한다는 점에서(신 12:1-14) 요시야가 행한 조치와 통합니다. 신명기 28장 15-68절은 이를 따르지 않을 경우 질병, 전쟁 패배, 멸망, 포로를 겪을 것이라 예고했고, 북왕국의 멸망은 그 증거가 되었습니다. 처음 요시야가 들었던 말씀은 아마도 신명기 28장의 한 부분이었을 것으로 생각됩니다. 그는 말씀을 듣고 옷을 찢었고, 이제 자신이 할 수 있는 대로 철저하게 개혁을 단행합니다.

알과 아세라와 하늘의 별을 섬기려고 하여 만든 기구들을, 주님의 성전으로부터 밖으로 내놓도록 명령하였다. 그리고 그는, 예루살렘 바깥 기드론 들판에서 그것들을 모두 불태우고, 그 태운 재를 베델로 옮겼다. 5 그는 또, 유다의 역대 왕들이 유다의 성읍들과 예루살렘 주위에 있는 산당에서 분향하려고 임명한, 우상을 숭배하는 제사장들을 내쫓았다. 그리고 바알과 태양과 달과 성좌들과 하늘의 별에게 제사 지내는 사람들을 모두 몰아냈다. 6 그는 아세라 목상을 주님의 성전에서 예루살렘 바깥 기드론 시내로 들어내다가, 그곳에서 불태워 가루로 만들어서, 그 가루를 일반 백성의 공동묘지 위에 뿌렸다. 7 왕은 또 주님의 성전에 있던 남창의 집을 깨끗이 없애었다. 이 집은 여인들이 아세라 숭배에 쓰이는 천을 짜는 집이었다.

8 ㅇ 그는 유다의 모든 성읍으로부터 모든 제사장을 철수시켜 예루살렘으로 불러들였다. 그리고 게바로부터 브엘세바에 이르기까지, 그 제사장들이 제사하던 산당들을 모두 부정하게 하였다. 그리고 이 성읍 성주의 이름을 따서 '여호수아의

'주님의 성전에 있던 남창'(7절)은 무슨 일을 하는 사람들이었습니까? 구약성경 신명기 23장 17-18절은 이스라엘에 창녀와 남창이 있어서는 안 된다고 규정합니다. 고대 중동 지역에는 신전에 남자와 여자로 이루어진 신전 공창이 있어서 성적 결합을 통해 신들에게 풍요를 비는 의식을 수행한 것으로 보입니다. 그런 종교적 의식이 정확히 어떻게 이루어지는지 구약성경에서 명확히 알 수 없지만, 아마도 신전을 찾는 예배자들과 성행위를 했을 가능성이 있습니다. 창녀는 남성 예배자를, 남창은 여성 예배자를 상대했을 것입니다. 사실 종교가 성과 결합하는 것은 오늘날에도 흔히 볼 수 있습니다. 이단 사이비에서만 그런 일이 발생하는 것이 아니라, 정통이라는 교회에서도 빈번하게 그런 소식을 들을 수 있습니다. 여기에는 풍요와 번성에 대한 갈망이 깔려 있습니다.

문'이라고 부르는 문이 있었는데, 그 문의 어귀에 있는 산당들 곧 그 성문 왼쪽에 있는 산당들을 모두 헐어버렸다. 9 산당의 제사장들은 예루살렘에 있는 주님의 제단에 올라가지 못하게 하였으나, 누룩이 들지 않은 빵은 다른 제사장들과 함께 나누어 먹게 하였다. 10 그는 또 '힌놈의 아들 골짜기'에 있는 도벳을 부정한 곳으로 만들어, 어떤 사람도 거기에서 자녀들을 몰렉에게 불태워 바치는 일을 하지 못하게 하였다. 11 또 그는, 유다의 왕들이 주님의 성전 어귀, 곧 나단멜렉 내시의 집 옆에 있는, 태양신을 섬기려고 하여 만든 말의 동상을 헐어버리고, 태양수레도 불태워버렸다. 12 또 그는, 유다 왕들이 만든 아하스의 다락방 옥상에 세운 제단들과, 므낫세가 주님의 성전 안팎 뜰에 세운 제단들을 모두 제거해서 부순 뒤에, 가루로 만들어 기드론 시내에 뿌렸다. 13 또 그는 이스라엘 왕 솔로몬이, 시돈 사람들의 우상인 아스다롯과 모압 사람들의 우

"한때 하나님의 사람이 이 일을 두고 예언한 주님의 말씀"(16절)이란 무얼 가리킵니까? 이 말씀은 열왕기상 13장 2절을 가리킵니다. 북왕국을 개창한 여로보암은 북쪽 백성들이 예루살렘 성전에 가지 않게 하려고 마음대로 북쪽의 베델과 단에 금송아지를 만들었고, 베델에는 산당을 세워 분향하게 했습니다. 이때 이름이 알려지지 않은 하나님의 사람이 베델 제단에 분향하는 여로보암 앞에 나타나서 "훗날 요시야라는 이가 등장해 이곳 산당 제사장을 제물로 바쳐 뼈를 태우리라" 선언합니다. 열왕기하는 이를 통해 여로보암이야말로 북왕국의 오랜 죄악의 출발임을 증언합니다. 그뿐 아니라 열왕기하 본문은 요시야가 남왕국 솔로몬이 도입한 우상숭배와 연관된 산당들도 허물었음을 알립니다(13-14절). 결국 열왕기하는 북왕국과 남왕국 모두 주 하나님을 버리고 제멋대로 왕권과 탐욕을 위해 우상을 숭배했으며, 그런 죄악에 종교가 핵심적인 역할을 했음을 고발합니다. 성전을 중심으로 한 제사는 하나님을 섬기는 합당한 방법이지만, 이처럼 언제든 탐욕과 권력에 물들어 오염되고 악용될 소지가 다분합니다.

상인 그모스와 암몬 사람들의 혐오스러운 밀곰을 섬기려고, 예루살렘 정면 '멸망의 산' 오른쪽에 지었던 산당들도 모두 허물었다. 14 그리고 석상들은 깨뜨리고, 아세라 목상들은 토막토막 자르고, 그곳을 죽은 사람의 뼈로 가득 채웠다.

15 ○ 왕은 또 느밧의 아들 여로보암이 베델에다 만든 제단 곧 이스라엘로 죄를 짓게 한 그 제단과 산당도 헐었다. 그는 산당을 불태워 가루로 만들었고, 아세라 목상도 불태웠다. 16 요시야는 또 산 위에 무덤이 있는 것을 보고, 사람을 보내어 그 무덤 속의 뼈들을 꺼내어서, 제단 위에 모아놓고 불태웠다. 그렇게 하여 그 제단들을 부정하게 만들었다. 그래서 한때 하나님의 사람이 이 일을 두고 예언한 주님의 말씀대로 되었다. 17 요시야가 물었다. "저기 보이는 저 비석은 무엇이냐?" 그 성읍의 백성이 그에게 대답하였다. "유다에서 온 어느 하나님의 사람의 무덤입니다. 그는 베델의 제단에 관하여 임금님께서 이런 일들을 하실 것이라고 미리 예언하였던 분입니다." 18 왕이 말하였다. "그 무덤은 그대로 두어라. 그리고 아무도 그의 유해를 만지지 못하게 하여라." 이렇게 하여 그들은, 그의 뼈와 사마리아에서 온 예언자의 뼈는 그대로 두었다. 19 이스라엘 왕

유월절을 다시 지키는(23절) 건 어떤 의미가 있습니까? 일종의 전통문화 회복 정도로 보면 될까요? 유월절은 이집트에서 종살이하던 이스라엘을 하나님께서 건져내 자유하게 하신 구원 사건을 기념하는 절기입니다(출 12:1-14, 21-28). 하나님께서는 이스라엘에게 하나님께서 주신 땅에 들어간 이후에도 유월절을 매년 대대로 지키라고 율법을 통해 명령하셨습니다. 해마다 유월절을 지키면서 유월절 사건이 그저 오래전에 일어난 일이 아니라 지금도 하나님께서 그때처럼 우리를 건지고 이끄신다는 것을 기억하고 되새기는 겁니다. 그래서 유월절 같은 절기 준수는 하나님과 맺은 언약을 오늘의 것으로 만들기, 즉 '언약의 현재화'라고 표현할 수 있습니다. 오

들이 사마리아 도성의 언덕마다 세워 주님의 분노를 돋우었던 모든 산당을, 요시야가 이렇게 헐었다. 그는 베델에서 한 것처럼 하였다. **20** 더욱이 그는 그곳 산당에 있는 제사장들을 모두 제단 위에서 죽이고, 사람의 뼈를 함께 그 위에서 태운 뒤에, 예루살렘으로 돌아갔다.

요시야 왕이 유월절을 지키다(대하 35:1-19)

21 ○ 왕이 온 백성에게 명령을 내렸다. "이 언약책에 기록된 대로, 주 당신들의 하나님께 감사드리는 유월절을 준비하십시오." **22** 사사들이 이스라엘을 다스리던 시대로부터 이스라엘과 유다 왕들의 시대에 이르기까지, 어느 시대에도 이와 같은 유월절을 지킨 일은 없었다. **23** 요시야 왕 제십팔 년에 이르러서야, 비로소 예루살렘에서 주님을 기리는 유월절을 지켰다.

요시야의 나머지 개혁

24 ○ 요시야는 대제사장 힐기야가 주님의 성전에서 발견한

래된 문화이기에 잊지 않고 지킨다는 의미도 일부 있지만, 근본적으로는 언제든 우리의 출발이 하나님의 은혜로운 건지심과 인도하심임을 잊지 않는 것, 그래서 언제나 하나님을 경외하고 하나님 한 분만을 예배하도록 하는 데 유월절 준수의 의미가 있습니다.

책에 기록된 율법의 말씀을 지키려고, 유다 땅과 예루살렘에서 신접한 자와 박수와 드라빔과 우상과 모든 혐오스러운 것들을, 눈에 보이는 대로 다 없애버렸다. 25 이와 같이 마음을 다 기울이고 생명을 다하고 힘을 다 기울여 모세의 율법을 지키며 주님께로 돌이킨 왕은, 이전에도 없었고 그 뒤로도 다시 나타나지 않았다.

26 ○ 그러나 주님께서는 유다에게 쏟으시려던 그 불타는 진노를 거두어들이시지는 않으셨다. 므낫세가 주님을 너무나도 격노하시게 하였기 때문이다. 27 그래서 주님께서는 이렇게 말씀하셨다. "이스라엘을 내가 외면하였듯이, 유다도 내가 외면할 것이요, 내가 선택한 도성 예루살렘과 나의 이름을 두겠다고 말한 그 성전조차도, 내가 버리겠다."

요시야 통치의 끝(대하 35:20-36:1)

28 ○ 요시야의 나머지 행적과 그가 한 모든 일은 '유다 왕 역대지략'에 기록되어 있다. 29 그가 다스리고 있던 때에, 이집트의 바로 느고 왕이 앗시리아 왕을 도우려고 유프라테스강

요시야는 이집트와 싸우다 전사했습니다(29절). 평안히 조상에게로 보내겠다던 약속을(22:20) 하나님은 왜 지키지 않습니까? 요시야의 죽음은 참으로 뜻밖입니다. 요시야의 평안한 죽음에 대한 22장 20절의 약속, 그리고 이토록 마음을 다 기울이고 생명과 힘을 다해 율법을 지킨 왕이 이전에도 이후에도 없었다는(25절) 평가를 고려할 때, 요시야의 죽음에 대한 본문의 묘사를 읽으면 누구라도 놀랄 것입니다. 므낫세가 저지른 짓이 워낙 커서 주님의 진노를 돌이킬 수 없었다는 평가가(26-27절) 요시야의 참담한 죽음에 대한 하나의 해석일 수 있습니다. 그럼에도 불구하고 므낫세의 악 때문에 대체 왜 요시야가 이러한 최후를 맞아야 하는지 명쾌하게 설명할

쪽으로 올라갔다. 요시야 왕이 그를 맞아 싸우려고 므깃도로 올라갔으나, 바로 느고에게 죽고 말았다. 30 요시야의 신하들은 죽은 왕을 병거에 실어 므깃도에서 예루살렘으로 옮겨와서, 그의 무덤에 안장하였다. 그 땅의 백성이 요시야의 아들 여호아하스를 데려다가, 그에게 기름을 붓고, 아버지의 뒤를 잇게 하였다.

유다 왕 여호아하스(대하 36:2-4)

31 ○ 여호아하스는 왕이 되었을 때에 스물세 살이었다. 그는 예루살렘에서 석 달 동안 다스렸다. 그의 어머니 하무달은 립나 출신인 예레미야의 딸이다. 32 여호아하스는 조상의 악한 행위를 본받아, 주님께서 보시기에 악한 일을 하였다. 33 이집트의 바로 느고 왕이 그를 하맛 땅에 있는 리블라에서 사로잡아, 예루살렘에서 다스리지 못하게 하고, 유다가 이집트에 은 백 달란트와 금 한 달란트를 조공으로 바치게 하였다. 34 또 바로 느고 왕은 요시야를 대신하여 요시야의 아들 엘리야김을 왕으로 삼고, 그의 이름을 여호야김으로 바꾸게 하였다. 여호

수는 없습니다. 오늘의 독자는 어안을 벙벙하게 만드는 이 충격적인 본문을 그저 그대로 읽는 수밖에 없을 것 같습니다. 때로 우리 삶에 도무지 설명할 수 없는 재앙이 일어났을 때 그저 슬퍼하며 애통해하는 것밖에 없듯이 말입니다.

아하스는 이집트로 끌려가, 그곳에서 죽었다.

유다 왕 여호야김(대하 36:5-8)

35 ○ 여호야김은 바로의 요구대로 그에게 은과 금을 주었다. 그는 바로의 명령대로 은을 주려고 백성에게 세금을 부과하였고, 백성들은 각자의 재산 정도에 따라 배정된 액수대로, 바로 느고에게 줄 은과 금을 내놓아야 하였다.
36 ○ 여호야김은 왕이 되었을 때에 스물다섯 살이었다. 예루살렘에서 열한 해 동안 다스렸다. 그의 어머니 스비다는 루마 출신 브다야의 딸이다. **37** 그는 조상의 악한 행위를 본받아, 주님께서 보시기에 악한 일을 하였다.

이집트 왕은 엘리야김을 여호야김으로 개명하게 합니다(34절). 이렇게 이름을 바꾸게 하는 까닭은 무엇입니까? 엘리야김은 "하나님이 세우시리라"라는 뜻이고, 여호야김은 "주님이 세우시리라"라는 뜻입니다. 사실상 두 이름의 의미는 같습니다. 이집트가 여호아하스를 제거한 까닭은 당연히 그가 요시야에 이어 반이집트 정책을 폈기 때문입니다. 그래서 요시야의 다른 아들 엘리야김을 세우고 이름을 바꿈으로써 현재 유다를 지배하고 있는 자가 누구인지 권력 관계를 확실히 보여주려고 했다고 해석할 수 있습니다. 바빌로니아 역시 유대 왕을 제멋대로 세우면서 이름을 바꿉니다(24:17). 아울러 "주님이 세우시리라"라는 이름을 통해 지금 이집트가 하는 일이야말로 유다가 믿는 주님의 뜻에 따라 이루어진다는 점을 말하고자 했다고 볼 수 있습니다. 자신들의 정치 권력 획득이 하나님의 뜻에 따라 이루어졌고 하나님께서 세우신 것이라고 주장하는 일은 동서고금을 막론하고 모든 권력자들의 공통된 선전입니다.

{ 제24장 }

1 여호야김이 다스리던 해에, 바빌로니아의 느부갓네살 왕이 쳐들어왔다. 여호야김은 그의 신하가 되어 세 해 동안 그를 섬겼으나, 세 해가 지나자, 돌아서서 느부갓네살에게 반역하였다. 2 주님께서는 바빌로니아 군대와 시리아 군대와 모압 군대와 암몬 자손의 군대를 보내셔서, 여호야김과 싸우게 하셨다. 이와 같이 주님께서 그들을 보내신 것은, 자기의 종 예언자들을 시켜서 하신 말씀대로, 유다를 쳐서 멸망시키려는 것이었다. 3 이것은, 므낫세가 지은 그 죄 때문에 그들을 주님 앞에서 내쫓으시겠다고 하신 주님의 말씀이, 유다에게서 성취된 일이었다. 4 더욱이 죄 없는 사람을 죽여 예루살렘을 죄 없는 사람의 피로 가득 채운 그의 죄를, 주님께서는 결코 용서하실 수 없으셨기 때문이다. 5 여호야김의 나머지 행적과 그가 한 모든 일은 '유다 왕 역대지략'에 기록되어 있다. 6 여호야김이 그

2절을 보면, 실제로는 바빌로니아가 아니라 하나님이 여호야김과 싸우는 느낌이 듭니다. 사랑하는(했던) 백성들을 이렇게 가혹하게 대하는 이유를 모르겠습니다. 주님께서 여러 군대를 보내 여호야김의 유다를 치게 하셨다는 표현은 역사에 대한 명쾌한 해석입니다. 일어난 일이 그저 국력 차이나 불운의 문제가 아니라 하나님 보시기에 합당하지 못한 죄악에서 비롯된 일임을 분명히 하기 위해 이렇게 역사를 해석한 것입니다. 하나님께서 유다를 멸하시려는 까닭은 므낫세 시대에 벌어진 죄악의 극심함 때문이며, 그러한 죄악이 여전히 유다에서 기승을 부리고 있기 때문입니다. 특히 4절은 므낫세 시대에 죄 없는 이들의 피로 예루살렘을 가득 채웠던 일을 지적하는데, 이 죄악은 이미 21장 16절에서도 언급되었습니다. 억울하게 죽은 이들의 피에 대해 하나님의 심판이 없다면 세상은 하나님의 살아계심을 도무지 알 길이 없을 겁니다. 오늘날에도 죄 없는 이들을 희생시킨 권력은 결코 오래갈 수 없을 것입니다. 왜냐하면 하나님께서 살아계시기 때문입니다.

의 조상과 함께 누워 잠드니, 그의 아들 여호야긴이 그의 뒤를 이어 왕이 되었다. 7 바빌로니아 왕이 이집트의 강에서부터 유프라테스강까지, 이집트 왕에게 속한 땅을 모두 점령하였으므로, 이집트 왕은 다시는 더 국경 밖으로 나오지 못하였다.

유다 왕 여호야긴(대하 36:9-10)

8 ○ 여호야긴은 왕이 되었을 때에 열여덟 살이었다. 그는 예루살렘에서 석 달 동안 다스렸다. 그의 어머니 느후스다는 예루살렘 출신인 엘라단의 딸이다. 9 여호야긴은 조상이 하였던 것처럼, 주님께서 보시기에 악한 일을 하였다.

10 ○ 그때에 바빌로니아의 느부갓네살 왕의 군대가 예루살렘을 치러 올라와서, 이 도성을 포위하였다. 11 이렇게 그의 군대가 포위하고 있는 동안에, 바빌로니아의 느부갓네살 왕이 이 도성에 도착하였다. 12 그리하여 유다의 여호야긴 왕은 그의 어머니와 신하들과 지휘관들과 내시들과 함께 바빌로니아 왕을 맞으러 나갔다. 그러나 바빌로니아 왕은 오히려 여호야긴을 사로잡아 갔다. 때는 바빌로니아 왕 제팔 년이었다. 13 그

14절은 기술자 가운데서도 대장장이를 콕 집어 언급합니다. 대장장이를 특별히 중요하게 생각한 까닭은 무엇입니까? 바빌로니아가 유다 왕과 그의 어머니, 아내들을 포함해 유다의 지도자들을 포로로 끌고 가는 이유는 유다 땅에서 바빌로니아에 맞서는 반란이 일어날 소지를 없애기 위해서라고 볼 수 있습니다. 아울러 이 포로 명단에 유다 사회의 유력한 이들이 포함되어 있어서 바빌로니아에서 그들을 활용하려는 목적도 있을 것입니다. 그 점에서 기술자와 대장장이를 끌고 가는 이유를 짐작할 수 있습니다. 16절은 용사, 기술자, 대장장이를 묶어 '뛰어난 용사요, 훈련된 전사'라고 표현합니다. 그렇다면 기술자와 대장장이는 전쟁에서 활약하는 이들이

리고 느부갓네살은 주님의 성전 안에 있는 보물과 왕궁 안에 있는 보물들을 모두 탈취하여 갔고, 이스라엘의 솔로몬 왕이 만든 주님의 성전의 금그릇들을 모두 산산조각 내어서 깨뜨려 버렸다. 이것은 주님께서 미리 말씀하신 대로 된 일이다. 14 더욱이 그는 예루살렘의 모든 주민과, 관리와 용사 만 명뿐만 아니라, 모든 기술자와 대장장이를 사로잡아 갔다. 그래서 그 땅에는 아주 가난한 사람들 말고는 하나도 남지 않았다.

15 ○ 느부갓네살은 여호야긴 왕을 바빌론으로 사로잡아 갔다. 그의 어머니와 왕비들과 내시들과 그 땅의 고관들을 모두 예루살렘에서 바빌론으로 사로잡아 갔다. 16 또 칠천 명의 용사와 천 명의 기술자와 대장장이를 바빌론으로 사로잡아 갔는데, 이들은 모두 뛰어난 용사요, 훈련된 전사들이었다. 17 바빌로니아 왕이 여호야긴의 삼촌 맛다니야를 여호야긴 대신에 왕으로 세우고, 그의 이름을 시드기야로 고치게 하였다.

유다 왕 시드기야 (대하 36:11-12; 렘 52:1-3상)

18 ○ 시드기야가 왕이 되었을 때에, 그는 스물한 살이었다.

라 볼 수 있습니다. 아마도 성을 공격하거나 외부의 공격에 맞서 성을 지키기 위해 무기나 기구를 만들어내고 배치하며 활용하는 일이 기술자와 대장장이의 주된 업무였을 것으로 추측됩니다.

그는 예루살렘에서 열한 해 동안 다스렸다. 그의 어머니 하무달은 리블라 출신으로 예레미야의 딸이다. **19** 그는 여호야김이 하였던 것과 똑같이, 주님께서 보시기에 악한 일을 하였다. **20** 예루살렘과 유다가 주님을 그토록 진노하시게 하였기 때문에, 주님께서는 마침내 그들을 주님 앞에서 쫓아내셨다.

예루살렘의 멸망(대하 36:13-21; 렘 52:3하-11)

○ 시드기야가 바빌로니아 왕에게 반기를 들었으므로,

국력이 약해진 유다는 바빌로니아의 적수가 되지 못합니다. 여호야김과 시드기야는 왜, 무얼 믿고 반기를 들었던(1, 20절) 걸까요? 바빌로니아에 조공을 바쳐야 나라의 존속이 가능한 현실은 오히려 일반 백성보다는 왕이나 귀족 같은 기득권 집단에게 더 불편한 일이었을 것입니다. 강력한 외세로 인해 자신들의 권력을 마음대로 휘두르기 어려웠을 테니까요. 여호야김이나 시드기야가 하나님 보시기에 악을 행했다는(19절) 것을 고려하면 그들의 바빌로니아에 대한 반역은 전적으로 자신들의 이익을 위해서였을 것입니다. 예레미야 예언자는 시드기야의 독립 시도를 단호하게 비판하며 하나님에 대한 거역이라 선언합니다(렘 27:1-15). 그러한 반역을 꾀하게 만드는 또 다른 요인은 이집트의 진격으로 인해 일시적으로 바빌로니아가 유다에 소홀해진 상황이었을 것입니다. 외세로부터 벗어나는 것은 언제나 바람직한 가치이며 이루어야 할 일이지만, 여호야김과 시드기야 같은 권력자들은 자신의 유익을 위해 이 같은 그럴듯한 명분을 내세웁니다. 바빌론의 약화를 틈타 주변 나라들을 끌어모아 독립을 추구하지만, 실제로 그들이 바라고 원하는 모든 것은 자신들의 세상, 자신들의 나라입니다.

{ 제25장 }

1 시드기야 왕 제구 년 열째 달 십 일에 바빌로니아 느부갓네살 왕이 그의 모든 군대를 거느리고 예루살렘을 치러 올라와서 도성을 포위하고, 도성 안을 공격하려고 성벽 바깥 사방에 흙 언덕을 쌓았다. 2 그리하여 이 도성은 시드기야 왕 제십일 년까지 포위되어 있었다. 3 (그해 넷째 달) 구일이 되었을 때에, 도성 안에 기근이 심해져서, 그 땅 백성의 먹을 양식이 다 떨어지고 말았다.

4 ○ 드디어 성벽이 뚫리니, 이것을 본 왕은, 바빌로니아 군대가 도성을 포위하고 있는데도, 밤을 틈타서 모든 군사를 거느리고 왕의 정원 근처, 두 성벽을 잇는 통로를 빠져나와 아라바 쪽으로 도망하였다. 5 그러나 바빌로니아 군대가 시드기야 왕을 추격하여, 여리고 평원에서 그를 사로잡으니, 시드기야의 군사들은 모두 그를 버리고 흩어졌다. 6 바빌로니아 군대가 시드기야 왕을 체포해서, 리블라에 있는 바빌로니아 왕에게로 끌고 가니, 그가 시드기야를 심문하고, 7 시드기야가 보는 앞

성을 탈출한 시드기야의 목적지는 어디였습니까? 사방이 적국인데(24:2) 어디로 가려고 아라바 쪽으로(4절) 길을 잡았을까요? 아라바는 예루살렘의 남동쪽 방향입니다. 과거 다윗이 사울을 피해 다닐 때 유다의 남동쪽에 있는 사해 인근의 광야 지역에 숨어 지냈던 것처럼, 아마도 시드기야와 그 무리는 이 지역으로 도망치려 했을 수 있습니다. 그러나 결국 바빌로니아 군대에 붙잡히고 말았고, 리블라까지 끌려가 바빌로니아 왕에게 심문받고 자신의 아들들이 모두 처형당하는 것을 직접 봐야 했습니다. 예루살렘은 하나님의 약속이 있는 도성인데, 살기 위해 약속의 도성을 떠나는 역설이 시드기야에게 일어났습니다. 그리고 위기 상황에서 국민을 내팽개치고 자신만 살기 위해 도망치는 시드기야의 모습은 나라를 위한다며 그럴싸한 말을 하던 무수히 많은 정치 지도자들에게서도 발견할 수 있습니다.

에서 그의 아들들을 처형하고, 시드기야의 두 눈을 뺀 다음에, 쇠사슬로 묶어서 바빌론으로 끌고 갔다.

성전 붕괴(렘 52:12-33)

8 ○ 바빌로니아의 느부갓네살 왕 제십구 년 다섯째 달 칠일에, 바빌로니아 왕의 부하인 느부사라단 근위대장이 예루살렘으로 왔다. 9 그는 주님의 성전과 왕궁과 예루살렘의 모든 건물 곧 큰 건물은 모두 불태워버렸다. 10 근위대장이 지휘하는 바빌로니아의 모든 군대가 예루살렘의 사면 성벽을 헐어버렸다. 11 느부사라단 근위대장은 도성 안에 남아 있는 나머지 사람들과 바빌로니아 왕에게 투항한 사람들과 나머지 수많은 백성을, 모두 포로로 잡아갔다. 12 그러나 근위대장은, 그 땅에서 가장 가난한 백성 가운데 일부를 남겨두어서, 포도원을 가꾸고 농사를 짓게 하였다.

가난한 백성은(12절) 어떤 사람들입니까? 굳이 이들을 남겨 농사짓게 한 의도는 무엇입니까? 바빌로니아가 유다의 귀족을 비롯한 엘리트 집단을 잡아가면서 가난한 자들만 남겼다는 내용은 여호야긴이 포로로 끌려가던 1차 포로 상황에서도 나타나고(24:14), 유다가 최종적으로 멸망한 2차 포로 상황에서도 등장합니다(12절). 저항 세력을 모두 제거한 바빌로니아는 유다 지역을 무주공산으로 두지 않고, 땅이 없어 예루살렘에서 살 수 없었던 가난한 이들에게 토지를 재분배해 생산과 경제활동이 이루어지게 했습니다. 이러한 조치는 무엇보다도 제국의 세금 수입을 확보하면서 제국을 위해 이 지역의 안정을 도모하기 위해서였을 것입니다. 놀랍게도 다윗의 후예가 다스리던 유다 왕국 시기에 땅도 없이 가난의 나락에 빠졌던 이들이 결국 그 왕과 성전이 사라지고 바빌로니아가 점령한 세상에서 이전에 갖지 못했던 땅을 얻게 되었습니다. 가난한 자가 땅을 얻게 된 것입니다. 이들이 겪는 상황은 나라가 왜 존재해야 하는지를 묻게 합니다.

13 ○ 바빌로니아 군대는 주님의 성전에 있는 놋쇠 기둥과 받침대, 또 주님의 성전에 있는 놋바다를 부수어서, 놋쇠를 바빌론으로 가져갔다. 14 또 솥과 부삽과 부집게와 향접시와 제사를 드릴 때에 쓰는 놋쇠 기구를 모두 가져갔다. 15 근위대장은 또 화로와 잔도 가져갔다. 금으로 만든 것은 금이라고 하여 가져갔고, 은으로 만든 것은 은이라고 하여 가져갔다. 16 솔로몬이 주님의 성전에 만들어놓은, 놋쇠로 만든 두 기둥과, 놋바다 하나와 놋받침대를 모두 가져갔다. 그가 가져간 이 모든 기구의 놋쇠는, 그 무게를 달아볼 수도 없을 정도로 많았다. 17 기둥 한 개의 높이는 열여덟 자이고, 그 위에는 놋쇠로 된 기둥머리가 있고, 그 기둥머리의 높이는 석 자이다. 그리고 놋쇠로 된 기둥머리 위에는 그물과 석류 모양의 장식이 얹혀 있는데, 다 놋이었다. 다른 기둥도 똑같이 그물로 장식되어 있었다.

느부사라단이 끌고 간 포로 60명만(18-19절) 따로 처형해버린 이유가 궁금합니다. 왕을 비롯한 다른 포로들은 다 바빌로니아로 데려가지 않았나요? 본문에는 잘 나오지 않지만 예루살렘이 함락되면서 많은 사람이 죽었습니다(왕하 25:7; 대하 36:17; 렘 39:6). 그리고 예루살렘에 머물던 이들 가운데 일부가 바빌론에 포로로 끌려간 것입니다. 18-19절에 등장하는 이들은 대제사장, 부제사장, 성전 문지기와 같은 성전 종사자들 3명, 내시, 왕의 시종, 군대 참모장을 비롯한 왕실 관리 7명, 그리고 도성 안에 남은 그 땅의 백성 60명입니다. 공교롭게도 이들 전체의 숫자는 70명이며, 이들의 구성은 당시 유다 사람 전체를 골고루 반영하는 것 같습니다. 이들은 리블라로 끌려가는데, 이미 그곳에서 여호아하스 왕이 이집트에 의해 죽었고(23:33), 시드기야의 아들들이 바빌로니아에 의해 죽임당했으며(6-7절), 이제 이 70명도 처형됩니다. 이미 무수히 많은 사람이 죽었지만, 이 단락은 이렇게 유다 사회 전체를 반영할 만한 70명이 리블라에서 죽었다고 전하면서 유다의 완전한 몰락을 증언한다고 볼 수 있습니다.

유다 백성이 바빌로니아로 잡혀가다(렘 52:24-27)

18 ○ 근위대장은 스라야 대제사장과 스바냐 부제사장과 성전 문지기 세 사람을 체포하였다. **19** 이 밖에도 그가 도성 안에서 체포한 사람은, 군대를 통솔하는 내시 한 사람과, 도성 안에 그대로 남은 왕의 시종 다섯 사람과, 그 땅의 백성을 군인으로 징집하는 권한을 가진 군대 참모장과, 도성 안에 남은 그 땅의 백성 예순 명이다. **20** 느부사라단 근위대장은 그들을 체포하여, 리블라에 머물고 있는 바빌로니아 왕에게 데리고 갔다. **21** 바빌로니아 왕은 하맛 땅 리블라에서 그들을 처형하였다.

○ 이렇게 유다 백성은 포로가 되어서 그들의 땅에서 쫓겨났다.

유다 총독 그달리야(렘 40:7-9; 41:1-3)

22 ○ 바빌로니아의 느부갓네살 왕은, 자기가 유다 땅에 조금 남겨놓은 백성을 다스릴 총독으로, 사반의 손자요 아히감의 아들인 그달리야를 임명하였다. **23** 군대의 모든 지휘관과 부하들은, 바빌로니아 왕이 그달리야를 총독으로 임명하였다는 소

"바빌로니아 관리들을 두려워하지 말라"(24절)는 건 무슨 뜻입니까? 저항을 부추기는 말이라면 뒷부분과 어울리지 않습니다. 사반은 요시야 시대 개혁의 핵심 인물이며(22:3), 그의 아들 아히감 역시 중요한 역할을 했고(22:12, 14) 목숨이 위태롭던 예레미야를 보호하기도 했습니다(렘 26:24). 그달리야는 이 집안에 속한 자로, 바빌로니아에 의해 멸망한 유다 땅의 총독으로 임명되었습니다. 예레미야는 바빌론의 진격이 하나님의 뜻이기에 저항하지 말라고 촉구했고, 그달리야 역시 예레미야와 같은 뜻이었을 것입니다. 그래서 바빌로니아는 그달리야를 남은 이들의 총독으로 세웠을 겁니다. 바빌로니아로 인한 현실은 하나님을 거역해서 벌어진 결과입니

식을 들었다. 그리하여 느다니야의 아들 이스마엘, 가레아의 아들 요하난, 느도바 사람 단후멧의 아들 스라야, 마아가 사람의 아들 야아사냐와 그의 부하들이 모두 미스바에 있는 그달리야 총독에게로 모여들었다. **24** 그때에 그달리야는 그들과 그 부하들에게 맹세를 하면서, 이렇게 당부하였다. "바빌로니아 관리들을 두려워하지 마시오. 이 땅에 살면서 바빌로니아 왕을 섬기시오. 그렇게 하는 것이 여러분에게 이로울 것이오."

25 ○ 그러나 일곱째 달이 되었을 때에, 엘리사마의 손자이며 느다니야의 아들로서 왕족인 이스마엘이 부하 열 사람을 데리고 와서, 그달리야를 쳐 죽이고, 또 그와 함께 미스바에 있는 유다 사람과 바빌로니아 사람들을 죽였다. **26** 그런 다음에 바빌로니아 사람들을 두려워한 나머지, 높은 사람 낮은 사람 할 것 없이, 모든 백성과 군대 지휘관이 다 일어나 이집트로 내려갔다.

여호야긴이 석방되다(렘 52:31-34)

27 ○ 유다의 여호야긴 왕이 포로로 잡혀간 지 서른일곱 해가

다. 그래서 그달리야는 이제 해야 할 일은 바빌로니아에 대한 저항이 아니라, 모든 것이 끝났다 여기지 않고 새로운 삶을 다시 시작하는 것이라고 생각했습니다. 이 상황을 하나님께서 가져오신 것이라면 정녕 두려워할 대상은 바빌로니아가 아니기에, 그달리야는 두려워하지 말라고 전하면서 일상을 회복하고자 했던 것입니다. 그달리야 체제가 만들어낸 회복과 안정, 평화에 대한 내용은 구약성경 예레미야서 40장 7-12절에서 볼 수 있습니다.

되는 해 곧 바빌로니아의 에윌므로닥 왕이 왕위에 오른 그 해 열두째 달 이십칠일에, 에윌므로닥 왕은 유다의 왕 여호야긴 왕에게 특사를 베풀어, 그를 옥에서 석방하였다. 28 그는 여호야긴에게 친절하게 대접하여주면서, 그와 함께 있는 바빌로니아의 다른 왕들의 자리보다 더 높은 자리를 여호야긴에게 주었다. 29 그래서 여호야긴은 죄수복을 벗고, 남은 생애 동안 늘 왕과 한 상에서 먹었다. 30 왕은 그에게 평생 동안 계속해서 매일 일정하게 생계비를 대주었다.

에윌므로닥이 여호야긴을 석방하고 파격적인 특혜를 베푸는(28절) 까닭은 무엇입니까? 여호야긴은 잡혀간 지 37년 만에 풀려나 안정적인 삶을 회복하게 되었습니다. 애초에 그를 포로로 끌고 온 까닭은 반란의 여지를 제거하기 위해서였으니, 여호야긴의 회복은 이제 그를 풀어주고 대접해도 유다의 반란이나 분열은 없을 것이라는 바빌로니아의 자신감이 반영된 조치일 것입니다. 이 책 마지막에 놓인 여호야긴의 석방은 희망을 전하는 것일 수 있습니다. 그러나 '왕과 한 상에서' 먹는 일은 달리 밀착 감시라고 볼 수도 있습니다. 이제 유다 왕국은 완전히 멸망했고, 유다의 마지막 왕은 바빌로니아의 호의에 기대 밀착 감시를 받게 되었습니다. 그렇다면 더 이상 다윗의 후예가 다스리는 왕정은 기대하지 말라는 것이 이 마지막 단락의 의미일 수 있습니다. 예루살렘이 멸망하면서 모든 것이 다 끝장난 것 같지만, 다윗의 후예가 다스리는 왕정과 당대의 '구체제'가 끝난 것일 뿐, 온 세상의 끝은 아닙니다. 이미 그달리야 체제는 멸망 이후의 새로운 세상을 잠깐 보여주었습니다. 중요한 것은 왕이 아니라, 어떻게 하나님의 율법과 규례를 따라 살아가느냐입니다.

성도는 하나님 편으로 구별된
상태를 뜻합니다.
성도는 인간이 톱니바퀴가
아님을 의미합니다.
상황에 따라 정해진
곡조나 행진곡을 연주하는
피아노의 건반이 아니라는 의미입니다.
우리가 상황의 물결에서 건짐을 받아
하나님께서 하시는 중요한 일을 위해
선택되었다는 뜻입니다.

_ 유진 피터슨

구약 한눈에 보기

창세기 우주와 세상 만물, 시간, 인류가 어디서 비롯되었으며 어떻게 존재하게 되었는지 설명한다. 한편으로는 하나님께서 손수 인간을 빚어 만드신 뜻은 무엇이며, 그 하나하나와 어떤 관계를 맺고 싶어 하시는지, 인류를 향해 어떤 계획과 기대를 가지고 있으며 또 무얼 약속하시는지, 그 약속이 어떻게 한 세대에서 다음 세대로 꿋꿋이 흘러내려 갔는지 그려낸다. 천지창조의 파노라마에서 출발해서, 약속을 간직한 야곱 일가가 기근을 피해 이집트로 내려가 정착한 내력으로 마감된다.

출애굽기 이집트에서 종살이를 하던 이스라엘 백성의 탈출기. 하나님은 모세라는 지도자를 내세워 가혹한 착취와 노역에 시달리던 이스라엘 백성을 건져내 약속의 땅으로 안내하신다. 끝까지 거부하고 버티는 파라오에게 내린 열 가지 엄청난 재앙, 바다가 갈라져 길이 열리는 사건을 비롯해 하나님께서 이스라엘 백성에게 베푸신 갖가지 기적 등 흥미진진한 이야기들이 실려 있다. 두고두고 지키도록 하나님께서 직접 정해주신 여러 절기와 예배의식, 법률 제도 등도 볼 수 있다.

레위기 이스라엘 백성이 지켜야 할 규칙을 모은 법률서. 언약을 품은 백성이 깨끗한 삶과 마음으로 하나님과 친밀한 관계를 맺으며 살아갈 여러 방법을 구체적으로 제시한다. 하나님께 드리는 제사와 제물의 종류, 제사장의 자격과 권위, 정결한 짐승과 부정한 짐승, 성적인 규례, 결혼과 가정을 둘러싼 제도, 사형으로 다스려야 할 범죄, 땅의 소유권, 안식년과 희년 제도 등을 자세히 다룬다.

민수기 두 차례의 인구조사 기록을 밑그림으로 이스라엘 백성의 광야 생활을 따라간다. 종살이에서 풀려난 감격은 어느 결에 사라지고 불평과 불만이 이스라엘 백성 가운데 자리 잡는다. 원망은 모세와 그 가족, 그리고 실질적으로는 하나님을 향하기에 이르고, 마침내 온 백성이 불순종의 대가를 치르게 된다. 이집트에서 출발한 첫 세대는 영영 약속의 땅에 들어가지 못하고 광야에서 스러지고 만다.

신명기 약속의 땅을 코앞에 두고, 모세가 이스라엘 백성에게 남긴 마지막 당부. 모세는 이집트의 손아귀에서 벗어난 뒤로 40년에 걸쳐 광야를 떠돌았던 세월을 되짚는다. 하나님을 외면하고 우상을 숭배했던 죄를 지적하는 한편, 그럼에도 불구하고 조금도 부족함 없이 먹이고 입힌 하나님의 돌보심을 일깨운다. 이어서 율법의 가르침을 일일이 꼽아가며 하나님 앞에서 거룩하게 사는 일이 얼마나 중요한지 강조한다. 하나님의 법에 따르는 이가 누릴 축복과 거부하는 이에게 향하는 저주를 낱낱이 열거한다. 모세가 눈을 감으면서 이스라엘 역사도 새로운 국면으로 넘어간다.

여호수아기 새로운 지도자 여호수아를 따라 요단강을 건넌 이스라엘 백성의 가나안 정복기. 하나님의 능력에 힘입어 견고하기 이를 데 없는 여리고 성을 무너뜨리면서 시작된 정복 전쟁은 치열한 공방을 거듭하며 길게 이어진다. 하나님께서 알려주신 전투 원칙에 충실했을 때는 어김없이 승리를 거뒀지만, 자만해서 또는 속임수에 넘어가 명령을 어겼을 때는 막대한 피해를 입었다. 여호수아는 싸워 얻은 땅들을 각 지파에 나눠 주고, 끝까지 하나님께 충실하겠다는 백성의 다짐을 받는다.

사사기 모세와 여호수아 이후, 이스라엘에 임금이 나오기 전까지 긴 세월 동안 백성을 다스렸던 숱한 지도자(사사)들의 이야기. 약속의 땅에 자리를 잡았지만, 이스라엘 백성은 누가 자신들의 참 하나님인지를 이내 잊고 말았다. 신앙은 흐트러지고, 우상숭배가 만연했다. 세상은 거칠어졌고, 틈만 나면 뭇 민족들의 침략과 압제에 시달렸다. 하나님은 그때마다 사사들을 세워 백성을 구출하고, 그분과 맺은 약속을 소중히 여기라고 요구하신다.

룻기 사사 시대에 살았던 룻이라는 여인의 일대기. 독특하게도 주인공 룻은 히브리인이 아니었다. 멸시의 대상이었던 이방인, 그것도 이스라엘과 적대지간인 모압의 여인이 어떻게 히브리 역사의 한 장을 차지하게 되었을까? 남편과 사별하고, 먹고살 길조차 막막했던 이방 여인이 율법이 정한 의무를 충실히 이행하려는 진실한 사내와 만나 건강하고 안정된 삶을 회복하는 이 단순한 이야기가 오늘을 사는 우리에게 전하는 메시지는 무엇일까?

사무엘기상 사사의 시대가 마무리되고 왕의 통치가 시작되는 시기의 거대한 역사 드라마. 주요 등장인물은 사무엘, 사울, 다윗이다. 일찌감치 제사장 손에 맡겨져 성전에서 살았던 사무엘은 곧바른 사사로 성장하고, 이스라엘의 왕정을 여는 중책을 맡는다. 첫 왕 사울은 뛰어난 자질을 가졌지만 제 힘과 능력을 과신한 탓에 서서히 몰락의 길을 걷는다. 하나님의 명령에 따라 사무엘은 다시 다윗에게 기름을 붓고 왕위를 넘긴다. 저 유명한 '다윗과 골리앗'의 한판 승부 이야기도 여기서 볼 수 있다.

사무엘기하 이스라엘 역사를 통틀어 가장 위대한 임금으로 꼽히는 다윗의 통치와 추락을 그린다. 난국을 진정시키고 왕위에 오른 그는 주변 국가들을 잇달아 굴복시키고 빼앗겼던 법궤를 되찾았으며, 영토를 크게 넓혀 강국으로 성장할 토대를 놓는다. 하지만 간통을 저지르고 충직한 부하를 사지에 내몰아 죽게 하는 치명적인 범죄를 저지르면서 단번에 추락하고 만다. 이윽고 사랑했던 아들이 반란을 일으키고, 함께 사지를 넘나들었던 신하들이 갈라져 서로 죽이는 비극적인 사태가 벌어진다.

열왕기상 솔로몬과 그 이후에 등장한 왕들, 그리고 걸출한 예언자들의 행적을 기록한 책. 왕위 다툼의 최종 승자가 된 솔로몬은 통치 초기, 대대적인 제사를 드리고 웅장한 성전을 건축하는 등 하나님을 향한 진심을 드러낸다. 하지만 명성과 권력이 드높아지자 초심을 잃고 백성에게 높은 세금과 힘든 노역을 강요하는 한편, 끝없는 정략결혼으로 동맹을 늘려간다. 결국 솔로몬이 눈을 감기 무섭게 왕국은 이스라엘과 유다로 갈라진다. 두 나라는 제각기 왕위를 이어가며 끝없이 부대낀다. 하나님은 엘리야를 통해 권능을 드러내 보이며 거룩한 약속을 상기시키고 회개를 촉구하신다.

열왕기하 이스라엘과 유다 왕국이 차례로 무너져 내리는 쇠락의 역사를 다룬다. 하나님은 예언자들을 숱하게 보내 멸망을 경고하고 바른길로 돌아서길 요구하시지만, 두 나라의 대다수 임금들은 귀를 단단히 틀어막고 거룩하지 못한 삶으로 오로지한다. 예언자 엘리야의 뒤를 이은 엘리사는 수없이 많은 기적들을 일으키고 개혁을 부르짖었지만, 보람을 얻지 못한다. 결국 북쪽 이스라엘은 앗시리아에, 남쪽 유다는 바빌론에 차례로 멸망당하고 만다.

역대지상 아담부터 다윗에 이르는 이스라엘의 방대한 족보, 그리고 다윗이 통치하던 시절의 역사를 기록한 책. 족보는 포로로 끌려갔다 간신히 고향으로 돌아온 이스라엘 백성에게 민족의 정체성을 확인시키고 궁극적으로 되돌아가야 할 지점이 어디인지 가리켜 보여준다. 족보를 상세하게 소개한 뒤에는 언약궤를 되찾고 성전 지을 준비를 완벽하게 갖춰놓았던 다윗 임금에 초점을 맞춘다. 다윗 왕국은 영광스러운 역사의 첫 줄이었고, 성전은 하나님과 맺은 약속의 상징이었기 때문이다.

역대지하 역대지하는 솔로몬 왕국으로 시선을 돌린다. 솔로몬이 지은 성전이 얼마나 화려하고 웅장했는지, 그 안에 들어가는 기구 하나하나까지 상세히 그려가며 소개한다. 아울러 솔로몬의 부귀와 영화가 얼마나 대단했으며 지혜가 얼마나 탁월했는지 낱낱이 되새김질한다. 뒤를 이은 임금들의 발자취를 따라가며 이스라엘이 몰락하고 포로 신세가 되었음을 알리지만, 끝머리에는 고레스가 내린 해방 명령을 실어 또 다른 시대가 열릴 것임을 예고한다.

에스라기 페르시아로 끌려갔다가 풀려난 이스라엘 백성의 귀향, 그리고 성전과 성벽을 다시 세우는 힘겨운 씨름, 무너진 이스라엘 백성의 신앙을 되세우려는 선지자 에스라의 분투를 다룬다. 기적처럼 포로 신세에서 벗어나 고향으로 돌아온 백성은 감격 속에 제사를 드리고 성전과 성읍 재건에 나서지만, 완공을 보기까지는 악랄하고도 치밀한 적들의 방해 공작에 시달려야 했다. 뒤늦게 2진을 이끌고 이스라엘에 돌아온 에스라는 신앙이 형편없이 흐트러진 동포들의 모습에 경악하고 곧장 회복운동에 나선다.

느헤미야기 에스라와 비슷한 시대를 살았던 느헤미야가 고향으로 돌아와 펼친 개혁운동을 담고 있다. 바빌론에서 임금을 모시는 관리로 일하던 느헤미야는 재건 공사가 지지부진하다는 고국 소식에 귀환을 결심한다. 고향에 돌아온 느헤미야는 적대 세력의 압박을 뿌리치고 여러 가문과 힘을 모아 재건 공사를 마무리한다. 마침내 공사가 끝나자, 이스라엘 백성은 한데 모여 율법을 낭독하고, 죄를 뉘우치고, 예배를 드리고, 삶의 자세를 가다듬었다.

에스더기 페르시아의 임금 아하수에로의 왕비가 된 유대 여인 에스더의 파란만장 일대기. 에스더가 포로의 처지에서 단번에 왕비가 되었을 즈음, 유대인들은 총체적인 난 국을 맞는다. 임금의 총애를 받는 고관 하만이 자신에게 고분고분 고개를 숙이지 않는 유대인들을 모조리 말살하기로 작정하고 실행에 들어간 까닭이다. 에스더는 제 목숨을 내놓고 동족을 살리는 데 앞장선다.

욥기 더없이 풍요롭고 행복한 삶을 누리던 이가 하루아침에 가진 걸 다 잃어버리고 고 통의 수렁에 빠진다면, 그의 뇌리엔 어떤 생각들이 오갈까? 나무랄 데 없이 선한 성품, 풍요로운 삶, 화목한 가정까지 무엇 하나 모자람 없던 욥은 거대한 불행에 휩쓸려 고통 의 바다 깊숙이 가라앉고 만다. 친구들은 잘못한 게 있으니 벌을 받는 게 아니냐고 하지 만, 욥으로선 불행의 원인을 도무지 가늠할 수 없다. 토론이 이어지고 목소리가 높아지지 만, 결론은 나지 않는다. 이제 하나님의 답을 들어볼 차례. 그분은 무어라 하시는가?

시편 하나님의 백성이 부르는 노래 모음. 다윗과 솔로몬을 비롯해 여러 시인들의 노 래를 모았다. 하나님의 됨됨이와 이루신 일들을 높이고 찬양하는 노래가 많지만, 그것 이 전부는 아니다. 더러는 베풀어주신 은혜에 감격하기도 하고, 괴로움을 호소하며 도 움을 구하기도 하고, 허물을 고백하고 용서를 구하기도 하고, 하나님께서 주신 약속을 되새기기도 하며, 예배의 즐거움을 노래하기도 한다.

잠언 하나님을 임금으로 삼고 사는 백성의 눈으로 어떻게 세상을 살아야 할지 간결하 게 정리한 글 모음. 지혜가 얼마나 소중한 보물인지 누누이 설명한 뒤, 좋은 친구를 사 귀고, 슬기로운 말을 하고, 게으름과 성적인 유혹을 피하는 법 등 다양한 주제를 다룬 다. 흔히 보는 교훈집이나 금언서와는 출발이 다르다. 잠언은 지혜의 근원을 하나님에 두는 까닭이다.

전도서 땅에 코를 박고 사는 이들에게 삶의 본질을 가리켜 보이며 고개를 들어 하늘 을 올려다보라고 가르치는 책. "헛되고 헛되다. 모든 것이 헛되다"라는 선언에서 출발 해 무슨 일이든 때가 있는 법임을 일깨운다. 인생은 불공평하며 한 치 앞도 알 수 없지 만, 조바심칠 게 아니라 오늘을 살며 하나님을 바라보라고 권한다.

아가 두 연인이 나누는 사랑 노래. 낯빛이 까만 여인과 왕이기도 하고 목자이기도 한 사내는 끝없이 연모하고, 사랑을 나누며, 혼인의 즐거움을 만끽하고, 더불어 춤을 춘다. 둘이 서로를 그리워하며 쏟아내는 고백은 다정하고, 안타까우며, 사랑스럽고, 더러 에 로틱하기까지 하다.

이사야서 네 임금의 치세와 흥망성쇠를 지켜본 선지자 이사야는 유다와 예루살렘에 관한 환상을 보고 백성에게 하나님이 주신 메시지를 선포한다. 하나님께 등을 돌린 '죄 지은 민족, 허물이 많은 백성, 흉악한 종자, 타락한 자식들'을 향해 심판이 코앞에 닥쳤 음을 경고하는 반면, 다른 한편으로는 그럼에도 불구하고 더없이 큰 권세로 구원하시 는 하나님의 사랑을 선포한다.

예레미야서 유다가 막바지를 향해 치닫던 시절에 활동했던 예언자 예레미야가 전하는 하나님의 메시지. 멸망이 코앞에 닥쳤으니 당장 뉘우치고 돌아서라 외쳤기에 백성의 격렬한 반발을 샀다. 임금과 백성의 비위를 맞추기에 급급한 사이비 예언자들의 모욕을 감수해야 했고, 옥에 갇히기도 했다. 하지만 예레미야는 암울한 미래를 예고하는 데 그치지 않고 하나님의 약속이 회복되는 궁극적인 미래를 가리켜 보인다.

예레미야 애가 유다의 참담한 미래를 내다보고 탄식하며 눈물짓는 예언자의 노래. 백성은 사로잡혀 사방팔방으로 뿔뿔이 흩어지고, 거룩한 성 예루살렘은 황폐해져 적막이 감돈다. 예언자는 이 모두가 마땅히 치러야 할 죗값임을 지적하고, 고아의 처지가 된 백성을 기억해주시길 하나님께 호소한다.

에스겔서 포로로 끌려간 바빌론에서 예언자로 활동했던 에스겔의 메시지. 앞선 책의 예언자들처럼 유다와 뭇 나라들에 쏟아질 하나님의 심판을 선포하고, 예루살렘의 회복과 축복을 예고하며, 하나님께서 더없이 가까이 함께해주실 미래를 소망한다. 책을 가득 채운 기이하고 기묘한 행적과 환상들은 이런 메시지들을 생생하게 전달하고 깊이 각인시킨다.

다니엘서 포로의 처지로 바빌론 왕궁에 살며 집중 관리를 받았던 유다 청년 다니엘이 하나님을 향한 순수한 마음을 지키기 위해 벌였던 씨름. 그리고 그이가 꿈에 보았던 놀라운 환상을 기록한 책. 한결같은 신앙을 가졌던 까닭에 다니엘은 일생일대의 위기를 겪지만, 하나님의 극적인 개입으로 목숨을 건진다. 후반부에는 다니엘이 보았던 기이한 환상과 상징들이 파노라마처럼 펼쳐진다.

호세아서 신앙적으로 한없이 타락하고 우상숭배가 극성을 부리던 이스라엘 땅에서 활동했던 예언자 호세아의 입을 통해 전하는 하나님의 메시지. 바람기 가득한 아내를 결코 포기하지 않고 줄곧 사랑을 이어가는 삶을 통해 하나님의 사랑이 얼마나 극진한지 한눈에 보여준다.

요엘서 유다와 예루살렘에 닥친 엄청난 자연재해를 소재로 예언자 요엘이 전한 하나님의 메시지. 예언자는 메뚜기 떼의 습격을 이민족의 침입에 빗대어 설명한 뒤, 뉘우치고 돌아오기를 기대하는 하나님의 마음을 전한다. 하나님은 진심으로 회개하면 재앙을 거두기도 하는 분임을 강조하며, 즉각적이고 전폭적인 회개를 촉구한다.

아모스서 종교적인 타락과 위선, 무너진 정의, 부패한 사회를 매섭게 비판했던 예언자 아모스가 전한 하나님의 메시지. 다마스쿠스와 모압을 비롯해 숱한 주변 국가들을 향한 하나님의 진노와 징계를 선포하고 이스라엘의 멸망을 예언하지만, 거룩한 질서가 회복된 미래에 대한 예고도 빼놓지 않는다.

오바댜서 예언자 오바댜의 입을 통해 에돔을 향한 노여움과 심판을 예고하시는 하나님의 메시지. 유다가 바빌론에 시달리는 모습을 지켜보며 돕기는커녕 도리어 웃음 짓던 오만한 에돔은 하나님의 손에 무너지고, 거룩한 백성이 승리를 거둘 것을 예고한다.

요나서 예언자 요나는 강대국 니느웨에 가서 죄를 꾸짖고 심판이 임박했음을 알리라는 하나님의 명령을 받지만, 순종 대신 도망을 택한다. 이후에 벌어지는 사건들은 속속들이 죄에 물든 인간일지라도 돌이키기만 하면 얼마든지 용서하시겠다는 하나님의 속내를 여실히 보여준다.

미가서 정의는 무너지고 죄악이 차고 넘치는 유다와 이스라엘을 꾸짖고, 거룩한 뜻과 질서가 지배하는 새로운 세상을 그려 보이며, 하나님께서 진정으로 원하시는 바가 무엇인지를 명쾌하게 제시한다.

나훔서 나훔이 선포한 하나님의 메시지로 '피의 도성, 거짓말과 강포가 가득하며 노략질을 그치지 않는 도성' 니느웨의 멸망을 예고한다. 하나님이 얼마나 크고 강하며 사랑이 가득한 분인지 설명하고, 그 권세가 어떻게 니느웨를 파멸에 이르게 할지 그림처럼 선명하게 보여준다.

하박국서 정의와 심판에 대한, 예언자 하박국과 하나님의 질의응답. 하박국은 세상에 이토록 불의가 가득한데 하나님은 어째서 짐짓 모른 체하시는가 따져 묻고, 하나님께서는 지체 없이 단호한 답변을 내놓으신다. 하박국은 "주 하나님은 나의 힘"이라는 고백으로 긴 대화를 마무리한다. 하나님은 과연 어떤 답을 주셨을까?

스바냐서 예언자 스바냐가 전하는 하나님의 메시지. 유다와 열방의 죄상을 통렬하게 지적하고 시시각각 다가오는 심판을 예고하는 한편, 징벌이 그치는 '그날이 오면' 축제 같은 즐거움이 가득하리라고 가르친다.

학개서 바빌론 포로 생활에서 풀려나 고국에 돌아온 뒤, 성전을 다시 세우기 위해 안간힘을 썼던 예언자 학개가 전하는 하나님의 메시지. 재건 작업이 지지부진한 현실 앞에서 성전을 다시 세우는 행위가 갖는 의미를 설파하고, "언약이 아직도 변함이 없고, 나의 영이 너희 가운데 머물러 있으니, 너희는 두려워하지 말라"는 거룩한 음성을 전달한다.

스가랴서 뿔과 대장장이, 측량줄, 대제사장 여호수아, 순금 등잔대와 두 올리브나무. 날아다니는 두루마리, 곡식 넣는 뒤주, 병거 네 대 등 기이하고 다양한 환상들을 기록하고, 선택한 백성을 향한 하나님의 구원 계획을 소개하는 예언자 스가랴의 글.

말라기서 구약성경의 마지막 책. 진실한 예배가 사라지고 말라비틀어진 형식만 남은 세상, 약자들이 억압받고 소외되는 불의한 사회를 고발하고, 하나님께서 '특사'를 보내셔서 온갖 불순한 동기와 행위들을 정결하게 하며 굽은 정의를 바로 세우시는 날이 기필코 오리라고 단언한다.

Bible in Hand | 교양인을 위한 성경

Bible in Hand | 교양인을 위한 성경 시리즈는 성경 원문의 뜻을 우리말 어법에 맞게 정확하게 번역한 〈성경전서 새번역〉 본문과 해제로 구성되어 있다. 성경을 읽으면서 생기는 질문에 답을 주는 질문과 해제 부분의 경우, 구약은 김근주 교수(기독연구원 느헤미야), 신약은 권연경 교수(숭실대 기독교학과)가 성경을 읽어가는 재미와 정보의 길안내를 맡았다.

구약

세상의 모든 처음
창세기 | 248p | 11,000원

영광의 탈출, 새로운 삶을 향하여
출애굽기 | 212p | 11,000원

시민의 조건
신명기 | 200p | 15,000원

선택, 어느 편에 설 것인가?
여호수아기·사사기·룻기 | 278p | 15,000원

왕국의 출발, 왕의 조건을 묻다
사무엘기(상·하) | 316p | 19,000원

하나님 없는 세상에서
하나님과 함께 살아가기
에스라기·느헤미야기·에스더기 | 192p | 9,000원

마음의 끝에서 부르는 새 노래
시편 | 358p | 19,000원

지혜와 삶과 사랑
잠언·전도서·아가 | 192p | 8,500원

어둠을 딛고 빛을 읽다
이사야서 | 278p | 15,000원

● **봄이다 프로젝트 페이스북** www.facebook.com/ltis.spring.2017

● **봄이다 프로젝트 블로그** https://blog.naver.com/hoon_bom

● **문의** hoon_bom@naver.com

신약

성취된 약속, 왕으로 온 메시아
마태복음서 | 188p | 10,000원

너희는 나를 누구라고 하느냐?
마가복음서 | 128p | 7,000원

예수 연대기 : 말구유에서 빈 무덤 너머까지
누가복음서 | 208p | 11,000원

검은 현실을 부수는 빛의 소리
요한복음서 | 156p | 8,000원

행진, 담대하게 거침없이
사도행전 | 176p | 8,500원

벼랑 끝 인생에게 주는 생존방정식
로마서 · 고린도전후서 · 갈라디아서 | 272p | 15,000원

살며, 사랑하며, 지키며
에베소서 · 빌립보서 · 골로새서 · 데살로니가전후서 ·
디모데전후서 · 디도서 · 빌레몬서 | 208p | 15,000원

● **Bible in Hand** | 교양인을 위한 성경 시리즈는
구약 17권, 신약 9권으로 2024년 완간 예정이다.

BIBLE in Hand 교양인을 위한 성경

남북왕조실록, 선택과 도태의 역사
구약 | 열왕기(상·하)

1쇄 발행일 2023년 8월 22일

펴낸이 최종훈
펴낸곳 봄이다 프로젝트
등록 2017-000003
주소 경기도 양평군 서종면 황순원로 414-58 (우편번호 12504)
전화 02-733-7223
이메일 hoon_bom@naver.com

책임편집 이나경 박준숙
디자인 designGo
표지 이미지 shutterstock
인쇄 SP

ISBN 979-11-92240-05-3
값 22,000원